Heiner Newe
Heiderose Thomsen-Newe

MIT DEM WOHNMOBIL NACH BADEN-WÜRTTEMBERG

Die Anleitung für einen Erlebnisurlaub

DER WOHNMOBIL-VERLAG
D-36452 Kaltennordheim
OT Mittelsdorf

Die Deutsche Bibliothek – CIP-Einheitsaufnahme

Bibliografische Information der Deutschen Bibliothek

Die Deutsche Bibliothek verzeichnet diese Publikation in der Deutschen Nationalbibliografie.
Detaillierte bibliografische Daten sind im Internet über <http://dnb.ddb.de> abrufbar.

Titelbild: Schloss Hohenzollern, Tour 12
Bild in vorderer Klappe: Rathausfassade in Tübingen, Tour 11

Karten: Heiner Newe, Stadtpläne unter Verwendung der Daten von © OpenStreetMap contributors
Fotos: Bildnachweise Seite 379

2. vollständig neu bearbeitete Auflage - 2020

Druck:
Gutenberg Beuys Feindruckerei, 30851 Langenhagen

Vertrieb:
GeoCenter GmbH, 70794 Filderstadt

Herausgeber:
WOMO-Verlag, OT Mittelsdorf, 36452 Kaltennordheim
GPS: N 50°36'38.2" E 10°07'55.6"

Fon: 0049 (0) 36946-20691
Fax: 0049 (0) 36946-20692
eMail: verlag@womo.de
Internet: www.womo.de

Autoren-eMail: Newe@womo.de

ISBN 978-3-86903-182-8

Jede Tour und jeder Stellplatz sind von uns meist mehrfach überprüft worden, wir können jedoch inhaltliche Fehler nie ganz ausschließen. Bitte achten Sie selbst auf Hochwasser, Brandgefahr, Steinschlag und Erdrutsch!

Verlag und Autoren übernehmen keine Verantwortung für die Legalität der veröffentlichten Stellplätze und allen anderen Angaben. Unsere Haftung ist, soweit ein Schaden nicht an Leben, Körper oder Gesundheit eingetreten ist, ausgeschlossen, es sei denn, unsere Verantwortung beruht auf Vorsatz oder grober Fahrlässigkeit.

EINLADUNG

Grüß Gott liebe Leser,

wir nehmen Sie mit auf eine Reise durch das Muster-Ländle Baden-Württemberg. Einschränkend müssen wir gleich sagen, dass der Schwarzwald und die Bodenseeregion in diesem Buch nicht behandelt werden. Einen anderen kurzen und prägnanten Titel als Baden-Württemberg gibt es für unser Reisegebiet leider nicht.
Wir bereisen in diesem Buch die Kurpfalz, Nordbaden, den Kraichgau, das Bauland, die Hohenloher Ebene, den Schwäbisch-Fränkischen Wald, den Neckarraum, die Baar, die Schwäbische Alb, die Obere Donau und Oberschwaben. Es ist ein riesiges Gebiet, das mindestens dreiviertel der Fläche dieses Bundeslandes umfasst.

Alle wesentlichen Aspekte dieser Regionen haben wir versucht, in dieses Buch hineinzupacken. Bei der Menge der Informationen, die wir hier untergebracht haben, ist dies zum Teil in komprimierter Form geschehen. Langatmige Ausführungen werden Sie in diesem Buch nicht finden. Kurze und präzise Angaben zu den Reisezielen und den wesentlichen Sehenswürdigkeiten bestimmen dieses Werk. Dort, wo es uns notwendig erschien, haben wir Hintergrundinformationen dazugestellt, die zu einem besseren Verständnis dieses Reisegebietes beitragen sollen. Man sieht ja bekanntlich immer nur das, was man weiß. Dass Sie mit einem Smartphone oder einem Tablet und mit einem Navi unterwegs sind, setzen wir bei vielen Angaben in diesem Buch einfach voraus.

Wir haben versucht, eine ausgewogene Mischung darzubieten, die sowohl die Natur und Landschaft als auch Bauwerke und technische Leistungen berücksichtigt. Dies haben wir mit zahlreichen Besichtigungen, Spaziergängen, Wanderungen und Radtouren verknüpft. Auch die kulinarischen Genüsse und den Weinbau haben wir bei unseren Touren nicht unberücksichtigt gelassen. Bei der Auswahl der Stellplätze haben wir uns bemüht, nicht nur die offiziellen Anlagen aufzunehmen, die mittlerweile in vielen Listen im Internet kursieren. In diesem Buch haben wir Plätze berücksichtigt und beschrieben, die Sie in diesen Listen nicht finden.

Wir hoffen, dass es uns gelungen ist, in diesem Buch alle Zutaten für die Planung und für die Reise zusammenzustellen.

Einen schönen Urlaub wünscht das Autorenpaar

Heiner Newe und Heiderose Thomsen-Newe.

Unsere Top Ten

Schloss Favorite

Innen wie Außen ein besonderes Schloss. Ein barockes Gesamtkunstwerk, das mit einer reichen, vielfältigen und farbfroh-dekorativen Innenausstattung zu glänzen weiß. Ab Seite 81.

Daimler-Benz Museum

Ein extravagantes, futuristisches Gebäude für Fahrzeuge, die Automobilgeschichte geschrieben haben. Hier wird die technische Entwicklung des Automobils lebendig erzählt. Ab Seite 173.

Kloster Beuron

Wandern in einer der schönsten Tallandschaften Deutschlands. Das Auf und Ab der Wanderwege mit einem Blick auf eine schöne Klosteranlage genießen.

Ab Seite 252.

Campus Galli

Zurück in das Mittelalter. Eine Zeitreise zu alten, längst vergessenen Handwerkstechniken und Arbeitsweisen, die den modernen Menschen Staunen lässt.

Ab Seite 256.

Tübingen

Universitätsstadt mit Flair in einer schönen Umgebung. Rathaus, Schloss und Altstadt. Eine Stadt zum Verweilen, zum Studieren und zum Stocherkahn fahren.

Ab Seite 266.

Burg Hohenzollern

Blick in die deutsche Geschichte mit König, Kaiser und Vaterland. Die bedeutendste Dynastie des deutschen Hochadels öffnet ihre Pforten für Besucher.
Ab Seite 288.

Urweltmuseum

Abtauchen in das Jurameer vor 180 Millionen Jahre. Schauen, was aus den Lebewesen aus dieser Zeit geworden ist und warum sie so wunderbar präpariert werden konnten. Ab Seite 305.

Ulm

Vom höchsten Kirchturm der Welt ins Fischerviertel und zur Bundesfestung. Ein vielfältiges Besuchsprogramm für mehr als einen Tag.
Ab Seite 315.

Federsee

Faszinierender Eiszeitsee mit Schilf und einer vielfältigen Vogelwelt. Alte Siedlungsspuren lassen das Neolithikum im UNESCO-Welterbe lebendig werden.
Ab Seite 356.

Heuneburg

Ein keltisches Dorf lädt zu einer Besichtigung ein. Erstaunliche Einblicke in die Geschichte unserer Vorfahren, die weit vor Christi Geburt in diesem Raum an der Donau lebten. Ab Seite 362.

Inhaltsverzeichnis

Gebrauchsanweisung

Baden-Württemberg, das Musterländle, ist ein beliebtes Reiseziel. Bevor wir uns mit den Details seiner Regionen befassen, wollen wir Ihnen zunächst den Aufbau des Buches erläutern und Ihnen einen Überblick zu den Inhalten dieses Buches verschaffen.

Reisegebiet

In der Einladung auf der Seite 3 haben wir das Reisegebiet schon kurz umrissen. An dieser Stelle wollen wir die einzelnen Touren kurz erläutern.

Die **Tour 1** startet in der Kurpfalz und führt überwiegend entlang des Neckars nach Heilbronn. Wir sprechen darin die Besonderheiten der Kurpfalz an und haben mit Mannheim und Heidelberg auch gleich die wichtigsten Städte dieser Region auf dem Besuchsprogramm. Entlang des Neckars geht es über viele Burgbesuche in das Schwabenland nach Heilbronn. Diese Tour ist der ideale Start für die Fahrer und Fahrerinnen, die über die A5 in unser Reisegebiet kommen.

Tour 2 führt durch den Oberrheingraben von der Kurpfalz in die Badenmetropole Karlsruhe. Hier stehen unter anderem außergewöhnliche Schlösser und Schlossgärten auf dem Programm.

Das findet zu Beginn der **Tour 3** eine Fortsetzung. Der größere Teil dieser Tour führt allerdings diagonal durch den Kraichgau und geht auf vielfältige Weise auf den Weinbau im Stromberg und den Heuchelberg ein. Kulturelles Highlight dieser Tour ist das Kloster Maulbronn. Beendet wird diese 240 Kilometer lange Tour in Heilbronn.

Wer sich über Würzburg unserem Reisegebiet nähert, für den ist die **Tour 4** ein guter Einstieg. Hier geht es von Tauberbischofsheim durch das Bauland nach Heilbronn.

In der **Tour 5** geht es dann über die Hohenloher Ebene, entlang von Kocher und Jagst nach Rothenburg ob der Tauber. Einige Schlösser und Burgen werden auf dieser Reise aufgesucht, darunter die Götzenburg. Auf dieser Tour sind auch Radausflüge auf dem Kocher-Jagst-Radweg ein Thema.

Wer sich über die A7 unserem Reisegebiet nähert, für den ist die **Tour 6** ein guter Einstieg. Diese führt von Rothenburg ob der Tauber, das praktischerweise sehr dicht an der Autobahn liegt nach Heilbronn. Südlich der Tour 5 geht es über die Haller Ebene und durch die Löwensteiner Berge zum Ziel. Kultureller Höhepunkt dieser Tour ist Schwäbisch Hall. Viele Burgen, Wanderungen, Aussichtspunkte und zum guten Schluss der Wein machen diese Fahrt attraktiv.

Sie merken bei der Lektüre, das Heilbronn oft von uns angefahren wird. Das liegt daran, dass wir bei unseren Tourplanungen immer versuchen, ein Netz zu spinnen, so das man von einem unserer Hauptzielorte die Wahl hat in die eine oder andere Richtung weiterzufahren.

Mit der **Tour 7** geht es von Heilbronn nach Stuttgart. Wein, Literatur, Schlösser und der Automobilbau stehen bei dieser Reise auf dem Programm. Leider auch das Fahrverbot für bestimmte Dieselfahrzeuge in Stuttgart. An dieser Stelle wollen wir auf die Seite 166 verweisen, auf der wir erläutern, wie Sie eine Ausnahmegenehmigung bekommen können, wenn Sie mit einem Fahrzeug unterwegs sind, dass nicht der Norm Euro 6 entspricht.

Die **Tour 8** führt uns durch den südlichen Teil des Schwäbisch-Fränkischen Waldes. Es ist ein Rundkurs, der in Stuttgart beginnt und auch endet. Fachwerkstädte, der Weinbau, die Staufer und die Römer werden uns auf dieser Reise beschäftigen. Der Limes ist bei den vielen Zwischenzielen dieser Tour mehrmals ein Thema.

An den Schwarzwaldrand führt die **Tour 9**, die uns durch das Hecken- und Schlehengäu bis nach Rottweil führt. Viele Fachwerkstädte säumen diesen Weg, aber auch interessante Schlösser und außergewöhnliche Veranstaltungen.

Tour 10 wird geprägt von den höchsten Punkten in unserem Reisegebiet und von den schönsten und spektakulärsten Schluchten. Von Rottweil geht es auf den Lemberg, dem höchsten Berg der Schwäbischen Alb und danach durch den westlichen Bereich der Oberen Donau.

Die **Tour 11** führt uns von Stuttgart durch den Schönbuch über Tübingen nach Reutlingen. Auf dieser Reise gibt es neben süßen Versuchungen eine Fülle an Wanderzielen. Kulturelle Highlights dieser Tour sind das Kloster Bebenhausen und die Stadt Tübingen.

Von Reutlingen geht es in der **Tour 12** über die Schwäbische Alb und der Burg Hohenzollern wieder hinunter in das Tal der Oberen Donau. Beendet wird die Reise im Linzgau.

In der **Tour 13** fahren wir hauptsächlich am Fuße der Schwäbischen Alb von Stuttgart nach Ulm.

Tour 14 führt über die Alb von Ulm nach Reutlingen. Höhlen, Wanderungen, wunderbare Tallandschaften und aussichtsreiche Burgen und Burgruinen sind die Hauptbestandteile dieser Fahrt über die Alb.

Zum guten Schluss führt uns die Tour 15 durch das Barockviertel Baden-Württembergs. In Oberschwaben gibt es zahlreiche Barockkirchen und -klöster, die wir allerdings nur in einer Auswahl aufsuchen. In Bad Waldsee und Aulendorf besuchen wir mit der Fa. Hymer und der Fa. Carthago zwei Wohnmobilhersteller.

Eine grafische Übersicht dieser Touren finden Sie in der hinteren Umschlagklappe.

Zum Aufbau des Buches

Kommen wir nun zum Aufbau des Buches. Jedes Kapitel jeder Tour beginnt mit einer Karte auf der linken Seite, beziehungsweise mit einer Karte die oben quer über den Bund verläuft. In diesen Karten ist der Verlauf der Route mit einer roten Linie gekennzeichnet. Neben diesen roten Linien sind in den Karten natürlich die Ortsnamen, Sehenswürdigkeiten und Symbole verzeichnet, die in der Zeichenerklärung auf der hinteren Umschlagklappe erläutert werden. Tipp: Machen sie sich vertraut mit den Symbolen und den Farben der Stellplätze, das erleichtert die Orientierung in den Karten erheblich.

Die Stell- und Campingplätze sind in den Karten durchnummeriert. Die Beschreibungen der Stell- und Campingplätze im Text nimmt diese Nummern wieder auf.

WOMO-Stellplätze

Die Stellplatzkästen sind orange-gelblich eingefärbt. Wir unterscheiden dabei zwischen den offiziellen und den nicht offiziellen Plätzen. Offiziell ist ein Stellplatz immer dann, wenn ein WOMO-Schild am Parkplatz zu sehen ist. Er muss keinerlei wohnmobilspezifische Einrichtungen haben. Die anderen, nicht offiziellen Stellplätze sind in der Regel Parkplatzareale, auf denen wir mit einem Wohnmobil stehen bleiben können. Das sind die Parkplätze, die einfach nur mit einem weißen **P** auf blauen Grund markiert sind.

Die Stellplatzbeschreibungen erfolgen immer nach demselben Schema. Zunächst werden die GPS-Koordinaten genannt, dann folgt die Adresse. Da nicht jeder Stellplatz eine genaue Postadresse hat, müssen sie damit rechnen, wenn sie in ihr Navi die Adresse eingegeben haben, dass sie nur näherungsweise zu dem Platz geführt werden. Eine zielgenaue Führung erreichen sie nur mit den geografischen Koordinaten. Aber auch diese zielgenaue Führung kann problematisch sein, wenn sie kein spezielles für Wohnmobile eingerichtetes Navigationsgerät benutzen. Deshalb achten Sie bitte auch auf die Beschreibung der Zufahrt, die am Ende einer Stellplatzbeschreibung immer aufgeführt ist. Diese Beschreibungen berücksichtigen Straßenbreiten, Durchfahrtshöhen und Gewichtsbeschränkungen, auf die ihr Navi unter Umständen keine Rücksicht nimmt. Nicht immer ist der kürzeste Weg auch der beste. Tipp: Über die Homepage des Verlages können Sie die GPS-Koordinaten dieses Buches als GPX-Datei bestellen und anschließend auf Ihr Navi kopieren. Damit ersparen Sie sich das lästige Abtippen der Koordinaten oder der Adresse.

Zurück zu den Stellplatzkästen in diesem Buch. Nach den GPS-Koordinaten und der Adresse folgt die Angabe, wie viele Wohnmobile maximal auf dem Stellplatz geparkt werden können. Wir geben ebenfalls an, wie lang das Fahrzeug maximal sein kann. Bei dieser Angabe ist nicht davon auszugehen, dass alle Stellflächen des Platzes die maximale Länge zulassen. Soweit wir es in Erfahrung bringen konnten, haben wir auch vermerkt, wie lange Sie auf diesen Stellplätzen verweilen dürfen.

In der Beschreibung führen wir auch auf, welche Ausstattungsmerkmale die Anlagen haben. Wir beschreiben wie der Untergrund des Stellplatzes beschaffen ist, sagen ob Sie Keile benötigen, um ihr Fahrzeug waagerecht zu stellen, führen auf, ob sie Wasser tanken können, ob sie entsorgen können und ob eine Stromversorgung möglich ist. Wenn es sich um einen hochmodernen neuzeitlichen Stellplatz handelt, der in Servicegebäuden Waschmaschine, Wäschetrockner oder einige andere Serviceeinrichtungen anbietet, so führen wir diese ebenfalls auf. Wir gehen auch auf die Umgebungsgeräusche der Stellplätze ein. Wir sagen ihnen, ob sie in der Nacht mit Ruhe rechnen können oder ob es wahrscheinlich laut sein wird. Natürlich haben wir nicht auf allen Stellplätzen übernachtet, die wir beschrieben haben. Wir trauen uns aber aufgrund unserer langjährigen Erfahrung zu, die Lage einigermaßen richtig einschätzen zu können. Natürlich sagen wir Ihnen auch, ob der Stellplatz schattig ist oder nicht. Ist er schattig, so müssen Sie mit eingeschränktem Satellitenempfang rechnen. Die Entfernung von den Stellplätzen zu den jeweiligen Sehenswürdigkeiten der Stadt oder der Region ist in der Regel immer angegeben.

Wir nennen Ihnen alle Preise, die auf den Stellplätzen für die angebotenen Leistungen bezahlt werden müssen. Wir weisen auch an dieser Stelle darauf hin, dass es für die Stellplätze in Deutschland allgemein sehr sinnvoll ist, eine größere Menge an Münzen, insbesondere 50-Cent und 1-Euro-Münzen mitzuführen. Kartenzahlung für die Stellplatzgebühr, für die Wasserentnahme oder für die Entsorgung ist immer noch die Ausnahme. Wir haben die Preise so angegeben, wie wir sie im Jahre 2019 vor Ort vorgefunden haben.

Gern wird immer wieder in den Verkaufsprospekten von Wohnmobilen das Fahrzeug am Meeresstrand oder am Seeufer mit freundlich und glücklich dreinblickenden Menschen gezeigt. Auch im Verlag galt und gilt immer noch das „freie stehen“ als das Nonplusultra des Wohnmobilurlaubs. Das ist in Baden-Württemberg kein Problem. Im Schwäbisch-Fränkischen Wald im Naturpark Stromberg-Heuchelberg und vor allem auf der Schwäbischen Alb finden Sie viele Wanderparkplätze, auf denen Sie bedenkenlos übernachten können. Nur sind nicht alle optimal geeignet, was an einer vorbeiführenden verkehrsreichen und damit lauten Straße oder einer Hanglage liegen kann.

WOMO-Badeplätze

Die WOMO-Badeplätze erscheinen in blauer Farbe. Auch hier unterscheiden wir zwischen offiziellen und inoffiziellen Plätzen. Stellplätze an Thermen oder Freibädern werden von uns als Badeplätze definiert. Wir verweisen in diesem Buch auch auf Naturbadeseen, in dessen Nähe sich häufig Stellplätze befinden. Die Beschreibungen folgen dem Schema der gelb-orangenen Kästen.

WOMO-Wander- und Picknickplätze

Dies trifft auch für die Wanderparkplätze zu, die in grüner Farbe erscheinen und für die Picknickplätze, die violett dargestellt sind. Hier ist zumeist davon auszugehen, dass eine Infrastruktur für Wohnmobile nicht vorhanden ist. Meistens sind es aber gute und vor allem kostenlose Übernachtungsplätze abseits der Durchgangsstraßen, wenn die Einsamkeit nicht stört.

WOMO-Campingplätze

Campingplätze, die in einem hellen grün erscheinen, nehmen in diesem Buch keinen breiten Raum ein. Die Ausstattungsmerkmale dieser Plätze sind bei den Beschreibungen aufgeführt. Dies soll Ihnen die Wahl erleichtern, den für Sie passenden Ort zu finden. Wir haben aus Platzgründen nicht alle Campingplätze aufnehmen können. Aufgenommen haben wir nur die, die wir uns auch angeschaut haben. Nicht von allen zeigen wir ein Foto. Hier sind wir etwas zurückhaltender, weil wir nicht Personen ungefragt in diesem Buch abbilden möchten. Dort, wo ein aussagekräftiges Bild aus größerer Distanz möglich war, haben wir es berücksichtigt. Um ihnen den Buchungsvorgang eines Campingplatzes zu erleichtern, haben wir sowohl die Homepage als auch die Telefonnummer des jeweiligen Campingplatzbetreibers aufgeführt.

WOMO-Gast- und Winzerhöfe

Bleiben zum Schluss noch die Gast- und Winzerhöfe, die eine Übernachtung auf ihren Gästeparkplätzen zulassen. Fast immer werden diese Plätze kostenlos angeboten und es versteht sich eigentlich von selbst, dass dies mit der Einkehr in den jeweiligen Gasthof verbunden ist. Eine sehr gute Gelegenheit die regionale Küche und die regionalen Weine kennenzulernen. Rund um Heilbronn sind die Winzer sehr wohnmobilistenfreundlich. Hier gibt es sehr viele Betriebe, die einen Stellplatz anbieten. Natürlich immer in Kombination mit einem Weineinkauf. Wir haben bei Weitem nicht alle aufnehmen können.

Sehenswürdigkeiten

Nicht alle Sehenswürdigkeiten haben wir ausführlich beschrieben. Vielfach haben wir es dabei belassen, sie nur stichwortartig aufzuführen. Wenn wir uns aber einer Sehenswürdigkeit ausführlicher gewidmet haben, so haben wir auch immer die Öffnungszeiten und die Eintrittspreise dazu geschrieben. Bei den Eintrittspreisen haben wir nicht immer alle Rabatte und Vergünstigungen notiert. Wir haben den Eintrittspreis eines normalen Erwachsenen angegeben. Um die aktuellen Preise und Öffnungszeiten zu erfahren, gehen Sie bitte auf die jeweilige Homepage der Sehenswürdigkeit, die wir in der Regel der Beschreibung hinzugefügt haben. Die ausführlichen Beschreibungen erscheinen in einem hellgelben Kasten.

Wanderungen und Radtouren

Etwas ausführlicher dargestellte Wanderungen und Radtouren erscheinen in einem grünen Kasten. Nicht immer verweisen wir dabei auf eine Wanderkarte. Häufig ist die Beschilderung vor Ort so gut, dass man auch ohne eine Wanderkarte sehr gut zurechtkommt. Für die Orientierung vor Ort nutzen wir unser Smartphone und Google Maps. Damit kommt man in der Regel sehr gut aus. Wir verweisen vielfach auf Internetadressen, von denen Sie gpx-Daten für Ihr Wandernavigerät herunterladen können. Oft helfen auch schon die ebenfalls im Downloadbereich angebotenen Karten und Beschreibungen, die Ihnen eine Orientierung auf Ihren Wanderungen erleichtern.

Restaurants

Einen Gourmetführer haben wir nicht geschrieben. Eine Übersicht zu den Restaurantqualitäten unseres Reisegebietes können wir nicht liefern, dafür haben wir zu wenige aufgesucht. Wir erwähnen nur die Restaurants, die wir in guter Erinnerung haben und in denen wir auch selbst zugegen gewesen sind. Negative Restaurantkritiken werden Sie in diesem Buch nicht finden, das überlassen wir anderen. Für die Auswahl eines Restaurants gibt es mittlerweile sehr viele tools und Bewertungsportale, die Sie online abrufen können. Eine kleine Auswahl klassischer Badischer und Schwäbischer Spezialitäten haben wir auf der Seite 371 bei den Tipps und Infos zusammengestellt.

Radarkontrollen

Sie müssen kein Raser sein, um nach einer Reise durch Baden-Württemberg von irgendeinem Landratsamt Post mit einer Zahlungsaufforderung wegen Übertretung der zulässigen Höchstgeschwindigkeit zu bekommen. Baden-Württemberg ist das Bundesland mit der höchsten Blitzerdichte in Deutschland. Geschwindigkeitsbeschränkungen auf 30 km/h auf Bundesstraßen sind in geschlossenen Ortschaften fast die Regel. Ortsein- und ausgänge werden fast überall mit Radaranlagen kontrolliert. Eine kleine Unachtsamkeit genügt und Sie bekommen nach Ihrer Reise Post aus Baden-Württemberg.

Landkarten und Navigation

Wir gehen davon aus, dass heute kaum mehr ein Wohnmobilfahrer ohne Navigationssystem unterwegs ist. Mit den GPS-Angaben und den Beschreibungen sowie den Tourenkarten in diesem Buch könnten sie die Reise direkt starten. Auf die zeichnerische Qualität und Lagegenauigkeit der Tourenkarten in diesem Buch legen wir besonders großen Wert. Ich habe fast mein gesamtes Berufsleben damit verbracht, Autoreisebücher und Atlanten zu erstellen. Für die bessere Orientierung in den Städten oder in Ballungsräumen haben wir deshalb auch Stadtpläne eingefügt, um die Beschreibungen im Text besser nachvollziehen zu können.

Allerdings fehlt ihnen der Überblick über das gesamte Reisegebiet, deshalb halten wir es für sinnvoll, eine Reisekarte mitzuführen. Die ADAC BundesländerKarte Deutschland Blatt 11 Baden-Württemberg 1:300 000 ist da hilfreich. Natürlich sind auch die klassischen Autoatlanten vom ADAC für die Reiseplanung gut zu verwenden. Landkarten erscheinen uns nach wie vor notwendig, insbesondere dann, wenn Vollsperrungen dazu führen, dass man eine neue Route wählen muss. Natürlich berücksichtigen die neuen Navigationssysteme auch Vollsperrungen auf Bundes- und Landesstraßen sowie Autobahnen und wählen automatisch neue Routen. Dies funktioniert jedoch nicht immer, besonders dann nicht, wenn es sich um kurzfristige Sperrungen handelt oder die Straßen zur untersten Kategorie gehören. Wir haben dies bei unseren Erkundungen immer wieder erlebt.

Dieselfahrverbote

Über den Sinn oder Unsinn der Fahrverbote lässt sich trefflich streiten, nur werden wir das in diesem Buch nicht tun. Dafür gibt es genug Foren, in denen ein reger Austausch stattfindet. Dort, wo wir in der Wahl des Weges durch die Fahrverbote auf einzelnen Straßen oder gar flächenhaft eingeschränkt werden, weisen wir in den Stadtplänen oder Karten darauf hin und zeigen Alternativen auf. In diesem Buch betrifft es vor allem Stuttgart. Lesen Sie dazu unsere Hinweise auf der Seite 166.

Aktualität und Resonanz der Leser

Ein gedrucktes Buch verliert im Laufe der Zeit seine Aktualität. Stellplätze kommen hinzu oder werden geschlossen, die Preise und Öffnungszeiten verändern sich, Straßen werden verlegt oder in Ihrer Nummerierung geändert. Sobald wir von wesentlichen Veränderungen in unserem Reisegebiet erfahren, teilen wir dies in dem Forum des WOMO-Verlages mit. Schauen Sie hier www.forum.womoverlag.de nach, bevor Sie sich mit diesem Buch auf die Reise begeben, ob es zwischenzeitlich Veränderungen oder Aktualisierungen zu diesem Buch gegeben hat.

Sollten ihnen bei der Nutzung dieses Buches Fehler auffallen oder sollten Sie feststellen, dass getroffene Aussagen in diesem Buch nicht mehr aktuell sind, so teilen sie uns das bitte mit. Am liebsten ist uns hier eine E-Mail, die Sie an diese Adresse senden können: newe@womo.de

Erstaunlicherweise bekommen wir von unseren Lesern recht wenig Resonanz. Nicht gemeckert ist gelobt genug sagt der Schwabe. Ob diese Sichtweise so zutrifft, wissen wir nicht. Hinweise auf Fehler in unseren Büchern sind sehr selten. Das ist natürlich schön, noch schöner ist es, wenn ein positives Feedback kommt, so wie sie bei unserem Buch über die französischen Alpen in den Amazon-Rezensionen zu lesen sind.

Wie auch immer, trauen Sie sich uns eine kurze Notiz zu schreiben, und teilen Sie uns mit, wie Sie mit diesem Buch zurechtgekommen sind, ob Veränderungen notwendig sind oder was Sie besser machen würden. Wir werden es für die nächste Auflage berücksichtigen.

Für Ihre Mühe danken wir, wollen es nun mit dieser Gebrauchsanweisung belassen und endlich die Reise starten.

TOUR 1 (ca. 250 km)

Weinheim – Mannheim – Ladenburg – Heidelberg – Neckargemünd – Neckarsteinach – Sinsheim – Schwarzach – Schönbrunn – Hirschhorn – Ebersbach – Zwingenberg – Mosbach – Obrigheim – Gundelsheim – Bad Rappenau – Bad Wimpfen – Heilbronn

Stellplätze:	Weinheim, Mannheim, Ladenburg, Heidelberg, Sinsheim, Schwarzach, Schönbrunn, Hirschhorn, Eberbach, Zwingenberg, Obrigheim, Mosbach, Bad Rappenau, Bad Wimpfen, Neckarsulm, Heilbronn.
Campingplätze:	Heidelberg, Neckargemünd, Eberbach, Neckarzimmern.
Ver-/Entsorgung:	Mannheim, Ladenburg, Sinsheim, Schwarzach, Hirschhorn, Eberbach, Mosbach, Bad Rappenau, Bad Wimpfen, Neckarsulm, Heilbronn.

Besichtigungen:	Weinheim (Schloss, Wachenburg, Ruine Windeck), Mannheim (Wasserturm, Schloss, Museen), Heidelberg (Altstadt, Schloss), Neckargemünd (Altstadt), Neckarsteinach (Burgen), Sinsheim (Auto & Technik Museum), Schwarzach (Wildpark), Hirschhorn (Altstadt), Eberbach (Altstadt), Burg Guttenberg (Falknerei), Bad Rappenau (Salinenpark), Bad Wimpfen (Altstadt, Kaiserpfalz), Heilbronn (experimenta).
Wandern:	Weinheim, Heidelberg (Königstuhl), Schönbrunn, Heilbronn (Weinpanoramaweg).
Baden/Wellness:	Weinheim (Freizeitbad Miramar), Sinsheim (Freizeitbad), Eberbach (Freibad), Bad Rappenau (Therme), Neckarsulm (Freibad).

Wir starten unsere Reise durch Baden-Württemberg in Weinheim an der Bergstraße. Von dort geht es nach Mannheim und weiter entlang des Neckars nach Heidelberg. Von dieser alten Universitätsstadt führt uns der Weg weiter nach Neckargemünd und Neckarsteinach. Von diesen Städtchen mit den vielen Burgen, machen wir einen Abstecher in den Kraichgau und fahren nach Sinsheim, das eines der größten Technikmuseen Deutschlands beherbergt. Von diesem

Museum geht es über den Wildpark in Schwarzach zurück an den Neckar. Ihm folgen wir von Hirschhorn flussaufwärts über Eberbach, Obrigheim nach Heilbronn und suchen dabei etwas abseits des Flusses interessante Städte auf, wie Mosbach, Bad Rappenau und Bad Wimpfen.

Die Wachenburg und die Burgruine Windeck oberhalb von Weinheim.

Weinheim hat zwei Stellplätze. Beide bieten keinerlei wohnmobilspezifische Einrichtungen. Einer befindet sich am Schlosspark in der Roten Turmstraße, den Sie mit diesen Koordinaten [**001:** N49°32'40.8" E8°40'09.9"] finden, den anderen finden Sie am Freizeitbad Miramar in der Waidallee mit diesen Koordinaten [**002:** N49°31'59.5" E8°38'40.7"].

Rundgang durch Weinheim

Weinheim ist eine reizvolle Stadt mit rund 45.000 Einwohnern, die zahlreiche Sehenswürdigkeiten aufzuweisen hat. Ihre Lage an der sonnenverwöhnten Badischen Bergstraße führt zu einem besonders milden Klima. Mandel- und Obstbäume blühen hier im Frühjahr sehr viel früher als an anderen Orten in der Rheinebene oder dem angrenzenden Odenwald. Es ist also besonders attraktiv einen längeren Spaziergang zu dieser Zeit in der Stadt zu unternehmen, die mit dem Schlosspark, dem Exotenwald, dem Hermannshof, der Wachenburg und der Ruine Windeck gleich eine ganze Reihe von Wanderzielen hat, die sich alle miteinander verbinden lassen. Der im Stile eines englischen Landschaftsparks angelegte **Schlosspark** verfügt über eine Reihe großer Rhododendren, einigen exotischen mediterranen Pflanzen und der größten Libanonzeder Deutschlands. Der Park ist rund um die Uhr frei zugänglich und mit dem Wohnmobil steht man praktischerweise genau davor, wenn man den ersten Stellplatz gewählt hat. Der Schlosspark geht in den **Exotenwald** über, der mit Mammut- und Magnolienbäumen sowie kalifornischen Flusszedern glänzt. Vom Exotenwald zur **Burgruine Windeck** sind es rund 1000 Meter. Ein Höhenunterschied von 100 Metern ist dabei zu überwinden, der sich besonders in der zweiten Hälfte des Weges bemerkbar macht. Bei schönem Wetter hat man von hier oben einen schönen Blick auf Weinheim sowie in die Rheinebene. Von Mai bis September besteht die Möglichkeit im Biergarten etwas zu essen oder auch nur ein kühles Getränk zu sich zu nehmen, bevor es zur **Wachenburg** weitergeht, die etwas mehr als ein Kilometer entfernt ist und rund 140 Meter höher liegt. Die Wachenburg ist keine mittelalterliche Ritterburg, sondern wurde erst in den Jahren zwischen 1907 und 1928 als Begegnungsstätte und Tagungsort errichtet. Heute befinden sich hier ein Biergarten und ein ausgezeichnetes Restaurant. Von dieser Burg bis zur Altstadt sind es über den Essigpfad rund 1,5 Kilometer. Mittelpunkt der Altstadt ist der schräge Marktplatz mit Cafés und Eisdielen. Hier befindet sich auch das Alte Rathaus und in unmittelbarer Nähe das Museum Weinheim, das mit vielen Exponaten die Geschichte der Stadt präsentiert. Wenige Meter weiter geht es zum Abschluss unseres Rundgangs durch Weinheim noch in den **Schau- und Sichtungsgarten Hermannshof**. Es ist ein außergewöhnlicher Botanischer Garten, der kostenlos besichtigt werden kann. Auf dieser Seite https://sichtungsgarten-hermannshof.de können Sie vorab einen virtuellen Rundgang starten. Von diesem Botanischen Garten bis zum Stellplatz am Schlosspark sind es nur wenige Meter.

Das Schloss in Weinheim.

Bevor wir nach Mannheim aufbrechen noch einige Hinweise zum **Freizeitbad Miramar**. Es zählt pro Jahr mehr als 600.000 Badegäste und ist damit eines der ganz großen Freizeitbäder. Es verfügt neben den Badebecken über Rutschen, Thermen, Saunen und auch einem großen See mit Liegewiesen im Außenbereich. Ein Restaurant und ein Biergarten sorgen für das leibliche Wohl. Eine abendliche Lasershow im Wellenbad setzt besondere Effekte.

Ganz profan und ohne Lichteffekte setzen wir nun unsere Reise fort und fahren über Hirschberg und Heddesheim nach Mannheim weiter.

Mannheim ist nach Stuttgart und Karlsruhe die drittgrößte Stadt Baden-Württembergs. Sie liegt im äußersten Nordwesten dieses Bundeslandes und grenzt unmittelbar an Rheinland-Pfalz und Hessen. Mit Ludwigshafen, Heidelberg und einigen anderen kleineren Städten, ist sie das Zentrum der länderübergreifenden Metropolregion Rhein-Neckar mit mehr als 2,4 Mio. Einwohnern. Wir haben es hier also mit einem großen Ballungsraum zu tun, Kleinstadtidylle ist in der Quadratestadt nicht zu erwarten.

Der Stellplatz ist leicht anzufahren und auch sehr einfach zu finden, wie Sie der folgenden Beschreibung entnehmen können.

(003) Offizieller WOMO-Stellplatz: Mannheim-Neuostheim

GPS: N49°28'28.6" E8°31'30.7"; Hans-Thoma-Straße 3, 68163 Mannheim.
Max. WOMOs: 15, maximale Länge 15 m, max. Aufenthalt 14 Tage.
Ausstattung: Am Technikgebäude befindet sich die Wasserver- und Abwasserentsorgung, mit Bodeneinlass und Kassettenentleerung. Die Stromversorgung erfolgt über vier Stromsäulen mit jeweils vier Anschlüssen. Im Servicegebäude gibt es eine behindertengerechte Toilette. Der Platz ist ganzjährig geöffnet.

Beschreibung: Mit Rasengittersteinen ausgelegter Platz am Ortsrand in der Nähe des Cityairports, der SAP-Arena, des Maimarktgeländes und des Autobahnkreuzes Mannheim, nicht sehr ruhig. Entfernung bis zur Stadtmitte 6 km. Straßenbahnhaltestellen in unmittelbarer Nähe. Von der Haltestelle Neuostheim fahren mehrere Linien in die Stadtmitte.
Preise: 10,00 € für ein Fahrzeug. Über Münzautomaten gibt es Frischwasser für 1,00 € und Strom für 1,00 € pro kWh. Abwasserentsorgung und die Entleerung der Bordtoilette ist kostenfrei.
Zufahrt: Vom Autobahnkreuz Mannheim über die A 656 Richtung Zentrum fahren und sogleich die Abfahrt Neckarau in Richtung SAP-Arena/Maimarktgelände nehmen, die zweite Straße rechts abbiegen, 150 Meter weiter erneut rechts abbiegen.

Um Mannheim zu besuchen, empfiehlt es sich, das WOMO dort abzustellen und dann mit der Straßenbahn, dem Rad oder zu Fuß auf Entdeckungstour zu gehen. Die ehemalige Residenzstadt hat einen außergewöhnlichen Grundriss wie Sie auf der folgenden Seite sehen können. Was es damit auf sich hat und was Mannheim darüber hinaus interessant macht, schauen wir uns jetzt näher an.

Quadratestadt Mannheim

Die Entwicklung der Stadt geht auf **Kurfürst Friedrich IV.** zurück, der 1606 den Grundstein für die Zitadelle Friedrichsburg legte, die dort erbaut wurde, wo heute das Schloss steht. Mit dem Bau der Zitadelle wurde auch die Stadt mit dem gitterförmigen Grundriss begonnen. Das Dorf, das sich an dieser Stelle befand, musste weichen. Gewöhnlich sind Städte aus Siedlungskernen entstanden und wuch-

Der Wasserturm, das Wahrzeichen Mannheims.

sen ohne besondere Planung in die eine oder andere Richtung in das jeweilige Umland hinein. Schon sehr früh wurden diesem planlosen Wachstum **Idealstädte** entgegengesetzt und konzipiert. Platon und Aristoteles beschäftigten sich schon damit und dem römischen Architekten Vitruv verdanken wir eine ausführliche Dokumentation über die römische Architektur und den Städtebau. Im Zeitalter der Renaissance, in der Umbruchphase vom Mittelalter zur Neuzeit, wurden die kulturellen und städtebaulichen Leistungen der Griechen und Römer wiederbelebt, erfuhren eine Wiedergeburt, denn nichts anderes heißt Renaissance in der Übersetzung. Diese Epoche dauerte in Deutschland etwa von 1520 bis 1660. Sie löste die Gotik ab und ihr folgte die Barockzeit, die etwa bis zum Ende des 18. Jahrhunderts dauerte.

Von den Idealstädten wurden nur sehr wenige in die Tat umgesetzt. Meistens blieb es in der Neuzeit bei Neubauvierteln oder Trabantenstädte. In unserem Reisegebiet haben wir mit Mannheim, Karlsruhe, Rastatt und Ludwigsburg aber gleich vier Städte, die am Reisbrett entworfen wurden und deren Grundrisse bis heute Bestand haben. In allen Fällen ist das jeweilige Schloss als Zentrum der Macht von zentraler Bedeutung. Während die Gründung Mannheims noch in der Renaissance erfolgte, entstanden die anderen Städte im Barock, also in

Die Christuskirche in Mannheim.

der Hochzeit des Absolutismus. Ludwig XIV, der französische König galt für viele Monarchien und Fürsten diese Zeit als Vorbild, nicht nur in der Herrschaftsform, sondern auch in der prunkvollen Architektur. Versailles wurde nachgeeifert, auch in Mannheim.

Die **Zitadelle** bildete zwischen Rhein und Neckar einen sternförmigen Festungsgürtel. Ihr angeschlossen wurde die "Quadratestadt" ein regelmäßiges System von rechtwinkeligen geometrischen Formen. Umgeben war die Stadt mit einem Kreis aus vorspringenden Bastionen, die sich dort befanden, wo heute die breiten Ringstraßen die Altstadt umschließen. Besiedelt wurde die Stadt mit Glaubensflüchtlingen, hauptsächlich Hugenotten aus Frankreich.

Die Zitadelle hielt nicht lang. Im Dreißigjährigen Krieg wurde sie ebenso zerstört wie der Festungsring der Altstadt. Der Wiederaufbau erfolgte durch einen Enkel des Stadtgründers, doch auch diese Anlage wurde bald wieder vernichtet. Diesmal war es der Pfälzische Erbfolgekrieg, der im gesamten Südwesten Deutschlands wütete und zu

starken Zerstörungen durch französische Truppen führte. Mannheim wurde 1689 verwüstet. Wenig später wurde die Stadt wieder neu aufgebaut, der Grundriss blieb. Nur die Zitadelle wurde nicht erneuert, hier entstand dem herrschenden Zeitgeist folgend ein Schloss. 1720 wurde durch Kurfürst Johann Wilhelm mit dem Bau begonnen, 1760 wurde es fertiggestellt. Mit 440 Metern Fassadenlänge gehört es zu den größten **Barockschlössern** Europas. Seit den 50er Jahren des letzten Jahrhunderts ist in diesem Schloss die Universität untergebracht.

Während des Zweiten Weltkrieges wurde das Schloss nahezu vollständig zerstört. Nur wenige Prunkräume des Schlosses wurden rekonstruiert. Sie können besichtigt werden. Mehrere Führungen werden über das Jahr verteilt angeboten. Die Termine finden Sie hier www.schloss-mannheim.de.

Das Schlossmuseum ist dienstags bis sonntags von 10:00 bis 17:00 Uhr geöffnet.

Vom Schloss ist es nur ein kurzer Weg über die Kurpfalzstraße zum **Paradeplatz** in der Innenstadt. Er diente im 18. und 19. Jahrhundert der Präsentation des kurpfälzischen und badischen Militärs. Mitten auf dem Platz steht die Grupello-Pyramide mit den allegorischen Darstellungen, die fürstliche Tugenden darstellen sollen. Nicht weit entfernt von diesem Platz befinden sich in C5 die **Reis-Engelhorn-Museen**. Dieser Komplex ist eine Museumslandschaft der Superlative, das darf man ohne Übertreibung sagen. Das **Zeughaus** zeigt unter anderem die Welt der Antike, das **Museum Weltkulturen** widmet sich der Archäologie und der Völkerkunde, im **Bassermannhaus** geht es um die Welt der Musik, im **Schillerhaus** geht es um Friedrich Schiller, der einige Jahre in Mannheim lebte und im **Forum Internationale Photographie** werden Nachlässe von Foto-Künstlern und Sammlern präsentiert. Neben den Dauerausstellungen in diesen Museen gibt es eine Vielzahl an Sonderausstellungen, über die Sie hier mehr erfahren www.rem-mannheim.de. Auf dieser Seite finden Sie auch die Eintrittspreise und Öffnungszeiten.

Das Barockschloss in Mannheim.

Carl Benz Memorial.

Ein weiteres sehr bedeutendes Museum ist die **Kunsthalle Mannheim**. Es ist ein außergewöhnlicher Neubau in Sichtweite des Wasserturms, der sich der modernen und zeitgenössischen Kunst widmet. Auf dieser Seite www.kuma.art finden Sie alle notwendigen Informationen über die Kunsthalle und mit der Kuma-App, die Sie auf ihr Smartphone installieren können, lassen sich sehr viele Details über die Kunstwerke und Künstler erfahren.

Nun ist Mannheim nicht durch seine Künstler berühmt geworden, sondern eher durch Pionierleistungen in der technischen Entwicklung. **Karl Drais** entwickelte hier im frühen 19. Jahrhundert seine Laufmaschine, ein Vorläufer des Fahrrades. **Carl Friedrich Benz** konstruierte in Mannheim den ersten praxistauglichen Motorwagen und meldete ihn 1885 zum Patent an. Ein Modell dieses Fahrzeugs ist in der Nähe des Wasserturms zu sehen. Seine Frau **Bertha** stellte 1888 mit einer wagemutigen Fahrt von Mannheim nach Pforzheim und zurück die Praxistauglichkeit unter Beweis. Auf der Seite www.bertha-benz.de können Sie die ganze Geschichte lesen. Die gefahrene Strecke wurde inzwischen eine Ferienstraße, die Sie auf der Tour 2 nahezu vollständig abgebildet finden. Bleibt noch **Heinrich Lanz** zu erwähnen. Er wurde berühmt mit seinen **Lokomobilen** und entwickelte seine Firma zum führenden Landmaschinenhersteller in Europa. Der **Lanz Bulldog** war in den Jahren zwischen den Weltkriegen wegen seines unverwüstlichen Glühkopfmotors bei Landwirten höchst beliebt. Noch heute tuckern diese Traktoren auf Oldtimertreffen mit ihrem satten charakteristischen Klang umher und werden von ihren Besitzer gehegt und gepflegt. Die Heinrich Lanz AG gibt es allerdings nicht mehr, sie wurde 1956 durch John Deere, einem amerikanischen Landmaschinenhersteller aufgekauft, der mehrere Werke in und um Mannheim betreibt. Ein weiterer großer Konzern wurde in Mannheim durch **Friedrich Engelhorn** gegründet. Er ist der Vater der **Badische Anilin- & Soda-Fabrik**, heute besser mit dem Kurznamen **BASF** bekannt. Wenige Jahre nach der Gründung wurden die Produktionsstätten auf die andere Rheinseite nach Ludwigshafen verlegt. Mit der Herstellung von Farben erlangte die BASF Weltruhm. Heute beschäftigt der Konzern weltweit über 120.000 Mitarbeiter und ist in unterschiedlichsten Bereichen der Chemieindustrie unterwegs.

Alle technischen Entwicklungen rund um den Industriestandort Mannheim lassen sich im **Technoseum** zum Teil auf spielerische Art nachvollziehen. Ein spannendes Museum wie wir finden. Auf dieser Seite www.technoseum.de bekommen Sie einen viel besseren Eindruck, als wir ihn hier vermitteln können. Unweit des Technoseums ist auch das **Planetarium** ein Besuch wert. Öffnungszeiten und Veranstaltungshinweise finden Sie hier www.planetarium-mannheim.de.

Mit dem **Luisenpark** besitzt Mannheim eine ausgedehnte Grünanlage, die sich am Neckar entlangzieht. Sie ist unterteilt in den frei zugänglichen Unteren Luisenpark und den Oberen Luisenpark, für den die Stadt Mannheim einen Eintritt in Höhe von 8,00 € verlangt. Es ist eine beliebte Freizeitanlage, die jährlich mehr als ein Million Besucher zählt. Es wird einiges geboten in dieser Parkanlage. Auf dem Kutzerweiher fahren Gondolettas, überdachte Boote die an einem Unterwasserseil, einen fast zwei Kilometer langen Rundkurs absolvieren. Es gibt zwei Ein- und Ausstiegsmöglichkeiten, die Sie im Stadtplan verzeichnet finden. Im Park gibt es ein Chinesisches Teehaus, ein Pflanzenschauhaus, mehrere Themengärten, Restaurant, Weinstube, mehrere Spielplätze, einen kleinen Bauernhof mit Tieren und frei laufende Vögel wie Weißstörche, Flamingos, Pelikane, Enten, um nur einige zu nennen. Alles in allem eine eindrucksvolle Parkanlage für einen Tagesaufenthalt.

Pelikane im Luisenpark.

Am Rande des Luisenparks ist der **Fernmeldeturm** zu sehen. Auf 121 Metern Höhe befindet sich eine Aussichtsplattform die täglich zwischen 10:00 und 22:00 Uhr mit einem Lift erreicht werden kann. Auf 125 Metern Höhe lädt ein **Drehrestaurant**, zu einem Frühstück, einem Mittag- oder Abendessen ein. Egal für welche Mahlzeit Sie sich in luftiger Höhe mit einem fantastischen Ausblick entscheiden, eine Reservierung ist empfehlenswert. Hier finden Sie alle weiteren Informationen www.skyline-mannheim.de.

Bei den religiösen Gebäuden der Stadt ist die **Christuskirche** in der Werderstraße hervorzuheben. Sie wurde zwischen 1907 und 1911 im Jugendstil mit neubarocken Elementen erbaut. Der pompöse "evangelische Dom" überragt in der Höhe sogar den Wasserturm und ist der repräsentativste Sakralbau Mannheims. Im Inneren befindet sich auf der Nordempore der Christuskirche eines der größten Orgelwerke Deutschlands.

Von März bis November ist sie dienstags bis freitags von 13:00 bis 17:00 Uhr zur Besichtigung geöffnet.

Von Mannheim nach Ladenburg sind es nur wenige Kilometer. Das Städtchen mit etwas mehr als 11.000 Einwohnern verfügt am Ortsrand über einen komfortablen und ruhigen Stellplatz, den wir als erstes kurz darstellen wollen.

(004) Offizieller WOMO-Stellplatz: Ladenburg

GPS: N49°27'56.1" E8°36'55.3"; Heidelberger Straße 56, 68526 Ladenburg.
Max. WOMOs: 35, maximale Länge 15 m, max. Aufenthalt 10 Tage.
Ausstattung: Geräumiger befestigter Platz mit Wasserver- und Abwasserentsorgung mit Bodeneinlass, Kassettenentleerung, Stromanschlüssen, Behälter für die Müllentsorgung, schattenlos, WLAN, Gasflaschentausch. Der Platz ist ganzjährig geöffnet.
Beschreibung: In einer Sackgasse am Ortsrand fast direkt am Neckar, sehr ruhig. Bis zur Stadtmitte von Ladenburg sind es rund 800 Meter, bis nach Heidelberg 12 km, die per Rad, ÖPNV oder mit dem Schiff leicht zu bewältigen sind.

Preise: 11,00 € für ein Fahrzeug mit zwei Personen, die Parkgebühr ist bei der Anmeldung zu entrichten. Über Münzautomaten gibt es 80l Frischwasser für 1,00 €, 2 kWh Strom kosten ebenfalls 1,00 €. Abwasserentsorgung und Entleerung der Bordtoilette ist kostenfrei.
Zufahrt: Von Mannheim auf der B38 den Neckar in Richtung Feudenheim überqueren, Richtung Ladenburg fahren, kurz vor der Auffahrt auf die A5 rechts abbiegen und der Beschilderung zum Stellplatz folgen.

Um Ladenburg kennenzulernen, empfiehlt es sich, das Fahrzeug hier abzustellen. Wenn Sie planen Heidelberg zu besuchen, so sollten Sie in Erwägung ziehen, den Besuch von diesem Standort aus vorzunehmen, denn die Parksituation in Heidelberg ist für Wohnmobile längst nicht so ideal und komfortabel wie hier.

Aber nun zu **Ladenburg**. Neben der reizvollen Innenstadt mit dem Marktplatz und dem Marienbrunnen ist das **Automuseum Dr. Carl Benz** in der Ilvesheimer Straße 26 ein Muss für die Freunde historischer Fahrzeuge. Es wurde in den Hallen der historischen Benz Fabrik eingerichtet und ist rund zwei Kilometer vom Stellplatz entfernt. Sechs Stationen erwarten Sie in diesem Museum. In der ersten sehen Sie die nachgebaute Werkstatt von Carl Benz und können nachvollziehen, wie der erste Motorwagen entstand. In der zweiten Station wird gezeigt, wie die Entwicklung von der Laufmaschine des

Marienbrunnen auf dem Marktplatz in Ladenburg.

Freiherrn von Drais zum Motorrad verlief. In der dritten Station stehen die Automobile der Marke Benz. Die vierte Station widmet sich den Modellen der Firma Mercedes-Benz. In der fünften Station sind technische Entwicklungen der Automobilgeschichte auf einer 40 m langen Leuchtwand zu sehen und die letzte Station widmet sich dem Rennsport. Hier sehen Sie die alten und die neuen Silberpfeile und einige Konkurrenzmodelle. Einen Blick in das Museum können Sie durch diese Seite www.automuseum-ladenburg.de werfen. Hier erfahren Sie auch die aktuellen Öffnungszeiten.

Die Geschichte Ladenburgs ist im Lobdengau-Museum gut erklärt und präsentiert. Über vier Etagen kann man die Entwicklung der Region von der Steinzeit über die Römer, dem Mittelalter bis in die moderne Zeit nachvollziehen. Auf dieser Seite www.lobdengau-museum.de finden Sie zahlreiche Details, sowie die aktuellen Öffnungszeiten.

Bevor wir unsere Reise nach Heidelberg fortsetzen, möchten wir noch ein paar Zeilen zu der Kurpfalz schreiben, in der wir uns hier befinden. Die wenigsten werden mit diesem historischen Begriff etwas anfangen können, wenn Sie sich hier aufhalten, wird Ihnen "kurpfälzisch" aber immer wieder begegnen, als Sprache und als Lebensgefühl.

Die Kurpfalz

Die Kurpfalz mit wenigen Worten zu beschreiben ist gar nicht so einfach. Ein Kurpfälzer könnte uns auch schnell eine lange Liste präsentieren, was wir alles in diesem Text nicht berücksichtigt haben. Wir sind uns dessen bewusst, machen es aber trotzdem, denn wer aus dem Norden kommt, kennt sich mit der Geschichte dieser Region normalerweise nicht aus.

Die Grenzen der Kurpfalz werden Sie nirgendwo entdecken. Die Kurpfalz war kein zusammenhängendes Gebiet, sondern ein "Flickenteppich" von Städten und Territorien, die linksrheinisch vom Hunsrück bis in das Unterelsass und rechtsrheinisch entlang des Neckars bis etwa nach Mosbach im südlichen Odenwald und in den nördlichen Kraichgau reichte. Die Kurpfalz hatte eine große politische Bedeutung in den religiösen Auseinandersetzungen zwischen Protestanten und Katholiken, die bekanntermaßen zum Dreißigjährigen Krieg führten. Die Einzelheiten aufzulisten ersparen wir uns hier. Dafür gibt es wikipedia. Es gab in der Folge ein Auf und Ab in der Kurpfalz. Auf Kriege und Zerstörungen erfolgten kurze Blütezeiten. Unter Napoleon kamen die linksrheinischen Gebiete zu Frankreich. Auf dem Wiener Kongress im Jahre 1815, auf der die Neuordnung Europas beschlossen wurde, wurde die Teilung der Kurpfalz zementiert. Die linksrheinischen Gebiete wurden dem Königreich Bayern zugeschlagen, der größte Teil der rechtsrheinischen Gebiete, der schon 1803 dem Kurfürstentum Baden zugeordnet wurde, verblieben in diesem Kurfürstentum, ein kleiner Teil kam zu Hessen. Das eigenständige politische Gebilde "Kurpfalz" gibt es also schon lange nicht mehr, trotzdem ist sie aber im Lebensgefühl der Menschen in dieser Region fest verankert. Identitätsstiftend ist unter anderem der Dialekt, dies äußert sich in der Musik, im Mundarttheater und im täglichen Sprachgebrauch. Es gibt ein Kurpfalzradio und verschiedene Institution und Einrichtungen die "Kurpfalz" im Namen tragen. Die Zentren der Kurpfalz sind nach wie vor die beiden ehemaligen Residenzstädte Mannheim und Heidelberg.

Machen wir uns nun also auf nach **Heidelberg**. Wie bereits gesagt, ist die Parksituation in dieser Stadt eher bescheiden. Dies gilt schon für PKW, aber im besonderen Maße für Wohnmobile. Es ist also durchaus eine Überlegung wert, das Wohnmobil in Ladenburg stehen zu lassen und mit dem Fahrrad entlang des Neckars nach Heidelberg zu radeln, es sind nur elf Kilometer. Dies ist auch in Kombination mit einem Ausflugsschiff auf dem Neckar möglich. Nur fahren die Schiffe nicht sehr häufig. Die Fahrpläne finden Sie hier https://weisse-flotte-heidelberg.de.

Parkplatz auf dem Königstuhl.

Wer mit dem WOMO nach Heidelberg fahren will, dem bieten sich folgende weitere Stellplatzmöglichkeiten. Hier ist einmal der Parkstreifen an der Neckarwiese in der Uferstraße zu nennen [**005:** N49°24'41.8" E8°40'41.2"]. Entfernung bis zur Stadtmitte von Heidelberg (Marktplatz) rund drei Kilometer. Reizvoller finden wir die Parkmöglichkeit auf dem Königstuhl [**006:** N49°24'10.1" E8°43'39.8"], die allerdings einen Umweg über Gaiberg erfordert. Wenn Sie der offiziellen Beschilderung zum Königstuhl im Stadtgebiet von Heidelberg folgen, dann werden Sie irgendwann mit der Durchfahrtsbeschränkung für Fahrzeuge über drei Tonnen zulässigem Gesamtgewicht konfrontiert werden. Wenn Ihr Fahrzeug leichter ist, dann ist das kein Problem, ist es größer und schwerer, dann sollten Sie den Umweg wählen. Zudem ist die Zufahrt auf dem direkten Weg teilweise sehr schmal.

Wer mit einem Hund unterwegs ist, ist auf dem Königstuhl gut aufgehoben, denn die Spaziermöglichkeiten sind hier geradezu unbegrenzt. Außerdem hat man hier mit dem **Märchenparadies,** der **Tinnunculus Falknerei** und der historischen Bergbahn gleich drei Sehenswürdigkeiten Heidelbergs direkt vor der Aufbautür. Eine weitere Möglichkeit das Fahrzeug abzustellen sehen wir noch auf diesem Campingplatz.

(007) WOMO-Campingplatz-Tipp: Camping Heidelberg

GPS: N49°24'50.5" E8°46'14.7";
Schlierbacher Landstraße 151, 69118 Heidelberg.
Max. WOMOs: 24, maximale Länge 12 m.
Ausstattung: Sehr kleiner einfacher Platz mit Wasserver- und Abwasserentsorgung, Kassettenentleerung, Stromanschlüssen, Behälter für die Müllentsorgung, WLAN. Im Servicegebäude gibt es Duschen und WC, Der Platz ist von April bis Oktober geöffnet.
Beschreibung: Direkt am Neckar, Verkehr auf der vorbeiführende Bundesstraße deutlich hörbar. Der Platz ist etwa fünf Kilometer von der "Alten Brücke" entfernt. Die Altstadt ist bequem mit dem Bus von der Haltestelle vor dem Platz in 10 Minuten zu erreichen.
Preise: Erwachsene Person 6,50 €, Wohnmobil je nach Größe ab 8,50 €, Strom 3,50 pro Tag, Hund 2,00 €.
Zufahrt: Im Stadtteil Schlierbach, über die B37 in Richtung Neckargemünd zu erreichen.
Reservierung/Kontakt: Tel.: 06221/802506 oder http://www.camping-heidelberg.de.

Wir haben den Stellplatz auf dem Königstuhl gewählt, starten einen ausgiebigen Spaziergang auf der Höhe, die mit zahlreichen und gut markierten Wanderwegen ausgestattet ist und nehmen dann die Besichtigung Heidelbergs in Angriff.

Heidelberg, Universitätsstadt mit malerischer Kulisse

Vom Parkplatz auf dem Königstuhl zur **historischen Bergbahn** sind es nur wenige Meter. Zunächst geht ein Blick von der Aussichtsplattform hinunter auf die Stadt und auf den Neckar, bevor die Fahrkarten ganz klassisch an einem Schalter gelöst werden. Wenn man Glück hat, ist die Schlange der wartenden Fahrgäste nicht allzu lang. Auf einer Strecke von rund einem Kilometer überwindet die Bahn mit den knarzenden hölzernen Aufbau einen Höhenunterschied von 260 Metern. Sie endet an der Station Molkenkur. Hier heißt es umsteigen in die moderne Standseilbahn, die über eine

Die historische Bergbahn in Heidelberg.

Schlossruine und Akademie der Wissenschaften vom Karlsplatz betrachtet.

Zwischenstation am Schloss hinunterfährt in die Altstadt. Sie legt fast 500 Meter zurück und überwindet dabei rund 170 Höhenmeter. Wer es gern sportlich mag, der nimmt die **Himmelsleiter**. Das sind 1200 unsymmetrische Sandsteinstufen, die insbesondere beim Aufstieg nichts für konditionsschwache Zeitgenossen sind.

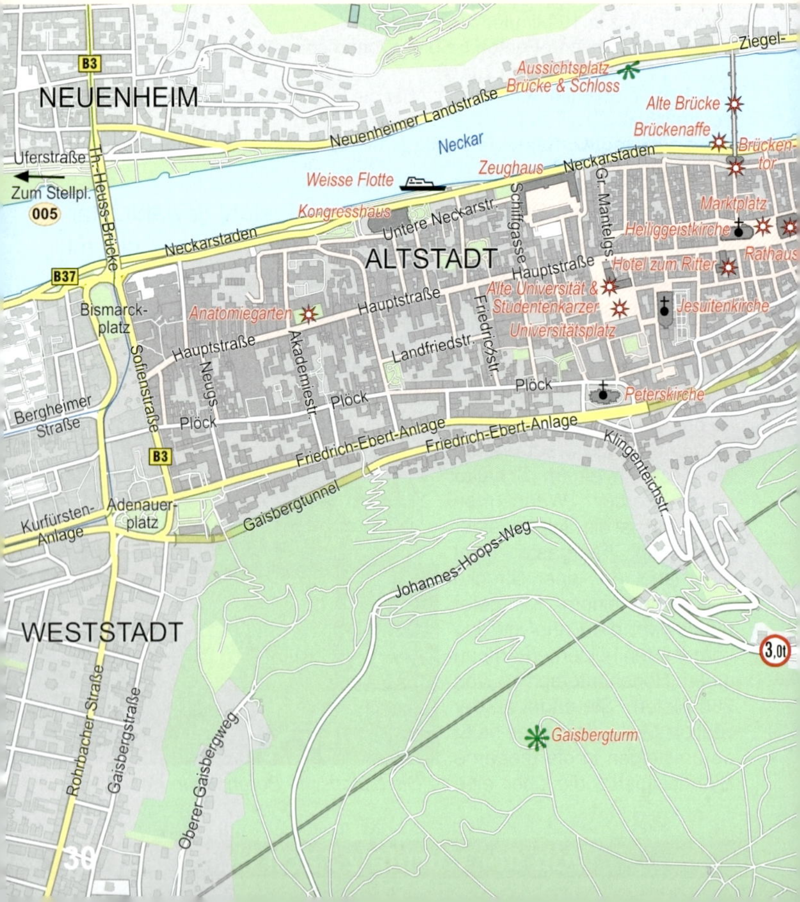

Von der Zwischenstation der modernen Bahn bis zum **Schloss** sind es nur wenige Meter, wie Sie gut auf dem Stadtplan erkennen können.

Es ist wohl eine der bekanntesten Schlossruinen weltweit. Wer einmal durch die Anlagen geht, ist von internationalem Publikum umringt, egal zu welcher Jahreszeit. Selten sieht man so viele Selfiegestänge mit den handelsüblichen Smartphones über die Köpfe der Besucher ragen, wie hier auf den Aussichtsplattformen am Schloss und im Schlossgarten. Mehr als eine Million Besucher kommen jedes Jahr zur berühmtesten Ruine Deutschlands.

Bis zum Dreißigjährigen Krieg war es die Residenz der kurpfälzischen Herrscher. Während des Krieges und

Die Heiliggeistkirche in Heidelberg.

Das Brückentor am Ende der Alten Brücke.

insbesondere während des Pfälzischen Erbfolgekrieges wurde das Schloss zerstört und in der Folgezeit nicht wieder aufgebaut. Wie wir schon beschrieben haben, ließ Kurfürst Johann Wilhelm ab 1720 ein neues Schloss in Mannheim errichten, an Heidelberg hatte er kein Interesse mehr. Die Anlage verfiel zunehmend, nur der repräsentative **Friedrichsbau** wurde unter badischer Herrschaft wiederhergestellt. Es ist ein außergewöhnlich majestätischer Wohnpalast, der sich eindrucksvoll von den Ruinen abhebt. Mit der Romantik entwickelte sich eine Begeisterung für die Ruine. Sie wurde vielfach gemalt, in Gedichten verewigt in Liedern besungen, mystisch verklärt. Damit wurde der Grundstein für die Besucherströme gelegt, die täglich durch diese Ruinen gehen.

Das Schlossgelände und der Schlossgarten sind frei zugänglich. Die Innenräume sind nur im Rahmen von Führungen zu besichtigen. Sie werden täglich zwischen 11.00 und 16.00 Uhr angeboten. Das Schlossticket kostet 8,00 €, damit wird auch der Zugang zum **Deutschen Apothekenmuseum** gestattet, das im Schloss untergebracht ist. Das Ticket gilt auch als Fahrschein für die Bergbahn zwischen der Station am Kornmarkt und der Station Molkenkur.

Vom **Kornmarkt** mit dem Muttergottesbrunnen ist es nicht weit bis zum **Karlsplatz** von dem man einen schönen Blick auf das Schloss hat. Der Platz ist benannt nach dem Großherzog Karl Friedrich von Baden. Hier befinden sich die Akademie der Wissenschaften, das Palais Boisseré und mit dem **Seppl** und dem **Roten Ochsen** zwei der ältesten und bekanntesten Heidelberger Studentenlokale. 400 Meter weiter schließt das **Karlstor**, ein Triumphbogen zu Ehren des Kurfürsten Karl Theodor, die Altstadt gen Osten ab. Geht man vom Kornmarkt in westliche Richtung gelangt man schnell zum **Marktplatz.** Hier befinden sich einige Cafés, Restaurants und das prächtige **Rathaus**, das einen großen Sitzungssaal mit schönen Holzvertäfelungen und Gemälden aufzuweisen hat. Dem Rathaus gegenüber steht die evangelische **Heiliggeistkirche**, deren Turm bestiegen werden kann. Über 208 Stufen geht es auf 38 Meter Höhe. Von der Aussichtsplattform hat man einen sehr guten Blick über die Altstadt, die Alte Brücke und eine schöne Sicht auf das Schloss. Schräg gegenüber der Kirche glänzt das **Hotel zum Ritter** mit seiner eindrucksvollen Fassade aus der Spätrenaissance. Es ist eines der wenigen Häuser, das die Zerstörungen im Pfälzischen Erbfolgekrieg überstanden hat. Geht man auf der Hauptstraße weiter, so ist nach kurzer Zeit in einer Nebengasse die **Jesuitenkirche** sichtbar. Eine Barockkirche, die nach einer Bauzeit von fast 50 Jahren 1759 fertiggestellt wurde. Im Inneren der Kirche ist von einer barocken Ausgestaltung aber kaum mehr etwas zu sehen. Wenige Meter von der Jesuitenkirche befindet sich der Universitätsplatz. Hier stehen die Gebäude der **Alten** und der

Alte Brücke, Brückentor, Schlossruine und Heiliggeistkirche.

Neuen Universität. Die Universität Heidelberg wurde 1386 vom pfälzischen Kurfürsten Ruprecht I. gegründet und ist nach Wien die zweitälteste bestehende Universität im deutschen Sprachraum. Bekannte Gelehrte wie der Philosoph Georg Wilhelm Friedrich Hegel, der Physiker Hermann von Helmholtz oder der Wirtschafts- und Sozialwissenschaftler Max Weber wirkten an dieser Universität, die heute zu den renommiertesten Bildungsstätten der Welt zählt. Mehr als 30.000 Studierende sind hier immatrikuliert.

Auf der Rückseite der Alten Universität befindet sich der **Studentenkarzer**. Hier wurden bis 1914 die Studenten, die über die Stränge schlugen inhaftiert. Meistens wegen nächtlicher Ruhestörungen infolge verstärkten Alkoholgenusses. Der Karzer kann besichtigt werden. Sie werden bei einem Besuch feststellen, dass Graffiti keine neumodische Erscheinung ist. Wände vollmalen konnten die Studenten in früheren Jahrhunderten auch.

Ein weiteres bedeutendes Baudenkmal ist das **Kongresshaus Stadthalle**. Es wird zurzeit saniert und ist erst 2022 wieder für Besucher geöffnet. Unweit des Gebäudes hat die **Weisse Flotte** am Neckar ihren Liegeplatz. Von hier geht es mit der Lieselotte von der Pfalz oder der Königin Sylvia auf dem Neckar zu den Burgen flussaufwärts oder auch auf den Rhein nach Worms und anderen Orten. Das ganze Programm mit den Fahrzeiten und Preisen finden Sie hier https://weisse-flotte-heidelberg.de.

Entlang des Neckars geht es weiter zur **Alten Brücke**. Dabei wird das Zeughaus passiert, in dem die Mensa der Universität untergebracht ist. An der Alten Brücke angekommen, fällt das Brückentor auf, das Teil der früheren Stadtmauer war. Neben dem Brückentor befindet sich die Bronzeskulptur des **Brückenaffen** von Professor Gernot Rumpf aus dem Jahr 1979. Er hält dem Betrachter einen Spiegel entgegen und streckt zwei Finger seiner rechten Hand vor. Versäumen Sie nicht, über den Spiegel zu streichen, denn das verspricht Wohlstand.

Die anderen Skulpturen auf der Brücke sind wesentlich älteren Datums. Sie zeigen den Bauherrn Kurfürst Karl Theodor, die Göttin Minerva und am anderen Ufer den Brückenpatron Johannes Nepomuk. Geht man am Nordufer am Neckar flussabwärts, so gelangt man zu einem Aussichtsplatz, von dem man die Alte Brücke und das Schloss besonders gut im Blick hat. Überquert man die Straße und geht den Hang hoch, so gelangt man zum **Philosophenweg**, der schöne Aussichten auf die Stadt, das Schloss, die Alte Brücke und den Neckar bietet.

Wer oben auf dem Königstuhl geparkt hat, folgt auf dem weiteren Verlauf unserer Reise einfach den Hinweisen nach Neckargemünd. Dort fahren wir jetzt hin. In diesem Städtchen bieten sich diesen beiden Campingplätze für einen längeren Aufenthalt an, die auch als Standorte für einen Besuch Heidelbergs betrachtet werden können.

(008) WOMO-Campingplatz-Tipp: Campingplatz an der Friedensbrücke

GPS: N49°23'44.8" E8°47'35.8"; Falltorstraße 4, 69151 Neckargemünd.
Max. WOMOs: >20, maximale Länge 12 m.
Ausstattung: Gepflegter Platz mit Wasserver- und Abwasserentsorgung, mit Bodeneinlass, Kassettenentleerung, Stromanschlüssen, Behälter für die Müllentsorgung, WLAN, Brötchenservice, Kanuverleih, Quad- und Autoverleih, Spielplatz mit Trampolin und Turmrutsche. In zwei Servicegebäuden gibt es Duschen, WC, Waschmaschine und Trockner. Außerdem gibt es auf dem Platz eine Gaststätte mit Terrasse/Biergarten, die deutsche, mediterrane und asiatische Küche bietet. Der Platz ist von Anfang April bis Ende Oktober geöffnet.
Beschreibung: Wiesengelände direkt am Neckar, sehr ruhig. Bis zur Alten Brücke in Heidelberg sind es 9 Kilometer, bis ins Zentrum von Neckargemünd 500 Meter und bis nach Neckarsteinach sowie Dilsberg jeweils 5 Kilometer.
Preise: Erwachsene Person 7,50 €, Wohnmobil je nach Größe ab 10,00 €, Strom 0,60 € pro kWh, Hund 3,00 €. Entsorgung Grauwasser inkl. Frischwasserversorgung 5,00 €.
Zufahrt: Auf der B37 bis nach Neckargemünd fahren und vor der Brücke über den Neckar links abbiegen.
Reservierung/Kontakt: Tel.: 06223/2178 oder info@camping-bei-heidelberg.de bzw. www.campingplatz-am-neckar.de.

(009) WOMO-Campingplatz-Tipp: Camping Haide

GPS: N49°24'07.6" E8°46'48.3";
Ziegelhäuserstraße 91, 69151 Neckargemünd.
Max. WOMOs: >20, maximale Länge 12 m.
Ausstattung: Gepflegter Platz mit Wasserver- und Abwasserentsorgung, mit Bodeneinlass, Kassettenentleerung, Stromanschlüssen, Behälter für die Müllentsorgung, WLAN, Fahrradverleih. Neue sanitäre Einrichtungen mit Duschen, WC, Waschmaschinen und Trockner. Der Platz ist von Anfang April bis Ende Oktober geöffnet.
Beschreibung: Wiesengelände direkt am Neckar, sehr ruhig. Bis zur Alten Brücke in Heidelberg sind es 6,5 Kilometer, bis ins Zentrum von Neckargemünd 2,5 Kilometer und bis nach Neckarsteinach sowie Dilsberg jeweils 6 Kilometer.
Preise: Erwachsene Person 5,40 €, Wohnmobil je nach Größe ab 5,00 €, Strom 2,50 pro Tag, Hund 2,00 €.
Zufahrt: Am rechten Ufer des Neckars über die Ziegelhäuserstraße.
Reservierung/Kontakt: Tel.: 06223/2111 oder www.camping-haide.de.

Neckargemünd hat eine schön hergerichtete Altstadt, die sich am Südhang des Flusses hochzieht. Abgeschlossen wird die Altstadt durch das **Karlstor** das zu Ehren des Kurfürsten Karl-Theodor errichtet wurde. In den Altstadtgassen gibt es einige Fachwerkhäuser. Auf dem Marktplatz in der Mitte des Ortskerns findet mittwochs und samstags ein Wochenmarkt statt. Ein Besuch der **Burgruine Reichenstein** lohnt eigentlich nicht. Sie befindet sich rund 200 Meter südlich des Karlstores im Stadtgarten. Wesentlich interessanter ist ein Besuch der **Bergfeste Dilsberg**, die sich im gleichnamigen Ort befindet. Sie hatte im Dreißigjährigen Krieg besondere Bedeutung, war stark umkämpft, wurde aber dabei nie zerstört. Sie können den Besuch mit einer Wanderetappe auf dem **Neckarsteig** verbinden. Dieser Fernwanderweg führt von Heidelberg nach Bad Wimpfen. Die Etappe zwischen Neckargemünd und Dilsberg führt über die **Bockfelsenhütte**, von der man einen wunderbaren Blick in das Neckartal und auf Dilsberg mit der imposanten Festung hat. Diese Etappe ist rund sieben Kilometer lang, wenn wir vom Campingplatz an der Friedensbrücke als Startposition ausgehen. Es geht auf diesem Weg ordentlich rauf und runter. Zwei Stunden Gehzeit sollten für eine Wegstrecke mindestens eingeplant werden. Wer es bequemer haben möchte, der fährt zu diesem Parkplatz [N49°23'51.7" E8°50'13.1"] und hat nur noch wenige Meter bis zu dem Stadttor zu gehen, das Sie hier abgebildet sehen.

Das Karlstor in Neckargemünd.

Das Stadttor von Dilsberg.

Die Mittelburg in Neckarsteinach.

Gleich vier Burgen und einen malerischen Ortskern hat **Neckarsteinach** vorzuweisen. Die mittelalterlichen Burgen heißen Vorderburg, Mittelburg, Hinterburg und Schadeck oder auch Schwalbennest. Die Vorder- und die Mittelburg befinden sich in Privatbesitz und können nicht besichtigt werden. Die **Hinterburg** und die **Burg Schadeck** sind Ruinen und frei zugänglich. Von diesen kleinem Parkplatz [N49°24'31.4" E8°49'39.7"] unterhalb der Hinterburg führt ein Wanderweg den Hang hinauf, über den die Burgen und die Altstadt erreicht werden können.

Wir machen nun einen großen Sprung vom Neckar in den Kraichgau und fahren nach **Sinsheim**. Waren wir gerade noch zwischen mittelalterlichen Burgen unterwegs, so bewegen wir uns nun in dem **Technik Museum Sinsheim** im Zeitalter der Hochtechnologie.

(010) Offizieller WOMO-Badeplatz: Womopark Sinsheim

GPS: N49°15'00.7" E8°52'47.4";
Kreisverkehr am Ilvesbach/Schwimmbadweg, 74889 Sinsheim.
Max. WOMOs: 34, maximale Länge 18 m.
Ausstattung: Sehr komfortabler asphaltierter Platz mit Wasserver- und Abwasserentsorgung mit Bodeneinlass, Kassettenentleerung, Stromanschlüssen, Sanitärgebäude mit Duschen und Toiletten, Behälter für die Müllentsorgung, schattenlos, WLAN, Brötchenservice, ganzjährig geöffnet.
Beschreibung: Direkt neben dem Freibad, relativ ruhig trotz vorbeiführender Eisenbahnlinie. Entfernung bis zur Stadtmitte 600 Meter, bis zum Auto & Technik Museum 2 Kilometer, bis zur Thermen & Badewelt 2,5 Kilometer.
Preise: 9,00 € für ein Fahrzeug mit 2 Personen. Bezahlung erfolgt über einen Kassenautomat. Entsorgung kostenlos, Frischwasser 1,00 €, Strom 0,50 € pro kWh.

Zufahrt: In Sinsheim auf der B39 durch die Stadtmitte fahren, dann den Hinweisschildern nach Weiler, dem Freibad und dem Wohnmobilstellplatz folgen. Im Schwimmbadweg im ersten Kreisverkehr die zweite Ausfahrt nehmen und gleich links halten und an einem großen Bürogebäude vorbeifahren.

Zwei Möglichkeiten sehen wir das WOMO abzustellen. Für einen längeren Aufenthalt empfiehlt sich der Womopark. Wer nur das Museum besuchen möchte, dem wird auch der Platz reichen, der mit diesen Koordinaten [**011:** N49°14'19.6" E8°53'55.1"] angefahren werden kann.

Mehr als 3.000 Exponate der Fahrzeuggeschichte gibt es in dem Museum zu bestaunen. Es gibt in großer Zahl klassische Oldtimer, Sport- und Rennwagen, American Dream-Cars, spezielle Mercedes-Benz und Maybach-Sammlungen, Lokomotiven, Traktoren, Fahr- und Motorräder. Praktisch alles was mit einem Motor betrieben wird, ist hier vertreten. Die Stars der Ausstellung sind aber die begehbaren Flugzeuge im Außenbereich, allen voran die Concorde und die Tupulew Tu-144.

Raketenauto Blue Flame.

Concorde der Air France.

Neben diesem außerordentlichen Museum ist für die Freunde der Thermen und gehobenen Badekultur das Erholungs- und Wellnessbad mit "traumhaftem Südseeambiente", wie die Eigenwerbung sagt, von besonderem Interesse. Damit ist nicht das Freibad neben dem Stellplatz gemeint, sondern die **Badewelt Sinsheim**, die in der Badewelt 1, so heißt die Straße, zu finden ist. Dass es eine etwas exklusivere Anlage ist, erkennt man auch am Eintrittspreis. Für drei Stunden werden 21,50 € pro Person aufgerufen. Da ist der Eintritt in das Freibad für die **"Wetzstoispucker"**, wie der Spottname der Sinsheimer lautet, mit 4,00 € doch schon sehr viel günstiger. Den Wetzstoispucker können Sie übrigens als große Brunnenfigur auf dem Marktplatz in Sinsheim bewundern.

Als Kompass des Kraichgaus wird die **Burg Steinsberg** im Stadtteil Weiler bezeichnet. Sie finden die Burg mit diesen Koordinaten [N49°12'53.5" E8°52'34.4"]. Sie steht auf einem relativ flachen Basaltkegel und ist schon von weitem sichtbar. Steakfreunde werden das Restaurant auf der Burg mögen und wer ein ordentliches Rittermal zu sich nehmen möchte, dem sei dieses Restaurant empfohlen. "Ritter Uwe und seine

Mägdelein begrüßen Euch zu einer gar lustig Tafeley", heißt es auf der website des Restaurants, auf der Sie auch die Termine für diese außergewöhnlichen lukullischen Momente finden www.burg-steinsberg.de.

(012) Offizieller WOMO-Stellplatz: Schwarzach – Wildpark

GPS: N49°22'04.4" E8°59'10.6"; Tonwerkstraße 8, 74869 Schwarzach.
Max. WOMOs: 20, maximale Länge 12 m.
Ausstattung: Frischwasserversorgung, Abwasserentsorgung mit Bodeneinlass, Kassettenentleerung, Stromanschlüsse, Behälter für die Müllentsorgung, WLAN, Brötchenservice. Im Servicegebäude gibt es Duschen und WCs. Der Platz ist ganzjährig geöffnet, in den Wintermonaten ist jedoch eine Wasserversorgung nicht möglich.

Beschreibung: Geräumige schattenlose Rasenplätze. In einer Sackgasse am Ortsrand direkt neben dem Wildpark, in der Nacht sehr ruhig. Ausgezeichnetes Bistro mit Biergarten am Platz.
Preise: 16,50 € für ein Fahrzeug inkl. aller Serviceleistungen.
Zufahrt: In Schwarzach den Hinweisschildern zum Wildpark folgen.

Nicht ganz so außergewöhnlich, aber gut ist die kulinarische Versorgung neben dem Stellplatz in **Schwarzach** am **Wildpark**. Mehr als 400 Tiere haben in dem Wildpark eine Heimat. Mehrere gut begehbare Wege führen durch das rund 100.000 Quadratmeter große Areal in dem sich Rehe, Zebras, Wildschweine, Gänse und viele andere Tierarten aufhalten. Vor dem Wildpark ist in einem Skulpturenpark die **Mörserglocke** zu sehen. Mit fast zehn Tonnen Gewicht und einer Höhe von zweieinhalb Metern, ist sie die größte Bronzeglocke Süddeutschlands. Ebenfalls sehenswert ist der monumentale Steinmörser mit einer Größe von 2,05 Metern. Unweit des Stellplatzes befinden sich auch noch ein Freibad, sowie ein Kinderspielplatz.

Mörserglocke vor dem Wildpark.

Wer im Naturpark Neckartal-Odenwald einen längeren Waldspaziergang machen möchte, der findet auf dem Weg nach Hirschhorn auf dem Wanderparkplatz "Am Höchsten" [**013:** N49°24'41.1" E8°54'53.2"] einen sehr ruhigen Stellplatz. Sehr ruhig ist auch der folgende Stellplatz in **Hirschhorn**, obwohl er nah an dem Städtchen an der Neckarschleife liegt.

(014) Offizieller WOMO-Stellplatz: Hirschhorn – Beim Ätsche

GPS: N49°26'32.4" E8°53'52.4"; Jahnstraße 2, 69434 Hirschhorn (Neckar).
Max. WOMOs: 25, maximale Länge 12 m.
Ausstattung: Frischwasserversorgung, Abwasserentsorgung mit Bodeneinlass, Kassettenentleerung, Stromanschlüsse, Behälter für die Müllentsorgung. Der Platz ist von Anfang Januar bis Mitte September geöffnet.
Beschreibung: Große schattenlose Rasenplätze direkt am Neckar, sehr ruhig. Entfernung zum Schloss 1 Kilometer.
Preise: 8,00 € für ein Fahrzeug inkl. aller Serviceleistungen.
Zufahrt: Von Schönbrunn kommend über die Neckarbrücke fahren und dann in Richtung Heidelberg abbiegen. Wenige Meter hinter dem Schiffsanleger an einem Fußballplatz links abbiegen.

Blick auf die Altstadt und auf das Schloss von Hirschhorn.

Hirschhorn nimmt für sich in Anspruch die "Perle des Neckartals" zu sein. Die kleine Altstadt ist durchaus reizvoll. Mit der Karmeliter-Klosterkirche Mariä Verkündigung hat die Stadt eine außergewöhnliche spätgotische Kirche, in der eine ganze Reihe Grabmäler und Epitaphe der Herren von Hirschhorn zu sehen sind, die einst auf dem wenige Meter entfernten Schloss lebten. In dem Schloss ist heute ein Hotel untergebracht, der Innenhof und Bergfried sind frei zugänglich. In der Anlage befindet sich auch ein Biergarten und von der Höhe hat man einen wunderbaren Blick auf die Altstadt und den Neckar mit der Schleuse.

Der nächste Ort auf unserer Reise ist nicht weniger reizvoll, auch wenn die hiesige Burg nur eine Ruine ist. Die Auswahl an Stellplätzen ist dagegen beachtlich.

(015) Offizieller WOMO-Stellplatz: Eberbach – Neckarlauer

GPS: N49°27'36.3" E8°59'11.8"; Uferstraße, 69412 Eberbach.

Max. WOMOs: 8, maximale Länge 18 m, max. Aufenthalt 24 h.
Ausstattung: Keinerlei wohnmobilspezifische Einrichtungen, ganzjährig geöffnet.
Beschreibung: Große asphaltierte Fläche direkt am Neckar, laut. Ideale Lage für den Stadtbesuch.
Preise: Kostenlos.
Zufahrt: Auf der B37 vor der Neckarbrücke rechts abbiegen.

(016) Offizieller WOMO-Stellplatz: Eberbach – In der Au

GPS: N49°27'44.3" E8°58'25.1"; Festplatz in der Au 7, 69412 Eberbach.
Max. WOMOs: 7, maximale Länge 12 m, max. Aufenthalt 2 Tage.
Ausstattung: Frischwasserversorgung, Abwasserentsorgung mit Bodeneinlass, Kassettenentleerung, Stromanschlüsse, Behälter für die Müllentsorgung, ganzjährig geöffnet.

Beschreibung: Große Plätze am Rand einer Sportanlage. In der Nacht sehr ruhig.
Preise: Kostenlos. Abwasserentsorgung und Entleerung der Bordtoilette ist kostenfrei. 60 Liter Frischwasser kosten 1,00 €, Strom kostet 0,50 € pro kWh.
Zufahrt: Den Neckar überqueren und den Hinweisen zu den Sportanlagen folgen.

(017) WOMO-Campingplatz: Eberbach

GPS: N49°27'38.5" E8°58'57.3";
Alte Pleutersbacher Straße 8, 69412 Eberbach.
Max. WOMOs: >20, maximale Länge 12 m.
Ausstattung: Frischwasserversorgung, Abwasserentsorgung mit Bodeneinlass, Kassettenentleerung, Stromanschlüsse, Behälter für die Müllentsorgung, WLAN, Brötchenservice. Im Servicegebäude gibt es Dusche, WC, Waschmaschine und einen Trockner. Der Platz ist von Anfang April bis Ende Oktober geöffnet.
Beschreibung: Geräumige schattige Rasenplätze direkt am Neckar mit Blick auf die Altstadt von Eberbach. Sehr ruhig.
Preise: Erwachsene Person 6,20 €, Wohnmobil je nach Lage und Größe des Platzes zwischen 8,40 € und 12,40 €, Strom 3,00 pro Tag, Hund 2,00 €, Müllentsorgung 1,50 €.
Zufahrt: Den Neckar überqueren und den Hinweisen zum Campingplatz folgen.
Reservierung/Kontakt: Tel.: 06271/1071 oder www.campingpark-eberbach.de.

Eberbach liegt am Fuße des Ohrsberges, einem Umlaufberg, der einst vom Neckar umflossen wurde. Auf der höchsten Stelle dieses Berges steht der **Ohrsbergturm**, er ist nur 850 Meter von der Stadtmitte entfernt. Er kann bestiegen werden und gewährt eine schöne Sicht auf die Altstadt.

Der Pulverturm an der Stadtmauer in Eberbach.

Bei einem Bummel durch die Altstadt fallen besondere Malereien an mehreren Häusern auf. **Sgraffito** nennt sich die Kratztechnik, mit der auf mehrfarbigen Putzunterlagen diese Bilder erzeugt wurden. Am eindrucksvollsten ist dies an der Fassade des Hotels zum Karpfen gelungen. Hier wird die Geschichte Eberbachs in 14 Bildern dargestellt. Das Gebäude befindet sich am Alten Markt, an dem auch das **Städtische Museum** vorzufinden ist. Es widmet sich mit seinen Exponaten insbesondere der Geschichte des Neckars als Lebens- und Verkehrsader.

Sgraffito-Malerei am Hotel zum Karpfen.

Öffnungszeiten: Dienstags und freitags 15:00 – 17:00 Uhr, samstags und sonntags 14:00 – 17:00 Uhr. Der Eintritt ist frei.

Wer den Hinweisschildern zum "Altstadtrundgang" in der verkehrsberuhigten inneren Zone folgt, kommt unter anderem zum **Pulverturm**, der im 14. Jahrhundert als Teil der Stadtbefestigung errichtet wurde. Er steht unweit des Neckars. Entlang der Uferpromenade gibt es einige Skulpturen zu bewundern. Rindenklopferin, Steinhauer, Reifschneider- und Treidler-Denkmal erinnern an diese alten Handwerkstätigkeiten.

Für eine ausgiebige Erkundung der Stadt finden Sie im Downloadbereich dieser Seite www.eberbach.de eine ganze Reihe an PDF-Dokumenten, in denen alle interessanten Themenbereiche der Stadt kurz und prägnant dargestellt werden.

Auf der weiteren Fahrt entlang des Neckars nach Heilbronn kommen wir am **Schloss Zwingenberg** vorbei. Es ist eine gut erhaltene Anlage, die sich seit 1808 in markgräflich badischem Familienbesitz befindet und derzeit von Prinz Ludwig von Baden mit seiner Familie bewohnt wird. Die jährlich stattfindenden Schlossfestspiele bieten in erster Linie Musicals und Opern. Das Programm können Sie hier einsehen www.schlossfestspiele-zwingenberg.de.

Schloss Zwingenberg.

In der Nähe des Schlosses befindet sich die **Wolfsschlucht**, durch den ein naturbelassener, mit Risiken behafteter Wanderweg führt, der Trittsicherheit und Kondition erfordert.

Schwierig wird es für denjenigen, der mit einem ausgewachsenen Wohnmobil in der Nähe parken möchte. Es gibt für kleinere Fahrzeuge mit einer maximalen Länge von sechs Metern einen kleinen Stellplatz, wenn man in Zwingenberg vor der Neckarbrücke rechts abbiegt. Zu finden ist der Stellplatz mit diesen Koordinaten [**018:** N49°24'56.8" E9°02'28.2"]. Der nächste Platz auf dem auch größere Fahrzeuge stehen können, ist der Campingplatz in Neckargerach, den wir hier kurz vorstellen möchten.

(019) WOMO-Campingplatz: Neckargerach – ODENWALD river camp

GPS: N49°23'47.5" E9°04'11.4"; Campingpl., 69437 Neckargerach.
Max. WOMOs: >20, maximale Länge 12 m.
Ausstattung: Frischwasserversorgung, Abwasserentsorgung mit Bodeneinlass, Kassettenentleerung, Stromanschlüsse, Behälter für die Müllentsorgung. Im Servicegebäude gibt es Duschen und WCs. Der Platz ist in den Wintermonaten geschlossen.
Beschreibung: Geräumige Wiesenflächen direkt am Neckar. Durch die nahe verkehrsreiche Brücke über den Neckar aber nicht geräuscharm.
Preise: Erwachsene Person 5,50 €, Wohnmobil 8,50 €, Strom 0,60 pro kWh, Müll 1,50 €.
Zufahrt: In Neckargerach die Neckarbrücke unterqueren und hinter der Brücke rechts zum Campingplatz abbiegen.
Reservierung/Kontakt: Tel.: 06263/4276630 oder https://odenwald.camp/.

Der Campingplatz ist ein guter Standort, um auf dem Neckarsteig in die eine oder andere Richtung eine Tageswanderung zu unternehmen. Für den rund drei Kilometer langen Weg zur **Margarethenschlucht** wird rund eine Stunde benötigt. Rund 150 Höhenmeter sind zu überwinden, wenn man die Schlucht vollständig hinauf oder hinunter gehen möchte. Die eigentliche Schlucht ist nur 300 Meter lang. Auf dieser Distanz geht es 110 Meter in die Tiefe. Acht Wasserfälle sind auf diesem Weg zu sehen, der höchste ist rund 10 Meter. Es ist eine malerische Schlucht und es sind die höchsten Wasserfälle im Odenwald. In Neckargerach ist es neben der Ruine der Minneburg auf der anderen Seite des Neckars die Hauptattraktion.

Wasserfall in der Margarethenschlucht.

Ruhig geht es zu auf dem Stellplatz in **Obrigheim** den Sie mit diesen Koordinaten am Auweg finden [**020:** N49°21'01.6" E9°05'58.5"]. Wohnmobilspezifische Einrichtungen gibt es auf diesem kostenlosen Parkplatz nicht. Er eignet sich für eine Übernachtung und ist ein guter Standort, um den **Goldfischlehrpfad** aufzusuchen, der ein Kilometer südlich des Stellplatzes beginnt. Mit dem Zierfisch hat dieser Pfad allerdings nichts zu tun, wie Sie vielleicht vermuten.

Stellplatz am Neckar in Obrigheim.

Goldfisch war einer der Tarnnamen, um in den letzten Kriegsjahren während des Zweiten Weltkrieges die Rüstungsproduktion vor den Bombenhagel der Alliierten in unterirdischen Gips-stollen zu verlegen. Auf großen Tafeln wird dieses dunkle Kapitel der deutschen Geschichte erläutert.

Mosbach, der nächste Ort auf unserer Reise ist von den Bombenangriffen während des Zweiten Weltkrieges weitgehend verschont geblieben. Von diesem Stellplatz ist es nicht weit in die malerische Altstadt.

(021) Offizieller WOMO-Stellplatz: Mosbach

GPS: N49°21'37.8" E9°08'51.0"; Wasemweg, 74821 Mosbach.
Max. WOMOs: 16, maximale Länge 10 m, max. Aufenthalt 3 Tage.
Ausstattung: Frischwasserversorgung, Abwasserentsorgung mit Bodeneinlass, Kassettenentleerung, Stromanschlüsse, Behälter für die Müllentsorgung, ganzjährig geöffnet.
Beschreibung: Geräumige gepflasterte Plätze an der Elz, weitgehend schattenlos, ruhig, rund ein Kilometer vom Stadtzentrum entfernt.

Preise: Kostenlos, Frischwasser auch in kleinen Mengen ab 0,10 €, Strom 0,50 € pro kWh. Abwasserentsorgung und Entleerung der Bordtoilette ist kostenfrei.
Zufahrt: Mosbach auf der B27 in Richtung Buchen durchfahren und kurz hinter dem Lidl-Markt links abbiegen.

Liebhaber der Fachwerkarchitektur werden in diesem Ort ihre Freude haben. Rund um den Marktplatz und in den Seitengassen glänzt die historische Bausubstanz aus dem 16. und 17. Jahrhundert. Zahlreiche Ladengeschäfte, Cafés und

Der Marktplatz in Mosbach.

Restaurants sind in diesen Gebäuden untergebracht. In den Sommermonaten ist der Marktplatz nicht so leer wie es auf dem Foto zu sehen ist. Mit Märkten und Veranstaltungen aller Art lockt die Stadt zahlreiche Besucher an. Einige davon steigen auch die 127 Stufen im Rathausturm hoch, um von der Aussichtsplattform einen Blick auf die Altstadt und in den südlichen Odenwald zu genießen.

Der Rathausturm in Mosbach.

Mit dem **Mosbacher Sommer** bietet die Stadt jedes Jahr von Juli bis Anfang September ein sehr umfangreiches Kulturprogramm mit zahlreichen Freilichtaufführungen, Theater und Kleinkunst, Konzerte, Kinderspielfeste und Open Air Kinonächte. Langweilig ist das nicht. Das Programm kann über diese Seite www.mosbach.de aufgerufen werden.

Die weitere Fahrt führt uns zu dieser schönen alten Ritterburg, auf der **Götz von Berlichingen** 45 Jahre lebte. Ein Parkplatz befindet sich an der Sport- und Festhalle, den Sie mit diesen Koordinaten [N49°19'01.3" E9°08'08.3"] erreichen. Als Alternative bietet sich auch der Campingplatz an, den wir auf der folgenden Seite beschreiben. Mit dem WOMO hochzufahren können wir nicht empfehlen. Die Parkplätze sind für große Fahrzeuge nicht geeignet.

Burg Hornberg in Neckarzimmern.

(022) WOMO-Campingplatz: Neckarzimmern – Camping Cimbria

GPS: N49°19'09.7" E9°07'32.6"; Wiesenweg 1, 74865 Neckarzimmern.
Max. WOMOs: >20, maximale Länge 12 m.
Ausstattung: Frischwasserversorgung, Abwasserentsorgung mit Bodeneinlass, Kassettenentleerung, Stromanschlüsse, Behälter für die Müllentsorgung, WLAN, Brötchenservice, gemütliches Gasthaus mit Terrasse. Im Servicegebäude gibt es Dusche, WC, Waschmaschine und einen Trockner. Der Platz ist von Anfang April bis Ende Oktober geöffnet.
Beschreibung: Geräumige Wiesenflächen direkt am Neckar, sehr ruhig. Entfernung zu Burg Hornberg 1,8 Kilometer.
Preise: Je nach Saison und Lage zwischen 23,00 € und 38,00 € für ein Fahrzeug mit 2 Personen, Hund 3,00 €, Strom 0,60 pro kWh.
Zufahrt: Am Ortseingang von Neckarzimmern rechts abbiegen.
Reservierung/Kontakt: Tel.: 06261/2562 oder www.cimbria-camping.de.

Baron Dajo von Gemmingen-Hornberg ist der Burgherr dieser mittelalterlichen Anlage und betreibt hier Weinbau. Es soll das älteste Weingut Deutschlands sein. Von der jahrhundertealten Weinbautradition hier an der Grenze zwischen Württemberg und Baden zeugen heute noch die zehn Hektar umfassenden Terrassen, die es in sich haben. Neun Kilometer lange und bis zu vier Meter hohen Muschelkalkmauern sichern die Steillagen unterhalb der Burg, die beste Qualität hervorbringen. Davon können Sie sich selbst überzeugen und im Burgrestaurant bei einem Mittag- oder Abendessen die angebotenen Weine probieren. Hier können Sie schon einmal auf der Speisekarte stöbern www.burg-hotel-hornberg.de und auch eine Tischreservierung vornehmen.

Schloss Horneck bei Gundelsheim.

Die nächste Schlossanlage auf unserer Reise hat kein Restaurant aufzuweisen. **Schloss Horneck** sicherte einst mit der gegenüberliegenden Burg Guttenberg die Verbindungswege entlang des Neckars zwischen Heilbronn und Heidelberg. Heute ist in dem gut erhaltenen Gemäuer das **Heimathaus Siebenbürgen** der Siebenbürger Sachsen untergebracht. Es fungiert als Kultur- und Begegnungszentrum sowie als Museum, das mit mehr als 22.000 Exponaten die bedeutendste Sammlung zur Kunst- und Kulturgeschichte Siebenbürgens außerhalb Rumäniens zeigt. Parken können Sie am nahegelegenen Freibad in Gundelsheim in der Roemheldstraße. Den Parkplatz finden Sie mit diesen Koordinaten [N49°17'16.9" E9°09'33.8"]. Sehr groß ist der Parkplatz allerdings nicht. Dasselbe trifft für den Parkplatz an der **Burg Guttenberg** zu. Von Gundelsheim führt eine immer schmaler werdende Straße zur Burg hoch. Wenn Sie Glück haben, dann finden Sie einen Parkplatz an der Ortsstraße mit diesen Koordinaten [N49°16'48.0" E9°08'01.4], sehr wahrscheinlich ist das aber nicht, denn die Straße ist schmal und die PKW-Dichte hoch. Dann gibt es noch eine weitere Möglichkeit, die Sie mit diesen Koordinaten finden [N49°16'33.4" E9°08'06.8"]. Von diesem Parkplatz bis zur Burganlage sind dann rund 700 Meter zu gehen.

Burg Guttenberg in Haßmersheim.

In der Burg, die eine der letzten unzerstörten Staufer-Burgen in Deutschland ist, befindet sich ein Museum das die Geschichte dieser Anlage erzählt und einen Einblick gibt in das Leben der Ritter während des Mittelalters. Im Außengelände der Burg können rund 80 Großgreifvögel und Eulen bewundert werden, von denen einige bei den spektakulären Flugvorführungen zum Einsatz kommen. Majestätisch kreisen dann Riesenseeadler und andere Vögel über den Neckar, über die Zinnen der Burg und auch haarscharf über die Köpfe der Besucher hinweg. Es ist immer wieder ein besonderes Erlebnis.

Riesenseeadler in der Greifenwarte auf Burg Guttenberg.

Öffnungszeiten: Die Flugvorführungen finden während der Hauptsaison (1. April bis 3. November) zweimal täglich um 11 und um 15 Uhr so gut wie bei jedem Wetter statt. Eintrittspreise: Erwachsene 11,- €, Kinder (5 – 16 Jahre): 7,- €, Familien: 32,- €, Für den gemeinsamen Besuch der Greifenwarte (inkl. Flugvorführung) und dem Museum (inkl. Burgturm) werden Kombitickets angeboten: Erwachsene: 14,- €, Kinder (5 – 16 Jahre): 10,- €, Familien: 44,- €.

Von der Burg Guttenberg ist es nicht weit nach **Bad Rappenau**. Hier steht ein Besuch des Kurparks und der Wellnesseinrichtungen im Vordergrund. Der Stellplatz befindet sich direkt neben dem Salinenpark, in dem alle Kuranlagen eingerichtet sind.

(023) Offizieller WOMO-Stellplatz: Bad Rappenau

GPS: N49°14'06.5" E9°06'53.3"; Weinbrennerstraße, 74906 Bad Rappenau.
Max. WOMOs: 24, maximale Länge 12 m.

Ausstattung: Frischwasserversorgung, Abwasserentsorgung mit Bodeneinlass, Kassettenentleerung, Stromanschlüsse, Behälter für die Müllentsorgung, ganzjährig geöffnet.
Beschreibung: Geräumige gepflasterte Plätze mit Grünstreifen. Es gibt schattenlose und schattige Plätze. Sehr nah an den Parkanlagen, sehr ruhig.
Preise: 3,00 € pro Person, Frischwasser 1,00 € und Strom 1,00 € pro kWh. Abwasserentsorgung und Entleerung der Bordtoilette ist kostenfrei. Ab dem zweiten Tag ist Kurtaxe zu zahlen. Den Parkschein gibt es am Schalter der Gäste-Information, die sich im Sole- und Saunaparadies RapSoDie in 500 Metern Entfernung befindet.
Zufahrt: Bad Rappenau in Richtung Bad Wimpfen durchfahren und am Ortsausgang links halten.

Was gibt es im Salinenpark alles zu entdecken? Gehen wir einmal durch die Anlage und zählen alles auf. Unweit des Stellplatzes befindet sich das Gradierwerk, direkt daneben ein keltischer Baumkreis. Wenige Meter entfernt davon lässt sich ein Sträucher-Lehrpfad durchstreifen, der in einen Kräuter-Lehrpfad übergeht. In Sichtweite davon befindet sich die historische Solebohranlage, die 1822 in Betrieb ging. Seit dieser Zeit wird Sole aus dem in ca. 180 Metern Tiefe

Gradierwerk im Salinenpark.

liegenden und über 32 Meter mächtigen Steinsalzlager gewonnen. Zu Beginn wurde ein von Menschen benutztes Tretrad für die Förderung benutzt, das hier noch betrachtet werden kann. Heute nutzt man dafür elektrische Pumpen. Nördlich dieser Anlage befindet sich ein Barfußpfad und unweit davon ein duftendes Lavendel-Labyrinth. Das Feuerbeet im Anschluss symbolisiert die historische Salzgewinnung mit Siedepfannen, die lange Zeit in Bad Rappenau Verwendung fanden. Den Abschluss des Feuerbeetes bildet das ehemalige Direktionsgebäude der Saline.

Das Feuerbeet im Salinenpark mit dem Monopteros (Rundtempel) im Vordergrund und dem ehemaligen Direktionsgebäude der Saline im Hintergrund.

Von diesem Beet ist es nicht weit zum Salinensteg und dem Lichtturm. Ein Bauwerk das errichtet wurde, um die Bahnlinie zu überqueren und damit in den nördlich angrenzenden Kurpark gelangen zu können.

Wer von diesem Turm in Richtung Stadtmitte geht, gelangt zum Sole- und Saunaparadies, das den Namen **RappSoDie** bekam. Es verfügt über Saunen, Sole-Mineralbäder, Totes-Meer-Salzgrotte, Freibad, Wellenbad und einem Gastronomiebetrieb. Darüber hinaus sind verschiedene Kosmetik- und Wellnessangebote vorhanden. Ein genaueren und tagesaktuellen Überblick verschaffen Sie sich am besten durch einen Blick auf diese Seite www.rappsodie.info.

Westlich der Altstadt ist noch das Wasserschloss sehenswert, das für kulturelle Veranstaltungen genutzt wird und von einem Arboretum umgeben ist.

Abschließen möchten wir unseren Besuch in Bad Rappenau mit einem Wandertipp. Parken Sie Ihr Fahrzeug auf dem Wanderparkplatz im Ortsteil **Zimmerhof,** den Sie mit diesen Koordinaten [N49°15'21.7" E9°07'18.0"] erreichen und gehen Sie durch das wildromantische **Fünfmühlental**. Er führt an einem Damwildgehege vorbei zum Landgasthof Siegelsbacher Mühle, den Sie nach 2,5 Kilometern erreichen. Hier gibt es klassische schwäbische Gerichte.

Unser nächstes Ziel ist **Bad Wimpfen**, die Stadt mit der größten erhaltenen Kaiserpfalz nördlich der Alpen. Das WOMO stellen wir auf diesem Stellplatz ab.

(024) Offizieller WOMO-Stellplatz: Bad Wimpfen – SRH Gesundheitszentrum

GPS: N49°14'01.9" E9°09'02.5"; Bei der alten Saline, 74206 Bad Wimpfen.
Max. WOMOs: 8, maximale Länge 7 m.
Ausstattung: Frischwasserversorgung, Abwasserentsorgung mit Bodeneinlass, Kassettenentleerung, Stromanschlüsse, **keine** Behälter für die Müllentsorgung, ganzjährig geöffnet.
Beschreibung: Schattenlose Plätze auf Rasengittersteinen am Rande eines großen PKW-Parkplatzes. Ortsrandlage, sehr ruhig.

Preise: 12,00 € für ein Fahrzeug, Frischwasser 1,00 € (70 Liter) und Strom 1,00 € für 12 Stunden. Abwasserentsorgung und Entleerung der Bordtoilette 1,00 €.
Zufahrt: Von Zimmerhof der Straße nach Bad Wimpfen folgen und am Ortseingang nach links zum SRH Gesundheitszentrum abbiegen, auf den großen PKW-Parkplatz fahren und diesen überqueren.

Die malerische Altstadt mit ihren vielen Fachwerkhäusern ist nach einem Spaziergang von weniger als einem Kilometer erreicht. Der hoch aufragende **Blaue Turm**, der die Silhouette der Altstadt dominiert, trägt zurzeit noch ein Korsett und ist zu großen Teilen eingerüstet und hinter Planen versteckt. Das stark renovierungsbedürftige Gebäude wird restauriert. Sanierungsarbeiten werden voraussichtlich bis 2022 dauern. Erst danach kann er wieder von Besuchern bestiegen werden. Es ist das größte noch erhaltene Gebäude der ehemaligen **Kaiserpfalz**, dessen Bau auf Barbarossa, Kaiser des römisch-deutschen Reiches von 1155 bis 1190 zurückgeht. Gut erhalten sind die Arkaden des staufischen Palas, der Rote Turm, das

Die Stadtkirche in Bad Wimpfen.

Altstadt Bad Wimpfen, Blick in die Klostergasse.

Steinhaus, in dem heute das Historische Museum der Stadt untergebracht ist, die Pfalzkapelle und das Hohenstaufentor. Von den Arkaden hat man einen schönen Blick hinunter auf den Neckar. In der Altstadt bieten zahlreiche Cafés, Eisdielen und Restaurants ihren Service an. Ausprobiert haben wir kein Lokal, das nächste Ziel ruft.

Auf dem weiteren Weg nach Heilbronn fahren wir durch **Bad Friedrichshall**. Hier gibt es ein **Besucherbergwerk** das nur an Samstagen sowie an Sonn- und Feiertagen geöffnet hat, was daran liegt, das dieses Salzbergwerk noch ein aktiver Bergbaubetrieb ist. In rund zweihundert Metern Tiefe wird in den Salzkammern mit interaktiven Präsentationen die Geschichte des Salzbergbaus veranschaulicht. Einen Eindruck vermittelt diese Seite www.salzwerke.de/de/tourismus.html. Ihr Fahrzeug können Sie auf dem Parkplatz in der Bergrat-Bilfinger-Straße abstellen, den Sie mit diesen Koordinaten [N49°13'04.9" E9°12'34.1"] finden.

Wieder unterwegs geht es durch **Neckarsulm**, wo wir am großen Freizeitbad Aquatoll einen kostenlosen Zwischenstopp einlegen können. Den Platz findet man mit diesen Koordinaten [**025:** N49°11'16.3" E9°14'31.1"], die Entsorgung ist kostenlos, Frischwasser gibt es für 1,00 €. Der Platz ist auch für große Fahrzeuge geeignet. Das trifft auch für den Stellplatz bei der **Winzergenossenschaft Heilbronn** zu, den Sie in Heilbronn in der Binswanger Straße 150 mit diesen Koordinaten [**026:** N49°10'03.6" E9°14'37.1"] finden. Die Anmeldung erfolgt im **Weinschatzkeller**, bei einem Weineinkauf ab einer Höhe von 50,00 €, wird die Parkgebühr (5,00 €) erlassen. Die Auswahl an Weinen ist immens, die Preise erstaunlich moderat. Da lohnt es sich, den Weinvorrat für den heimischen Keller aufzustocken.

Um die Stadt zu besuchen empfehlen wir den offiziellen Stellplatz anzufahren, den wir hier kurz vorstellen.

(027) Offizieller WOMO-Stellplatz: Heilbronn – Wertwiesenpark

GPS: N49°07'50.3" E9°12'19.1"; Neckarhalde, 74081 Heilbronn.
Max. WOMOs: 20, maximale Länge 12 m.
Ausstattung: Frischwasserversorgung, Abwasserentsorgung mit Bodeneinlass, Kassettenentleerung, Stromanschlüsse, Behälter für die Müllentsorgung, ganzjährig geöffnet.
Beschreibung: Enge Zufahrt und relativ enge Verhältnisse auf dem Platz. Hier steht man dicht beieinander. Die Plätze sind schattig, die Versorgungsstation befindet sich in der hintersten Ecke am Eingang zum Park. Nachts ist es hier sehr ruhig. Das Freibad Neckarhalde befindet sich in unmittelbarer Nähe. Bis zur Parkanlage sind es nur wenige Meter. Hier gibt es auch einen Kiosk, der in den Sommermonaten kleine Gerichte anbietet. Die Innenstadt ist über einen Fußweg entlang des Neckars zu erreichen, Entfernung rund zwei Kilometer.

Preise: Kostenlos. Abwasserentsorgung und Entleerung der Bordtoilette ist kostenfrei, Frischwasser 1,00 €, Strom 0,50 € pro kWh.
Zufahrt: Auf der B27 durch Heilbronn in Richtung Lauffen fahren und vor dem verglasten Rundbau im Süden der Stadt in die Knorrstraße abbiegen, diese bis zum Ende durchfahren und dann links in die Nekarhalde abbiegen.

Von der historischen Altstadt Heilbronns blieb nach den Luftangriffen vom 4. Dezember 1944 nicht mehr viel übrig. Nur 20 Minuten dauert das Inferno, 6500 Menschen kamen in dieser einen Nacht ums Leben. Es war eine Katastrophe für diese Stadt. Heilbronn ist nach Pforzheim die Stadt mit den meisten Bombenopfern im Südwesten Deutschlands. Nur einige historische Gebäude überstanden den Krieg, andere wurden später wieder aufgebaut, wie die **Kilianskirche**, die für die Stadtbevölkerung eine besondere, identitätsstiftende Wirkung hat und seit mehr als 1000 Jahren das Wahrzeichen der Stadt ist. Schon zu Beginn des Krieges wurden wesentliche Kunstschätze der Kirche in Sicherheit gebracht. Der zweiflüglige Hauptaltar von Hans Seyfer aus dem Jahr 1498 im Chor der Kirche gilt als besondere Meisterleistung in der Schnitzkunst. Er besteht aus Lindenholz, ist

Heilbronn, Wertwiesenpark.

zwölf Meter hoch und acht Meter breit. Dass die Figuren den Krieg überstanden verdanken sie nur der Weitsicht der Menschen, die sie rechtzeitig im Salzbergwerk in Kochendorf bombensicher in 200 Metern Tiefe unterbrachten. Nur das Gesprenge und der Schrein des Altars gingen im Krieg verloren, konnten aber anhand von Aufzeichnungen und Fotos rekonstruiert werden, so dass der Hauptaltar wieder in alter Schönheit erstrahlt. Die Restaurationsarbeiten der fast vollständig zerstörten Kirche dauerten von 1946 bis 1974.

Der Renaissanceturm der Kilianskirche.

Unweit der Kirche befindet sich das **Rathaus**. Auch dieses Gebäude wurde während des Krieges stark zerstört. In den 50er Jahren wurde das Haupthaus mit seiner Außenfassade wieder aufgebaut. Die anderen angrenzenden Gebäude wurden nicht rekonstruiert, sondern durch moderne Zweckbauten ersetzt. Die astronomische Uhr aus dem 16. Jahrhundert wurde rekonstruiert. Mit dem **Käthchenhaus** befindet sich neben dem Rathaus ein weiteres historisches Gebäude am Marktplatz.

Astronomische Uhr am Rathaus in Heilbronn.

Von der mittelalterlichen Stadtbefestigung sind noch der **Götzen-** und der **Bollwerksturm** erhalten. Auf dem Götzenturm balanciert seit 1985 auf einer Stange ein scherenschnittartiger Mensch "über dem Abgrund", wie die Skulptur von dem Künstler Hubertus von der Goltz genannt wird. Dieser Turm kann bestiegen werden. Der Götzenturm wurde nach dem berühmten Ritter Götz von Berlichingen benannt. Eigentlich hätte der Bollwerksturm nach ihm benannt werden müssen, denn dort wurde er für eine Nacht vom Schwäbischen Bund gefangen gehalten. Die Geschichte ist halt voller Ungereimtheiten.

Das älteste erhaltene Bauwerk der Stadt ist der Unterbau des Kirchturms des Deutschordenmünsters St. Peter und Paul das nur wenige Meter von der Kilianskirche entfernt ist. Es ist ein Gebäude des **Deutschhofs**, dessen Gründung auf den Deutschen Orden zurückgeht, der hier ein eigenes Herrschaftsgebiet innerhalb der Stadtmauern der ehemaligen Reichsstadt Heilbronn hatte. Auch dieser Gebäudekomplex wurde während des Krieges weitgehend zerstört, später rekonstruiert, dient heute der Volkshochschule und als Haus der Stadtgeschichte. Es ist ein Museum in der die gesamte Historie Heilbronns präsentiert wird.

Auf die **experimenta** müssen wir noch hinweisen. Sie befindet sich auf einer Insel im Neckar, nur 500 Meter vom Rathaus entfernt. Es ist Deutschlands größtes Science Center. Auf rund 25.000 Quadratmetern wird mit 275 interaktiven Exponaten Naturwissenschaft und Technik begreif- und erlebbar gemacht. Hier ist anfassen, mitmachen, experimentieren nicht nur erlaubt, sondern ausdrücklich erwünscht. Die

Vielfalt des Angebots für Jung und Alt ist überwältigend. Auf dieser Seite www.experimenta.science/de können Sie einen ersten Eindruck gewinnen. Hier finden Sie auch die Öffnungszeiten und die Eintrittspreise für Entdecker-, Erlebnis-, und Forscherwelten in denen man sich ganz bequem mehr als einen Tag aufhalten kann, ohne das es dabei langweilig wird.

Wir wollen unseren Besuch in Heilbronn mit einem Wandertipp beenden, der über den **Weinpanoramaweg** den Aussichtspunkt mit dem Restaurant auf dem **Wartberg** zum Ziel hat. Mit dem Wohnmobil dort einfach hochzufahren ist nicht zu empfehlen, denn große Fahrzeuge werden hier keinen Parkplatz finden. Wenn Ihr Fahrzeug sechs Meter Länge nicht überschreitet, dann können Sie es versuchen und diese Position [N49°09'30.0" E9°14'14.2"] anfahren. Wenn Sie ein größeres Fahrzeug haben, so können Sie diesen Wanderparkplatz auf dem Sattel an der B39 in Richtung Autobahn ansteuern, den Sie mit diesen Koordinaten [N49°09'09.8" E9°15'03.3"] finden. Hier sehen Sie auch eine große Wandertafel, die Ihnen die Orientierung erleichtert, um den Einstieg in den Weinpanoramaweg zu finden. Der Rundweg ist etwa sechs Kilometer lang, mit zahlreichen Informationstafeln versehen und führt unter anderem an einer historischen Baumkelter vorbei, die eine der größten und ältesten Weinpressen Deutschlands ist. Der Panoramablick auf die Weinberge ist einfach fantastisch. Nach der Hälfte der Wanderstrecke ist der Wartbergturm und das Höhenrestaurant erreicht, das mit klassisch schwäbischen Gerichten zu überzeugen weiß.

Blick auf die Weinberge im Heilbronner Land. Im Hintergrund ist die Burg Weibertreu in Weinsberg zu sehen.

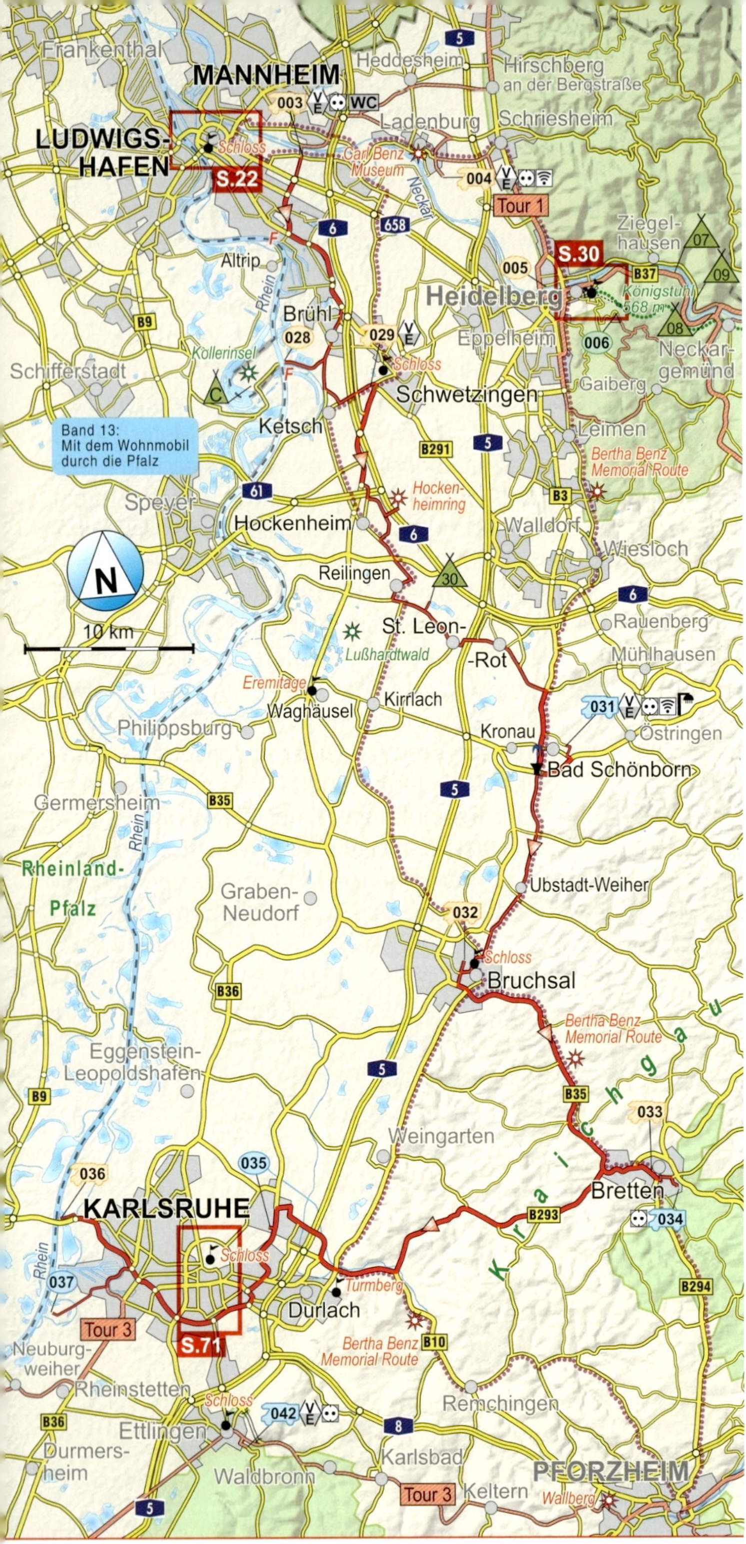

MANNHEIM
LUDWIGS-HAFEN
Frankenthal
Heddesheim
Hirschberg an der Bergstraße
Ladenburg
Schriesheim
Schloss
S.22
Carl Benz Museum
Neckar
Tour 1
Ziegelhausen
S.30
Heidelberg
Königstuhl 568 m
Altrip
Rhein
Brühl
Eppelheim
Neckargemünd
Kollerinsel
Schifferstadt
Schwetzingen
Gaiberg
Ketsch
Leimen
Band 13: Mit dem Wohnmobil durch die Pfalz
Bertha Benz Memorial Route
Hockenheimring
Speyer
Hockenheim
Walldorf
Wiesloch
Reilingen
10 km
St. Leon--Rot
Rauenberg
Lußhardtwald
Mühlhausen
Eremitage
Waghäusel
Kirrlach
Philippsburg
Kronau
Östringen
Bad Schönborn
Germersheim
Rheinland-Pfalz
Graben-Neudorf
Ubstadt-Weiher
Bruchsal
Kraichgau
Eggenstein-Leopoldshafen
Weingarten
Bretten
KARLSRUHE
Turmberg
Durlach
Tour 3
S.71
Neuburgweiher
Rheinstetten
Remchingen
Ettlingen
Durmersheim
Karlsbad
Waldbronn
Keltern
PFORZHEIM
Wallberg

TOUR 2 (ca. 150 km)

Schwetzingen – Hockenheim – St. Leon-Rot – Bad Schönborn – Bruchsal – Bretten – Durlach – Karlsruhe

Stellplätze:	Brühl, Schwetzingen, Bad Schönborn, Bruchsal, Bretten, Karlsruhe.
Campingplätze:	St. Leon-Rot.
Ver-/Entsorgung:	Schwetzingen, St. Leon-Rot, Bad Schönborn.
Besichtigungen:	Schwetzingen (Schloss, Schlossgarten und Moschee), Hockenheim (Motorsportmuseum), Bruchsal (Schloss), Bretten (Altstadt), Durlach (Turmberg), Karlsruhe (Schloss, Schlossgarten, Zoologischer Stadtgarten).
Wandern:	Kollerinsel.
Baden/Wellness:	Bad Schönborn (Therme), Bretten (Stadtbad), Karlsruhe (Fächerbad, Rheinstrandbad Rappenwört).

Diese Tour führt uns von Mannheim nach Karlsruhe und damit von der Kurpfalz nach Baden. Auf dieser Reise werden wir uns einige Schlösser ansehen, uns mit der Bertha Benz Memorial Route beschäftigen, einmal Motorsportluft schnuppern und Ihnen zeigen, wo es sich lohnt, einmal in das kühle Nass zu springen.

Beginnen wir mit **Brühl**, einem kleinen Städtchen am Rhein. Wesentliche Sehenswürdigkeiten, die man unbedingt gesehen haben muss, hat die Stadt, in der Steffi Graf während ihrer Tenniskarriere ihren Hauptwohnsitz hatte, nicht zu bieten. Für den Naturfreund ist die Kollerinsel interessant, die in den Sommermonaten mit der Kollerfähre erreicht werden kann. Der Parkplatz am Rande des Fähranlegers kann als ruhiger Übernachtungsplatz genutzt werden.

(028) WOMO-Stellplatz: Brühl – Kollerfähre

GPS: N49°23'34.8" E8°30'05.0"; L630, 68782 Brühl.

Max. WOMOs: 10, maximale Länge 12 m.

Ausstattung: Asphaltierter Platz ohne Versorgungseinrichtungen, ganzjährig geöffnet.

Beschreibung: Direkt am Rhein an der Kollerfähre, die nach Speyer hinüberführt. Nachts absolut ruhig.

Preise: Kostenlos.

Zufahrt: Von Brühl den Hinweisen zur Fähre folgen.

Die etwa 400 Hektar große Kollerinsel entstand im Zuge der Rheinbegradigung, die in den Jahren zwischen 1817 und 1882 durch Tulla ausgeführt wurden. Mit dem Durchstich der Rheinschlinge bei Brühl entstand die heutige Insel. Sie ist einer der beiden linksrheinischen Landesteile Baden-Württembergs und steht unter Naturschutz. Der sechs Kilometer lange Ringdeich ist ein schöner Rundweg, über den die amphibische Landschaft dieses Naturschutzgebietes erkundet werden kann. Ein Badesee, ein Campingplatz und ein kleiner Yachthafen befinden sich am Rande der Insel am Kollersee.

Von der Kollerfähre bis nach **Schwetzingen** sind es nur sieben Kilometer. Um die Stadt und vor allem den Schlossgarten zu besichtigen, fahren wir diesen Stellplatz an.

(029) Offizieller WOMO-Stellplatz: Schwetzingen

GPS: N49°22'41.6" E8°33'33.6"; Ketscher Landstraße, 68723 Schwetzingen.
Max. WOMOs: 12, maximale Länge 12 m.
Ausstattung: Mit Rasengittersteinen ausgelegter Platz. Wasserver- Abwasserentsorgung und Kassettenentleerung über eine Sani-Station. Der Platz ist ganzjährig geöffnet.

Beschreibung: Am Ortsrand in unmittelbarer Nähe des Schlossparkes. Bis zum Haupteingang des Schlosses sind es zu Fuß allerdings 1,5 Kilometer. Durch die Lage neben einem Lidl und anderen Ladengeschäften und der vorführenden Straße ist der Platz nicht leise.
Preise: Kostenlos, Frischwasser 1,00 €, Abwasserentsorgung und Entleerung der Bordtoilette 1,00 €.
Zufahrt: Von Ketsch kommend, die Autobahn überqueren und nach etwa einem Kilometer rechts abbiegen.

Bandkeramikfunde belegen, dass es auf dem Stadtgebiet von Schwetzingen schon in der Jungsteinzeit eine Siedlung gegeben haben muss. Urkundlich erwähnt wird dieser Ort zum ersten Mal im Lorscher Codex von 766 als "Suezzingen". Die Geschichte der Stadt reicht also weit zurück. Um 1350 wird erstmals ein Wasserschloss erwähnt. Es wurde im Dreißigjährigen Krieg zerstört und unter Kurfürst Johann Wilhelm wieder aufgebaut. Ab 1742 wurde dann unter Kurfürst Karl Theodor das Schloss als Sommerresidenz ausgebaut. Der Schlossgarten und der Platz vor dem Schloss wurde, dem Zeitgeist des Barock folgend, planvoll mit strengen geometrischen Formen angelegt. Jährlich wandeln mehr als 700.000 Besucher durch die Laubengänge des Schlossgartens. Empfehlenswert ist ein Besuch zur Spargelzeit. Das königliche Gemüse aus Schwetzingen hat einen außerordentlich guten

Ruf. Als ältestes Spargelanbaugebiet Deutschlands konnte die Stadt 2018 "350 Jahre Spargelanbau" feiern. Das Denkmal der Spargelfrau auf dem Schlossplatz erinnert daran und die Restaurants rund um diesen Platz sind gewappnet, wenn die Besucher original Schwetzinger Spargel verkosten möchten. Wie dieses königliche Gemüse nach Schwetzingen kam, wird bei einem Besuch im Schloss und Schlossgarten deutlich. Schauen wir uns das näher an.

Schloss und Schlossgarten in Schwetzingen

Um das Schloss und den Schlossgarten zu betreten ist zunächst Eintritt zu entrichten. Es gelten unterschiedliche Preise und Öffnungszeiten für die Winter- und Sommermonate.

Öffnungszeiten: Schlossgarten 27. Okt. - 28. März täglich von 9:00 bis 16:30 Uhr, 29. März bis 24. Oktober 9:00 bis 19:30 Uhr.

Die Eintrittspreise sind gestaffelt und liegen je nach Saison und Schloss- und/ oder Gartenbesuch zwischen 5,00 € und 10,00 € für eine erwachsene Person.

Das Schloss in Schwetzingen.

Die Innenräume des Schlosses sind nur im Rahmen einer Führung zugänglich. Gezeigt werden die kurfürstlichen Appartements, die immer aus mindestens drei Zimmern bestehen. Das Mobiliar und die Räume sind zumeist von schlichter Eleganz. Auch die Schlosskapelle gibt sich bescheiden. Das Rokoko-Theater ist dagegen pompös und extravagant gestaltet. Mit seinen beiden in den Zuschauerraum hineinragenden hufeisenförmig angeordneten Rängen ist es eines der ältesten erhaltenen Rangtheater in Europa. Es wurde von Nicolas de Pigage erbaut und am 15. Juni 1753 eingeweiht. Es wird auch heute noch für Veranstaltungen genutzt, unter anderem für die **Schwetzinger SWR Festspiele**. Das ist ein internationales Festival der klassischen Musik und findet jährlich zwischen Ende April und Anfang Juni statt.

Teil der Hirschgruppe im Schlosspark.

Schauen wir uns nun den Garten an. Der erste Weg, vom Schloss führt über die lange schnurgerade Sichtachse durch eine große,

Die Moschee im Schlosspark Schwetzingen.

Der Kirschgarten in voller Blüte.

kreisrunde Anlage des Barockgartens, in dessen Mitte sich der **Arionbrunnen** befindet. Die **Hirschgruppe** am Rande des Kreises erinnert daran, dass diese Sommerresidenz auch für die Jagd genutzt wurde. Große Wäldchen mit symmetrisch angelegten Baumbestand schließen sich an, bevor der Barockgarten am großen Weiher von einem englischen Landschaftsgarten abgelöst wird. Im nördlichen Teil der Anlage sind der **Apollo-Tempel** und das Naturtheater zu sehen. Unweit davon befindet sich die Orangerie. Ein besonderes Gebäude ist das **Badhaus**, ein intimes Lustschloss, in das sich Kurfürst Karl Theodor zurückziehen konnte. Von diesem Kleinod ist es nicht weit bis zum **Ende der Welt**. Durch einen lang gestreckten Laubengang fällt der Blick auf eine scheinbar angrenzende idyllische Flusslandschaft. Eine Illusion, die durch ein sogenanntes **Trompe-l'œil-Bild** erzeugt wird.

Südlich des Parterres befindet sich der **Obstgarten**. Neben zahlreichen Apfelbäumen ist hier der **Kirschgarten** von großem Interesse, der besonders zur Blütezeit zahlreiche Besucher in die Gartenanlage lockt. Neben dem Obstbau wurde vom Kurfürsten Karl Theodor in diesem Areal die Kultivierung des Spargelanbaus gepflegt. Wir stehen hier am Ursprung des Anbaus dieses königlichen Gemüses in Deutschland.

Hinter dem Obstgarten befindet sich das außergewöhnlichste Gebäude des Schlossgartens. Die **Moschee** dokumentiert das Interesse Karl Theodors an der arabischen Welt. Es ist ein Staffagebau, der nicht als Gebetsraum dienen, sondern Toleranz gegenüber allen Religionen und Kulturen zum Ausdruck bringen sollte. Um das zu verstehen, ist eine Beschäftigung mit dem Zeitalter der Aufklärung notwendig. Das wollen wir hier allerdings nicht machen, sondern werfen zum Abschluss unseres Rundgangs noch einen Blick auf den **Merkurtempel**. Es ist eine als Ruine erbaute Anlage, die an die Vergänglichkeit erinnern soll. Es befindet sich hinter der Moschee, im hintersten Winkel des Gartens.

Wir beenden unseren Besuch in Schwetzingen und fahren weiter zum Hockenheimring. Hinweisen möchten wir bei dieser Gelegenheit auf die **Bertha Benz Memorial Route**, die wir im weiteren Verlauf unserer Reise noch mehrfach antreffen werden. Es ist eine Ferienstraße, die an die erste Fernfahrt mit einem Automobil in der Geschichte des motorisierten Verkehrs erinnert. Anfang August 1888 fuhr Bertha Benz mit ihren beiden Söhnen auf dem Patent-Motorwagen Nr. 3 von Mannheim nach Pforzheim und zurück. Die ganze Geschichte dazu können Sie hier nachlesen www.bertha-benz.de. Der Routenverlauf ist mit einer gepunkteten Linie auf der Tourkarte zu Beginn dieses Kapitels abgebildet.

Geschichten rund um das Automobil sind in Baden-Württemberg vielfach anzutreffen. Auch am **Hockenheimring** gibt es ein kleines Museum. Hier wird die Geschichte des Rennsports mit historischen Rennmotorrädern und Rennwagen erzählt. Wenn Sie Rennsportfeeling live erleben möchten, so können Sie sich mit dem Renntaxi, einem Porsche GT3, einem Audi R8, einem AMG-Mercedes oder einem Ferrari eine oder mehrere Runden auf dem Ring fahren lassen. Alle notwendigen Informationen und Buchungsoptionen finden Sie auf dieser Seite www.hockenheimring.de. Hier sehen Sie auch die aktuellen Öffnungszeiten des Museums. Parken können Sie in der Continentalstraße [N49°19'28.6" E8°34'10.5"].

Vom Motorenlärm und Benzingeruch geht es nun zu einem Campingplatz, der mit drei ehemaligen Baggerseen Bade-, Wassersport- und Angelmöglichkeiten bietet.

(030) WOMO-Campingplatz: Erholungsanlage St. Leoner See

GPS: N49°16'58.5" E8°35'04.6"; Am St. Leoner See 1, 68789 St. Leon-Rot.
Max. WOMOs: >20, maximale Länge 12 m.
Ausstattung: Frischwasserversorgung, Abwasserentsorgung mit Bodeneinlass, Kassettenentleerung, Stromanschlüsse, Behälter für die Müllentsorgung, WLAN, Brötchenservice. In den Servicegebäuden gibt es Duschen, WCs, Babywickelräume, Waschmaschinen, Trockner und Geschirrspülräume. Der Platz ist ganzjährig geöffnet.
Beschreibung: Mehrere asphaltierte Stoppoverplätze in der Nähe der Schranke sowie viele große Rasenplätze etwas abseits des Sees. .
Preise: Erwachsene Person 5,00 €, Wohnmobil 8,50 € für den Asphaltplatz und in Abstufungen zwischen 11,50 € und 17,50 € pro Fahrzeug für Rasenplätze unterschiedlicher Größe und Ausstattung. Strom 2,50 pro Tag. Waschmaschine 3,50 €, Trockner 2,00 €, Hund 3,50 €.
Zufahrt: An der Straße (L546) zwischen Reilingen und St. Leon-Rot auf der linken Seite, gut ausgeschildert, nicht zu verfehlen.
Reservierung/Kontakt: Tel.: 06227/59009 oder www.st.leoner-see.de.

Der Platz umschließt den Badesee, an dessen südlichen Rand ein Areal für eine Wakeboardanlage abgegrenzt wurde. Der zweite See wird als Surf- und Segelrevier genutzt, der dritte bleibt den Petrijüngern vorbehalten. Vom Campingplatz

Die Eremitage Waghäusel.

Mit dem Wakeboard unterwegs.

lässt sich eine kleine Radtour durch den Lußhardtwald zur **Eremitage Waghäusel** unternehmen. Es sind nur rund neun Kilometer bis zu diesem barocken Jagd- und Lustschloss. Damian Hugo Philipp von Schönborn-Buchheim, Fürstbischof von Speyer ließ es ab 1724 errichten. Er ist auch der Erbauer des Schlosses in Bruchsal, zu dem wir noch kommen werden. Die Eremitage wird heute hauptsächlich für Veranstaltungen und Tagungen genutzt. Außer dem Museum, das auch nur jeden letzten Sonntag im Monat von 14:00 bis 17:00 Uhr geöffnet hat, können keine Innenräume besichtigt werden. Wirklich spannend ist der Besuch der Eremitage also nicht.

Erlebnisreicher ist es den jungen Leuten zuzuschauen, die in der Wasserskianlage am Campingplatz gekonnt ihre Bahnen ziehen. Wer dabei die Lust verspürt, es dem jungen Mann auf dem Foto gleich zu tun, der kann das hier erlernen. Informationen dazu finden Sie auf dieser Seite www.wasser-ski-stleon.de.

Ganz ohne sportliche Betätigung geht es auf dem nächsten Stellplatz in **Bad Schönborn** weiter. Im Thermarium ist Wellness angesagt. Sechs Thermalbecken stehen innen und außen zur Wahl. Die Wassertemperaturen variieren zwischen 27° C und 35° C. Dazu kommen unzählige Wasserattraktionen, wie Sprudelliegen, Strömungskanal, Bodensprudler, Whirlbuchten und weitere Einrichtungen. Darüber hinaus gibt es einige Saunen und Wellnessangebote, Massagen und anderes mehr. Auch kulinarisch kann man sich hier verwöhnen lassen und das alles nur wenige Meter von diesem Stellplatz entfernt.

(031) Offizieller WOMO-Badeplatz: Bad Schönborn – WellMobilPark

GPS: N49°13'06.4" E8°40'18.2"; Kraichgaustr. 16, 76669 Bad Schönborn.
Max. WOMOs: 86, maximale Länge 12 m.
Ausstattung: Großer gechotterter Platz. Getrennte Ver- und Entsorgungs-Säulen,ganzjährig in Betrieb. Bodeneinlauf für bequemes Ablassen von Grauwasser bzw. Festtanks. Alle Plätze mit Stromanschluss. Während der Öffnungszeiten des Thermariums ist gegen eine geringe Gebühr die Benutzung der Duschen möglich. Toiletten stehen kostenlos zur Verfügung. WLAN ist kostenpflichtig und einen Brötchenservice gibt es auch.

Beschreibung: Direkt neben demThermarium, sehr ruhig. Entfernung bis zur Stadtmitte 1,5 Kilometer.
Preise: 9,50 € für ein Fahrzeug bis 10 Metern Länge, für größere Fahrzeuge sind 14,00 € zu zahlen. Anmeldung und Bezahlung erfolgt im Servicecenter. Entsorgung kostenlos, über Münzautomaten gibt es 100 Liter Frischwasser für 1,00 €, Strom kostet 2,00 € pro Nacht.
Zufahrt: Folgen Sie der guten Beschilderung zur Therme und achten Sie auf die Linienführung in der Tourenkarte am Anfang dieses Kapitels. Achten Sie bitte darauf, nicht den kürzesten Weg zu nehmen, den Ihnen Ihr Navi vielleicht vorschlägt. Dieser führt nämlich durch Wohngebiete mit mehreren Engstellen und verkehrsflussbremsenden Einrichtungen. Für Fahrzeuge über 3,5 t sind diese Zufahrten gesperrt.

Von diesem großen Stellplatz geht es nun weiter zu einem ganz kleinen am Rande eines PKW-Parkplatzes in Bruchsal. Von diesem ist es nicht weit bis zum Schloss, das wir auf der folgenden Seite beschreiben.

(032) Offizieller WOMO-Stellplatz: Bruchsal – Sportzentrum

GPS: N49°07'56.1" E8°35'23.2"; Giesgrabenweg 6, 76646 Bruchsal.
Max. WOMOs: 2, maximale Länge 10 m, max. Aufenthalt 2 Tage.
Ausstattung: Asphaltierter Platz ohne Versorgungseinrichtungen, ganzjährig geöffnet.

Beschreibung: 5 Gehminuten vom Barockschloss entfernt, ruhig.
Preise: Kostenlos.
Zufahrt: Von Bad Schönborn kommend auf der B3 in Bruchsal am Schloss vorbeifahren, dann rechts in die Wilderrichstraße abbiegen, diese bis zum Ende durchfahren, dann links abbiegen und wenige Meter später aus einem Kreisverkehr die Bahnlinie unterqueren, der Straße folgen (W.-v.-Siemens-Str.) und dann bei der zweiten Nebenstraße rechts abbiegen und bis zum Sportzentrum fahren.

Schloss Bruchsal

Vom Stellplatz ist das Schloss bequem zu erreichen. Gehen Sie dazu auf dem Giesgrabenweg, das ist die schmale Straße am rechten Rand des Fotos auf der vorangegangenen Seite, bis zu den Bahngleisen. Dort angekommen, schreiten Sie rechts weiter, bis die Fußgängerunterführung erreicht ist. Nutzen Sie diese und überqueren Sie die Straße, nachdem Sie die Treppen am Ende der Unterführung hochgegangen sind. Wenden Sie sich nach rechts und nach wenigen Metern haben Sie das Gartenportal des Schlosses erreicht.

Eine gerade Achse führt durch den Schlossgarten direkt auf die dreiflügelige Residenz zu. Insgesamt bestand der Schlosskomplex ursprünglich aus mehr als 50 Gebäuden. Das Schloss ist berühmt für seine feinen Rokoko-Dekorationen und insbesondere für sein Treppenhaus, das auf die Gestaltungsfähigkeit und architektonische Kunst **Balthasar Neumanns** zurückzuführen ist. Er war einer der bedeutendsten Baumeister des Barock und des Rokokos in Süddeutschland, der auch die Würzburger Residenz maßgeblich gestaltet hat. In Bruchsal ließ er zwei Treppen auf ovalem Grundriss in die Höhe laufen, die einen Blick nach unten in eine Grotte freiließen. Mit zunehmender Höhe werden sie von seitlichen Lichthöfen und von oben erhellt. Eine große ausgemalte Kuppel schließt das Treppenhaus ab. Von hier geht es in den Fürsten- und in den Marmorsaal. Grotte, Treppe und Kuppelsaal bilden eine einzigartige gestalterische Einheit, die ihresgleichen sucht.

Am 1. März 1945, nur zwei Monate vor dem Ende des Zweiten Weltkriegs, wurde ein Großteil des Palastes bei einem amerikanischen Luftangriff gegen die nahe gelegenen Eisenbahnanlagen zerstört. Der Wiederaufbau nahm sehr viel Zeit in Anspruch und dauerte bis 1996. Die Innenräume wurden restauriert und beherbergen heute neben den prachtvollen Schauräumen auch zwei Museen.

Das **Deutsche Musikautomaten-Museum** zeigt auf drei Etagen mehr als 500 Exponate. Gezeigt werden Orchestrien, Musikdosen, Jukeboxes, Drehorgeln und viele andere Musikautomaten vergangener Jahrhunderte. Wie sich die Vorläufer der modernen MP3-Player angehört haben, lässt sich an vielen Geräten per Knopfdruck erfahren.

Das **Städtische Museum Bruchsal** widmet sich der Geschichte dieses Raumes von der Urzeit bis zur Gegenwart. Ein besonderer Schwerpunkt ist dabei die Zerstörung der Stadt im Zweiten Weltkrieg.

Öffnungszeiten für das Schloss sowie die beiden Museen: Dienstags bis sonntags 10:00 bis 17:00 Uhr, Eintrittspreis für den Erwachsenen 8,00 Euro.

Die prachtvollen Räume und das Treppenhaus des Schlosses werden in einer rund 60-minütigen Führung gezeigt. Aufschlussreich sind dabei die Erläuterungen zu den Deckenfresken, den Wandmalereien, dem Mobiliar und der Geschichte dieser Residenz, die wir hier in der Kürze gar nicht darstellen können. An einer Führung teilzunehmen lohnt sich, wollen wir damit sagen. Sie werden zu den genannten Öffnungszeiten angeboten und richten sich in der Häufigkeit auch nach dem Besucherandrang. Sie kostet für den Erwachsenen 10,00 Euro. Der Schlossgarten ist zu jeder Zeit frei zugänglich und erfordert keinen Eintritt.

Neben dieser Schlossanlage gibt es in Bruchsal noch weitere Sehenswürdigkeiten, die sich alle gut zu Fuß erkunden lassen. Sie sind auf einem Flyer der Touristinformation mit einem Stadtplan zusammengestellt, den Sie hier herunterladen können www.bruchsal.de. Auf zwei Routen werden Sie dabei durch den Kernbereich der Stadt geführt. Für die längere benötigen Sie etwa zwei Stunden, die unter anderem am Belvedere im Stadtgarten vorbeiführt. Hier können Sie einen schönen Ausblick auf die Stadt genießen und den Genuss noch ein wenig mit einem Besuch des Restaurants mit Aussichtsterrasse steigern.

Schloss Bruchsal.

Von Bruchsal geht die Fahrt weiter nach **Bretten**. Zwei Stellplätze stehen zur Auswahl für den Besuch der Stadt.

(033) Offizieller WOMO-Stellplatz: Bretten – Am Seedamm

GPS: N49°02'06.2" E8°42'18.2"; Am Seedamm 1, 75015 Bretten.

Max. WOMOs: 2, maximale Länge 8 m, max. Aufenthalt 2 Tage.

Ausstattung: Keinerlei wohnmobilspezifische Einrichtungen, ganzjährig geöffnet.

Beschreibung: Gepflasterter schattiger Platz am Rande eines PKW-Parkplatzes. Aus 6 PKW-Parkplätzen (noch erkennbar an den Markierungen) wurden 2 Wohnmobilstellplätze gemacht, die nur in Längsrichtung beparkt werden können. Fußweg bis zum Marktplatz und Melanchthonhaus 400 Meter.

Preise: 5,00 € für ein Fahrzeug.

Zufahrt: In Bretten auf der B294 hinter dem großen ovalen Kreisverkehr die erste Möglichkeit links abbiegen, danach in die nächste Straße rechts abbiegen und bis zum Ende durchfahren.

(034) Offizieller WOMO-Badeplatz: Bretten – Sportzentrum

GPS: N49°01'47.5" E8°43'08.4"; Sportzentrum 4, 75015 Bretten.

Max. WOMOs: 4, maximale Länge 6 m, max. Aufenthalt 2 Tage

Ausstattung: Frischwasserversorgung, keine Entsorgung, Stromanschlüsse, Behälter für die Müllentsorgung, ganzjährig geöffnet.

Beschreibung: Gepflasterte Plätze, eng zugeschnitten am Rande eines Parkplatzes, der nicht nur von PKW genutzt werden kann. Wir stehen vor dem offiziellen Stellplatz, weil unser Fahrzeug länger als 7 Meter ist. Das sollte kein Problem sein, solange keine Veranstaltungen in der Halle stattfinden. Sportanlagen nebenan, Fußweg zur Badewelt Bretten 200 Meter. Nachts sehr ruhig. Entfernung bis zur Stadtmitte 1,5 Kilometer.

Preise: Kostenlos, Strom 0,50 € pro kWh.

Zufahrt: In Bretten auf der B294 am Bahnhof vorbeifahren, die Bahnlinie nach einer Kurve unterqueren und dann im Kreisverkehr die dritte Ausfahrt nehmen und der Beschilderung zum Sportzentrum folgen.

Die Stadt mit fast 30.000 Einwohnern liegt im westlichen Kraichgau und nennt sich selbst gern "Melanchthonstadt". **Philipp Melanchthon** wurde in dieser Stadt 1497 als Philipp Schwartzerdt geboren. Er war neben Martin Luther die treibende Kraft der deutschen und europäischen Reformation. Im Melanchthonhaus erfahren Sie alles über Leben und Werk dieses großen Reformators. Natürlich wird auch die Anekdote erzählt, wie es zur Änderung seines Nachnamens kam.

Rathaus und Marktplatz der Stadt Bretten.

Rund um den Marktplatz, auf dem mittwochs und samstags ein Wochenmarkt stattfindet, gruppieren sich ansehnliche, schön gepflegte Fachwerkhäuser. Das markante Rathaus schiebt sich in diesen Platz hinein. Bei der Betrachtung des Marktbrunnens fällt der Blick auf Kurfürst Friedrich II. der hier sein Städtchen in einer Ritterrüstung bewacht. Das **Melanchthonhaus** ist nur wenige Meter entfernt. Das ist schön in Bretten, alle wesentlichen Sehenswürdigkeiten der Stadt liegen dicht beieinander.

Der **Pfeiferturm** am Nordrand der Altstadt ist das mächtigste Bauwerk der ehemaligen Stadtbefestigung. Über eine steile Holztreppe geht es hinauf auf die Aussichtsplattform, von der sich Bretten von oben betrachten lässt. Im westlichen Bereich der Altstadt befindet sich in der Melanchthonstraße mit dem **Schweizerhof** eines der ansehnlichsten und ältesten Fachwerkhäuser der Stadt. Ob Bertha Benz, die auf ihrer Rück-

Melanchthonhaus. An der Stelle des Geburtshauses des Reformators wurde in den Jahren 1897 bis 1903 dieses Gebäude errichtet, in dem heute das Melanchthonmuseum untergebracht ist.

Kurfürst Friedrich II. von der Pfalz in Ritterrüstung auf dem Marktbrunnen.

reise von Pforzheim nach Mannheim auch durch Bretten kam, hier Station gemacht hat, wissen wir nicht. Das Restaurant, das in diesem Haus untergebracht ist, können wir Ihnen aber empfehlen. Bei der Zubereitung der Speisen kann an diesem Ort nichts schief gehen, denn viele Schutzengel wachen in den oberen Stockwerken über die Tätigkeiten des Küchenpersonals. Glauben Sie nicht? Ist aber so, Sie können sich im **Deutschen Schutzengel-Museum**, das oberhalb des Restaurants untergebracht ist, davon überzeugen. Der Eintritt ist frei *(Öffnungszeiten: samstags, sonntags und feiertags 11:00 bis 17:00 Uhr)*. Es ist immer wieder überraschend, wie vielfältig die Museumslandschaft ist.

Von Bretten fahren wir weiter nach **Karlsruhe**. Auf dem Weg dorthin passieren wir **Durlach**. Mit rund 30.000 Einwohner ist dieser Ort der größte Stadtteil Karlsruhes. Durlach war ab 1565 über 150 Jahre die Residenzstadt der Markgrafschaft

Die Stadtkirche und das Rathaus in Durlach.

Baden-Durlach. Mit dem Neubau des Schlosses in Karlsruhe und dem Umzug des Markgrafen Karl Wilhelm in diese neu geschaffene Residenz mitten im Hardtwald verlor Durlach seine politische Bedeutung.

Um Durlach mit der durchaus sehenswerten Altstadt und dem Turmberg anzuschauen, sollte ein ausreichend großer Parkplatz gefunden werden. Das ist zentrumsnah in Karlsruhe mit seinen Stadtteilen nicht so einfach. Für Durlach kommen für uns die Parkplätze entlang der Reichardtstraße und im weiteren Verlauf entlang der Jean-Ritzert-Straße in Betracht. Nicht optimal, aber es geht. Man ist dabei gleich auf dem **Turmberg** mit einer Burgruine, die heute als Aussichtsturm dient. Es handelt sich dabei um den 32 Meter hohen Bergfried der bereits im 13. Jahrhundert zerstörten Burg. Von der Aussichtsplattform reicht der Blick weit über Karlsruhe bis in die Vogesen und den Pfälzerwald hinein.

Die Turmberg-Ruine in Durlach.

Um zur Altstadt von Durlach zu kommen, lässt sich die Turmbergbahn nutzen. Eine Standseilbahn die den Auf- und den Abstieg von etwas mehr als 100 Höhenmetern bequem bewältigen lässt. Die sportlichen Leser nehmen für den Weg hinunter und hinauf die **Hexenstäffele**, eine Treppe, die sich über eine Länge von 300 Metern erstreckt. 528 Stufen sollen es sein, nachgezählt haben wir sie nicht.

Die ehemalige Stadtbefestigung der Mutter Karlsruhes, wie Durlach auch gern genannt wird, ist im Straßenbild noch gut ablesbar. Als einziges Tor ist der **Basler Torturm** erhalten geblieben. Sehenswert ist die Stadtkirche, die zusammen mit dem Rathaus und dem Marktplatz ein städtebauliches Ensemble bildet. Die **Karlsburg** wird hauptsächlich für Veranstaltungen genutzt, der **Schlossgarten** befindet sich südlich dieses Gebäudekomplexes. Die ursprünglich barock angelegte Gartengestaltung wurde im 19. Jahrhundert zugunsten einer Umwandlung im Stile eines englischen Landschaftsparks aufgegeben. Es ist eine kleine Anlage, wenn man sie mit Schwetzingen oder Karlsruhe vergleicht.

Fahren wir weiter, um die Innenstadt zu besuchen. Für eine Übernachtung bietet sich der Parkplatz am Fächerbad an [**035:** N49°01'34.0" E8°26'48.8"]. Der offizielle Stellplatz befindet sich am Rheinufer. Am besten hat uns aber der Parkplatz am Rheinstrandbad gefallen. Wir stellen beide vor und widmen uns danach der Stadt.

(036) Offizieller WOMO-Stellplatz: Karlsruhe – Yachthafen Maxau

GPS: N49°02'14.5"E8°18'21.9"; Maxau am Rhein 15, 76187 Karlsruhe
Max. WOMOs: 15, maximale Länge 12 m, max. Aufenthalt 24h.
Ausstattung: Behälter für die Müllentsorgung, ganzjährig geöffnet.
Beschreibung: Geräumige geschotterte Plätze mit Grünstreifen am Yachthafen fast direkt unterhalb der Rheinbrücke, über die die 4-spurige B10 führt, deren Verkehr deutlich vernehmbar ist, auch nachts. Der Parkplatz liegt außerhalb der Umweltzone und kann deshalb auch von Fahrzeugen angefahren werden, die keine grüne Plakette haben. Entfernung bis zum Schloss fast 10 km, bis zur S-Bahn-Station Maxau sind es 500 Meter. Um diese zu erreichen ist zunächst die Straßenbrücke zu unterqueren. Von der S-Bahn-Station fahren in kurzen Abständen Bahnen in 28 Min. in die Stadtmitte.

Preise: Kostenlos.
Zufahrt: Von der Südtangente (B10) die Abfahrt 11 (Maxau) nehmen und dann parallel zur B10 bis zum Rhein weiterfahren.

(037) WOMO-Badeplatz: Karlsruhe – Rheinstrandbad Rappenwört

GPS: N48°59'54.0" E8°17'52.7";
Hermann-Schneider-Allee 54, 76189 Karlsruhe.
Max. WOMOs: >10, maximale Länge 12 m.
Ausstattung: Keinerlei wohnmobilspezifische Einrichtungen, ganzjährig geöffnet.
Beschreibung: Großer Waldparkplatz am Rheinstrandbad. Tagsüber bei sonnigem Wetter sehr lebendig, nachts sehr ruhig. Der Parkplatz liegt außerhalb der Umweltzone. Eine Tram (Linie 6) fährt alle 20 Min. vom Strandbad direkt bis zum Badischen Staatstheater. Fahrzeit ca. 30 Minuten.

Preise: Kostenlos.
Zufahrt: Nutzen Sie die Südtangente. Verlassen Sie diese Schnellstraße über die Abfahrt 8 (KA-Mühlburg) und fahren Sie in das Hafengelände. Folgen Sie dieser Straße, die an zahlreichen Lagerhallen vorbeiführt, bis Sie an eine große Ampelkreuzung kommen. Hier biegen Sie rechts ab und folgen der Straße bis zum Ende.

Karlsruhe

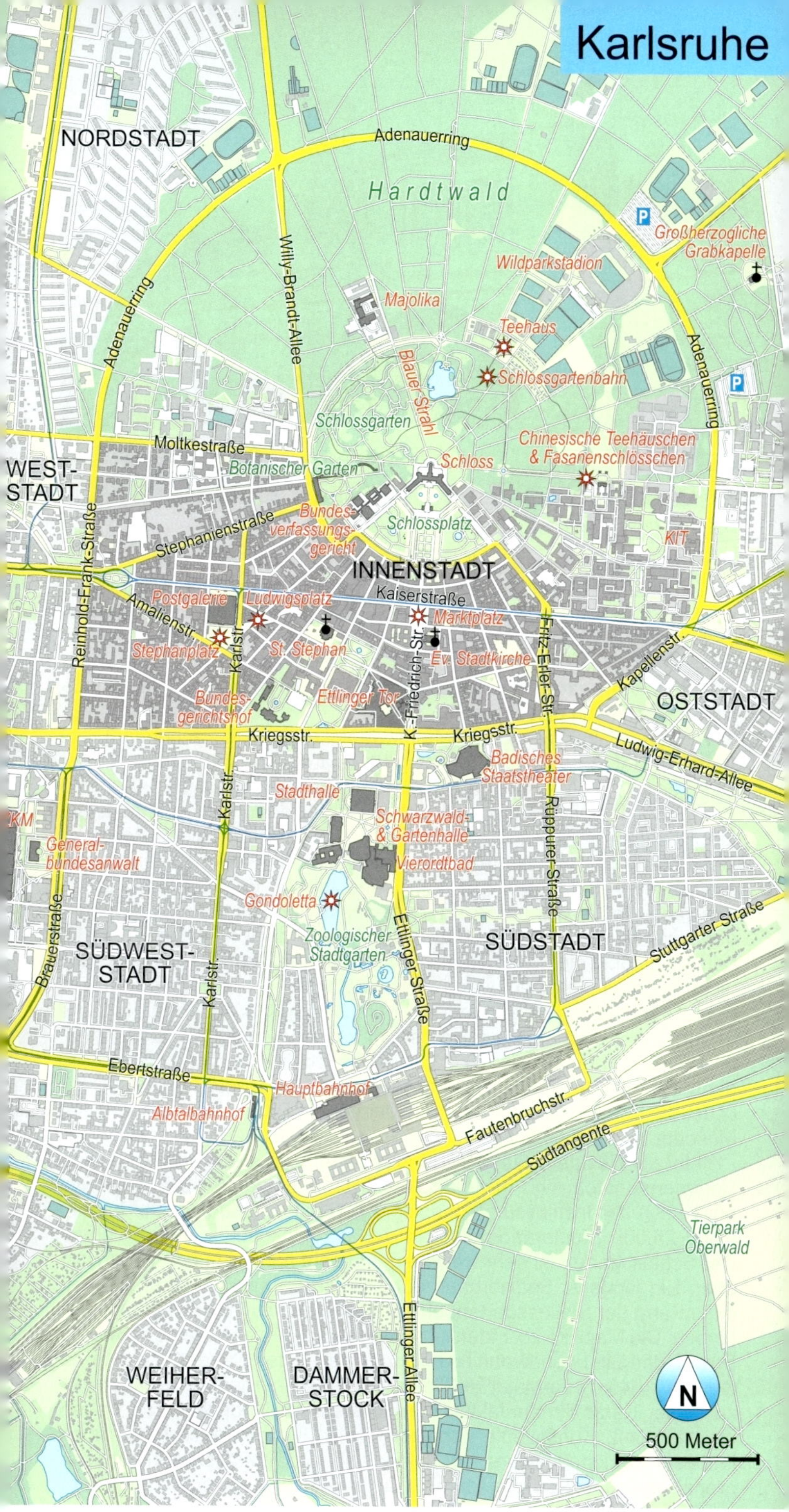
NORDSTADT
Adenauerring
Hardtwald
Großherzogliche Grabkapelle
Wildparkstadion
Majolika
Willy-Brandt-Allee
Teehaus
Blauer Strahl
Schlossgartenbahn
Schlossgarten
Chinesische Teehäuschen & Fasanenschlösschen
Moltkestraße
Botanischer Garten
Schloss
WEST-STADT
Bundes-verfassungs-gericht
Schlossplatz
KIT
Stephanienstraße
Reinhold-Frank-Straße
INNENSTADT
Kaiserstraße
Postgalerie
Ludwigsplatz
Marktplatz
Amalienstr.
Stephanplatz
St. Stephan
Karlstr.
K.-Friedrich-Str.
Ev. Stadtkirche
Fritz-Erler-Str.
Kapellenstr.
OSTSTADT
Bundes-gerichtshof
Ettlinger Tor
Kriegsstr.
Badisches Staatstheater
Ludwig-Erhard-Allee
Stadthalle
Schwarzwald- & Gartenhalle
Rüppurrer Straße
General-bundesanwalt
Vierordtbad
Gondoletta
Zoologischer Stadtgarten
Ettlinger Straße
SÜDSTADT
Stuttgarter Straße
Brauerstraße
SÜDWEST-STADT
Ebertstraße
Hauptbahnhof
Albtalbahnhof
Fautenbruchstr.
Südtangente
Tierpark Oberwald
Ettlinger Allee
WEIHER-FELD
DAMMER-STOCK
N
500 Meter

Botanischer Garten in Karlsruhe.

Karlsruhe, Fächerstadt und Residenz des Rechts.

Residenz des Rechts wird die Stadt gern genannt. Der "Gang nach Karlsruhe" ist in der Politik schon ein geflügeltes Wort. Er wird damit verbunden, ein höchstrichterliches Urteil zu erzielen, das den eigenen Rechtsvorstellungen entspricht. Mit dem **Bundesverfassungsgericht** und dem **Bundesgerichtshof** befinden sich die zwei wichtigsten deutschen Gerichte in dieser Stadt.

Wenden wir uns nun den Sehenswürdigkeiten der "Fächerstadt" zu. Auffallend ist der Grundriss der Stadt, wie auf dem Stadtplan unschwer zu erkennen ist. Wie die Strahlen einer Sonne verlaufen die Straßen und Wege vom Schloss weg. Durchbrochen werden die Linien von zwei kreisförmig angelegten Verkehrswegen, in dessen Zentrum diese Residenz steht. **Markgraf Karl Wilhelm von Baden-Durlach** ließ sich den Grundriss einfallen und legte 1715 den Grundstein für diese Anlage. Schon drei Jahre später war die Residenz bezugsfertig. Im Laufe der Jahrhunderte wurde sie mehrfach umgebaut. Der Turm des Schlosses bildet den Mittelpunkt dieser Stadtanlage. Er kann bestiegen werden, was Sie nicht versäumen sollten, wenn Sie das **Badische Landesmuseum** im Schloss aufsuchen. Wer etwas über die Geschichte und Kultur Badens erfahren will, dem sei dieses Museum ans Herz gelegt. Das gleichnamige Großherzogtum war bis 1871 ein eigenständiger Staat und wurde dann teilautonomer Bundesstaat innerhalb des Deutschen Kaiserreiches. Erst seit 1952 gibt es das Bundesland Baden-Württemberg. Im Museum ist diese Geschichte eindrucksvoll aufbereitet.

Hinter der Residenz lädt der **Schlossgarten** zum Verweilen ein. In den Sommermonaten sind die Liegewiesen von Studenten bevölkert, die am Karlsruher Institut für Technologie (KIT) einen Studienplatz haben. Rund 25.000 Studierende sind an dieser Hochschule eingeschrieben. Der Schlossgarten ist sehr weitläufig und geht nahtlos in den Hardtwald über. Ein längerer Spaziergang durch diese Parkanlage lässt sich mit einer Fahrt der Schlossgartenbahn und einem Besuch der **Majolika** verbinden. Die Majolika zu finden ist relativ einfach. Folgen Sie dem **Blauen Strahl**, den Sie irgendwann beim Durchstreifen des Gartens überqueren werden. 1645 blaue Majolika-Fliesen führen schnurgerade vom Schloss zu dieser Keramikmanufaktur, die Großherzog Friedrich I. von Baden errichten ließ. Kunstwerke höchster Qualität werden auch heute noch in dieser Werkstatt hergestellt. Leider sind die Öffnungszeiten sehr begrenzt, aber das Szenerestaurant Cantina Majolika, versöhnt mit einem

Kaffee oder einem leckeren Essen, sollten Sie die Majolika geschlossen vorfinden. Es ist auch gleichzeitig die einzige Möglichkeit, im Schlossgarten einzukehren. Die verzeichneten Teehäuser auf dem Stadtplan können Sie nur von Außen betrachten. Einen Tee bekommen Sie hier nicht serviert.

Neben dem Schloss befindet sich der **Botanische Garten**. Die Gebäude, die teilweise in imposanten Eisenkonstruktionen errichtet wurden, gehen auf Großherzog Friedrich I. zurück. Darin sind Pflanzen zu sehen, die durch Seltenheit, durch Wuchs oder Farbenpracht jeden botanisch Interessierten verzücken. Ebenso interessant ist der **Zoologische Stadtgarten**. Es ist eine sehr gepflegte Parkanlage, in der ein Zoo integriert ist *(Öffnungszeiten in den Sommermonaten: Täglich zwischen 8:30 und 18:00 Uhr. Eintrittspreis für den Erwachsenen 12,00 €)*. Zwischen den beiden Seen verkehrt eine Gondoletta, es gibt Wasserspiele, Japangarten und vieles andere mehr. Eine interessante Anlage, in der man sich bequem einen ganzen Tag lang aufhalten kann.

Das Residenzschloss in Karlsruhe.

Wer den Weg dorthin über die Karl-Friedrich-Straße nimmt, überquert den neu gestalteten **Marktplatz**. Auf diesem Platz befindet sich eine kleine Pyramide, das Grabmal des Stadtgründers Karl Wilhelm von Baden-Durlach. Unweit davon fällt der Blick auf die sehenswerte Evangelische Stadtkirche. Am Ende der Straße, an dem einst das **Ettlinger Tor** stand, wurde ein Konsumtempel eingerichtet, der diesen Namen trägt. Er ist einer der größten dieser Art im süddeutschen Raum. Über 130 kleinere und größere Geschäfte bieten hier ihre Waren und Dienstleistungen an. Nun ist es nicht mehr weit zum Zoologischen Stadtgarten. Mit der Stadthalle, der Schwarzwald- und der Gartenhalle hat man noch einige Veranstaltungsorte zu passieren und dann ist auch bereits der Eingang erreicht. Neben den Veranstaltungshallen befindet sich das **Vierordtbad**, eine neuzeitlich modern durchgestylte Therme, die sich hinter einer historischen Bausubstanz aus dem 19. Jahrhundert verbirgt.

Außergewöhnliche Kulturveranstaltungen werden im **ZKM** angeboten, darauf möchten wir abschließend noch hinweisen. Auf dieser Seite www.zkm.de finden Sie alle weiteren Informationen.

TOUR 3 (ca. 240 km)

Rastatt – Ettlingen – Pforzheim – Mühlacker – Maulbronn – Knittlingen – Diefenbach – Oberderdingen – Zaberfeld – Eppingen – Schwaigern – Cleebronn – Heilbronn

Stellplätze:	Au am Rhein, Rastatt, Muggensturm, Ettlingen, Pforzheim, Mühlacker, Maulbronn, Diefenbach, Oberderdingen, Mühlbach, Eppingen, Schwaigern, Neipperg, Cleebronn, Heilbronn.
Campingplätze:	Rastatt.
Ver-/Entsorgung:	Rastatt, Ettlingen, Pforzheim, Maulbronn, Oberderdingen, Mühlbach, Eppingen, Schwaigern, Neipperg, Heilbronn.
Besichtigungen:	Rastatt (Schloss, Altstadt), Schloss Favorite, Ettlingen (Schloss, Altstadt), Pforzheim (Wallberg, Gasometer, Wildpark), Maulbronn (Kloster), Diefenbach (Waldensermuseum), Oberderdingen (Alstadt, Rosarium), Eppingen (Altstadt).
Wandern:	Wandern und Radtouren in den Rheinauen. Wandern in den Weinbergen von Diefenbach und

	Oberderdingen und Zabergäu (Land der 1000 Hügel).
Baden/Wellness:	Rastatt (Alohrabad), Muggensturm (Badesee), Ettlingen (Freibad), Maulbronn (Naturbad), Zaberfeld (Naturbad), Schwaigern (Freibad).

Diese Tour führt uns vom Rheintal diagonal durch den Kraichgau nach Heilbronn an den Neckar. Zu Beginn stehen unter anderem drei Schlösser auf dem Programm, bevor es über die "Goldstadt" Pforzheim in den Naturpark Stromberg-Heuchelberg geht. Hier erwartet uns das Weltkulturerbe Kloster Maulbronn. Weinbau prägt dann den weiteren Verlauf der Route. Stromberg und Heuchelberg sind bekannte Anbaugebiete für Trollinger und Lemberger bei den Rotweinen. Bei den Weißweinen ist hauptsächlich Riesling vertreten. Beenden werden wir diese Reise in Heilbronn. Hier fahren wir zum Abschluss wieder denselben Stellplatz an, auf dem auch die Tour 1 ihr Ende fand.

Wir verlassen Karlsruhe über die B36 in Richtung Rheinstetten. Dort angekommen geht es über Neuburgweiher nach **Au am Rhein**. In diesem Ort fahren wir den Wanderparkplatz an, den Sie auf der folgenden Seite beschrieben finden. Au am Rhein eignet sich sehr gut als Standort für Radtouren und

(038) WOMO-Wanderparkplatz: Au am Rhein – Waldstraße

GPS: N48°57'26.6" E8°13'59.5"; Waldstraße 22, 76474 Au am Rhein.
Max. WOMOs: 10, maximale Länge 12 m.
Ausstattung: Geschotterter schattenloser Platz neben dem Restaurant Mama Mia, ganzjährig geöffnet.
Beschreibung: In einer Sackgasse am Ortsrand in unmittelbarer Nähe des Rheins mit seinen Altarmen, sehr ruhig.
Preise: Kostenlos.
Zufahrt: Die L78a von Neuburgweier kommend Au am Rhein bis zum Ende durchfahren, dann rechts abbiegen. Nach wenigen Metern links die Wehrstraße nehmen und wiederum wenige Meter später rechts abbiegen in die Waldstraße. Dieser Straße über mehrere Kreuzungen hinweg bis zum Ende folgen.

Wanderungen in den Rheinauen. Es gibt nur wenige ausgewiesene und markierte Routen. Darin liegt ein besonderer Reiz, den Sie heute mit technischen Hilfsmitteln aber bequem meistern können, um nicht die Orientierung zwischen den vielen Altarmen des Rheines zu verlieren. Wir empfehlen dazu die app von www.komoot.de auf das Smartphone zu laden und nach Wanderwegen zu suchen, die andere in dieser Region schon gegangen sind. So können Sie einigermaßen sicher sein, einen Rundweg erfolgreich absolvieren zu können.

Als Standort für Wanderungen und Radtouren in dieser Region eignet sich auch dieser Campingplatz, der nur rund 14 Kilometer von Au am Rhein entfernt liegt. Er ist recht komfortabel ausgestattet und bietet darüber hinaus auch Bademöglichkeiten. Hier ist die Beschreibung.

(039) WOMO-Campingplatz: Rastatter Freizeitparadies

GPS: N48°52'25.1" E8°09'01.4"; Im Teilergrund 1, 76437 Rastatt.
Max. WOMOs: >20, maximale Länge 12 m.
Ausstattung: Frischwasserversorgung, Abwasserentsorgung mit Bodeneinlass, Kassettenentleerung, Stromanschlüsse, Behälter für die Müllentsorgung. Im Servicegebäude gibt es Dusche, WC, Waschmaschine und einen Trockner. Der Platz ist ganzjährig geöffnet.
Beschreibung: Geräumige Rasenplätze rund um einen Badesee mit kristallklarem Wasser. Sehr ruhig. Angeboten werden: Beachvolleyball, Freiluft-Schach, Golf, Restaurant. Darüber hinaus bieten sich Radtouren entlang des Rheins, nach Rastatt und auch ins Elsass an.
Preise: Erwachsene Person je nach Saison zwischen 5,50 € und 9,00 €, Kinder und Jugendliche zwischen 3,50 € und 6,00 €, Wohnmobil zwischen 5,00 € und 9,50 €, Strom 0,60 pro kWh.

Zufahrt: In Plittersdorf in Richtung Wintersdorf/Iffezheim fahren und der Beschilderung zum Campingplatz folgen. Der Platz befindet sich etwa 1 km südlich von der Ortsmitte Plittersdorf.
Reservierung/Kontakt: Tel.: 07222/10150 oder www.rastatter-freizeitparadies.de.

In den Rheinauen lassen sich bei einer Wanderung eine Vielzahl von Wasservögel beobachten. Oft genug hat man dabei die Kamera nicht schnell genug parat, um zum Beispiel einen Storch in seinem majästischen Flug abzulichten. Wenn Sie Glück haben, werden Sie Schwarzmilane, diverse Enten, Rohrweihen, Eisvögel, Spechte und einige andere Vogelarten beobachten können.

Nach diesen Beobachtungen in der freien Natur, wenden wir uns nun wieder einem Schloss zu, das mit der Geschichte Badens eng verbunden ist. Wir fahren dazu nach **Rastatt** und stellen das Fahrzeug auf dem Stellplatz am Alohrabad ab und gehen dann zu Fuß zum Schloss.

Storch in den Rheinauen.

(040) Offizieller WOMO-Badeplatz: Rastatt – Familienbad ALOHRA

GPS: N48°51'14.1" E8°11'56.7"; Leopoldring 8, 76437 Rastatt.
Max. WOMOs: 5, maximale Länge 12 m.
Ausstattung: Frischwasserversorgung, Abwasserentsorgung mit Bodeneinlass, Kassettenentleerung, Stromanschlüsse, Behälter für die Müllentsorgung, ganzjährig geöffnet.
Beschreibung: Gepflasterte schattige Plätze am Rande eines PKW-Parkplatzes direkt neben dem Familienbad. Entfernung bis zur Stadtmitte (Marktplatz) 700 Meter, bis zum Schloss 850 Meter.

Preise: 5,00 € für ein Fahrzeug mit 2 Personen. Anmeldung und Bezahlung erfolgt an der Kasse des Familienbades. Entsorgung kostenlos, über Münzautomaten gibt es Frischwasser für 1,00 €, Strom kostet 1,00 € für 5 Stunden, der aber nur über Wertmünzen zu erhalten ist, die an der Kasse des Familienbades zu bekommen sind.
Zufahrt: Aus Plittersdorf kommend, am Mercedes-Benz Werk vorbeifahren und vor der Brücke über die Murg rechts abbiegen, dann der Straße einen Kilometer folgen.

Rastatt, die Residenz und der Türkenlouis

Nachdem das Neue Schloss in Baden-Baden von den Truppen des französischen Königs Ludwig XIV. im Pfälzischen Erbfolgekrieg (1688–1697) zerstört wurde, ließ Markgraf Ludwig Wilhelm eine neue Residenz in Rastatt erbauen. **Ludwig Wilhelm von Baden-Baden** war Markgraf der **Markgrafschaft Baden-Baden**. Diese Markgrafschaft ist nicht zu verwechseln mit der **Markgrafschaft Baden-Durlach**, deren Residenz wir in Karlsruhe bereits besucht haben. Es ist ziemlich verzwickt die zersplitterten Herrschaftsgebiete dieser Territorien in ihrem

Die Barockresidenz in Rastatt.

historischen Kontext zu beschreiben. Deshalb werden wir hier nicht tiefer in die badische Landesgeschichte einsteigen. Sie werden vor Ort, wenn Sie an den Schlossführungen teilnehmen oder in das Badische Landesmuseum in Karlsruhe gehen, mehr darüber erfahren. Uns erscheint es nur wichtig darauf hinzuweisen, das die Schlösser in Karlsruhe und Rastatt zu zwei verschiedenen Markgrafschaften gehört haben. Eine wesentliche Folge dieser unterschiedlichen Herrschaftsgebiete ist auch heute noch in Baden-Württemberg ablesbar. Während sich in Baden-Durlach der Protestantismus durchsetzte, bekannte sich das Haus Baden-Baden zum Katholizismus. Dies geschah ganz im Sinne der jeweils herrschenden Markgrafen, die sich für die eine oder andere Religion entschieden hatten.

Kommen wir zurück zur Barockresidenz. Sie wurde 1700 begonnen und war 1705 weitgehend fertiggestellt. Vorbild war, wie so häufig bei den Barockresidenzen, die Schlossanlage in Versailles und die erste dieses Stils am Oberrhein. Prunkvoll und monumental musste es schon sein, schließlich war Markgraf Ludwig Wilhelm ein bedeutender Feldherr, der sich im Großen Türkenkrieg (1683 bis 1699) als erfolgreicher Befehlshaber erwies und deshalb auch den Beinamen **„Türkenlouis"** erhielt. Mit diesem Gebäude wollte er seinen Herrschaftsanspruch und seinem Geltungsbedürfnis Ausdruck verleihen. Seine militärischen Verdienste, das werden Sie bei einer Schlossführung sehen, stellte er gerne zur Schau.

An der Ausgestaltung der Innenräume hatte seine Ehefrau **Sibylla Augusta** einen sehr wesentlichen Anteil. Sie ließ die noch nicht fertiggestellten Räumlichkeiten nach seinem Tod 1707 ausschmücken und vollenden. Sie verlegte ihren Wohnsitz einige Jahre später in das Schloss

Favorite, zu dem wir nach Abschluss unseres Besuches in Rastatt fahren werden.

Lange hat der „Türkenlouis" sein Schloss nicht bewohnen können. In mehr als 50 Schlachten, Gefechten und Belagerungen seines Lebens ging er meist als Sieger hervor, blieb aber nicht unverletzt. Nach einer schweren Verwundung verstarb er in seinem Schloss mit 51 Jahren.

Öffnungszeiten: Dienstags bis sonntags von 10.00 bis 16.00 Uhr. Führungen werden stündlich angeboten. Eintrittspreis 8,00 für eine erwachsene Person.

Militärisch geht es auch in den Seitenflügeln des Schlosses zu. Im rechten Seitenflügel ist das **Wehrgeschichtliche Museum** untergebracht, im linken Seitenflügel die **Erinnerungsstätte für die Freiheitsbewegungen in der deutschen Geschichte**.

Im erstgenannten gewinnt man einen Überblick über die deutsche Militärgeschichte von 1500 bis 1918. Ausführlich wird der Zusammenhang zwischen Militär und Gesellschaft gezeigt. Der Südwesten Deutschlands steht dabei im Vordergrund. Zahlreiche Exponate illustrieren die Entwicklung der Waffentechnik in den vergangenen Jahrhunderten. In einem Diorama der Schlacht bei Slankamen, wird an den größten militärischen Erfolg des „Türkenlouis" erinnert.

Öffnungszeiten: Dienstags bis sonntags 10:00 bis 17:30 Uhr. Eintrittspreis 8,00 € für den Erwachsenen.

Das zweitgenannte Museum geht auf eine Initiative des früheren Bundespräsidenten Gustav Heinemann zurück. In den Ausstellungsräumen werden die Freiheitsbewegungen in Deutschland, die von der frühen Neuzeit über die Badische Revolution bis zur Wende und Wiedervereinigung reichen, eindrucksvoll mit zahlreichen Exponaten präsentiert.

Öffnungszeiten: Sonntags bis donnerstags 09:30 bis 17:00 Uhr, freitags 09:30 bis 14:00 Uhr, samstags geschlossen. Der Eintritt ist frei.

Rastatt war auch Standort einer der **Festungen des Deutschen Bundes** (1815–1866). Die Verteidigungsanlage sollte die Grenze zu Frankreich nach dem Ende der napoleonischen Kriege absichern. Sie spielte in der Badischen Revolution eine bedeutende Rolle, die im letztgenannten Museum ausführlich erläutert wird. Nach dem Krieg von 1870/71 verlor die Festung an strategischer Bedeutung, denn mit der Reichsgründung hatte sich die Grenze nach Westen verschoben. Zur Erinnerung: Elsass und Lothringen gehörten von 1871 bis 1918 zum Deutschen Reich. Man glaubte sie nicht mehr zu benötigen, deshalb wurde sie zu großen Teilen abgerissen. Nur einige Anlagen blieben bestehen, die nach dem Ende des Ersten Weltkrieges geschleift werden mussten, dafür sorgten die damals siegreichen Franzosen. Das **Kehler Tor** im Süden der Stadt und das **Karlsruher Tor** östlich der Residenz sind die oberirdisch sichtbaren Reste der Bundesfestung. Auch die **Kasematten** der Anlage sind noch teilweise erhalten. Sie können besichtigt werden, die Termine dazu finden Sie hier www.hist-ver-rastatt.de. Mit dieser Seite ist ein Video verknüpft, in dem die begehbaren Teile der Anlage gezeigt und erläutert werden.

Die Barockkirche in Rastatt.

Neben all dem Militärischen soll ein Besuch der kleinen und reizvollen Innenstadt mit dem Marktplatz und der Barockkirche nicht außer Acht gelassen werden. Hier gibt es schöne Einkehrmöglichkeiten, bevor es zurück zum WOMO geht und wir die Fahrt zum Schloss Favorite fortsetzen.

Von Rastatt bis zum **Schloss Favorite** sind es nur rund fünf Kilometer. Der Weg dorthin ist gut ausgeschildert, den Parkplatz finden Sie mit diesen Koordinaten [N48°49'20.9" E8°14'12.2"].

Drei Jahre nach dem Tode des Markgrafen Ludwig Wilhelm begann seine Witwe **Sibylla Augusta** 1710 mit dem Bau dieser Anlage, die Fertigstellung erfolgte 1730. Eine lange Bauzeit, für ein vergleichsweise kleines Schloss. Da es über die vergangenen Jahrhunderte in kriegerischen Auseinandersetzungen nie in Mitleidenschaft gezogen wurde, ist es nach wie vor im Originalzustand, so als hätte die Markgräfin nur kurz das Anwesen verlassen.

Schloss Favorite

Es ist ein außergewöhnliches Lustschloss, eine Sommerresidenz, ein barockes Gesamtkunstwerk, das mit einer reichen, vielfältigen und einer farbenfroh-dekorativen Innenausstattung zu glänzen weiß.

Zentrum dieses Gebäudes ist die sogenannte **Sala terrena**, ein Raum, der durch alle Stockwerke reicht und von einer Kuppel überdacht wird. Er diente als Empfangsraum und als Saal für Festlichkeiten. Stuckmarmor, Fayencefliesen, reich verzierte Stuck- und Freskendecken, Brunnen und Skulpturen schmücken diesen Raum in verschwenderischer Fülle.

In der Sala terrena.

Im ersten Obergeschoss befindet sich die Beletage mit vier Appartements. Eine geschwungene Freitreppe auf der Seeseite ermöglichte einen direkten Zugang zu diesen Räumlichkeiten. Glanzvoll ist das Spiegelkabinett, die unter anderem dazu dienten die kostbaren Keramiken optisch zu vervielfachen. Das Florentiner Kabinett ist der künstlerische Höhepunkt des Schlosses und in dieser Form mit seinen 758 Bildtafeln in Europa einmalig. Weiterhin sehenswert sind die Schlafgemächer sowie die Schauküche, die wie der Name vermuten lässt, nur für die Gäste zum Anschauen eingerichtet wurde. Gekocht wurde in einem Nebengebäude.

Umgeben ist das Schloss von einer Parkanlage. Auf der einen Seite im Stile eines englischen Landschaftsgartens, auf der anderen Seite sind noch die Strukturen des Barockgartens erkennbar. Das Schloss ist nur im Rahmen einer Führung zu besichtigen.

Öffnungszeiten: In den Sommermonaten dienstags bis sonntags 10:00 bis 17:00 Uhr. Eintrittspreis für den Erwachsenen 9,00 €. In den Wintermonaten ist ein Besuch nicht möglich. Der Schlossgarten ist im gesamten Jahr frei zugänglich.

Weiter geht die Fahrt nach Ettlingen. Auf dem Weg dorthin kommen wir in **Muggensturm** an einem Naturfreibad vorbei, das wir Ihnen nicht vorenthalten wollen. In **Ettlingen** stellen wir das WOMO am Freibad ab.

(041) Offizieller WOMO-Badeplatz: Muggensturm – Naturfreibad Kaltenbachsee

GPS: N48°52'40.6" E8°17'21.8"; Vogesenstraße, 76461 Muggensturm.
Max. WOMOs: 5, maximale Länge 12 m.
Ausstattung: Keinerlei wohnmobilspezifische Einrichtungen, ganzjährig geöffnet.
Beschreibung: Befestigte unmarkierte Flächen am eingezäunten Badesee. Tisch und Bänke sind vorhanden, auch können das WC und das Restaurant am Badestrand in den Sommermonaten genutzt werden.
Preise: Eintritt zum Badesee 3,00 €, der Parkplatz ist kostenlos.
Zufahrt: Von Kuppenheim in Richtung Muggensturm fahren. Nach der Unterquerung der B462 dem Verlauf der Straße bis zu einem Kreisverkehr folgen, dort die dritte Ausfahrt nehmen und noch 300 Meter weiterfahren und dann rechts abbiegen.

(042) Offizieller WOMO-Badeplatz: Ettlingen – Albgau-Freibad

GPS: N48°56'09.6" E8°25'03.3"; Schöllbronner Straße, 76275 Ettlingen.
Max. WOMOs: 8, maximale Länge 7 m, max. Aufenthalt 2 Tage.
Ausstattung: Frischwasserversorgung, Abwasserentsorgung mit Bodeneinlass, Kassettenentleerung, Stromanschlüsse, Behälter für die Müllentsorgung. Der Platz ist ganzjährig geöffnet.
Beschreibung: Schattiger asphaltierter Platz in unmittelbarer Nähe des Freibades. Nur wenige Meter entfernt befindet sich eine Straßenbahnhaltestelle. Die Tram fährt in die Innenstadt und weiter bis nach Karlsruhe zum Albtalbahnhof. Der Fahrkartenautomat befindet sich in der Bahn.

Preise: Kostenlos, Frischwasser 2,00 €, Strom 2,00 € für 8 Std. Energieversorgung. Abwasserentsorgung und Entleerung der Bordtoilette ist kostenfrei.
Zufahrt: In Ettlingen der Beschilderung zum Freibad folgen.

Ettlingen, Giebel der Kirche St. Martin.

Nun könnten wir in dieser Stadt mit der Markgräfin **Sibylla Augusta** weitermachen, denn im hiesigen Schloss verbrachte sie ihre letzten Lebensjahre, nicht ohne es auch vorher nach ihren Wünschen umgebaut zu haben. Aber an Favorite reicht das Schloss in Ettlingen nicht heran, das gleichwohl einen Besuch wert ist (*Öffnungszeiten: Mittwochs bis sonntags von 13:00 bis 18:00 Uhr*).

Schön anzuschauen ist die ohnehin sehenswerte Altstadt in der Dämmerung, wenn Ettlingens **Lichtkonzept** aufgeht und die historischen Gebäude durch geschickte Beleuchtung ins "rechte Licht" gerückt werden. So manches interessante Baudetail fällt damit erst so richtig auf. Reizvoll ist die Altstadt dann auch deshalb, weil Sie viele Restaurants und Lokale finden werden, die in den lauen Sommernächten gern draußen servieren.

Mediterranes flair: Der Kirchplatz in Ettlingen am frühen Abend.

Für einen Stadtrundgang empfiehlt es sich die entsprechende Broschüre bei der Touristinformation im Schloss abzuholen oder ihn von dieser Seite als PDF auf das Smartphone oder Tablet herunterzuladen www.ettlingen.de. Hier finden Sie die vielen historischen Gebäude und die vielen Brunnen in dieser Stadt ausführlich beschrieben. In der Touristinfo erfahren Sie auch, wann Schloss- und Stadtführungen durchgeführt werden.

Jährlich werden mehrere Fahrten mit historischen Dampfzügen von der **Dampfnostalgie Karlsruhe** organisiert. Die Züge verkehren von Karlsruhe über Ettlingen durch das Albtal nach Bad Herrenalb im Schwarzwald. Termine, Fahrzeiten und weitere Informationen zu den eingesetzten Lokomotiven erfahren Sie hier www.albtal-dampfzug.de. Ein Fahrradmitnahme wird kostenlos angeboten.

Dampfzugfahrt im Albtal.

Damit beenden wir unseren kurzen Besuch in Ettlingen und fahren nun am Nordrand des Schwarzwaldes über Karlsbad, Keltern und anderen Orten nach Pforzheim. Unser erstes Ziel ist der Wildpark. Ob Sie über die Dörfer fahren, so wie es in der Karte zu Beginn dieses Kapitels gezeigt wird, oder den schnelleren Weg über die Autobahn wählen, bleibt Ihnen überlassen. Zwischenstopps machen wir keine. Die Entfernung ist über beide Routen mit annähernd 29 Kilometern fast identisch.

(043) WOMO-Wanderparkplatz: Pforzheim – Wildpark

GPS: N48°52'36.2" E8°43'02.5"; Tiefenbronner Str. 100, 75175 Pforzheim.
Max. WOMOs: >5, maximale Länge 7 m.
Ausstattung: Keinerlei wohnmobilspezifische Einrichtungen, ganzjährig geöffnet.
Beschreibung: Geschotterte, leicht unebene Plätze in einem Waldgebiet am Rande des Wildparks. Restaurant und Toiletten befinden sich im Wildpark, sind allerdings nur während der Öffnungszeiten zugänglich.
Preise: Mo.-Fr. 3,00 € reine Parkgebühr, Sa.+So. 5,00 €. Bei Übernachtung auf diesem Platz verdoppeln sich die jeweiligen Preise. In den Preisen ist der Eintritt aller Fahrzeuginsassen in den Wildpark eingeschlossen.
Zufahrt: Aus der Mitte Pforzheims ca. 2 km bergauf in Richtung Tiefenbronn fahren. Am Wildpark dann links abfahren.

Der Wildpark in Pforzheim zählt zu den bekanntesten und beliebtesten Einrichtungen dieser Art in Baden-Württemberg.

Keine andere Attraktion dieser Stadt kann mit höheren Besucherzahlen aufwarten. Das liegt unter anderem an dem unschlagbar günstigen Eintrittspreis, aber sicher auch an der Zahl der Tiere, an der größe der Anlage und an den gut begehbaren Wegen, die auch für Rollstuhlfahrer wie für Kinderwagen gut zu nutzen sind. Es ist ein familienfreundlicher Park, der sehr gut mit kleinen Kindern besucht werden kann. Da die meisten Tiere in dieser Anlage sich längst an die Menschen gewöhnt haben, gehen sie gern auf die Besucher zu.

Ein Hochlandrind freut sich über eine zusätzliche Fütterung.

Kinderhände füttern gern die zotteligen schottischen Hochlandrinder wie auf diesem Foto oder anderes Nutzvieh des Parks. Mehr als 50 Wild- und Nutzvieharten und mehr als 400 Tiere aus allen Ecken der Welt sind in diesem weitläufigen Gelände anzutreffen. Der Wildpark ist täglich von 7:00 bis 20:00 Uhr geöffnet.

Für den Besuch der Innenstadt wechseln wir den Standort und stellen das WOMO auf diesem Stellplatz ab.

(044) Offizieller WOMO-Stellplatz: Pforzheim – Enzauenpark

GPS: N48°53'53.1" E8°43'17.9"; Wildersinnstraße, 75175 Pforzheim.
Max. WOMOs: 15, maximale Länge 12 m, max. Aufenthalt 2 Tage.
Ausstattung: Frischwasserversorgung, Abwasserentsorgung mit Bodeneinlass, Kassettenentleerung, Stromanschlüsse, Behälter für die Müllentsorgung, WLAN, ganzjährig geöffnet.
Beschreibung: Geräumige aber leicht schiefe und unebene Plätze oberhalb eines PKW-Parkplatzes. Nicht sonderlich leise durch die dicht vorbeiführende Hauptverkehrsstraße (B10). Die Ver- und Entsorgungsstation befindet sich nicht auf diesem Stellplatz, sondern auf der gegenüberliegenden Seite der B10 hinter dem Heizkraftwerk im Hohwiesenweg (GPS: N48°53'50.8" E8°43'36.1") mitten in einem PKW-Parkplatz, der den Besuchern des Enzauenparkes dient. Je nach Parksituation kann eine Anfahrt deshalb schwierig sein. Entfernung zum Stadtzentrum ca. 2 km. Eine Bushaltestelle befindet sich direkt vor dem Stellplatz.

Preise: Kostenlos, Strom 1,00 € für 2 Std., Frischwasser 1,00 €, Entsorgung kostenlos.
Zufahrt: Die B10 in Richtung Mühlacker fahren und am Gasometer links die Zeppelinstraße nehmen, dann die zweite Straße rechts vor der Bahnüberführung rechts abbiegen und die nächste Straße erneut rechts abbiegen.

Das Mahnmal auf dem Wallberg.

Schmuck und Goldstadt Pforzheim

Im Südwesten gibt es viele malerische Fachwerkstädte, etliche davon finden Sie in diesem Buch beschrieben. Pforzheim wäre als Fachwerkstadt auch dabei gewesen, hätte es diese verheerende Bombennacht am 23. Februar 1945 nicht gegeben. Mit einem Luftangriff von 379 britischen Bombern wurde innerhalb von nur 22 Minuten die Stadt zu 98% zerstört. Wer nicht durch Trümmer erschlagen wurde, fand in dem anschließenden Feuersturm, der sich in der eng bebauten Altstadt rasch ausbreitete den Tod. Rund 18.000 Menschen starben in dieser Nacht. Im **Stadtmuseum** in der Westlichen Karl-Friedrich-Str. 243 finden Sie diese Nacht eindrücklich dokumentiert.

Öffnungszeiten: Mittwochs und donnerstags von 14:00 bis 17:00 Uhr, sonn- und feiertags von 10:00 bis 17:00 Uhr.

Der Schutt der Stadt wurde auf dem **Wallberg** zusammen getragen. Seit 2005 bilden fünf Stelen aus Edelstahl ein Mahnmal, das an diese verheerende Nacht erinnert.

Der Wiederaufbau der Stadt dauerte 40 Jahre. Funktionale Zweckbauten im Stile der 50er und 60er Jahre wurden hauptsächlich errichtet. Architektonisch und städtebaulich nicht unbedingt eine Meisterleistung, aber bilden Sie sich selbst ein Urteil. Es gibt zweifelsohne schöne Ecken in Pforzheim und in der Stadt wurden mittlerweile auch einige architektonischer Reize gesetzt. Wenn Sie mal einen Blick auf das Foto rechts werfen, dann möchte man sich doch sogleich an einen der Restauranttische am Enzufer setzen und den Abend genießen. Die Schlössle-Galerie ist nicht nur ein moderner Konsumtempel, sie hat auch einen schönen Dachgarten, der wie ein Park angelegt ist. Daneben zeigt der Sparkassenturm wahre Größe. Am Fuße dieses Turms befinden sich die **Schmuckwelten**. Sie werben damit, Europas größten Schmuck- und Uhrenhaus zu sein. Wer dieses Haus betritt, wird verblüfft sein über die Vielfalt und Kunstfertigkeit, die Pforzheimer Schmuckdesigner in mühevoller und feinster Arbeit gestalten und herstellen. Die Preise haben es dann auch in sich. Vier- und fünfstellige Beträge werden gern für diese zum Teil sehr außergewöhnlichen Geschmeide aufgerufen.

Pforzheim hat einen guten Ruf und eine lange Tradition in diesem Metier. Es gibt ein Schmucktechnologisches Institut an der hiesigen Hochschule, eine Goldschmiede- und Uhrmacherschule sowie das **Technische Museum der Pforzheimer Schmuck- und Uhrenindustrie**, das sich in der Bleichstr. 51 befindet und zu denselben Zeiten geöffnet ist, wie das Stadtmuseum.

Die Schmuck- und Uhrenindustrie in dieser Stadt beschäftigt über 11.000 Personen. Rund 80% des aus Deutschland exportierten Schmucks kommt aus dieser Region. In den Schmuckwelten ist auch ein Mineralienmuseum untergebracht. Hier wird unter anderem erklärt, wie die für das Schmuckhandwerk besonders begehrten Edelsteine unter natürlichen Bedingungen entstanden und in welchen Regionen der Welt sie zu finden sind.

In der Schlössle-Galerie.

Schließlich gibt es noch das **Schmuckmuseum**, das sich im **Reuchlinhaus** befindet. Sie finden es in der Jahnstraße am Stadtgarten unweit der Nagold. Es ist ein Museum, das sich mit der Entwicklung der Bedeutung des Schmucks von den vor- und frühgeschichtlichen Kulturen bis in die heutige Zeit beschäftigt. Das Gebäude ist in seiner Architektur als gelungen zu bezeichnen, um den Bogen zu den architektonischen Reizen der Stadt zu schließen. Es wurde 1961 errichtet und nach dem Pforzheimer Philosophen **Johannes Reuchlin** (1455–1522) benannt, der neben seinem Zeitgenossen Erasmus von Rotterdam als einer der wichtigsten europäischen Humanisten gilt.

Damit wollen wir unseren Besuch der Innenstadt beenden und kehren zum Womo auf dem Stellplatz am Enzauenpark zurück.

Abendliche Stimmung an der Enz.

Bevor wir uns auf den Weg zu unserem nächsten Ziel machen, wollen wir auf den Enzauenpark hinweisen, den Sie vom Stellplatz schnell erreichen können, wenn Sie die B10 überqueren. Er eignet sich für einen schönen Spaziergang entlang der Enz und für eine morgendliche Joggingrunde.

Am Rande des Enzauenparkes befindet sich ein stillgelegter **Gasometer**, der seit 2014 für Ausstellungen von begehbaren Panoramen genutzt wird. Bilder des Künstlers Yadegar Asisi werden gezeigt. Die Reihe begann mit dem Panorama Rom 312, seit November 2018 ist das Great Barrier Reef zu sehen, weitere Panoramen werden folgen. Aktuelle Bilder, Eintrittszeiten und -preise finden Sie hier www.gasometer-pforzheim.de.

Nun setzen wir unsere Reise fort und fahren nach **Mühlacker**, einer Stadt mit etwas mehr als 25.000 Einwohnern. Der Stellplatz am Ortseingang ist bequem erreichbar.

(045) Offizieller WOMO-Stellplatz: Mühlacker – Gartenschaugelände

GPS: N48°56'51.8" E8°49'48.5"; Pforzheimer Str. 113/1, 75417 Mühlacker.
Max. WOMOs: 5, maximale Länge 10 m.

Ausstattung: Stromanschlüsse, Behälter für die Müllentsorgung, ganzjährig geöffnet.
Beschreibung: In einer Sackgasse am Ortsrand neben Tennisplätzen. Eng beieinanderliegende asphaltierte Stellflächen, schattig. Der Enztalradweg ist nah (ca. 200 Meter), das Freibad befindet sich in rund 500 Meter Entfernung.
Preise: 3,00 € für ein Fahrzeug, Strom 1,00 € für 2 kWh. Nur passender Münzeinwurf möglich, die Automaten wechseln nicht.
Zufahrt: Von Pforzheim kommend am Ortseingang gleich rechts abbiegen.

Die Sehenswürdigkeiten in Mühlacker sind schnell aufgezählt. Neben der **Burgruine Löffelstelz**, die sich hoch über dem Steilhang der Enz befindet, sind noch der markante Wasserturm und die Sendemasten des SWR zu erwähnen. Die Ruine ist für Besucher nicht offen, sondern nur von außen zu betrachten.

Burgruine Löffelstelz in Mühlacker.

Wer gern mit dem Rad unterwegs ist, wird diesen Standort mögen. Eine

Tour entlang der Enz bis nach Besigheim am Neckar ist an einem Tag sehr gut zu bewältigen. Es sind hin und zurück nur 80 Kilometer. Eine vollständige Beschreibung des Enztalradweges von der Quelle bis zur Mündung finden Sie hier www.enztalradweg.de.

Wir fahren weiter nach **Ötisheim**, eine Gemeinde, die rund 5000 Einwohner zählt. Wir stellen das WOMO auf diesem Stellplatz ab und machen uns dann zu Fuß auf den Weg zu dem 700 Meter entfernt liegenden Ortskern.

(046) Offizieller WOMO-Stellplatz: Ötisheim – Erlentalhalle

GPS: N48°57'55.8" E8°48'06.6"; Maulbronner Str. 78, 75443 Ötisheim.
Max. WOMOs: 4, maximale Länge 12 m, max. Aufenthalt 2 Tage.

Ausstattung: Frischwasserversorgung, Abwasserentsorgung mit Bodeneinlass, Kassettenentleerung, Stromanschlüsse, Behälter für die Müllentsorgung, ganzjährig geöffnet.
Beschreibung: Geschotterte Plätze hinter der Erlentalhalle. Offiziell gibt es nur 4 Stellflächen für Wohnmobile, aber aufgrund der Platzverhältnisse können hier auch mehr stehen, die dann jedoch nicht alle eine Stromversorgung haben können.
Preise: Kostenlos. Strom 1,00 € pro kWh, Wasser 1,00 €. Strom wie Wasser bekommt man nur mit Wertmünzen, die bei der Gemeinde oder beim Hausmeister der Erlentalhalle zu bekommen sind.
Zufahrt: Auf der Umgehungstraße an Otisheim in Richtung Maulbronn vorbeifahren, am Ortsende im Kreisverkehr die erste Ausfahrt nehmen und noch 250 Meter bis zur Erlentalhalle fahren.

Das Zentrum der Gemeinde, das auf einer Kuppe liegt, zeigt ein schönes malerisches Fachwerkensemble. Viele Einkehrmöglichkeiten bietet der Ort überraschenderweise nicht.

Bekannt wurde Ötisheim, genauer gesagt der Ortsteil Schönenberg als Zufluchtsstätte der **Waldenser**, einer Glaubensgemeinschaft, die nach dem Wanderprediger Petrus Valdes, einem Kaufmann aus Lyon benannt wurde. Sie gerieten mit der katholischen Kirche in Konflikt, galten als Ketzer und mussten kurz gesagt Frankreich verlassen. Eine Gruppe um Henri Arnaud kam über Umwege hierher. Das ist na-

Das Waldenser-Museum "Henri-Arnaud-Haus" im Ortsteil Schönenberg.

Ötisheim, malerisches Fachwerkstädtchen.

türlich sehr kurz gefasst, die ganze Geschichte bekommen Sie im Museum erzählt, das Sie in der Henri-Arnaud-Straße 27 finden *(Öffnungszeiten: Dienstags und sonntags 14:00 - 17:00 Uhr)*.

Wenn Sie schon in Schönenberg das Museum aufgesucht haben, dann lohnt auch noch ein Spaziergang durch die angrenzenden Weinberge, an dessen Rand sich der Nachbau einer **Chartaque** befindet, ein Wachturm der **Eppinger Linien**. Diese stellten ein Verteidigungsbollwerk dar, die der Türkenlouis, Markgraf Ludwig Wilhelm von Baden gegen die Angriffe französischer Truppen unter dem Sonnenkönig Ludwig XIV. erbauen ließ.

Von Ötisheim geht unsere Reise weiter nach Maulbronn, wo wir zwei Möglichkeiten haben, das WOMO abzustellen.

(047) Offizieller WOMO-Stellplatz: Maulbronn – Kloster

GPS: N48°59'56.6" E8°48'20.5"; Hilsenbeuerstraße 10, 75433 Maulbronn.
Max. WOMOs: 8, maximale Länge 7 m, max. Aufenthalt 2 Tage.

Ausstattung: Frischwasserversorgung, Abwasserentsorgung mit Bodeneinlass, Kassettenentleerung, Stromanschlüsse, Behälter für die Müllentsorgung, ganzjährig geöffnet.
Beschreibung: Sehr enge Plätze auf Rasengittersteinen 500 Meter vom Kloster entfernt. Nachts sehr ruhig. Die Öffnung für die Entsorgung befindet sich unter einer Stahlplatte im Eingangsbereich des Platzes.
Preise: Kostenlos, Frischwasser 1,00 € für ca. 100 Liter, Strom 1,00 € pro kWh.
Zufahrt: In Maulbronn Richtung Kloster fahren und im zweiten Kreisverkehr (beim Gebäude der Sparkasse) die dritte Ausfahrt nehmen und kurz danach rechts abbiegen.

(048) WOMO-Badeplatz: Maulbronn – Naturfreibad Tiefer See

GPS: N49°00'14.3" E8°49'05.7"; Am Tiefen See, 75433 Maulbronn.
Max. WOMOs: 5, maximale Länge 8 m.

Ausstattung: Keinerlei wohnmobilspezifische Einrichtungen, ganzjährig geöffnet.
Beschreibung: Geschotterter Platz am oberen Ende des Tiefen Sees. Auch hier sind die Plätze nicht groß, der größere Teil des Platzes bleibt den PKWs vorbehalten. Entfernung zum Klosterhaupteingang ca. 1 km, Entfernung zum Eingang des Naturfreibades 500 Meter. Über einen Spazierweg der den Hang hinaufführt (das Asphaltsträßchen, dass vor der Nase unseres WOMOs erkennbar ist) kann man das Kloster über den Kultur- und Weinlehrpfad am Klosterberg von oben erreichen.
Preise: Kostenlos.
Zufahrt: In Maulbronn am Kloster vorbeifahren, die Richtung nach Zaisersweiher einschlagen und hinter dem See links abbiegen.

Weltkulturerbe Kloster Maulbronn

Keine mittelalterliche Klosteranlage nördlich der Alpen ist vollständiger erhalten als Maulbronn. Mitte des 12. Jahrhunderts begannen zwölf Zisterziensermönche aus dem Elsass in einem abgeschiedenen Waldtal an dem Flüsschen Salzach mit dem Bau. Als Vorbild dienten die Klöster in Burgund. Wer zum Beispiel einmal das Kloster in Fontenay gesehen hat, wird Ähnlichkeiten erkennen können. Über einen langen Zeitraum konnte das Kloster in Maulbronn entwickelt werden und vereint romanische und gotische Baustile in einer harmonischen Weise miteinander. Durch Schenkungen, Erbschaften und Kauf von Grundstücken und Ländereien erwirtschafteten die Mönche verbunden mit den Zehnteinnahmen erhebliche Einkünfte, die unter anderem in die Erweiterung der Klosterstadt flossen. Sie fungierten als Großgrundbesitzer, richteten im Umland des Klosters Wirtschaftshöfe ein und sorgten mit Handwerk, Ackerbau und Viehzucht für den Lebensunterhalt der Klostergemeinschaft. Sie waren auch Meister in der Wasserwirtschaft, regulierten Bach- und Flussläufe, um sie für Mühlen und Abwasserkanäle nutzbar zu machen. Sie legten auch Teiche für die Fischwirtschaft an. Der Tiefe See hinter dem Kloster, der heute als Naturfreibad genutzt wird, ist eines ihrer Werke.

Gebäude im Innenhof der Klosteranlage.

Ungestört blieb das Klosterleben im Laufe der Jahrhunderte nicht. Die kriegerischen Auseinandersetzungen hatten ihre Auswirkungen. Im Bauernkrieg (1525) entging es nur knapp einer vollständigen Zerstörung. Die Reformation setzte dem Klosterleben ein Ende. Maulbronn wurde 1556 in eine evangelische Klosterschule umgewandelt,

Klosterkirche und Laienrefektorium in Maulbonn.

die bis heute existiert. Mit **Johannes Kepler**, **Friedrich Hölderlin** und **Hermann Hesse** hat diese Einrichtung sehr berühmte Namen auf ihrer Schülerliste. Hesse, der spätere Literaturnobelpreisträger aus Calw, war nicht glücklich in Maulbronn. In seiner Erzählung "Unterm Rad" verarbeitete er literarisch seinen Aufenthalt in diesem Internat.

Der Innenhof des Klostergeländes ist frei zugänglich. In den Gebäuden sind Rathaus, Polizeibehörde, Restaurants und die Touristinfo untergebracht. Das Kloster selbst ist nur mit einer Führung zugänglich.

Öffnungszeiten: In den Monaten von März bis Oktober werden täglich zwei Führungen angeboten, eine um 11:15 und eine um 15:00. Sie dauern jeweils ca. 60 Min. und kosten für den Erwachsenen 11,00 €.

Berühmt wurde Maulbronn auch durch die erstmalige Herstellung eines schwäbischen Gerichtes, das sich im Schwobeländle einer großen Beliebtheit erfreut und das Sie, liebe Leser, unbedingt probieren müssen, wenn Sie es noch nicht kennen.

Maultaschen, eine schwäbische Delikatesse

Auf der Internetseite der Staatlichen Schlösser und Gärten Baden-Württemberg ist die Geschichte fogendermaßen vermerkt.

"Es war gegen Ende der Fastenzeit, als der Laienbruder Jakob auf dem Heimweg vom Reisigsammeln unverhofft in den Besitz eines schönen Stücks Fleisch gelangte: Ein flüchtender Dieb hatte seinen Sack mit Beute fallen lassen, Jakob direkt vor die Füße. Zurück im Kloster entdeckte er den schmackhaften Inhalt. Während der Fastenzeit war es den Mönchen verboten, Fleisch zu essen, doch Jakob brachte es nicht übers Herz, den wertvollen Fund wegzuwerfen. Aber wie das gute Stück vor dem Verderben bewahren?

Nachdem er mehrere Tage gegrübelt hatte, kam ihm beim Zubereiten des Gründonnerstagsmahles die rettende Idee: Er hackte das Fleisch klein und mischte es unter das Gemüse. Weil ihn dennoch das schlechte Gewissen plagte, versteckte er das Ganze in kleinen Taschen aus Nudelteig. So konnte er das Fleisch vor den Augen Gottes und seiner Mitbrüder verbergen – und servierte das herzhafte Mahl als Fastenspeise. Im Volksmund werden die Maultaschen daher auch „Herrgottsb'scheißerle" genannt."

Sie können die Maultaschen in jedem Restaurant probieren, das regionale Gerichte auf der Karte hat. Wenn Sie Maultaschen selbst zubereiten wollen, so kaufen Sie diese besser beim Metzger und nicht im Supermarkt. Tipp eines Norddeutschen, der seit mehr als 30 Jahren im Schwobeländle lebt.

Von Maulbronn ist es nicht weit nach **Knittlingen**. Die sechs Kilometer lassen sich mit einer kurzen Wanderung durch die Weinberge oder durch den Wald gut in eineinhalb Stunden bewältigen. Der historische Ortskern ist überschaubar. Für die Besucher der Fauststadt hält die Touristinfo im Rathaus einen Flyer bereit, in dem alle wichtigen historischen Gebäude verzeichnet und beschrieben sind. Das Geburtshaus des Alchimisten Georg Johann Faust, der hier um 1480 das Licht der Welt erblickte, ist nur wenige Meter vom **Faustmuseum** entfernt. Das Museum widmet sich der historischen Figur und ist kein kleines "Goethemuseum". Der Dichterfürst machte den Dr. Faust allerdings weltberühmt und ist das meistzitierte Werk der deutschen Literatur. Ob sich ein Besuch des Museums für Sie lohnt, können Sie sicher besser einschätzen, wenn Sie diese Seite https://faustmuseum.de einmal aufgerufen haben.

Faustmuseum in Knittlingen.

Wir kehren zu unserem WOMO zurück und machen uns nun auf den Weg nach **Diefenbach**. Der Ort, der zur Gemeinde Sternenfels gehört, hat diesen Stellplatz anzubieten.

(049) Offizieller WOMO-Stellplatz: Diefenbach – Gießbachhalle

GPS: N49°01'27.1" E8°51'16.7";
Burrainstraße 16, 75447 Sternenfels-Diefenbach.
Max. WOMOs: 3, maximale Länge 8 m, max. Aufenthalt 2 Tage.
Ausstattung: Keinerlei wohnmobilspezifische Einrichtungen, ganzjährig geöffnet.
Beschreibung: Asphaltierte Fläche am Rande des PKW-Parkplatzes an der Gießbachhalle.
Preise: Kostenlos.
Zufahrt: Aus Zaisersweiher kommend in Diefenbach nach dem Ortseingang in die erste Straße rechts und danach gleich wieder rechts abbiegen.

Weinberg in der Nähe des Geologischen Fensters "Wilder Fritz".

Weinbau und Wald prägt die Region hier im Westen des Strombergs. Auf Rad- und Wanderwegen lässt sich diese abwechslungsreiche Landschaft am besten erkunden und genießen, wie zum Beispiel hier in der Nähe des Geologischen Fensters "Wilder Fritz" im Osten von Diefenbach.

In einem Verbund haben die verantwortlichen Tourismusmanager des Kraichgaus und des Naturparks Stromberg-Heuchelberg eine vollständig neue Beschilderung des Wanderwegenetzes dieser Region durchgeführt. Es wurden 75 große Infotafeln an Wanderparkplätzen aufgestellt, rund 2000 Hauptwegweiser und 7500 Zwischenwegweiser montiert und 190 Rundwanderwege angelegt. Man hat hier also die Qual der Wahl im **Land der 1000 Hügel.** Detailliertere Informationen über Wanderwege, Einkehrmöglichkeiten in Besenwirtschaften, Restaurants, den kulturellen Highlights, Veranstaltungen und vielem anderen mehr finden Sie unter www.kraichgau-stromberg.de.

Vorbildliche Wanderwegbeschilderung im Land der 1000 Hügel.

Mit den Stationen, die wir im weiteren Verlauf dieses Kapitels anfahren, weisen wir auf einige reizvolle Stellplätze hin, von denen Sie Ihre Entdeckungstouren starten können. Beginnen wir mit **Oberderdingen**.

(050) Offizieller WOMO-Stellplatz: Oberderdingen – Am Rosengarten

GPS: N49°03'33.3" E8°47'47.5"; Schillerstraße 61, 75038 Oberderdingen.
Max. WOMOs: 8, maximale Länge 9 m.

Ausstattung: Frischwasserversorgung, Abwasserentsorgung mit Bodeneinlass, Kassettenentleerung, Stromanschlüsse, Behälter für die Müllentsorgung, WLAN, ganzjährig geöffnet.
Beschreibung: Ruhiges Plätzchen zwischen Rosengarten und Freibad. Bis zur historischen Ortsmitte sind es ca. 700 Meter.
Preise: 5,00 € für ein Fahrzeug, Frischwasser 1,00 € (100 Liter), Strom 1,00 € pro kWh. Abwasserentsorgung und Entleerung der Bordtoilette ist kostenfrei.
Zufahrt: Richtung Bretten fahren und kurz vor dem Ortsausgang (links sieht man einen Fußballplatz) zum Netto-Markt abbiegen, am Sanitätshaus Medicus vorbeifahren und auf einem schmalen Sträßchen dem Hinweisschild zum Rosengarten folgen.

Eingang zum Hexenturm in Oberderdingen.

Mit dem Rosengarten, der historischen Altstadt, der Vinothek und dem Wandergebiet am **Derdinger Horn**, von dem man eine schöne Aussicht in das Umland genießt, hat der Ort einige attraktive Ziele zu bieten.

Weiter geht es nach **Zaberfeld**, das mit seinem Stellplatz an der Ehmetsklinge einen attraktiven Badesee vorzuweisen hat.

(051) Offizieller WOMO-Badeplatz: Zaberfeld – Ehmetsklinge

GPS: N49°03'21.8" E8°54'59.2"; Seestraße 55, 74374 Zaberfeld.
Max. WOMOs: 4, maximale Länge 7 m.
Ausstattung: Frischwasserversorgung, Abwasserentsorgung ohne Bodeneinlass, Kassettenentleerung, Stromanschlüsse, Behälter für die Müllentsorgung, ganzjährig geöffnet.
Beschreibung: Relativ kleine Plätze neben dem Stausee Ehmetsklinge. Zwei Restaurants in unmittelbarer Nähe. Zum Badestrand sind es 10 Min. zu Fuß.
Preise: Kostenlos, auch die Entsorgung, Frischwasser 1,00 €, Strom 0,50 € pro kWh.
Zufahrt: Aus Sternenfels kommend nach Zaberfeld hineinfahren und nach dem Ortseingang, hinter der Netto-Filiale die erste Straße rechts abbiegen und dieser bis zum Ende folgen.

Wesentlich kleiner ist der Badesee in Mühlbach, den Sie mit diesen Koordinaten finden [**052:** N49°05'42.3" E8°54'08.7"]. Er befindet sich am Rand des Ortes. Ein Spaziergang führt zu einem Aussichtspunkt, der einen freien Blick auf die **Ravensburg** bietet, die sich östlich von Sulzfeld im Kraichgau befindet. In dieser Burg ist ein Restaurant mit einem Biergarten untergebracht. Den Parkplatz der Burg finden Sie mit diesen Koordinaten [N49°05'59.6" E8°52'31.6"]. Die Anlage macht einen sehr attraktiven Eindruck.

Nun ist es nicht mehr weit nach **Eppingen**, einer Stadt mit malerischen Fachwerkhäusern. Am Rande der Altstadt wird dieser Stellplatz angeboten.

(053) Offizieller WOMO-Stellplatz: Eppingen – Altstadtrand

GPS: N49°08'16.5" E8°54'50.4"; Altstadtring, 75031 Eppingen.
Max. WOMOs: 4, maximale Länge 9 m, max. Aufenthalt 2 Tage.
Ausstattung: Frischwasserversorgung, Abwasserentsorgung ohne Bodeneinlass, Kassettenentleerung, Stromanschlüsse, Behälter für die Müllentsorgung, ganzjährig geöffnet.
Beschreibung: Geräumige gepflasterte Plätze am Rande eines PKW-Parkplatzes, schattenlos, nah an der Altstadt. Wasserstation für den Winterbetrieb beheizt.
Preise: Kostenlos, Frischwasser 1,00 € (ca. 50 Liter), Entsorgung 1,00 €, Strom 1,00 € für 2 kWh
Zufahrt: Den Hinweisen zum Bahnhof folgen, am großen Kaufland-Supermarkt das Flüsschen Elsenz überqueren und dann rechts abbiegen.

Für das Jahr 2021 ist eine Gartenschau in unmittelbarer Nähe des Stellplatzes in Vorbereitung, die zu einer erheblichen Umgestaltung des Areals führen wird. Die Attraktivität des Ortes wird damit sicher gesteigert werden. Wenn Sie aber in der Bauphase dorthin fahren, müssen Sie mit Behinderungen rechnen.

Eppingen, Marktplatz und Rathaus.

Der historische Stadtkern steht seit 1983 unter Denkmalschutz. Romantisch wirkt die Altstadt mit ihren vielen Fachwerkhäusern, die über die Jahrhunderte in verschiedenen Stilrichtungen gebaut wurden. Alemannisches, fränkisches und barockzeitliches Fachwerk trifft in diesem Ort aufeinander. Das **Baumannsche Haus** gilt als eines der schönsten Fachwerkbauten in Baden. Es wurde 1582/83 in fränkischer Fachwerkbauweise aus beschnitzten Eichenbalken errichtet. Noch älteren Datums ist die Ratsschänke, sie wurde 1483 gebaut.

Unkonventionell geht es weiter. Auf dem **Römerhof** findet man einen Stellplatz direkt neben Wald und Reben inkl. einer Milchtankstelle und einem Kühlschrank mit frischen Eiern und hauseigenem Wein. Zu finden ist der Platz mit diesen Koordinaten **[054:** N49°09'05.4" E9°01'42.9"]. Eine gute Möglichkeit für die Ver- und Entsorgung bietet der kleine Stellplatz beim Freibad in **Schwaigern**, den Sie mit diesen Koordinaten finden **[055:** N49°08'43.9" E9°02'43.6"]. Wer seine Weinvorräte mit Trollinger, Lemberger oder Samtroten auffüllen möchte, dem empfehlen wir den Besuch des Weingutes Echle, das in Neipperg mit diesen Koordinaten zu finden ist **[056:** N49°06'08.9" E9°02'56.6"]. Beim Kauf von mehr als 12 Flaschen Wein ist der Aufenthalt auf dem Stellplatz kostenlos.

Das Baumannsche Haus in Eppingen.

Über Brackenheim geht die Fahrt weiter nach **Cleebronn.** Hier gibt es den überregional bekannten **Freizeitpark Tripsdrill**. Er ist der erste Freizeitpark dieser Art in Deutschland und wurde bereits 1929 eröffnet. Es begann mit der **Altweibermühle**, die nur aus einem Turm mit einer Rutsche bestand. Im Laufe der Jahrzehnte kamen viele Attraktionen hinzu. Heute sind es etwa 100, über die sich jährlich rund 800.000 Besucher freuen.

Neben der Freizeitanlage befindet sich ein Wildpark, der das ganze Jahr über zugänglich ist. Den Parkplatz vor diesem Areal finden Sie mit diesen Koordinaten **[057:** N49°01'50.3" E9°03'08.3"]. Es ist ein in der Nacht sehr ruhiger und kostenloser Parkplatz, der sich gut für eine Übernachtung eignet und als Ausgangspunkt für Wanderungen und Radtouren in die Umgebung bestens geeignet ist.

Die Kirche St. Michael in Cleebronn.

Von diesem Stellplatz fahren wir weiter nach Heilbronn und beenden dort diese Tour, wo wir auch schon das erste Kapitel dieses Buches haben enden lassen (Siehe Seite 52).

Band 95:
Mit dem Wohnmobil nach Bayern
Teil3: Der Nordwesten mit der
Romantischen Straße
N
10 km
Freudenberg
Miltenberg
Burg
Werbach
Külsheim
059
L504
Tauberbischofsheim
Kurmainzisches Schloss
81
Steinfurt
060
B27
058
Gottersdorf
Odenwälder
Freilandmuseum
062
Hardheim
Ariane 5 Raketenmodell
061
Mühlenradweg
Walldürn
Wallfahrtskirche
063
Hettigen-
beuern
Gerichtstetten
Steinbach
Buchen
(Odenwald)
064
Altheim
Wartturm
Mudau
Berolzheim
Eberstadter
Tropfsteinhöhle
Eberstadt
Bödigheim
Oster-
burken
066
065
Seckach
Limespark
Burg Krautheim
Krautheim
067
Histotainment Park Adventon
B292
Oberschefflenz
Adelsheim
Unter-
schefflenz
Roigheim
072
Kloster Schöntal
071
Schöntal
Billigheim
069
Widdern
Tour 5
Götzenburg
Jagsthausen
Möckmühl
073
Jagst
Forchtenberg
070
Schloss
Assumstadt
Sindringen
Töpfermarkt
Tour 1
Hohenloher Ebene
Haßmersheim
Schloss Horneck
Gundelsheim
Limes-Blick
Unter-
griesheim
Kocher
Neuen-
stein
024
Neuenstadt
am Kocher
Öhringen
Schloss
Clever-
sulzbach
Kaiserpfalz
Bad Friedrichshall
Limes Blick
Bad
Wimpfen
Besucherbergwerk
Neckar
Tour 5
6
087
WC
025
Neckarsulm
Tour 6
Limes-Blick
Binswangen
WC
026
Gleichen
088
Weinsberg
Ellhofen
experimenta
Willsbach
HEILBRONN
90
089
Wartberg
Löwensteiner Berge
068
B293
091
Breitenauer See
B39
Mainhardt
027
WC
Löwenstein
Bauland

TOUR 4 (ca. 180 km)

Tauberbischofsheim – Külsheim – Hardheim – Walldürn – Buchen – Seckach – Osterburken – Heilbronn

Stellplätze:	Tauberbischofsheim, Külsheim, Hardheim, Walldürn, Buchen, Seckach, Osterburken, Heilbronn.
Campingplätze:	Keine.
Ver-/Entsorgung:	Külsheim, Hardheim, Walldürn, Buchen, Osterburken, Heilbronn.
Besichtigungen:	Tauberbischofsheim (Altstadt, Kurmainzisches Schloss), Külsheim (Altstadt), Hardheim (Ariane5 Raketenmodell), Walldürn (Odenwälder Freilichtmuseum, Wallfahrtskirche), Buchen (Altstadt, Eberstadter Tropfsteinhöhle), Osterburken (Limespark, Römermuseum, Histotainment Park Adventon).
Wandern:	Hardheim (Mühlen- und Planetenweg).
Baden/Wellness:	Tauberbischofsheim (Hallenbad), Buchen (Waldschwimmbad).

Diese Tour führt uns von der Tauber durch das Bauland nach Heilbronn an den Neckar. Wir bewegen uns hier zwischen dem Odenwald und der Hohenloher Ebene in einer flachwelligen Landschaft, die hauptsächlich landwirtschaftlich genutzt wird. Wegen der klimatischen Verhältnisse wird diese Gegend auch gern Badisch Sibirien genannt.

Beginnen wir in **Tauberbischofsheim**, das wir bereits in dem Band 95 der WOMO-Reihe beschrieben haben. Dort finden Sie auch eine Beschreibung des Taubertales sowie die Beschreibungen der Städte Wertheim, Bad Mergentheim, Weikersheim und Creglingen, die wir hier, obwohl sie zu Baden-Württemberg gehören, aus Platzgründen nicht aufgenommen haben.

(058) Offizieller WOMO-Badeplatz: Tauberbischofsheim – Freibad

GPS: N49°37'17.8" E9°39'56.9"; Vitryallee, 97941 Tauberbischofsheim.
Max. WOMOs: 10, maximale Länge 7 m.
Ausstattung: Gepflasteter Platz ohne Versorgungseinrichtungen, Teil des PKW-Parkplatzes keine besonderen Markierungen oder Abtrennungen für Wohnmobile, ganzjährig geöffnet.
Beschreibung: Direkt neben dem Freibad, der Stadthalle und Tennisplätzen, nachts ruhig. Entfernung bis zur Stadtmitte 500 Meter.
Preise: Kostenlos.
Zufahrt: Von der L506 in Richtung Stadtmitte fahren und der Beschilderung zur Stadthalle/Freibad folgen, einfach zu finden.

Kurmainzisches Schloss und Riemenschneider Brunnen.

Tauberbischofsheim hat als Stadt der "Fechter" großen Ruf erworben, hier befindet sich der Olympiastützpunkt, hier wird die Elite des Fechtsports ausgebildet.

Die Ursprünge der Stadt liegen im 8. Jahrhundert, als der **Heilige Bonifatius** hier eines der ersten Frauenklöster auf deutschem Gebiet gründen ließ. Äbtissin wurde die Heilige Lioba. Einer der Nachfolgebauten des Klosters, die **Liobakirche** am Marktplatz erinnert daran.

Heute präsentiert sich Tauberbischofsheim als gemütlicher fränkischer Ort mit vielen alten Fachwerkhäusern. Am Marktplatz fällt das neugotische Rathaus zwischen den vielen Fachwerkgebäuden auf. Es wurde Mitte des 19. Jahrhunderts errichtet und beeindruckt mit einem großzügig angelegten Bürgersaal. Sehenswert ist das **Kurmainzische Schloss**, das sich unweit des Marktplatzes befindet. Es entstand im 15. Jahrhundert. Neben dem Schloss steht der **Türmersturm**, das Wahrzeichen der Stadt und letztes verbliebenes Bauwerk der ehemaligen Burg. Er kann bestiegen werden.

Im Kurmainzischen Schloss ist das **Tauberfränkische Landesmuseum** untergebracht. Hier sind Exponate aus der Vor- und Frühgeschichte und aus der Arbeitswelt im Mittelalter zu sehen. Hinzu kommen unzählige Waffen, sakrale Gegenstände, Uhren und Trachten. Einen großen Raum nimmt auch die Wohnkultur des Adels ein, die in vollständig möblierten Zimmern gezeigt wird.

Kulinarisch wird man in der Fußgängerzone zwischen Stellplatz und dem Marktplatz gut versorgt. Wer an einer sachkundigen "Büschemer" Stadtführung teilnehmen möchte, der kann dies in den Sommermonaten montags, mittwochs oder freitags tun. Der Treffpunkt ist vor dem Rathaus um 18.00 Uhr, freitags um 20.00 Uhr.

Von Tauberbischofsheim fahren wir nach Külsheim, wo wir diesen Stellplatz vorfinden.

(059) Offizieller WOMO-Stellplatz:
Külsheim – Am Schloss

GPS: N49°40'15.4" E9°31'22.2"; Kirchbergweg, 97900 Külsheim.
Max. WOMOs: 8, maximale Länge 12 m.
Ausstattung: Frischwasserversorgung, Abwasserentsorgung mit Bodeneinlass, Kassettenentleerung, Stromanschlüsse, Behälter für die Müllentsorgung, WLAN, ganzjährig geöffnet.
Beschreibung: Geräumige gepflasterte Plätze mit Grünstreifen zwischen Schule, Kirche und Burg, schattenlos, in der Nacht sehr ruhig. 5 Min. bis ins Zentrum.

Preise: Kostenlos, Frischwasser kostenlos, Strom 0,50 € pro kWh. Abwasserentsorgung und Entleerung der Bordtoilette ist kostenfrei. **Zufahrt:** In Külsheim die L504 bei der ersten Gelegenheit verlassen, die Hauptstraße bis zum Gasthaus "Zum Speer" durchfahren, davor rechts abbiegen und dann die nächste links abbiegen und dann am Friedhof entlang zum Stellplatz fahren.

18 Brunnen sorgen in der kleinen Altstadt für einen sprudelnden Charme. Der schönste ist der Kapellenbrunnen bei der Katharinenkapelle. Er schmückt auch das Stadtwappen des Ortes. Teile des sehenswerten Alten Schlosses werden in ihrer Entstehung auf das Jahr 1000 datiert. Nach vielen Nutzungsänderungen im Laufe der Jahrhunderte, ist hier heute die Stadtverwaltung untergebracht. Sehenswert ist auch das Alte Rathaus, ein spätgotisches Fachwerkhaus aus dem frühen 16. Jahrhundert.

Das Alte Schloss in Külsheim.

Das Alte Rathaus in Külsheim.

Zahlreiche markierte Rundwanderwege und Radwanderwege wurden um Külsheim angelegt. Die Routen finden Sie auf dieser Seite markiert www.kuelsheim.de.

Dort ist auch aufgeführt, was die Stadt kulinarisch zu bieten hat.

Wir fahren weiter nach Hardheim. Auf dem Weg dorthin passieren wir das Dorf Steinfurt in dem der **Gasthof Grüner Baum** auf einer Wiese hinter dem Lokal Stellplätze für Wohnmobilisten anbietet. Sie finden den Gasthof mit diesen Koordinaten [**060:** N49°38'53.8" E9°29'03.3"]. Wir fahren weiter nach Hardheim und parken auf diesem Stellplatz.

(061) Offizieller WOMO-Stellplatz: Hardheim – Am alten Bahnhof

GPS: N49°36'08.3" E9°28'16.4"; Bahnhofstraße 18, 74736 Hardheim.
Max. WOMOs: 12, maximale Länge 12 m, max. Aufenthalt 8 Tage.
Ausstattung: Frischwasserversorgung, Abwasserentsorgung mit Bodeneinlass, Kassettenentleerung, Stromanschlüsse, Behälter für die Müllentsorgung, ganzjährig geöffnet.
Beschreibung: Geräumige geschotterte Plätze mit Grünstreifen, schattenlos, Ortsrand neben dem Bauhof der Stadt, nachts sehr ruhig.

Preise: Kostenlos, Frischwasser 1,00 € und Strom 0,50 € pro kWh. Abwasserentsorgung und Entleerung der Bordtoilette ist kostenfrei.
Zufahrt: Hardheim in Richtung Gerichtstetten/Berolzheim durchfahren und am Ortsausgang hinter dem Alten Bahnhof rechts auf den Stellplatz abbiegen.

Am Stellplatz weist eine große Infotafel auf die Sehenswürdigkeiten und die Angebote für den Besucher hin. Uns erscheint ein Ausflug mit dem Rad entlang des **Mühlenradweg Erftal** interessant. Von der Quelle hinter Gerichtstetten bis zur Mündung in den Main bei Miltenberg sind es rund 32 Kilometer. Eine Beschreibung des Weges auf dem "Hohheitsgebiet" der Gemeinde Hardheim finden Sie hier: www.hardheim.de.

Mächtig stolz ist man in Hardheim auf den bekanntesten Sohn der Stadt, dem Raumfahrtpionier **Walter Hohmann**, der hier 1880 geboren wurde. Im Ort gibt es den Astronomie-Arbeitskreis Walter-Hohmann-Sternwarte, das Walter-Hohmann-Schulzentrum und die Walter-Hohmann-Höhe. Auf dieser Höhe wurde ein Modell der Ariane 5 im Maßstab 1:4 aufgestellt. An diesem Raketenmodell führt ein Planetenweg vorbei, der mit ausführlichen Tafeln unser Sonnensystem erläutert.

Modell der Ariane 5 in Hardheim.

Die Verdienste Walter Hohmanns liegen darin, die erste mathematisch fundierte Darlegung der Raumfahrtbahntechnik vorgelegt zu haben. Er berechnete, welche Eigenschaften ein raketengetriebenes Raumschiff haben muss, um zu anderen Planeten zu gelangen. Für das Apollo-Programm der NASA waren seine Berechnungen und Formeln von großer Bedeutung.

Wir fahren weiter und dringen etwas tiefer in den Odenwald vor. Das nächste Ziel ist das **Odenwälder Freilandmuseum**, das sich ziemlich abseits in **Gottersdorf** befindet, ein Ort, wo sich Fuchs und Hase Gute Nacht sagen. Das hat aber nicht nur Nachteile, denn auf dem Parkplatz des Museums ist in der Tat nachts nichts los. Er liegt ein wenig hinter Büschen versteckt und ist für eine ruhige Übernachtung sehr gut geeignet. Sie finden ihn mit diesen Koordinaten [**062:** N49°38'11.4" E9°18'51.3"].

Parkplatz Odenwälder Freilandmuseum.

Groß ist das Freilandmuseum nicht. Wer etwas ähnliches erwartet wie das Fränkische Freilandmuseum in Bad Windsheim oder das Museumsdorf Bayerischer Wald in Tittling, der wird enttäuscht sein. Gerade einmal 16 Gebäude sind

Häuser der Baugruppe Odenwald im Odenwälder Freilandmuseum.

auf diesem Gelände zu besichtigen, die in die Baugruppen Odenwald und Bauland aufgeteilt sind. Prachtvolle Höfe sind es nicht. Schon an diesen Häusern ist erkennbar, dass die Bewohner dieser Region in früheren Jahren nur ein karges Leben führen konnten.

Öffnungszeiten: April und Oktober 10:00 bis 17:00 Uhr, Mai bis September 10:00 bis 18.00 Uhr, Eintritt 5,00 € für einen Erwachsenen.

Um die Stadt **Walldürn** und die Wallfahrtskirche zu besuchen empfiehlt es sich, das WOMO auf dem Stellplatz der Fa. Goldschmitt abzustellen. Den Stellplatz können Sie auch dann nutzen, wenn Sie keine Serviceleistungen dieses Unternehmens in Anspruch nehmen wollen. Auf dieser Seite www.goldschmitt.de können Sie nachschauen, was die Firma für unsere fahrbaren Untersätze anbietet.

(063) Offizieller WOMO-Stellplatz: Walldürn – Goldschmitt Technik Center

GPS: N49°35'19.2" E9°23'34.0"; Industrieparkstraße 1-2, 74731 Walldürn.
Max. WOMOs: 20, maximale Länge 12 m.
Ausstattung: Frischwasserversorgung, Abwasserentsorgung mit Bodeneinlass, Kassettenentleerung, Stromanschlüsse, Behälter für die Müllentsorgung, ganzjährig geöffnet.

Beschreibung: Geräumige geschotterte schattenlose Plätze mit Grünstreifen neben den Werkstattgebäuden der Fa. Goldschmitt. Verkehrslärm der vorbeiführenden B27 gut hörbar.
Preise: Kostenlos.
Zufahrt: Von der B27 der Wegweisung in das Industriegebiet folgen. Auf dem Firmengelände an den Werkstätten vorbei in den hinteren Bereich fahren.

Wenn Sie zum Beispiel eine Luftfederung nachrüsten wollen, dann sind Sie hier goldrichtig.

Vom Stellplatz bis in das Zentrum der Stadt sind es rund drei Kilometer. Da lohnt es sich schon das Fahrrad vom Heckträger zu nehmen und in die Stadtmitte zu radeln. Sehenswert sind hier Überreste der historischen Stadtmauer von 1335, das historische Rathaus von 1448, das Alte Schloss von 1492 und als größtes Highlight des Ortes die **Wallfahrtsbasilika St. Georg**. Sie wurde zwischen 1698 und 1728 aus rotem Sandstein erbaut. Walldürn wurde nach einem sogenannten Blutwunder Wallfahrtsort. Dies geschah bereits 1330. Die ganze Geschichte wollen wir hier nicht wiedergeben, wer sich dafür interessiert findet auf dieser Seite www.wallfahrt-wallduern.de die Hintergründe erläutert und auch gleichzeitig die Termine der Wallfahrten genannt.

Das historische Rathaus in Walldürn.

Der Blutaltar in der Wallfahrtskirche St. Georg.

Auf den **Limeslehrpfad** am Heidingsfelder Weg möchten wir noch hinweisen. Es ist ein zwei Kilometer langer Wanderweg, der dem Verlauf des Limes folgt. Zu sehen sind die Grundmauern von vier Wachtürmen, die einst in einer graden Linie miteinander verbunden waren. Auf den Limes wollen wir an dieser Stelle nicht näher eingehen, er wird uns in diesem Buch noch vielfach beschäftigen.

Von Walldürn geht es nunmehr mit dem WOMO weiter nach Buchen. Als Erstes stellen wir ihnen den Stellplatz vor, der etwas mehr als ein Kilometer von der Altstadt entfernt liegt.

(064) Offizieller WOMO-Badeplatz: Buchen – Wohnmobilhafen Morretal

GPS: N49°31'44.3" E9°18'35.4"; Mühltalstraße 15, 74722 Buchen.
Max. WOMOs: 12, maximale Länge 12 m.
Ausstattung: Frischwasserversorgung, Abwasserentsorgung mit Bodeneinlass, Kassettenentleerung, Stromanschlüsse, Behälter für die Müllentsorgung im Freibad, WLAN, Brötchenservice, ganzjährig geöffnet.
Beschreibung: Idyllische Lage am Zusammenfluss von Morre und Hollerbach im Landschaftsschutzgebiet "Morretal", nur wenige Meter vom Waldschwimmbad entfernt. Bei feuchter Witterung kann der Untergrund weich und matschig werden.

Preise: 8,00 € für ein Fahrzeug mit 2 Personen. Entsorgung kostenlos, über Münzautomaten gibt es Frischwasser für 1,00 €, Strom für 1,00 € pro kWh. Der Eintritt in das Waldschwimmbad ist mit dem Ticket des Stellplatzes frei.
Zufahrt: In das Zentrum von Buchen fahren und dort in die Mühltalstraße in Richtung Hettigenbeuern/Steinbach abbiegen.

Das Mainzer Tor in Buchen.

Nicht nur in dem Waldschwimmbad können Sie Bewegung finden, auch am Rande der Innenstadt. Mit der **alla hopp!-Anlage**, gesponsert von der Dietmar Hopp Stiftung wurde ein großer Bewegungsparcours für Jedermann, ob klein oder groß, geschaffen.

Von den vier Tortürmen der ehemaligen Stadtbefestigung ist nur noch das Mainzer Tor (heutiger Stadtturm) erhalten geblieben. Es befindet sich im Westen der Altstadt. Besonders sehenswert in der charmanten Städtchen sind auch die **Mariensäule** und das **Alte Rathaus**. Die Mariensäule gilt als Symbol des **Madonnenländchens**, wie dieser Landstrich, in dem wir uns hier befinden, auch genannte wird. Madonnenländchen deshalb, weil es hier im östlichen Odenwald und dem Bauland sehr viele Bildstöcke mit Mariendarstellungen, Hausmadonnen und Mariensäulen gibt.

Das Alte Rathaus.

Das aus rotem Sandstein errichtete Alte Rathaus weist drei Torbögen mit steinernen Neidköpfen auf. Sie sollten nach der Vorstellung der Stadtväter die Gemeinde vor Unheil bewahren. Fertiggestellt wurde das Rathaus 1723.

Eine lange Tradition hat die **Buchener Faschenacht**. Zwischen dem schmutzigen Donnerstag und Aschermittwoch herrscht in dieser Stadt ein ausgiebiges närrisches Treiben.

Einen Rundumblick in die Landschaft gewährt der 14 Meter hohe Wartturm, der sich auf dem Wartberg südöstlich der Stadt befindet. In den Sommermonaten ist er zwischen 8:00 und 18:00 Uhr geöffnet.

Die Hochzeitstorte in der Tropfsteinhöhle.

Die **Eberstadter Tropfsteinhöhle** wurde erst 1971 per Zufall bei Sprengarbeiten in einem Muschelkalksteinbruch entdeckt. Seit 1973 ist sie als Schauhöhle in Betrieb. Sie ist 600 Meter lang und zwischen zwei und sieben Meter breit. Sie zeigt die unterschiedlichsten Tropfsteinformationen. Die Luftfeuchtigkeit ist mit 95%

recht hoch. Die Temperatur beträgt Sommer wie Winter konstant 11° Celsius. Die Höhle kann grundsätzlich nur mit einer Führung besichtigt werden.

Öffnungszeiten: Mai - August: täglich von 10:00 - 16:00 Uhr, für März, April, September und Oktober gelten dieselben Öffnungszeiten. In diesen Monaten bleibt die Höhle jedoch montags geschlossen. Eintrittspreis für den Erwachsenen 5,00 €.

Wir fahren weiter nach **Osterburken**, eine Stadt, die sich wegen ihrer Lage am Obergermanisch-Rätischen Limes **Römerstadt** nennt. Limesmuseum und der Limespark sind dann auch die Hauptanziehungspunkte des Ortes. Doch schauen wir zunächst, wo wir das WOMO abstellen können. Hier der offizielle Stellplatz.

(065) Offizieller WOMO-Stellplatz: Osterburken – Bürgerpark

GPS: N49°25'47.8" E9°25'48.5"; Am Kirchberg 11-13, 74706 Osterburken.
Max. WOMOs: 6, maximale Länge 10 m, max. Aufenthalt 2 Tage.
Ausstattung: Frischwasserversorgung, Abwasserentsorgung mit Bodeneinlass, Kassettenentleerung, Stromanschlüsse, Behälter für die Müllentsorgung, ganzjährig geöffnet. Die Versorgungseinrichtung ist gut anfahrbar.

Beschreibung: Geschotterte schattenlose Plätze oberhalb des neu angelegten Bürgerparks, sehr ruhig. Entfernung bis zum Limesmuseum 600 Meter, bis zum Limespark 800 Meter.
Preise: Kostenlos, Strom 0,50 € pro kWh. Abwasserentsorgung und Entleerung der Bordtoilette ist kostenfrei.
Zufahrt: Leider etwas verzwickt und nicht gut ausgeschildert.

Mit seinen sechs Plätzen ist er schnell belegt. Ausweichplätze sehen wir am Sportplatzweg im Tal [**066:** N49°26'01.3" E9°25'37.0"] oder auf der Höhe am Waldfriedhof am Ende der Straße zum Förstlein [**067:** N49°25'10.7" E9°25'45.0"].

Im **Limespark** sind die Grundmauern des Kastells zu sehen. Der Park ist frei zugänglich. Von einer kleinen Plattform ist die Anlage weitgehend zu überblicken. Mit einer Stahlkonstruktion wurde der Standort und die Größe des ehemaligen Kastelltores sichtbar gemacht. Wenn Sie durch das aufgestellte Archäoskop schauen, ergänzt sich das Tor zu einer farbigen Fassade mit vollständigem Mauerwerk.

Weit oberhalb, hinter dem Waldfriedhof und dem angrenzenden kleinen Wald (einfach einmal drumherum gehen) sehen Sie ein originalgetreu nachgebauten und begehbaren Wachturm. Das **Römermuseum** befindet sich in der Stadt in der Römerstraße 4. Hier finden Sie in vier Abteilungen auf

Im Limespark Osterburken.

drei Etagen alles über die Römer und Germanen, die römische Religion und über das Badewesen. Das Museum besteht aus einem Neu- und einem Altbau. Letzterer ist ein Schutzgebäude, das über den ausgegrabenen und konservierten Resten des kleineren Bades im Kastellort errichtet wurde. Die Originalmauern sind Teil des UNESCO-Welterbes.

Öffnungszeiten: Dienstags bis sonntags 10:00 bis 18.00 Uhr. Eintritt für den Erwachsenen 4,00 €, Familienkarte 10,00 €.

Originalgetreuer Nachbau eines römischen Wachturmes in Osterburken.

Wer sich nicht nur für die Römer, sondern auch für das Mittelalter interessiert, der findet im **Histotainment Park Adventon** ein interessantes Angebot. Hier ist man dabei eine mittelalterliche Stadt nachzubauen. Wenn Sie mögen, dürfen Sie auch selbst Hand anlegen. Auf dieser Seite erfahren Sie alles Notwendige dazu www.mittelalterpark.de.

Von Osterburken fahren wir nun auf einen Rutsch durch nach Heilbronn. Die Beschreibung der Stadt und des Stellplatzes finden Sie auf der Seite 52.

TOUR 5 (ca. 160 km)

Weinsberg – Cleversulzbach – Möckmühl – Widdern – Neuenstadt am Kocher – Jagsthausen – Schöntal – Forchtenberg – Künzelsau – Langenburg – Rothenburg ob der Tauber

Stellplätze:	Weinsberg, Möckmühl, Widdern, Jagsthausen, Kloster Schöntal, Forchtenberg, Langenburg, Rothenburg ob der Tauber.
Campingplätze:	Künzelsau.
Ver-/Entsorgung:	Weinsberg, Widdern, Künzelsau, Langenburg, Rothenburg ob der Tauber.
Besichtigungen:	Weinsberg (Burg Weibertreu), Möckmühl (Altstadt), Jagsthausen (Götzenburg), Kloster Schöntal, Künzelsau (Museum Würth), Langenburg (Schloss und Automuseum), Rothenburg ob der Tauber (Altstadt).
Wandern/Radwandern:	Cleversulzbach (Mörikeweg), Wanderwege rund um Forchtenberg, Radtouren entlang von Jagst und Kocher.
Baden/Wellness:	Künzelsau (Naturfreibad), Langenburg (Freibad).

Dieses Kapitel führt uns von Heilbronn an die Jagst, an den Kocher und von dort auf die Frankenhöhe nach Rothenburg ob der Tauber, das sich nur wenige Kilometer hinter der Grenze Baden-Württembergs in Bayern befindet. Zahlreiche Burgen, Burgruinen und Schlösser säumen dabei unseren Weg.

Beginnen wir mit der Stadt **Weinsberg**, die uns diesen Stellplatz anbietet.

(068) Offizieller WOMO-Stellplatz: Weinsberg

GPS: N49°08'55.5" E9°17'02.5"; Eugen-Diez-Straße, 74189 Weinsberg.
Max. WOMOs: 15, maximale Länge 8 m, max. Aufenthalt 3 Tage.
Ausstattung: Frischwasserversorgung, Abwasserentsorgung ohne Bodeneinlass, Kassettenentleerung, Stromanschlüsse, Behälter für die Müllentsorgung, WLAN, ganzjährig geöffnet.
Beschreibung: Gepflasterte Plätze mit Grünstreifen, weitgehend schattenlos in S-Bahn-Nähe, relativ ruhig, in der Nacht kein Bahnverkehr.
Preise: Kostenlos, Frischwasser 1,00 € und Strom 0,50 € pro kWh. Abwasserentsorgung und Entleerung der Bordtoilette ist kostenfrei.
Zufahrt: Unterhalb der Burgruine von der Heilbronner Straße in die Lindenstraße abbiegen, der Straße mit allen Kurven 350 Meter folgen, die Bahnlinie unterqueren und danach sofort links abbiegen.

Die Burgruine Weibertreu oberhalb von Weinsberg.

In Weinsberg wurden bis 1992 Wohnmobile gleichen Namens hergestellt. Vorher waren die Karosseriewerke Weinsberg, in denen sie produziert wurden, auch im PKW-Segment aktiv. Der Fiat Topolino wurde hier ebenso produziert wie die Fiat-Modelle Jagst und Neckar. Doch das ist alles Geschichte. Heute gibt es in der Stadt keine Montagebänder mehr, auf denen Fahrzeuge zusammengeschraubt werden.

Der Weinbau ist heute ein bedeutender wirtschaftlicher Faktor der rund 12.000 Einwohner zählenden Kleinstadt. Ein Anbaugebiet ist der Burgberg im Norden der Stadt, auf dem die **Burgruine Weibertreu** thront. Auch wenn er so schön aussieht wie ein Vulkankegel, es ist keiner. Es ist ein Zeugenberg aus Schilfsandstein, der durch die Erosion der Sulm und des Stadtseebachs vom umliegenden Gebirge abgetrennt wurde.

Die Burg ist berühmt geworden durch die treuen Weiber, denen der Stauferkönig Konrad III. 1140 nach siegreicher Belagerung freien Abzug gewährte mit allem, was sie auf dem Rücken zu tragen vermochten. Die Frauen schulterten ihre Männer und bewahrten sie damit vor der Hinrichtung.

Ein schöner Spazierweg führt hinauf zur Burg, von der man einen wunderbaren Blick in das Umland hat. Verbinden lässt sich der Besuch mit einer Wanderung auf dem vier Kilometer langen **Wein- und Rosenrundweg**, der auch auf den Schemelsberg führt, den Sie auf dem Foto oben im Anschnitt sehen. Die Distanz vom Stellplatz bis zur Burgruine beträgt rund ein Kilometer, der Höhenunterschied ca. 80 Meter. Wer auf dem Weg dorthin durch Weinsberg geht, kann sich im **Weibertreu-Museum** am Marktplatz noch einen geschichtlichen Überblick verschaffen.

Die Burg ist in den Sommermonaten zwischen 10:00 und 18:00 Uhr zugänglich, der Eintritt kostet 2,00 €.

Von Weinsberg bis nach **Cleversulzbach**, unserem nächsten Ziel sind es rund zwölf Kilometer. **Eduard Mörike**, der Lyriker, Erzähler und Übersetzer war hier von 1834 bis 1843 evangelischer Pfarrer. Das Mörike-Museum im Alten Schulhaus erinnert an seine Tätigkeit in diesem Ort. Es ist in den Wintermonaten geschlossen. Ein Spazierweg mit 15 Stationen führt durch den Ort und in die nahe Umgebung. Jede Station ist mit einem Mörike-Zitat versehen. Um das Museum aufzusuchen, parken sie am besten auf dem Parkplatz an der Kelter-Halle, den Sie mit diesen Koordinaten finden [N49°12'49.0" E9°21'10.8"]. Für große Fahrzeuge ist dieser Parkplatz allerdings nicht geeignet.

Durchgangsstraße in Cleversulzbach.

Wir fahren weiter nach **Neuenstadt am Kocher**. Malerisch wirkt das Schloss oberhalb des Prallhanges der Kocher in dem Ortsteil Bürg. Es befindet sich in Privatbesitz und kann nicht besichtigt werden.

Schloss Bürg in Neuenstadt am Kocher.

Wir fahren weiter parallel zur Autobahn in Richtung Möckmühl. Auf dem Weg dorthin entdecken wir hoch über der Jagst das Schloss Assumstadt. Ein exquisites Anwesen, das Tagungen und gesellschaftlichen Anlässen einen edlen Rahmen gibt.

Wir fahren weiter nach **Möckmühl** und suchen dort diesen Stellplatz auf.

(069) Offizieller WOMO-Stellplatz: Möckmühl – Jagsttalhalle

GPS: N49°19'25.2" E9°22'03.6"; Johann-Sebastian-Bach-Straße 3, 74219 Möckmühl.
Max. WOMOs: 25, maximale Länge 12 m, max. Aufenthalt 5 Tage.

Ausstattung: Keinerlei wohnmobilspezifische Einrichtungen, ganzjährig geöffnet.
Beschreibung: Befestigte Plätze hinter der Sporthalle und dem Hallenbad, sehr ruhig. Entfernung zur Stadtmitte 700 Meter.
Preise: Kostenlos.
Zufahrt: In Möckmühl vor der Überquerung der Jagst rechts abbiegen und der Beschilderung zur Jagsttalhalle folgen.

Der Ort hat eine ganze Reihe erstklassiger Sehenswürdigkeiten aufzuweisen. Sehr beeindruckend ist die über 500 Jahre alte bis zu 7,8 Meter hohe Stadtmauer. Sie ist durchlaufend mit einem Bogenfries geschmückt. Markant ist die Burg, die hoch über den Ort ragt und auf dem Weg von Schloss Assumstadt nach Möckmühl als erstes sichtbar wird. Auch dieses Anwesen befindet sich in Privatbesitz, ein Besuch ist nicht möglich.

Hexenturm und Burg in Möckmühl,

Imposant sind die Fachwerkhäuser am Marktplatz, eines davon ist das Rathaus, das hier schon seit mehr als 400 Jahren steht. Das Färberhaus, das Alte Pfarrhaus, das Alte Diakonat und das Heimatmuseum sind wei-

Das Rathaus am Marktplatz in Möckmühl.

tere reizvolle Fachwerkhäuser, die sich alle auf kleinstem Raum in der Altstadt anschauen lassen. Es fehlt auch nicht an Cafés, Eisdielen und Restaurants in der Innenstadt.

Im Umland von Möckmühl gibt es ein weitverzweigtes Wegenetz mit Rundwanderwegen. Auf dieser Seite www.moeckmuehl.de finden Sie eine kostenlose Wanderkarte, die Sie als PDF auf Ihr Tablet laden können. Die Radler unter Ihnen finden hier informative Hinweise zum Kocher-Jagst-Radweg.

Entlang der Jagst fahren wir nun wenige Kilometer weiter nach **Widdern**. Der Ort ist mit rund 2.000 Einwohnern die kleinste Stadt Baden-Württembergs. In diesem kleinen charmanten Städtchen befindet sich dieser Stellplatz.

(070) Offizieller WOMO-Stellplatz: Widdern – Jagstcamp

GPS: N49°18'49.2" E9°25'06.5"; Heilbronner Str. 11, 74259 Widdern.
Max. WOMOs: 16, maximale Länge 12 m, max. Aufenthalt 5 Tage.
Ausstattung: Frischwasserversorgung, Abwasserentsorgung mit Bodeneinlass, Kassettenentleerung, Stromanschlüsse, Behälter für die Müllentsorgung, ganzjährig geöffnet.
Beschreibung: Geschotterte schattenlose Plätze mit Grünstreifen nah am Ufer der Jagst, sehr ruhig.
Preise: 8,00 € für ein Fahrzeug, Frischwasser 1,00 € und Strom 0,50 € pro kWh. Abwasserentsorgung und Entleerung der Bordtoilette ist kostenfrei.
Zufahrt: In Widdern zunächst entlang der Jagst in Richtung Jagsthausen fahren und bei erster Gelegenheit rechts abbiegen Richtung Neuenstadt und dann gleich hinter der Brücke über die Jagst links zum Stellplatz abbiegen.

Von Widdern bis zur **Götzenburg** sind es mit dem Fahrrad über den Jagsttalradweg nur sieben Kilometer. Es ist eine schöne kleine Radtour zu dem Ort, an dem jährlich der "Götz von Berlichingen" aufgeführt wird. Götz, Sie wissen schon, das ist der mit den etwas unflätigen Redewendungen, die man natürlich in einem kultivierten Buch nicht zitieren kann.

Die Götzenburg in Jagsthausen.

Neben dem **Götz von Berlichingen** werden im Laufe des Jahres auch noch andere Stücke aufgeführt. Das Programm können Sie auf dieser Seite einsehen https://burgfestspiele-jagsthausen.de. Wenn Sie zu einer Veranstaltung anreisen, so können Sie Ihr Fahrzeug in der Straße In den Steinäckern parken **[071:** N49°18'28.1" E9°28'05.2"]. Eine Radtour von sieben Kilometern Länge ist in diesem flachen Gelände nicht anstrengend. Nach einer kleinen Rast kann es weiter gehen

(072) WOMO-Stellplatz: Kloster Schöntal

GPS: N49°19'51.6" E9°30'17.3"; Großer Garten 14, 74214 Schöntal.
Max. WOMOs: 8, maximale Länge 12 m.
Ausstattung: Keinerlei wohnmobilspezifische Einrichtungen, ganzjährig geöffnet.

Beschreibung: Großer mit Schotter befestigter Parkplatz neben dem Klostergarten, sehr ruhig. Kleines Restaurant an der Einfahrt des Platzes. Das Kloster befindet sich nur wenige Meter entfernt auf der gegenüberliegenden Straßenseite.
Preise: Kostenlos.
Zufahrt: Einfach der guten Beschilderung zum Kloster Schöntal folgen.

zum **Kloster Schöntal**, das nur fünf Kilometer von Jagsthausen entfernt liegt. Wieder geht es entlang der Jagst, bis die ehemalige Zisterzienserabtei mit der prunkvollen Barockkirche erreicht ist.

Kloster Schöntal wurde 1153 als Tochterkloster des Klosters Maulbronn gegründet. Die barocke Pracht erhielt es im frühen 18. Jahrhundert, als nach den Plänen des Baumeisters **Leonhard Dientzenhofer** mit dem Bau der Klosterkirche begonnen wurde. Dientzenhofer war ein beliebter Architekt seiner Zeit. Unter seiner Führung wurden unter anderem das Kloster Banz und das Kloster Michelsberg in Bamberg gebaut. Mit Schöntal ist ihm ein weiteres Meisterwerk gelungen, das mit einer Doppelturmfassade und einem reich ausgeschmückten dreischiffigen Kirchenraum glänzt. Erlebt hat er die Fertigstellung allerdings nicht, er starb vor Baubeginn. Andere Baumeister hatten die Aufgabe, seine Pläne umzusetzen. Gebaut wurde von 1708 bis

In der Barockkirche des Klosters.

Kloster Schöntal.

1727. Herausgekommen ist dabei eine monumentale Pracht. Fresken, Stuckornamente, Skulpturen, Altäre aus Alabaster, alles wirkt fein aufeinander abgestimmt und erstaunt noch heute. Das die verantwortlichen Äbte das Gebot der Schlichtheit der Zisterzienser ad absurdum führten, ist eine andere Geschichte.

Neben der Kirche sind das Konventsgebäude zahlreiche Wirtschaftsgebäude, Torhäuser, der „Mohrenbrunnen", ein großer Klostergarten sowie ein Friedhof mit barocker Friedhofskapelle und Mesnerhaus auf dem neben dem Kloster liegenden Kreuzberg sehenswert.

Im Kreuzgang des Klosters befinden sich rund 40 Grabmäler, die an das Adelsgeschlecht der von Berlichingen erinnern. Auch das Grabmal von **Ritter Götz** ist hier zu sehen.

Öffnungszeiten: Klosterkirche täglich 9:00 bis 19:30 Uhr. Informationen zu den Führungen durch die Klosteranlage erhalten Sie an der Rezeption des Bildungshauses.

Wir fahren mit dem WOMO weiter und wechseln das Tal. Hinter dem Kloster Schöntal folgen wir der Wegweisung nach **Forchtenberg**, das im Tal der Kocher liegt. Auf diesem Wanderparkplatz [**073:** N49°17'25.7" E9°34'08.9"] am Ende der Bahnhofstraße stellen wir das Fahrzeug ab und schauen uns zu Fuß die Geburtsstadt **Sophie Scholls** an.

Wanderparkplatz in Forchtenberg.

Ein großer Teil der alten Stadtbefestigung ist noch erhalten. Mit Rekonstruktionen wurden zerstörte Bereiche wieder aufgebaut, wie der Wehrgang mit dem Bürgerturm auf der gegenüberliegenden Seite. Durch das Würzburger Tor gelangt man in die Altstadt die mit zahlreichen alten Häusern glänzt unter denen der Diebesturm und der bereits genannte Bürgerturm herausragen. Das Rathaus ist das Geburtshaus von Sophie Scholl, eine Gedenktafel für die Widerstandskämpfer erinnert daran. Als städtebauliches Kleinod gilt das Teehaus, das gern für Trauungen genutzt wird. Gekrönt wird das 5000 Einwohner zählende Städtchen von einer ehemaligen Burg, die bereits im Dreißigjährigen Krieg zerstört wurde.

Wander- und Themenwege erschließen die Stadt und die nähere Umgebung. Der **Hans und Sophie Scholl-Pfad** führt über zwölf Stationen durch den Ort und verbindet die bereits genannten sehenswerten Bauwerke. Der **Sindringer Töpf-**

erpfad führt durch die Töpferkunst des Ortsteiles Sindringen. Weiterhin gibt es noch einen **Themenweg zur Hohenloher Mundart** und den **Hohenloher Bauernlehrpfad**. Komplettiert wird das Wanderangebot mit Zehn Rundwanderwegen, die Sie auf der Rückseite des Stadtplanes von Forchtenberg beschrieben finden. Sie erhalten diesen Stadtplan kostenlos im Rathaus.

Wehrgang in Forchtenberg.

Wanderangebote gibt es also mehr als genug und wenn Sie nach einem langen Wandertag gemütlich essen gehen möchten, dann finden Sie in Forchtenberg auch die Gelegenheit dazu.

Auf dem Kocher-Jagst-Radweg.

Wer lieber mit dem Rad unterwegs ist, dem sei der **Kocher-Jagst-Radweg** empfohlen, den man von Forchtenberg in die eine oder andere Richtung bequem durch die malerische Flusslandschaft fahren kann. Nach Neuenstadt am Kocher sind es nur rund 25 Kilometer, nach Künzelsau 13, und nach Schwäbisch Hall 41 Kilometer. Der Kocher-Jagst-Radweg ist vom ADFC als Qualitätsradroute mit 4 Sternen ausgezeichnet worden und gehört zu Deutschlands schönsten Flussradwegen. Die gesamte Strecke entlang der beiden Flüsse ist 332 Kilometer lang. Eine detaillierte Übersicht finden Sie hier www.kocher-jagst.de.

Burgruine Lichteneck in Ingelfingen.

Nachdem wir die Räder wieder sicher auf dem Heckträger verzurrt haben, fahren wir als nächstes Etappenziel Künzelsau an. Hinter dem Wertwiesenparkplatz am Kocher befindet sich dieser Campingplatz.

(074) WOMO-Campingplatz: Kocherfreibad

GPS: N49°16'42.9" E9°41'43.1"; Schloßmühlgasse 145, 74653 Künzelsau.
Max. WOMOs: 8, maximale Länge 10 m.

Ausstattung: Frischwasserversorgung, Abwasserentsorgung mit Bodeneinlass, Kassettenentleerung, Stromanschlüsse, Behälter für die Müllentsorgung, WLAN, Brötchenservice. Im Servicegebäude gibt es Dusche, WC, Waschmaschine und einen Trockner.
Beschreibung: Geräumige Grünflächen am Eingangsbereich des Platzes. Angeschlossen ist ein vollständig neu gestaltetes Naturfreibad am Kocher.
Preise: Erwachsene Person 5,00 €, Wohnmobil 6,00 €, Strom 0,50 pro kWh.
Zufahrt: In der Innenstadt von Künzelsau hinter der Kocherbrücke links abbiegen und über die Schloßmühlgasse am Wertwiesenparkplatz vorbeifahren.
Reservierung/Kontakt: Tel.: 0170/3118099.

Altes Künzelsauer Rathaus.

Mit sehr viel Mühe und hohen Kosten wurde in Künzelsau das "Bädle", wie die einheimischen ihr Naturfreibad nennen wieder so hergerichtet, das ein unbeschwerter Badegenuss möglich ist. Es ist das einzige Flussfreibad Baden-Württembergs. Auf dem Campingplatz stehen Sie praktisch nur wenige Meter davon entfernt.

Die Liste der sehenswerten Gebäude ist kurz. Viel mehr als das Alte Rathaus im fränkischen Fachwerkstil und das Schloss Bartenau, ein dreigeschossiges Gebäude im Stil der Spätrenaissance, dessen vier Ecken mit Rundtürmen versehen sind, gibt es nicht. In dem

Museum Würth in Gaisbach.

Schloss ist heute das Gymnasium untergebracht. Die Johanneskirche aus dem Jahre 1617 wäre noch zu nennen.

Wer Künzelsau besucht kommt an der Fa. Würth nicht vorbei. **Reinhold Würth**, ein schwäbischer Schaffer, wie er schwäbischer nicht sein könnte, hat hier mit dem Vertrieb von Schrauben und Möbelbeschlägen ein Unternehmen aufgebaut, das weltweit mehr als 70.000 Beschäftigte zählt. Die Lagerhallen und der Logistikbetrieb in Gaisbach oberhalb von Künzelsau nehmen eine große Fläche ein. Der LKW-Verkehr ist immens und mittendrin befindet sich das **Museum Würth**. Ein privates Kunstmuseum in einem postmodernen Gebäude, das auf die Kunstsammlung Reinhold Würths zurückgeht. Ergänzt wird diese Sammlung durch wechselnde Ausstellungen. Der Eintritt ist frei. Ihr WOMO können Sie auf dem Parkplatz am Carmen Würth Forum abstellen [N49°15'37.6" E9°40'30.7"]. Er ist etwas mehr als 500 Meter vom Museum entfernt.

Parkplatz am Carmen Würth Forum.

Auf unserer weiteren Reise gelangen wir nach **Kocherstetten**, einem Stadtteil von Künzelsau. Hoch oben über dem Ort ist eine Schlossanlage sichtbar, die jeden Freund alter Gemäuer dazu animiert, den Weg dorthin zu suchen. Wir dürfen Ihnen sagen, dass Sie sich in diesem Fall den Weg sparen können. Es sei denn, Sie sind auf der Suche nach einem gediegenem Altersruhesitz. Die Adelsfamilie derer von Stetten hat neben ihren privat genutzten Gebäuden die Schlossanlage zu einem großen Altersheim umbauen lassen. Viele neue geriatrische Einrichtungen sind in den letzten Jahren dazu gekommen.

Das Jagsttal bei Langenburg.

In Kocherstetten verlassen wir das Kochertal, fahren hoch auf die Ebene und nach wenigen Kilometern hinunter in das Jagsttal. Anschließend geht es wieder hinauf, **Schloss Langenburg** ist unser Ziel. Ob Sie einen Parkplatz direkt vor dem Schloss bekommen ist fraglich. Ihr Fahrzeug darf auch nicht höher als 2,80 Meter sein, sonst passen Sie nicht durch das Stadttor. Die Wahrscheinlichkeit, hier einen Parkplatz zu finden ist wesentlich größer.

(075) Offizieller WOMO-Badeplatz: Freibad Langenburg

GPS: N49°14'58.9" E9°52'00.8"; In der Strut, 74595 Langenburg.

Max. WOMOs: 4, maximale Länge 8 m.

Ausstattung: Frischwasserversorgung, Stromanschlüsse, Behälter für die Müllentsorgung, ganzjährig geöffnet. Entsorgung an der örtlichen Kläranlage möglich.

Beschreibung: Geschotterte Plätze direkt neben dem Freibad. Entfernung bis zum Schloss 2 Kilometer.

Preise: Kostenlos, Frischwasser 1,00 €, Strom1,00 € pro kWh.

Zufahrt: Am Ortsausgang von Langenburg in Richtung Michelbach/Gerabronn.

Schloss Langenburg liegt auf einem Bergsporn hoch über der Jagst am westlichen Rand der Stadt. Es ist im Besitz der fürstlichen Familie zu Hohenlohe-Langenburg, die es auch bewohnt. Teile der Anlage sind für Besucher zugänglich. Dazu gehören das Schlossmuseum, das **Deutsche Automuseum**, die Schlosskapelle, der barocke Schlossgarten und der Renaissance-Innenhof. Vom Schloss hat man eine traumhafte Aussicht in das Jagsttal, die man vom Schlosscafé unterhalb des Barockgartens besonders gut genießen kann.

Im ehemaligen Marstall des Schlosses ist das Deutsche Automuseum untergebracht. Rund 40 Oldtimer der Marken BMW, Porsche, Rolls Royce, Mercedes und andere sind hier zu bewundern. Jährlich finden zusätzlich Sonderausstellungen zu unterschiedlichen Themen statt.

Schloss Langenburg mit dem Barockgarten.

Im **Schlossmuseum** wird in erster Linie die Geschichte des Fürstenhauses und die herrschaftliche Wohn- und Lebenskultur früherer Tage gezeigt.

Öffnungszeiten: April bis Oktober, in der Regel mittwochs bis sonntags von 11:00 bis 17:00 Uhr. Kombinationspreis für den Besuch beider Museen 11,50 € pro Person. Die tagesaktuellen Führungszeiten entnehmen Sie bitte dieser Seite www.schloss-langenburg.de.

Das Stadttor in Langenburg.

Von Langenburg geht die Fahrt über Blaufelden und Leuzendorf nach Rothenburg ob der Tauber. Landwirtschaft prägt diesen leicht hügeligen Raum am Ostrand der Hohenloher Ebene. Es gibt auf diesem Weg nichts Sehenswertes, was einen Zwischenstopp erfordern würde. So fahren wir bis zum Taubertal durch, queren die Tauber über die Eselsbrücke, werfen auf dem weiteren Weg nach Rothenburg einen Blick auf die berühmte Doppelbrücke und fahren hoch zur Stadt, wo wir den Stellplatz P2, den wir auf der folgenden Seite darstellen, auch gleich erreichen.

Rothenburg o.d.T.

(076) Offizieller WOMO-Stellplatz: Rothenburg ob der Tauber – P2

GPS: N49°22'13.1" E10°10'59.6"; Nördlinger Straße, 91541 Rothenburg ob der Tauber.

max. WOMOs: 50, maximale Länge 12 m, max. Aufenthalt 5 Tage.

Ausstattung: Asphaltierter Platz mit Wasserver- und Abwasserentsorgung, Kassettenentleerung, Stromanschlüssen, Behälter für die Müllentsorgung, ganzjährig geöffnet.

Beschreibung: Ortsrand, zwischen der Umgehungstraße und einem Gewerbegebiet, relativ ruhig. 900 Meter bis zum Marktplatz.

Preise: 12,00 € für ein Fahrzeug. Frischwasser 1,00 €, Strom 1,00 €. Abwasserentsorgung und Entleerung der Bordtoilette ist kostenfrei.

Zufahrt: Über die Nördlinger Straße, siehe Stadtplan.

(077) Offizieller WOMO-Stellplatz: Rothenburg ob der Tauber – P3

GPS: N49°22'53.3" E10°11'20.4"; Laiblestraße 26, 91541 Rothenburg ob der Tauber.
max. WOMOs: 30, maximale Länge 12 m, max. Aufenthalt 5 Tage.
Ausstattung: Asphaltierter Platz mit Wasserver- und Abwasserentsorgung, Kassettenentleerung, WC, Behälter für die Müllentsorgung, ganzjährig geöffnet.

Lage: In Ortslage zwischen einem Baumarkt und der Feuerwehr.
Preise: 10,00 € für ein Fahrzeug. Über Münzautomaten gibt es Frischwasser für 0,50 €. Abwasserentsorgung und Entleerung der Bordtoilette ist kostenfrei.
Zufahrt: Über die Schweinsdorfer Straße, siehe Stadtplan.

Spaziergang durch Rothenburg ob der Tauber

Die Altstadt lässt sich auf vielerlei Wegen erkunden. Man kann den Wehrgang nutzen, von dem man wunderbare Blicke auf die Altstadt und in das Taubertal genießen kann. Zehn Stellen haben wir gezählt, an denen man auf die umlaufende Wehrmauer in ca. drei Metern Höhe gelangen kann. Das **Spitaltor** und **Galgentor** bieten einen Zugang. Durch eines dieser beiden Tore werden Sie gehen, wenn Sie Ihr WOMO auf einem der genannten Stellplätze abgestellt haben.

Gehen wir die Stadttortürme einfach im Uhrzeigersinn durch und schauen, was es dort im Einzelnen zu sehen gibt. Da wir auf dem Stellplatz P2 stehen, starten wir mit der **Spital Bastion**.

Hier am südlichsten Punkt der Altstadt liegt das jüngste und gleichzeitig das massivste Gebäude der Rothenburger Stadtbefestigung. Die Bastion wurde zwischen 1537 und 1546 errichtet. Nur wenige Meter entfernt befindet sich das **Spitalviertel**, das mit seinen zahlreichen Gebäuden der Kranken- und Altenpflege diente. Auch heute ist hier

Die Spitalbastei und das Spitaltor.

ein Seniorenwohnheim untergebracht. Nur wenige Meter von dem Altenheim entfernt dient die mit wuchtigen Mauern und Pfeilern versehene **Roßmühle** heute als Jugendherberge. Von der Roßmühle bis zum **Kobolzeller Tor** sind es nur wenige Meter. Von diesem Tor führt ein steiler Weg hinunter in das Taubertal zu der aus dem 14. Jahrhundert stammenden **Doppelbrücke**. Es ist eine Konstruktion aus Muschelkalkmauerwerk, die in mehreren Bögen über die Tauber führt. Von dieser Brücke hat man einen schönen Blick auf die Silhouette von Rothenburg. Von der **Teufelskanzel** am Kobolzeller Tor hat man eine gänzlich andere Perspektive auf die Stadtmauer und das Taubertal.

Nur wenige Schritte vom Kobolzeller Tor entfernt ist das bekannteste Postkartenmotiv Rothenburgs, das **Plönlein** zu finden. Heute ist es der Selfiestandort Nr. 1 dieser Stadt.

Burgtor und Burgtorturm.

In der Nähe des Plönleins wartet das **Mittelalterliche Kriminalmuseum** auf Besucher. Hier lässt sich vom Ermittlungsverfahren bis zur Vollstreckung der Strafe die Rechtsgeschichte im Laufe der Jahrhunderte studieren. Inklusive gruseliger Folterinstrumente versteht sich.

Vom Kriminalmuseum geht es über die Schiedgasse zum **Marktplatz** mit dem prächtigen **Renaissancerathaus**. Direkt neben dem Rathaus befindet sich der von Weitem sichtbare **Rathausturm**. Über 220 Stufen geht es hinauf auf die 52 Meter hohe Aussichtsplattform, die eine wunderbare Rundumsicht auf die Altstadt und in das Taubertal bietet. Wieder unten angekommen, lockt der **Christkindlmarkt** auch in den Sommermonaten zu einem Weihnachtseinkauf ein. Wer noch nicht an Weihnachten denken mag, erfreut sich an den herrschaftlichen Häusern in der Herrengasse und geht den Weg weiter zum **Burgtor**, dem höchsten Tor der Rothenburger Stadtbefestigung. Das Burgtor ist heute der Durchgang zum **Burggarten**, eine kleine und schöne Parkanlage auf einem Bergsporn, von der man wiederum an mehreren Stellen schöne Aussichten sowohl in das Taubertal als auch auf Teile der Stadt genießen kann.

Wer vom Burgtor auf dem Wehrgang weitergeht, gelangt zum Klingentor und verpasst dabei allerdings das **Reichsstadtmuseum** im ehemaligen Dominikanerkloster, das sich der Stadtgeschichte widmet.

Der 37 Meter hohe **Klingenturm** sicherte den nördlichen Zugang zur Stadt. Er war Wehr- und Wasserturm zugleich. Neben dem Turm befindet sich die Kirche **Sankt Wolfgang**, die im Inneren drei wertvolle Altäre aus der Riemenschneiderzeit aufzuweisen hat.

Über den Pulver-, Henkers- und Kummereckturm geht es auf der Wehrmauer weiter zum **Galgentor**. Seinen Namen erhielt es wegen der in der Nähe liegenden Hinrichtungsstätte. Die Galgengasse führt zum 38 Meter hohen **Weißen Turm**. Er ist mit dem **Markusturm** der älteste der ersten Rothenburger Stadtbefestigung. Beide Türme wurden Ende des 12. Jahrhunderts errichtet. Über den Wehrgang geht es weiter zum **Röderturm** mit seinen zwei vorgelagerten Zoll- und Wachhäuschen. Er stammt aus dem 14. Jahrhundert. Die Rödergasse führt zum **Markusturm** und dem **Röderbogen**. Von hier ist es nicht weit bis zum Marktplatz und von dort wiederum nicht weit bis zur Kirche **St. Jakob**. Besonders sehenswert in dieser Kirche ist der Heiligblutaltar von **Tilman Riemenschneider**. Auffallend bei dieser Darstellung des letzten Abendmahls ist die Präsentation der Judasfigur, die herausnehmbar im Vordergrund steht.

Das Plönlein.

Diesen kleinen Rundgang können Sie bequem auf eigene Faust durchführen. Wenn Sie mehr über die Geschichte der Stadt erfahren wollen, dann empfehlen wir, an einer der angebotenen Führungen teilzunehmen. Welche das sind und wann sie stattfinden, erfahren Sie auf dieser Seite www.rothenburg-tourismus.de.

Spektakulär sind die jährlich stattfindenden **Reichsstadt-Festtage** am ersten September-Wochenende. Die gesamte Altstadt wird in ein mittelalterliches Lager verwandelt, Ritter schlagen ihre Zelte vor den Stadttoren auf, Besuchern werden Handwerkskünste präsentiert, Gaukler und Minnesänger sorgen für die Unterhaltung. Nicht minder spektakulär ist das historische Festspiel **"Der Meistertrunk"** das jährlich zu Pfingsten gespielt wird und an die Rettung der Stadt vor Plünderung und Brandschatzung während des 30-jährigen Krieges erinnert. Auch während dieses Festspieles wird die Stadt in ein mittelalterliches Flair gehüllt.

Der Marktplatz mit dem Renaissancerathaus und dem Rathausturm.

TOUR 6 (ca. 190 km)

Rot am See – Kirchberg an der Jagst – Crailsheim – Vellberg – Schwäbisch Hall – Wackershofen – Übrigshausen – Waldenburg – Neuenstein – Öhringen – Gleichen – Mainhardt – Löwenstein – Willsbach – Untergruppenbach – Heilbronn

Stellplätze:	Kirchberg an der Jagst, Crailsheim, Vellberg, Schwäbisch Hall, Übrigshausen, Waldenburg, Öhringen, Gleichen, Mainhardt, Willsbach, Untergruppenbach, Heilbronn.
Campingplätze:	Schwäbisch Hall, Breitenauer See.
Ver-/Entsorgung:	Kirchberg an der Jagst, Crailsheim, Vellberg, Schwäbisch Hall, Übrigshausen, Öhringen, Heilbronn.
Besichtigungen:	Kirchberg an der Jagst (Schloss, Burg Leofels), Crailsheim (Aussichtsturm), Vellberg (Schloss), Schwäbisch Hall (Altstadt, Comburg), Wackershofen (Hohenloher Freilichtmuseum), Waldenburg (Schloss), Öhringen (Altstadt), Untergruppenbach (Schloss Stettenfels).

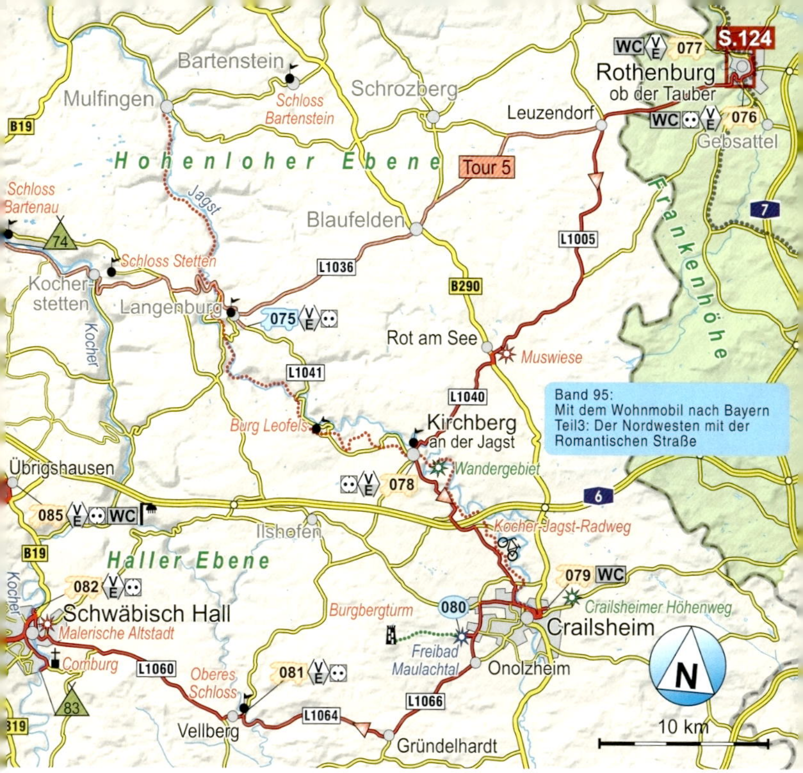

Wandern/Radwandern:	Crailsheim (Höhenweg, Kocher-Jagst-Radweg, Burgbergturm), Waldenburg (Höhenweg), Gleichen (Limes Blick), Rund um den Breitenauer See.
Baden/Wellness:	Crailsheim (Freibad Maulachtal), Schwäbisch Hall (Solebad), Breitenauer See

Bevor wir in Rothenburg aufbrechen und den Rückweg nach Heilbronn über die Haller Ebene und durch die Löwensteiner Berge antreten, möchten wir noch darauf hinweisen, dass Rothenburg auch in unserem Buch über den Nordwesten Bayerns (Band 95 der WOMO-Reihe) enthalten ist. Dort ist der Ort Start- und Endpunkt mehrerer Touren, die über die Romantische Straße und durch den Steigerwald sowie den Aischgrund führen.

Beginnen wir nun unsere Rückreise nach Heilbronn. Zunächst fahren wir bis nach Leuzendorf den Weg zurück, über den wir auch gekommen sind. In Leuzendorf biegen wir auf die L1005 ab und fahren nach **Rot am See**. Es ist eine Gemeinde mit etwas mehr als 5000 Einwohnern, die man auf der Durchreise eher als "verschlafenen Ort" bezeichnen würde. Doch alljährlich im Oktober staut sich hier der Verkehr und die Wiesen rund um den Ortsteil Musdorf werden kurzerhand zu überdimensionalen Parkplätzen umfunktioniert. Für die ein-

heimischen ist die fünfte Jahreszeit angebrochen, wenn ihre **Muswiese** beginnt. Es ist eine gigantische Landwirtschaftsausstellung und Freiluftmesse. Der Duft von gebratenen und gesottenem weht über das Gelände, regionale Produkte werden den Besuchern zum Kauf angeboten. Es ist schon ein sehr spezielles Fest, das im Brauchtum dieser Region fest verwurzelt ist. Die Muswiese findet immer in der Woche statt, in die der 11. Oktober fällt.

Burg Leofels.

Weiter geht die Fahrt nach **Kirchberg an der Jagst**. Es ist ein malerisches Städtchen mit etwas mehr als 4.000 Einwohner. Hier finden wir diesen Stellplatz vor.

(078) Offizieller WOMO-Stellplatz: Kirchberg an der Jagst

GPS: N49°12'13.1" E9°59'00.2"; 74592 Kirchberg an der Jagst.
Max. WOMOs: 6, maximale Länge 12 m, max. Aufenthalt 3 Tage.
Ausstattung: Frischwasserversorgung, Abwasserentsorgung mit Bodeneinlass, Kassettenentleerung, Stromanschlüsse, keine Behälter für die Müllentsorgung, ganzjährig geöffnet.

Beschreibung: Ebener gut geschotterter und überwiegend sonniger Platz rund 300 Meter vom Zentrum mit dem Schloss entfernt, in der Nacht sehr ruhig.
Preise: Kostenlos, Frischwasser 1,00 € , Strom 0,50 € pro kWh.
Zufahrt: In Kirchberg die Jagstbrücke überqueren und kurz danach links zur Feuerwehr abbiegen.

Schön wirkt die Altstadt mit ihrer Silhouette und der Schlossanlage. Höfischen Glanz mit Protz und Prunk kann man hier allerdings nicht antreffen. Die Schlossgebäude werden von der gemeinnützigen und mildtätigen Stiftung Haus der Bauern genutzt. Ein Akademiebetrieb mit dem Schwerpunkt der ökologischen Land- und Ernährungswirtschaft ist hier ebenso untergebracht wie eine Jugendhilfeeinrichtung und senioren-

Stadtsilhouette von Kirchberg an der Jagst.

gerechte Wohngemeinschaften. Der klassische Schlossbesuch fällt hier also weg, nur der barocke Hofgarten ist frei zugänglich.

Reizvoll ist es vom Stellplatz an der Feuerwehr vorbei zur Jagst zu wandern und dort im Tal einen längeren Spaziergang zu unternehmen. Ein überdachter Steg führt in dem ursprünglich wirkenden Tal über den Fluss. Dieser Weg ist auch ein Teil des **Kocher-Jagst-Radweges**. Bis nach Crailsheim sind es auf diesem Weg rund 15 Kilometer. In die andere Richtung geht es Richtung Langenburg (17 km). Auf dem Weg dorthin kommt man an der **Burg Leofels** vorbei, eine Spornburg, die zur Zeit Kaiser Friedrichs II. erbaut wurde. Sie verfiel im Laufe der Jahrhunderte. Heute wird sie im Sommer für Theateraufführungen und Konzerte genutzt.

Von Kirchberg setzen wir nun unsere Reise mit dem WOMO fort und fahren nach **Crailsheim**, einer Stadt mit fast 35.000 Einwohner. Die Stadt bietet diesen Stellplatz an.

(079) Offizieller WOMO-Stellplatz: Crailsheim – Volksfestplatz

GPS: N49°08'20.3" E10°04'30.7"; Am Volksfestplatz. 2, 74564 Crailsheim.
Max. WOMOs: 6, maximale Länge 12 m.

Ausstattung: Keinerlei wohnmobilspezifische Einrichtungen, nur WC und Kiosk, ganzjährig geöffnet.
Beschreibung: Am Rande des riesigen Volksfestgeländes, 500 Meter bis zur Innenstadt. Für unseren Geschmack sehr unattraktiv.
Preise: Kostenlos.
Zufahrt: Ins Zentrum fahren und einfach den Hinweisen zum Festplatz bzw. Karlsberghalle folgen.

Auf dem Crailsheimer Höhenweg.

Villa auf dem Krekelberg.

Auch Crailsheim hat eine "fünfte Jahreszeit" und zwar dann, wenn im September das **Fränkische Volksfest** stattfindet. Das Volksfest, ursprünglich als Landwirtschaftliches Bezirksfest zur Hebung und Förderung der Landwirtschaft von Wilhelm I. von Württemberg gegründet, ist heute ein großer Jahrmarkt mit Riesenrad und vielen anderen Fahrgeschäften. Zur Volksfestzeit ist der Stellplatz nicht nutzbar.

Crailsheim war und ist ein wichtiger Eisenbahnknotenpunkt. Diese strategische Bedeutung führte im Zweiten Weltkrieg zu Bombenangriffen auf die Stadt, die dabei fast vollständig zerstört wurde. Nur wenige historische Gebäude wurden danach wieder aufgebaut.

Reizvoll ist ein Besuch der **Villa** und des **Vogelparks** auf dem Krekelberg. Von Mai bis Mitte Oktober ist die Villa an Sonntagen geöffnet und bewirtschaftet. Der Vogelpark ist von Mai bis Mitte Oktober täglich von 10:00 bis 18:00 Uhr geöffnet. Der Eintritt ist frei. Der Krekelberg ist rund ein Kilometer vom Stellplatz entfernt. Auf ihm ist der **Crailsheimer Höhenweg** angelegt, ein aussichtsreicher Rundwanderweg der über 13 Kilometer durch Eichwald und Wiesenlandschaften führt. Auf dieser Seite www.tourismus-bw.de finden Sie eine Tourbeschreibung und die Möglichkeit ein PDF sowie gpx-Daten herunterzuladen. Bevor Sie bei der Suche auf der komplexen Seite verzweifeln, geben Sie einfach bei Google "Crailsheimer Höhenweg" ein, damit kommen Sie schneller an die gewünschten Informationen.

Eine schöne Wanderung führt auch zum 534 Meter hohen Burgberg im Westen von Crailsheim. Hier können Sie nach vier Kilometern den **Burgbergturm** besteigen, der einen weiten Ausblick ins Umland gewährt. Stellen Sie hierzu das WOMO auf dem Parkplatz am Freibad Maulachtal ab, den Sie mit diesen Koordinaten [**080:** N49°07'38.0" E10°01'31.8"].

Vellberg, das nächste Ziel auf unserer Reise zeigt mit seinem mittelalterlichem **"Städle"** eine Fülle an sehenswerten Gebäuden auf engstem Raum. Wir stellen das WOMO auf diesem Platz ab und schauen uns die Stadt zu Fuß an.

(081) Offizieller WOMO-Stellplatz: Vellberg – Stadtmauer

GPS: N49°05'13.8" E9°52'50.8"; Am Zwinger, 74541 Vellberg.
Max. WOMOs: 2, maximale Länge 8 m, max. Aufenthalt 2 Tage.
Ausstattung: Frischwasserversorgung, Abwasserentsorgung mit Bodeneinlass, Kassettenentleerung, Stromanschlüsse, Behälter für die Müllentsorgung, ganzjährig geöffnet.
Beschreibung: Sehr kleiner Platz direkt neben der Stadtmauer und dem runden Kraftturm, nachts ruhig.
Preise: Kostenlos, Frischwasser 1,00 € und Strom 0,50 € pro kWh. Abwasserentsorgung und Entleerung der Bordtoilette ist kostenfrei.
Zufahrt: Bei der Fahrt durch den Ort hinter dem Eiscafé Rialto rechts abbiegen.

Vom Stellplatz ist man schnell im Burggraben, von dem eine Tür in den unterirdischen Wehrgang führt. Er ist auf einer Länge von 150 Metern begehbar. Durch diesen Gang kann man nach oben in das Städle gelangen. Wer nicht durch den engen Gang gehen mag, der wählt den Weg über die Treppen des Parkhauses zur Straße und betritt die einzig erhaltene Trutzveste Nordwürttembergs durch den Stadttorturm. Schon seit 1466 steht er an dieser Stelle und war ursprünglich mit einer Zugbrücke versehen. Auch wenn das Städtle auf den ersten Blick wie ein

Fiebichhaus und Altes Amtshaus.

Der Stadttorturm in Vellberg.

Museumsdorf wirken mag, es ist keines. Die Häuser sind ganz normal bewohnt und genutzt, wie in jeder anderen Stadt auch.

Flyer und Prospekte der Stadt sind frei zugänglich und vor Nässe geschützt an einer Hauswand zu finden. Darin sind Sie die Häuser mit einem kleinen Stadtplan beschrieben. Wenn Sie diese verwenden, dann verpassen Sie nichts von dem, was die Stadt ihren Besuchern zu bieten hat. Neben der musealen Altstadt mit ihren vielen Fachwerkhäusern und Türmen ist es ein Skulpturenweg der einen Rundgang noch interessanter macht. Wenn Sie an einer Stadtführung teilnehmen möchten, um mehr über die Stadt zu erfahren, so finden Sie auf dieser Seite www.vellberg.de alle notwendigen Informationen.

Der nächste Ort auf unserer Reise ist nicht minder interessant, aber größer. Für **Schwäbisch Hall** sehen wir zwei gute Möglichkeiten, die wir mit dem WOMO anfahren können.

(082) Offizieller WOMO-Stellplatz: Schwäbisch Hall – Auwiese

GPS: N49°07'21.9" E9°44'03.6"; Spitalmühlenstr., 74523 Schwäbisch Hall.
Max. WOMOs: 9, maximale Länge 9 m, max. Aufenthalt 2 Tage.
Ausstattung: Frischwasserversorgung, Abwasserentsorgung mit Bodeneinlass, Kassettenentleerung, Stromanschlüsse, Behälter für die Müllentsorgung, ganzjährig geöffnet.
Beschreibung: 3,5 Meter breite gepflasterte Plätze mit Bäumen zur Kocher abgegrenzt, überwiegend schattig, sehr ruhig. Ein Radweg führt hinter dem Platz vorbei, auf dem es in die Altstadt geht.

Preise: Kostenlos, Frischwasser 1,00 € und Strom 0,50 € pro kWh. Abwasserentsorgung und Entleerung der Bordtoilette ist kostenfrei.
Zufahrt: In Schwäbisch Hall angekommen auf die B19 in Richtung Autobahn fahren und nach dem Friedhof hinter der Altstadt gleich links abbiegen, dann rechts halten.

(083) WOMO-Campingplatz: Schwäbisch Hall – Am Steinbacher See

GPS: N49°05'53.8" E9°44'32.3"; Mühlsteige 26, 74523 Schwäbisch Hall.
Max. WOMOs: 50, maximale Länge 10 m.
Ausstattung: Frischwasserversorgung, Abwasserentsorgung mit Bodeneinlass, Kassettenentleerung, Stromanschlüsse, Behälter für die Müllentsorgung, WLAN, Brötchenservice. Im Servicegebäude gibt es Dusche, WC, Waschmaschine und Trockner. Ein Camperstüble sorgt für den Dämmerschoppen.Der Platz ist von Anfang März bis Mitte Oktober geöffnet.

Beschreibung: Ein lauschiges Plätzchen direkt an der Kocher nahezu in Sichtweite des ehemaligien Benediktinerklosters Comburg.
Preise: Erwachsene Person 5,50 €, Wohnmobil 9,00 €, Hund 3,50 €, Strom 0,65 pro kWh.
Zufahrt: Eng und ein wenig verzwickt. Im Stadtteil Steinbach über die Kocher in Richtung Hessental fahren und konsequent der Beschilderung zum Campingplatz folgen. Hinter der Brücke in die zweite Straße rechts abbiegen, dann erneut rechts abbiegen und die schmale Straße hinter dem Sportplatz bis zum Ende durchfahren.
Reservierung/Kontakt: Tel.: 0791/2984 oder www.camping-schwaebisch-hall.de.

Salz, dem weißen Gold des Mittelalters verdankt die Stadt den Aufstieg zu einer der großen und bedeutenden Reichsstädte im Heiligen Römischen Reich. Salz wird heute nicht mehr produziert, doch wird an die handwerklichen Fähigkeiten der Salzsieder beim Kuchen- und Brunnenfest, am Tag des Salzes und beim Schausieden erinnert. Bedeutung hat die Haller Sole für das **Solebad**, das Sie in der Weilerwiese 7 finden. Mit einem Salzgehalt zwischen 3,5 und 4 Prozent speist es die Becken, die eine Wassertemperatur zwischen 18° und 36° aufweisen.

Das Langenfelder Tor in Schwäbisch Hall.

In dieser Wellness-Oase finden Sie drei Innenbecken, ein Kneippbecken, ein Erlebnisfreibad, Saunaoasen, Salzgrotten und vieles mehr. Einen vollständigen Überblick finden Sie hier www.solebad-hall.de.

Auf dem **Marktplatz** schlägt das Herz der Stadt. Fachwerk und Renaissancehäuser sowie das barocke Rathaus fassen diesen Platz auf drei Seiten ein. Die vierte Seite wird dominiert von einer sehr breiten Treppe mit 53 Stufen, die zur romanisch-gotischen Kirche **St. Michael** führt. In den Sommermonaten dient sie als Bühne für Freilichtspiele, während der Marktplatz voll bestuhlt in einen Zuschauerraum umfunktioniert wird. Den umfangreichen Spielplan können Sie hier einsehen www.freilichtspiele-hall.de.

Das **Rathaus** wurde 1735 nach einem großen Stadtbrand errichtet. Gegen Ende des Zweiten Weltkriegs brannte es nach Brandbombentreffern bis auf die Grundmauern nieder. Es wurde weitgehend originalgetreu rekonstruiert und konnte 1955 eingeweiht werden.

Die Stadtkirche **St. Michael** blieb im Krieg vor Schäden verschont. Der romanische Turm geht auf eine Entstehungszeit auf das Jahr 1156 zurück. Der Umbau des Kirchenschiffs zur gotischen Hallenkirche begann 1427 und wurde 1526 abgeschlossen. Das niedrige Langschiff und der hohe Chor sind besondere Merkmale dieses Gebäudes. Die große Treppe wurde 1507 an Stelle einer vorspringenden Bastion errichtet.

Das der Unternehmer, Firmenpatriarch und Kunstmäzen Reinhold Würth eine großes Herz für die Kunst hat, haben

wir schon auf der vorangegangenen Tour in Künzelsau gesehen. Mit der **Kunsthalle Würth** wurde von ihm ein weiteres Museum geschaffen. In einem modernen dreigeschossigen Gebäude werden in wechselnden Ausstellungen Kunstwerke aus der Sammlung Würths gezeigt. Der Eintritt ist auch hier frei. Sie finden die Kunsthalle in der Lange Straße 35, 500 Meter vom Marktplatz entfernt auf der linken Seite des Kochers. Nur wenige Meter davon entfernt befindet sich die **Johanniterkirche**, in der spätmittelalterliche Kunst aus der Sammlung Würth gezeigt wird.

In sechs historischen Gebäuden in der Altstadt ist das **Hällisch-Fränkische Museum** untergebracht. Es beschäftigt sich mit der Geschichte dieser Region und reicht von der Urzeit bis zur Gegenwart. Die Bedeutung der Salzsiederei und die Bedeutung als Reichsstadt wird ausführlich mit vielen Exponaten dargelegt. Die Vertäfelung und der Toraschrein der Unterlimpurger Synagoge sind eine besonders Schmuckstück des Museums. Sie finden die Museumsgebäude im Süden der Altstadt am Ostufer des Kochers, 250 Meter vom Marktplatz entfernt.

Um mehr über die Geschichte der Stadt zu erfahren, dem sei eine Stadtführung empfohlen. Eine besonders reizvolle Präsentation der Stadt wird mit kulinarischen Führungen geboten. Hier wird die Geschichte der Stadt mit Gaumenfreuden verknüpft, die die örtliche Gastronomie zu bieten hat. Das ist nicht wenig. Mehr dazu finden Sie auf der Seite der Stadt www.schwaebischhall.de.

Marktplatz und Rathaus in Schwäbisch Hall.

Kloster Großcomburg.

Außerhalb der Stadt befindet sich auf einem Umlaufberg rechts des Kochertals eine außergewöhnlich Burg- und Klosteranlage. Das **Kloster Großcomburg**, es zeigt sich wehrhaft und majestätisch zugleich, wird heute als Landesakademie für Fortbildung und Personalentwicklung an Schulen in Baden-Württemberg genutzt. Das Klosterareal sowie der 420 Meter lange überdachte Wehrgang sind frei begehbar. Die Besichtigung der **Stiftskirche St. Nikolaus** ist nur im Rahmen einer Führung möglich. In der Kirche sind der goldene Altarvorsatz, das romanische Antependium und der überdimensionale Radleuchter besonders sehenswert. Öffnungszeiten und Eintrittspreise können Sie dieser Seite entnehmen www.kloster-grosscomburg.de.

Parkplatz vor dem Hohenloher Freilandmuseum.

Mit dem Besuch des nächsten Ortes bekommen wir eine Idee davon, wie früher Lebensmittel produziert wurden und unter welchen Bedingungen die Menschen gelebt haben. Wir finden es immer wieder faszinierend, Museen dieser Art aufzusuchen. Das **Hohenloher Freilandmuseum** finden Sie mit diesen Koordinaten [**084:** N49°08'15.5" E9°41'45.5"] im Moorwiesenweg in Wackershofen, einem Ortsteil von Schwäbisch Hall.

Rund siebzig Gebäude, die zwischen dem 16. und 20. Jahrhundert errichtet wurden, stehen hier in einer dörflich anmutenden Struktur. Stattliche Bauernhöfe sind ebenso dabei, wie kleine Handwerker- und Tagelöhnerhäuschen. Es gibt eine Mühle, Winzerhäuser, Bahnhofsgebäude, Schulhaus, Kapelle, Gefängnis und anderes mehr. Misthaufen liegen vor den Höfen und Tiere wie das Schwäbisch-Hallische Landschwein bevölkern die Stallungen und Ausläufe. Umgeben sind die Häuser von Obstbaumwiesen und Bauerngärten. Sie dienen nicht nur der Zierde, sondern werden bewirtschaftet. In Führungen und bei Veranstaltungen wird dabei die Vergangenheit für die Besucher lebendig. Auch ein Dorfgasthaus ist auf dem Museumsgelände anzutreffen. Im **Gasthof zum roten Ochsen** können Sie sich nach einem Museumsbesuch an den Spezialitäten dieser Region laben.

Dorfstraße im Hohenloher Freilandmuseum.

Die Öffnungszeiten sind saisonal unterschiedlich. Am sichersten ist, Sie schauen hier nach www.wackershofen.de. Dort finden Sie auch die Infos zu den Veranstaltungen.

Bauernhaus aus Elzhausen im Hohenloher Freilandmuseum.

Landluft sollte man auch ertragen können, wenn man diesen Stellplatz aufsucht. Für Pferdeliebhaber ist er ein Genuß.

(085) Offizieller WOMO-Stellplatz: Übrigshausen – Ostertag Wohnmobilpark

GPS: N49°10'33.9" E9°42'47.8"; Kupferstraße 18, 74547 Untermünkheim.
Max. WOMOs: 10, maximale Länge 12 m, max. Aufenthalt 5 Tage.
Ausstattung: Frischwasserversorgung, Abwasserentsorgung mit Bodeneinlass, Kassettenentleerung, Stromanschlüsse, Behälter für die Müllentsorgung. Im Servicegebäude gibt es Dusche und WC, ganzjährig geöffnet.
Beschreibung: Geschotterte ebene Plätze neben den Stallungen eines Pferdehofes, schattenlos. Die besondere Duftnote sollte man mögen.
Preise: 10,00 € für ein Fahrzeug, Frischwasser 0,50 € für 50 Liter, Strom 0,50 € pro kWh. Abwasserentsorgung und Entleerung der Bordtoilette ist kostenfrei. Die Parkgebühr ist bar zu entrichten und in einem bereit liegenden Umschlag in einen Briefkasten zu werfen. In 200 Metern Entfernung befindet sich der Gasthof Adler mit bürgerlicher und schwäbischer Küche, Metzgerei und Brötchenservice.

Zufahrt: In Übrigshausen von der B19 in Richtung Kupferzell/Autobahn vor dem Gewerbegebiet rechts abbiegen.

Von Übrigshausen fahren wir in den Naturpark Schwäbisch-Fränkischer Wald. Auf unserem Weg nach Waldenburg kommen wir am **Neumühlsee** vorbei, an dessen Ufer, nur von der Straße getrennt ein Campingplatz liegt. Wir haben ihn uns nicht näher angeschaut. Der See ist ein Bade- und Angelsee. In **Waldenburg** angekommen stellen wir das WOMO auf den unten beschriebenen Platz ab und machen uns dann sogleich zu Fuß auf den Weg in die Altstadt, die auf einem Bergsporn liegt auf 505 Metern Höhe liegt. Wegen dieser Lage hoch

(086) Offizieller WOMO-Stellplatz: Waldenburg

GPS: N49°10'59.6" E9°37'34.5"; Albert-Schweitzer-Str., 74638 Waldenburg.
Max. WOMOs: 4, maximale Länge 12 m, max. Aufenthalt 2 Tage.
Ausstattung: Keinerlei wohnmobilspezifische Einrichtungen, ganzjährig geöffnet.
Beschreibung: Große gepflasterte Plätze neben Sportanlagen am Rande eines PKW-Parkplatzes. Wasserturm in Sichtweite, nachts sehr ruhig. Glascontainer am Platz. Die Altstadt ist zwei Kilometer entfernt.

Preise: Kostenlos.
Zufahrt: Von der L1046 am Ortseingang von Waldenburg gleich links in die Albert-Schweitzer-Str. abbiegen. Wenige Meter weiter ist der Stellplatz auf der rechten Seite erreicht.

über der Ebene, die eine phantastische Aussicht bietet, wird Waldenburg auch gern als **Balkon Hohenlohes** bezeichnet. Ein Spazierweg, der Höhenrandweg führt etwas versteckt parallel zur Straße vom Stellplatz in die Altstadt. Wenn Sie diesen Weg wählen haben Sie nach einem kurzen Waldstück immer wieder einen schönen Blick in die Ebene und auf die Silhouette der Stadt. Sie erreichen den Weg, wenn Sie am Friedhof vorbei in Richtung Wald gehen und sich nach dem Friedhof rechts halten.

Imposant ist der Lachnersturm. Er ist 33 Meter hoch und diente einst als Wasserturm. Wer 110 Stufen in dem engen Treppenhaus erklimmen mag, gelangt zur Türmerstube, von der die Aussicht in das Umland natürlich noch besser ist.

Am Ende des Ortes befindet sich das Schloss, das vom Fürst zu Hohenlohe-Waldenburg bewohnt wird. Vorher kommt man noch am Rathaus vorbei, vor dem der **Phoenixbrunnen** steht. Er erinnert daran, das Waldenburg (wie Phoenix aus der Asche) nach den Zerstörungen des Zweiten Weltkrieges wieder im alten Glanz erstrahlt. Wenn Sie den Rückweg über den

Der 33 Meter hohe Lachnersturm kann bestiegen werden.

Das Rathaus und die Stadtkirche in Waldenburg.

Höhenweg antreten so haben wir noch einen Tipp für Sie. Wenn Sie am Friedhof angekommen sind, dann wählen Sie nicht den Weg zum Stellplatz, sondern gehen den Höhenrandweg noch ca. einen Kilometer weiter. Sie gelangen auf diesem Wege zu einer Aussichtsplattform an der Theresienberghütte von der Sie noch einmal einen Blick hinunter auf die Ebene haben und die Silhouette von Waldenburg betrachten können.

Der weitere Weg auf unserer Rückreise nach Heilbronn führt uns zu diesem prächtigen Schloss.

Schloss Neuenstein.

Es befindet sich in **Neuenstein**, nur acht Kilometer von Waldenburg entfernt. Da die Wahrscheinlichkeit groß ist vor dem Schloss keinen Parkplatz zu finden, empfehlen wir, den Stellplatz an der Alten Straßenmeisterei aufzusuchen. Sie finden ihn mit diesen Koordinaten [N49°12'06.3" E9°35'04.5"] an der Eschelbacher Straße. Man kann nicht behaupten, dass es sich hier um einen gepflegten Platz handelt, aber zum Parken reicht es. Das Schloss ist nur 650 Meter entfernt.

Das mächtige Schloss im Stil der Renaissance ist ein geschlossener Vierflügelbau mit sechs Geschossen und Ecktürmen. Es kann nur im Rahmen einer Führung besichtigt werden. Zu sehen sind eine spätmittelalterliche und voll funktionsfähige Küche, ein Kunst- und Raritätenkabinett mit prachtollen Elfenbeinschnitzereien und dem einzig erhaltenen Hut von König Gustav II. Adolf von Schweden. Eine umfangreiche Waffensammlung im Kaisersaal und der prachtvolle Rittersaal, der Kulturveranstaltungen dient. Öffnungszeiten und Eintrittspreise erfahren Sie hier http://schloss-neuenstein.de.

Wir fahren weiter nach **Öhringen** und stellen unser WOMO auf dem unten beschriebenen Platz ab. Bis zur Stadtmitte von Öhringen sind von diesem Platz zwei Kilometer zurückzulegen. Wer nur einen Stadtbesuch ohne Übernachtung plant, kann das WOMO auch auf dem Parkplatz P1 Herrenwiese abstellen, der mit diesen Koordinaten [N49°12'02.2" E9°29'46.5"] zu finden ist. Von hier sind es nur 500 Meter bis zum Marktplatz, der mit der Stiftskirche und dem Schloss das Herz der Stadt bildet.

Fachwerkhaus am Marktplatz.

Öhringen ist ein Städtchen, dass mit seinem historischen Kern zum Bummeln und Einkaufen einlädt. Ein Kleinod besonderer Güte ist der Hofgarten, der sich südlich des Schlosses befindet. Hier gibt es Wasserläufe die zum Plantschen

(087) Offizieller WOMO-Stellplatz: Öhringen – HEICamp

GPS: N49°11'32.4" E9°28'48.9"; Verrenberger Weg 33, 74613 Öhringen.
Max. WOMOs: 60, maximale Länge 12 m, max. Aufenthalt 5 Tage.
Ausstattung: Komfortplatz mit Frischwasserversorgung, Abwasserentsorgung mit Bodeneinlass, Kassettenentleerung, Stromanschlüssen, WLAN, Behälter für die Müllentsorgung, Brötchenservice. Im Servicegebäude gibt es Duschen und WCs. Die Anlage ist ganzjährig geöffnet. Zusätzlich gibt es ein Restaurant mit Biergarten direkt am Platz.

Beschreibung: Es stehen sowohl Rasen- als auch Asphaltplätze zur Verfügung. Die angepflanzten Bäume sind jung und spenden noch keinen Schatten. Der Platz wurde erst 2018 eröffnet.
Preise: 12,00 € für ein Fahrzeug, 2,00 € für eine erwachsene Person, Strom 0,60 € pro kWh. Frischwasser und Abwasserentsorgung und Entleerung der Bordtoilette ist kostenfrei, wenn der Grundpreis gezahlt wird. Für Durchreisende, die den Stellplatz nicht für eine Übernachtung nutzen wollen, kostet die Ver- und Entsorgung 4,00 €.
Zufahrt: Das Industrie- und Gewerbegebiet auf der Westallee umfahren und dabei in einem Kreisverkehr die Ausfahrt nach Verrenberg wählen.

Limes Blick bei Gleichen.

Der Wanderparkplatz in Gleichen.

animieren und ein Tiergehege mit Streichelzoo, der bei kleinen Kindern sehr beliebt ist.

Von Öhringen geht es wieder in den Schwäbisch-Fränkischen Wald. Nächstes Ziel ist Gleichen, ein Dorf das man nicht unbedingt gesehen haben muss. Doch seit der Limes am 15. Juli 2005 zum Weltkulturerbe erklärt wurde, bekommen auch kleine Orte, an denen diese Grenzbefestigung einst vorbeiführte eine besondere Bedeutung. Der Limes entwickelt sich, so scheint es, zu einer Marke, die touristisch vermarktet werden kann. So gibt es in der Nähe des Ortes Gleichen eine Stahlkonstruktion, die dort errichtet wurde, wo einst der Limes verlief. Einige Hinweistafeln und ein Fernrohr wurden installiert, um dem Besucher ein größeres Verständnis für diesen Grenzzaun zu vermitteln. Um zu diesem Ausblick zu kommen, können Sie Ihr WOMO auf dem abgebildeten Wanderparkplatz am Rande des Waldes abstellen.Ein besonderes Komfortmerkmal dieses Platzes ist die Grillstelle, die sich unmittelbar vor unserem WOMO befindet. Den Platz finden Sie mit diesen Koordinaten [**088:** N49°08'23.6" E9°31'32.3"]. Den Limes Blick erreichen Sie über einen Wanderweg in 1,5 Kilometern Entfernung.

Einen weiteren, jedoch keineswegs so lauschigen Wanderparkplatz finden Sie in Mainhardt mit diesen Koordinaten [**089:** N49°04'38.1" E9°33'51.6"]. Hier stehen Sie neben einer Limesnachbildung.

Aus der Waldlandschaft fahren wir nun weiter in die Weinlandschaft der **Löwensteiner Berge**. Erstes Ziel ist der Breitenauer See, zweites Ziel ist ein Weingut in Obersulm.

(090) WOMO-Campingplatz: Breitenauer See

GPS: N49°07'01.3" E9°22'59.3"; Breitenauer See 2, 74245 Löwenstein.
Max. WOMOs: >20, maximale Länge 12 m.
Ausstattung: Frischwasserversorgung, Abwasserentsorgung mit Bodeneinlass, Kassettenentleerung, Stromanschlüsse, Behälter für die Müllentsorgung, WLAN, Brötchenservice, griechisches Restaurant, Badestrand, Kinderspielplatz. In den Servicegebäuden gibt es Duschen, WCs, Waschmaschinen und Trockner. Der Platz ist ganzjährig geöffnet.
Beschreibung: Es stehen sowohl Rasen- als auch mit Platten ausgelegte Plätze zur Verfügung. Der Badestrand ist, je nach Standort auf dem Platz, maximal 500 Meter entfernt. Insgesamt eine ruhige und komfortable Anlage.
Preise: Tagespauschale in der Hauptsaison inkl. aller Dienstleistungen, Ver- und Entsorgung etc. 33,00 € für ein Fahrzeug mit 2 Personen. In der Nebensaison 29,00 €.
Zufahrt: Nicht zu verfehlen. Auf der B19 zwischen Löwenstein und Ellhofen auf der rechtenSeite.
Reservierung/Kontakt: Tel.: 07130/8558 oder www.breitenauer-see.de.

(091) Offizieller WOMO-Gasthof-Stellplatz: Obersulm-Willsbach – Weingut Laicher

GPS: N49°07'58.1" E9°21'26.1"; Heerweg 21, 74182 Obersulm.
Max. WOMOs: 2, maximale Länge 9 m.
Ausstattung: Frischwasserversorgung, Abwasserentsorgung ohne Bodeneinlass, Kassettenentleerung, Stromanschlüsse, ganzjährig geöffnet.
Beschreibung: Geschotterter Platz auf dem Hof des Winzerbetriebes, sehr ruhig.
Preise: Kostenlos bei Weineinkauf.
Zufahrt: Auf der B19 zwischen Löwenstein und Ellhofen in Willsorf gegenüber der Esso-tankstelle links abbiegen.
Reservierung/Kontakt: Tel.: 07134/3374 oder www.weingut-laicher.de.

Der Breitenauer See ist in den Sommermonaten ein stark besuchter Badesee. Ein Wanderweg von etwas mehr als vier Kilometern Länge führt um diesen Stausee, der seit 1980 als

Hochwasserrückhaltebecken in Betrieb ist. Ein Restaurant befindet sich etwas erhöht über dem See neben dem Campingplatz. Es gibt große Parkplätze neben dem See, auf denen man sich mit dem WOMO für eine Nacht hinstellen kann. Schöner Gedanke, hatten wir auch, funktioniert aber leider nicht, weil die "normalen" Parkplätze am Abend geschlossen werden. Eine freie Übernachtung ist damit nicht möglich, Sie müssen auf den Campingplatz ausweichen oder Sie besuchen das angegebene Weingut und füllen dabei gleich die Weinvorräte für den heimischen Weinkeller auf.

Eine weitere Alternative für eine Übernachtung bietet der große Parkplatz an der **Burg Stettenfels**, den Sie mit diesen Koordinaten finden [**092:** N49°05'26.0" E9°16'53.4"]. Dazu müssen Sie allerdings nocheinmal 15 Kilometer unter die Räder nehmen. Die Höhenburg liegt auf einem Bergsporn oberhalb von Untergruppenbach. Der Weg dorthin ist gut ausgeschildert.

Die Anfänge der Burg gehen auf das 11. Jahrhundert zurück. Häufige Eigentümerwechsel gibt es seit dem Mittelalter. Im 16. Jahrhundert wurde sie zu einem Renaissanceschloss umgebaut. Die äußere Form ist seit dieser Zeit im Prinzip unverändert. Von dieser Burg geht der Blick weit in das Neckartal hinein, die Aussicht ist phantastisch.

In der Anlage befindet sich ein Biergarten, der nur in den Wintermonaten geschlossen ist. Die Räumlichkeiten der Burg können für festliche Anlässe gemietet werden. Ein vielfältiges Kulturprogramm mit Theateraufführungen und Musikveranstaltungen wird über das gesamte Jahr angeboten. Höhepunkt ist das jährlich Anfang Mai stattfindende **Mittelalterliche Burgfest**. Tausende Besucher schauen den Rittersleut bei den Reitturnieren einer historischen Schlacht und anderen Aufführungen zu. Schwerter werden geschwungen und Pfeile fliegen durch die Luft. Ein Spectaculum, das von Marketenderinnen und Barden begleitet wird, die auf der Laute, der Fiedel, der Flöte oder anderen Instrumenten die Gäste mit mittelalterlicher Musik verwöhnen. Met, Honig, Lederprodukte und andere Produkte werden feilgeboten. Und über allem weht der Duft des Gebratenem und Gesottenem aus den aufgestellten Küchen auf dem Gelände.

Das gesamte Programm der Burg mit allen Öffnungszeiten und Preisen können Sie hier nachschauen www.burg-stettenfels.de.

Die letzten zehn Kilometer dieser Tour führen uns wieder nach Heilbronn, wo wir erneut den Stellplatz am Wertwiesenpark (Seite 52) aufsuchen, bevor wir die nächste Tour entlang des Neckars in die Landeshauptstadt Stuttgart starten.

Burg Stettenfels.

TOUR 7 (ca. 130 km)

Lauffen a.N. – Besigheim – Hessigheim – Bietigheim-Bissingen – Marbach a.N. – Ludwigsburg – Markgröningen – Hochdorf – Stuttgart

Stellplätze:	Lauffen a.N., Besigheim, Hessigheim, Bietigheim-Bissingen, Marbach, Ludwigsburg, Markgröningen, Hochdorf.
Campingplätze:	Stuttgart.
Ver-/Entsorgung:	Lauffen a.N., Besigheim, Bietigheim-Bissingen, Ludwigsburg, Stuttgart.

Besichtigungen:	Lauffen a.N. (Römischer Gutshof), Besigheim (Altstadt), Bietigheim-Bissingen (Altstadt), Marbach (Altstadt, Schillermuseum), Ludwigsburg (Residenzschloss, Schloss Favorite), Markgröningen (Altstadt), Hochdorf (Keltenmuseum), Stuttgart (Altstadt, Killesberg, Wilhelma, mehrere Museen, Fernsehturm).
Wandern:	Hessigheim (Felsengärten).
Baden/Wellness:	Lauffen a.N. (Freibad), Stuttgart (Leuze).

Diese Tour führt uns entlang des Neckars durch viele Weinbauorte. Aber wir werden uns aber nicht nur mit dem schwäbischen Wein auf dieser kurzen Reise in die Schwabenmetropole beschäftigen. Geschichte, Literatur und ganz zum Schluss der Automobilbau spielen ebenso eine Rolle.

Beginnen wir in **Lauffen am Neckar**, das nur 12 Kilometer von Heilbronn entfernt liegt. Dort finden wir diesen Stellplatz vor.

(093) Offizieller WOMO-Badeplatz: Lauffen am Neckar – Freibad Ulrichsheide

GPS: N49°04'09.9" E9°09'49.5"; Otto-Konz-Str. 7, 74348 Lauffen am Neckar.
Max. WOMOs: 4, maximale Länge 12 m, max. Aufenthalt 3 Tage.
Ausstattung: Frischwasserversorgung, Abwasserentsorgung mit Bodeneinlass, Kassettenentleerung, Stromanschlüsse, WLAN, Behälter für die Müllentsorgung, ganzjährig geöffnet.
Beschreibung: Befestigter Wiesenuntergrund mit Grünstreifen neben dem Freibad, nachts sehr ruhig. Sehr nah am Neckar, Entfernung bis zur Stadtmitte 1 Kilometer.
Preise: 7,50 € für ein Fahrzeug mit 2 Personen. Entsorgung kostenlos, über Münzautomaten gibt es Frischwasser für 1,00 €, Strom für 0,50 € pro kWh.
Zufahrt: Die B27 in Richtung Kirchheim fahren und nach der Neckarbrücke in die erste Straße links abbiegen und der Beschilderung zum Freibad folgen.

Die Stadt ist der Geburtsort des Dichters Friedrich Hölderlin. Sie ist umrahmt von Weinbergen und sanften Hügeln, durch die sich der Neckar seinen Weg gebahnt hat. In einer Flussschlinge liegt das größte Siedlungsgebiet der Stadt, durch die heute die Zaber fließt und in der Nähe der Lauffener Burg in den Neckar mündet. Burg und Altstadt befinden sich auf einer Anhöhe, dort wo der Neckar in einer scharfen Biegung die Richtung wechselt. Auf einer Insel zwischen dem Fluss und dem Neckarkanal ist die Burg zu sehen, in der das Rathaus und das **Burgmuseum** untergebracht sind. Erreichen kön-

Die Regiswindiskirche in Lauffen.

Der Römische Gutshof in Lauffen.

nen Sie diesen zentralen Punkt der Stadt vom Stellplatz über einen Weg, der weitgehend entlang des Neckars verläuft. Wenn Sie die alte Neckarbrücke erreicht haben, so müssen Sie diese überqueren, um auf die Insel und in die Altstadt zu gelangen. Das **Burgmuseum** widmet sich hauptsächlich der Salierzeit (1024 - 1125). Es ist während der Öffnungszeiten des Rathauses frei zugänglich.

Die Burg ist der Startpunkt für den historischen Stadtrundgang, der über 18 Stationen zu den sehenswerten Gebäuden dieser Stadt führt. Eingeschlossen ist dabei ein Kreisverkehr, auf dem das Kunstwerk von Peter Lenk **"Hölderlin im Kreisverkehr"** zu sehen ist. Eine interessante Skulptur dessen ganze Beschreibung Sie mit dem Namen des Kunstwerks bequem ergoogeln können. Im Hölderlinhaus, an dem Sie auf dem historischen Stadtrundgang vorbeikommen, erfahren Sie alles über das Leben und das Werk dieses Dichters, der die ersten vier Jahre seines Lebens in dieser Stadt verbrachte.

Die Wander- und Radwandermöglichkeiten entlang des Neckars und durch die Weinberge sind zahlreich. Karten und Prospekte für die Rundwanderwege bekommen Sie bei der Touristinfo im Rathaus. Es gibt den Panoramaweg Hölderlin & Wein (6km), eine Naturgenießer-Tour (8 km), die Lauffener Katzenbeißer-Runde (12km), den Lauffener Neckarweg (6km), an dem sich auch der Römische Gutshof befindet und den 16 Kilometer langen Wanderweg von der Neckarburg zum Liebensteiner Schlossberg. Wenn Sie auf dieser Seite www.lauffen.de auf die Tourismusseite gehen, dann werden

Sie die Wanderrouten beschrieben finden. Sie können die Beschreibungen als PDF herunterladen und die gpx-tracks auf Ihr Navigationsgerät laden.

Wir fahren mit dem WOMO weiter über Kirchheim am Neckar nach **Besigheim**. Hier gibt es diesen Stellplatz.

(094) Offizieller WOMO-Stellplatz: Besigheim – Auf dem Kies

GPS: N48°59'52.8" E9°08'53.7"; Auf dem Kies 32, 74354 Besigheim.
Max. WOMOs: 15, maximale Länge 12 m, max. Aufenthalt 3 Tage.
Ausstattung: Frischwasserversorgung, Abwasserentsorgung mit Bodeneinlass, Kassettenentleerung, Stromanschlüsse, Behälter für die Müllentsorgung, WLAN, ganzjährig geöffnet.
Beschreibung: Geschotterte schattige Plätze in einer Grünanlage nahe des Zentrums zwischen Neckar und Enz, nachts ruhig. Entfernung zur Altstadt (Marktplatz) ca. 700 Meter.
Preise: 7,50 € für ein Fahrzeug, Frischwasser 1,00 € (50 Liter), Strom 0,50 € pro kWh. Abwasserentsorgung und Entleerung der Bordtoilette ist kostenfrei.
Zufahrt: Auf der B27 in Richtung Bietigheim fahren und in der Stadtmitte vor der Einfahrt in den Tunnel links abbiegen.

Besigheim behauptet von sich selbst der schönste Weinort Deutschlands zu sein. Nehmen wir das mal so an, auch wenn wir wissen, dass die Schwaben nicht gerade zum Understatement neigen, wie der Werbespruch "Wir können alles. Außer Hochdeutsch" ja auch verdeutlicht.

Die Altstadt liegt auf einem Bergsporn über der Mündung der Enz in den Neckar, sie ist damit von drei Seiten von Flüssen umgeben.

Um vom Stellplatz in die Altstadt zu gelangen, gehen wir zu Fuß in Richtung Straßentunnel, nutzen die Unterführung der B27 und gehen dann die

Der Schochenturm in Besigheim.

Kirchstraße in Besigheim.

Treppen hoch zur Altstadt. Oben angekommen, orientieren wir uns zunächst nach links, gelangen auf ein Schulgelände und gehen dann rechts weiter, bis wir den 31 Meter hohen **Schochenturm** erreicht haben. Wir durchschreiten das Tor und folgen dem Straßenverlauf, bis wir den Teil der Kirchstraße erreicht haben, in dem ein Weinlokal dem nächsten folgt. In den Sommermonaten geben sich hier die Radtouristen und Wanderer ein Stelldichein und verkosten die örtlichen Weine, essen dazu klassische schwäbische Gerichte wie Zwiebelrostbraten, Kässpätzle oder Maultaschen.

Stäffele zum Felsengarten.

Das ist eine gute Basis, um die Kraft zu haben die nächsten "Stäffele", wie hier die Treppen heißen, in Angriff zu nehmen. Wanderwege und Aussichtspunkte gibt es auch hier mehr als genug.

Doch bevor wir die Wanderschuhe schnüren, werfen wir noch einen Blick auf das historische Rathaus und schauen uns den berühmten Lindenholzhochaltar in der Stadtkirche an.

Die Stadt Besigheim bietet auf dieser Seite www.besigheim.de für

Wanderer eine Wanderkarte mit vielen Rundwanderwegen zum download an. Die empfehlen wir, um sich vor Ort orientieren zu können. Auf der Seite www.3b-tourismus.de finden Sie die Touren auch als gpx-tracks für Ihr Navigationsgerät.

Schöne Aussichten können Sie genießen, wenn Sie dem Wanderweg Weinsichten auf der linken Seite der Enz folgen. Gleich hinter Besigheim haben Sie wunderbare Blicke über Enz, Neckar und dem Bergsporn, auf dem die Stadt liegt.

Unser Favorit bei den Wanderungen ist der Rundwanderweg Felsengarten den Sie sowohl in Besigheim wie von diesem Stellplatz in Hessigheim starten können. Er ist 17 Kilometer lang und bietet schöne Ausblicke auf den Neckar und auf die Felsengärten.

(095) Offizieller WOMO-Weingut-Stellplatz: Besigheim – Felsengartenkellerei

GPS: N48°59'44.7" E9°10'49.7"; Am Felsengarten 1, 74394 Hessigheim.

Max. WOMOs: >5, maximale Länge 12 m.

Ausstattung: Stromanschlüsse, Behälter für die Müllentsorgung, WC, ganzjährig geöffnet.

Beschreibung: Ausreichend große Plätze neben der Kellerei. Bei Veranstaltungen kann es auch mal laut und eng werden.

Preise: Kostenlos, Strom 0,50 € pro kWh.

Zufahrt: Von Besigheim entlang des Neckar den direkten Weg nach Hessigheim nehmen und am Ortseinang links zur Kellerei fahren.

Blick auf den Neckar bei Hessigheim.

Weiter geht die Fahrt nach **Bietigheim-Bissingen** an der Enz. Eine Stadt mit mehr als 40.000 Einwohnern, die 1975 durch den Zusammenschluss der ehemals selbständigen Orte Bietigheim und Bissingen entstand. Wahrzeichen der Stadt ist der Bietigheimer Eisenbahnviadukt, der aus zwei Bogenreihen besteht. Die Brücke ist 287 Meter lang, 33 Meter hoch und besteht aus 21 Bögen.

Der Stellplatz befindet sich im Ortsteil Bietigheim im Tal der Metter, am Fuße der historischen Altstadt.

(096) Offizieller WOMO-Stellplatz:
Bietigheim-Bissingen – Im Metterbogen

GPS: N48°57'28.9" E9°07'27.4"; Farbstraße, 74321 Bietigheim-Bissingen.
Max. WOMOs: 7, maximale Länge 12 m, max. Aufenthalt 4 Tage.
Ausstattung: Frischwasserversorgung, Abwasserentsorgung mit Bodeneinlass, Kassettenentleerung, Stromanschlüsse, Behälter für die Müllentsorgung, WLAN, ganzjährig geöffnet.

Beschreibung: Schattenlose asphaltierte Plätze am Altstadtrand nur 250 Meter vom Marktplatz entfernt.
Preise: 5,00 € für ein Fahrzeug, Frischwasser 1,00 € und Strom 0,50 € pro kWh. Abwasserentsorgung und Entleerung der Bordtoilette ist kostenfrei.
Zufahrt: In Bietigheim auf der B27 über die Enzbrücke fahren und danach rechts abbiegen Richtung Metterzimmern/Sachsenheim, die Enz erneut überqueren und hinter der Brücke über die Metter (kleines Flüsschen) sofort links abbiegen.

Vom Stellplatz gelangt man schnell auf dem Marktplatz, an dem das schöne, 1507 als Fachwerkbau errichtete **Rathaus** steht. Auf dem Platz ist ein Marktbrunnen aus dem Jahre 1549 zu sehen. Er zeigt einen Ritter, der ein großes Federbarett trägt. Etwas abseits des Marktplatzes steht die Stadtkirche, die Gräfin Antonia Visconti erbauen ließ. Antonia Visconti war die Ehefrau des Grafen Eberhard III. von Württemberg (*1362; † 1417). Er übertrug ihr die Verantwortung für Bietigheim. Geht man vom Marktplatz über die Hauptstraße weiter hoch, so gelangt man zum Schloss, in dem eine Brauereigaststätte untergebracht ist. **Rossknecht im Schloss** heißt sie, ist eine urgemütliche Gaststätte mit Biergarten und verwöhnt seine Gäste mit frisch gezapften Bieren sowie schwäbischen Spezialitäten.

Unweit des Schlosses endet die Fußgängerzone der Hauptstraße auf dem Hillerplatz. Mit dem **Turm der grauen Pferde** und der **Villa Visconti** wurden hier eigenwillige architektonische Akzente gesetzt. Der Turm der grauen Pferde ist eine Skulptur des Künstlers **Jürgen Goertz**. Auch die Kopfgestalt vor der Villa Visconti stammt von diesem Künstler und am unteren Ende der Fußgängerzone ist mit dem **Ku(h)riosum** eine weitere zu sehen. Die Villa Visconti ist ein außergewöhnliches Klinkergebäude, das mit über 300 Kopfskulpturen von berühmten Persönlichkeiten versehen ist.

Das Rathaus in Bietigheim.

Abrunden lässt sich der Stadtspaziergang mit einem Gang durch die Metteranlagen. Gehen Sie dazu die Fußgängerzone hinunter bis zum **Kronenplatz**, auf dem das **Ku(h) riosum** zu sehen ist. Auf dem Weg dorthin schreiten Sie durch das **Untere Tor**. Es ist das einzige verbliebene Tor der ehemaligen Stadtbefestigung. Auf dem Kronenplatz angekommen überqueren Sie die Brücke über die Metter. Gleich danach geht es in die OverlandPark Parkanlage hinunter, an der sich ein schöner Japangarten anschließt. Von dort sind es durch die Grünanlagen nur noch 400 Meter bis zum Stellplatz. Insgesamt ist unser Stadtspaziervorschlag 1,5 Kilometer lang.

Turm der grauen Pferde und die Villa Visconti..

Von Bietigheim-Bissingen geht die Fahrt weiter in die rund 16.000 Einwohner zählende Schillerstadt **Marbach am Neckar**. Hier zunächst die Stellplatzinformationen.

(097a) Offizieller WOMO-Stellplatz: Marbach am Neckar – Bolzplatz

GPS: N48°56'04.8" E9°15'37.3"; Weimarstraße, 71672 Marbach am Neckar.
Max. WOMOs: 5, maximale Länge 8 m, max. Aufenthalt 3 Tage.

Ausstattung: Frischwasserversorgung, Abwasserentsorgung mit Bodeneinlass, Kassettenentleerung, Stromanschlüsse, Behälter für die Müllentsorgung, ganzjährig geöffnet.
Beschreibung: Enge Plätze, schattig, zentrumsnah. Zu Fuß ist man in fünf Minuten am Schiller-Nationalmuseum und dem Literaturmuseum der Moderne. Acht Minuten benötigt man zur historischen Altstadt mit Schillers Geburtshaus.
Preise: 5,00 € für ein Fahrzeug (wird kassiert), Strom 0,50 € pro kWh.
Zufahrt: In Marbach der Beschilderung zum Stadion folgen (Piktogramm Fußball). In der Nähe des Stadions den Hinweisen zum Stellplatz folgen.
Ver- und Entsorgung: Die Station befindet sich am Klärwerk, etwa 3 km vom Stellplatz entfernt. Sie liegt vor dem Tor und ist zu jeder Zeit sehr gut anfahrbar. Abwasserentsorgung und Entleerung der Bordtoilette ist kostenfrei. 60 Liter Frischwasser kosten 1,00 €.
Adresse: In der Au 3, 71672 Marbach am Neckar,
GPS 097b: N48°57'04.0" E 9°15'08.6"

Vom Stellplatz sind es nur wenige Meter bis zur Parkanlage Schillerhöhe mit dem **Schillerdenkmal**, dem **Schiller-Nationalmuseum**, dem hypermodernen Gebäude des **Literaturmuseums der Moderne**, den Gebäuden der Deutschen Schillergesellschaft und der Stadthalle Schillerhöhe in der sich Jägers Restaurant Schillerhöhe befindet. Hier schillert es also gewaltig, da kann einem schon schwindelig werden. Man könnte meinen, der Arzt, Dichter, Philosoph und Historiker **Johann Christoph Friedrich Schiller** der zweifellos einer der bedeutendsten deutschen Dramatiker, Lyriker und Essayisten ist, hätte sein ganzes Leben hier verbracht, wenn es an diesem Ort doch so geballt um ihn geht. Doch er verbrachte nur die ersten fünf Jahre seines Lebens in dieser Stadt, 1764 zog die Familie nach Lorch ins Remstal um, 1766 nach Ludwigsburg. Seine Werke waren dem Landesherrn in der Person des Herzogs Karl Eugen ein Dorn im Auge, er drohte ihm sogar mit Schreibverbot und Kerkerhaft, was Schiller dazu bewog aus Württemberg zu fliehen, zunächst nach Mannheim und dann über einige Umwege nach Weimar. Hier freundete er sich mit Goethe an und durchlebte mit ihm, sowie mit Wieland und Herder eine großartige Schaffensperiode, die heute **Weimarer Klassik** genannt wird.

Dem können Sie im Detail im Schiller-Nationalmuseum nachgehen.

Steht im Nationalmuseum Schiller im Mittelpunkt, so widmet sich das Literaturmuseum der Moderne übergreifend der deutschsprachigen Literatur des 20. Jahrhunderts bis zur Gegenwart.

Schillers Geburtshaus in Marbach.

Öffnungszeiten: Beide Museen sind dienstags bis sonntags zwischen 10:00 und 18:00 Uhr geöffnet. Der Eintritt für beide Museen beträgt für eine erwachsene Person 9,00 €.

Die Altstadt Marbachs ist noch auf drei Seiten von Stadtmauern umgeben. Von den drei ehemaligen Stadttoren ist nur der **Obere Torturm** erhalten geblieben. Im Pfälzischen Erbfolgekrieg wurde die Stadt von französischen Truppen unter dem Kommando des Comte de Mélac 1693 vollständig niedergebrannt. Der Wiederaufbau, der in den darauf folgenden Jahre erfolgte, führte zu einem geschlossenen Ensemble von Gebäuden aus dem 18. Jahrhundert, wie sie nur selten anzutreffen ist. Die ehemalige Burg, die in der Nähe des Oberen Turmes stand, wurde nicht wieder aufgebaut. Zentrale Achse der Altstadt ist die Marktstraße, die vom Oberen Torturm am schmucken Rathaus vorbei durch den Ort führt. Hier gibt es einige Restaurants und Cafés. Vor dem Rathaus befindet sich der Marktplatz, auf dem mittwochs und samstags ein Wochenmarkt abgehalten wird. Malerisch sind die drei parallel verlaufenden Holdergassen, die früher von Weingärtnern und Bauern bewohnt wurden. Mit dem Holdergassenfest öffnen die Anwohner alle zwei Jahre im September ihre Weinkeller und laden zu einem Weinstraßenfest der besonderen Art ein. Mit der **Salzscheuer Brauerei** gibt es in der Mittleren

Das Obere Tor in Marbach.

Holdergasse ein außergewöhnliches Gasthaus, das seine Öffnungszeiten mit einem Zufallsgenerator zu erzeugen scheint. Am unteren Ende der Unteren Holdergasse, dort wo sie auf die Niklastorstraße trifft, befindet sich **Schillers Geburtshaus**. Wenn Sie die letztgenannte Straße weiter hinuntergehen, kommen Sie an weiteren Restaurants vorbei und wenn Sie die Bottwartalstraße überqueren zur spätgotischen **Alexanderkirche,** die in der zweiten Hälfte des 15. Jahrhunderts entstand.

Wenn Sie Marbach nicht auf eigene Faust, sondern lieber mit einer Stadtführung erkunden möchten, so schauen Sie einmal hier www.schillerstadt-marbach.de nach.

Wir machen uns nun auf den Weg in die **Barockstadt Ludwigsburg**, einer Stadt, die mit einem der größten Barockschlösser Europas glänzt und deren Gärten unter dem Namen **Blühendes Barock** Berühmtheit erlangt haben. Das die Stadt gern und viel besucht wird, merkt man gleich, wenn der Stellplatz in der Nähe des Schlosses aufgesucht wird.

(098) WOMO-Badeplatz: Ludwigsburg – Freibad Hoheneck

GPS: N48°54'32.6" E9°14'22.5"; Otto-Konz-Weg 1, 71642 Ludwigsburg.
Max. WOMOs: >5, maximale Länge 12 m.
Ausstattung: Keinerlei wohnmobilspezifische Einrichtungen, ganzjährig geöffnet.
Beschreibung: Große ebene Asphaltfläche direkt neben dem Freibadgelände am Neckar. Sehr gutes Restaurant mit Biergarten in 500 Metern Entfernung. Bis zum Schloss sind es ca. 4 km.

Preise: Kostenlos.
Zufahrt: In Neckarweihingen über die Neckarbrücke fahren, danach gleich rechts abbiegen, unter der Brücke hindurch fahren und dabei der Beschilderung zum Freibad folgen. Es ist eine sehr schmale Straße mit vielen Bremsschwellen die über 1,5 Kilometer Länge bis zum Stellplatz führt und auch gleichzeitig als Radweg genutzt wird.

(099) Offizieller WOMO-Stellplatz: Ludwigsburg – Parkplatz Bärenwiese Ost

GPS: N48°53'38.8" E9°11'48.5"; Friedrich-Ebert-Str., 71638 Ludwigsburg.
Max. WOMOs: 7, maximale Länge 9 m, max. Aufenthalt 3 Tage.
Ausstattung: Frischwasserversorgung, Abwasserentsorgung mit Bodeneinlass, Kassettenentleerung, Stromanschlüsse, Behälter für die Müllentsorgung, ganzjährig geöffnet.
Beschreibung: Asphaltierte Stellflächen am Rande eines großen PKW-Parkplatzes in unmittelbarer Nähe des Schlosses. Die Einfahrt zum Platz wird auch von PKWs genutzt. An sonnigen Tagen in der Hochsaison, besonders an Sonn- und Feiertagen kann dies dazu führen, dass PKW die Einfahrt zum Stellplatz in der Erwartung eines frei werdenden Platzes vor der Schranke stehen und die Zufahrt für Wohnmobile trotz freier Plätze blockieren. Sinnvoll ist es am späten Nachmittag anzureisen, wenn sich der Parkplatz allmählich leert.

Preise: 10,00 € für ein Fahrzeug, Frischwasser 1,00 € und Strom 0,50 € pro kWh. Abwasserentsorgung und Entleerung der Bordtoilette ist kostenfrei.
Zufahrt: Auf der B27 in Richtung Stuttgart fahren und hinter dem Residenzschloss den Hinweisen zu den Parkplätzen auf der linken Seite der B27 folgen.

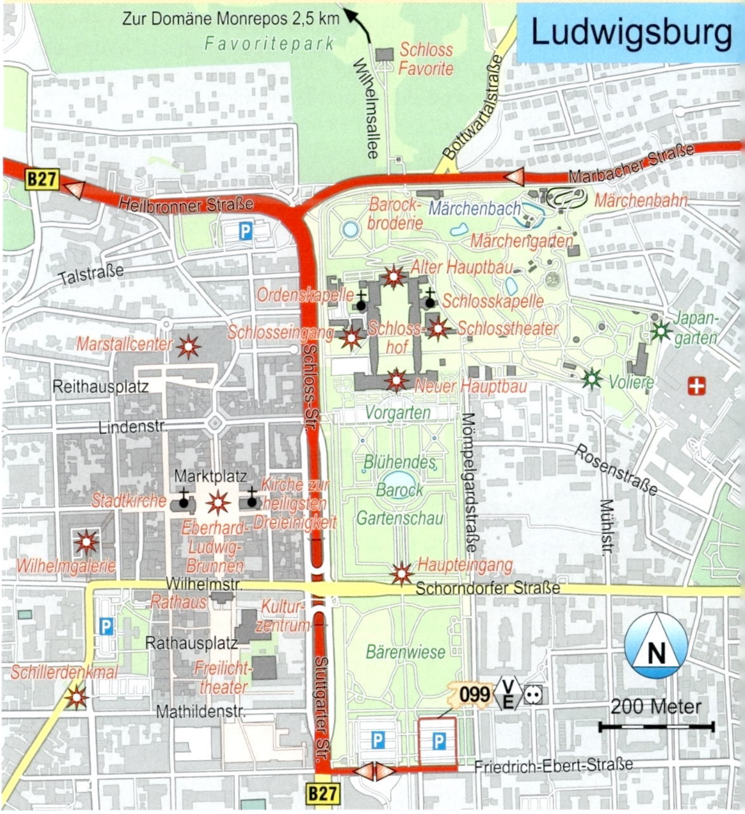

Barockresidenz Ludwigsburg

Im Zeitalter des Absolutismus gehörte es in den Herrscherhäusern Europas zum guten Ton, die eigene Macht und Bedeutung durch prachtvolle Residenzen zu demonstrieren. An vielen Orten entstanden nicht nur neue Schlösser und Residenzen, sondern gleich ganze Städte. Wir haben es in Mannheim, Schwetzingen, Karlsruhe und Rastatt schon gesehen, wie sie am Reißbrett konzipiert in die Landschaft gesetzt wurden. Mit Ludwigsburg kommt nun eine weitere hinzu. Auf dem Stadtplan auf der vorangegangenen Seite lässt sich der Grundriss der Anlage mit dem Schloss, den Gärten und der Stadt gut erkennen. Vorbild war natürlich wieder einmal Versailles, das Schloss und die Gartenanlage des Sonnenkönigs Ludwig XIV.

Nachdem die Markgrafen von Baden-Baden und Baden-Durlach bereits damit begonnen hatten, in Rastatt und Karlsruhe neue Residenzschlösser zu errichten, konnte **Herzog Eberhard Ludwig** von Württemberg dem natürlich nicht tatenlos zusehen. Aus dem anfänglich geplanten kleinen Jagdschloss mit 40 Zimmern, wurde eine große repräsentative Residenz mit einer neuen Stadt gleich dazu. Die Bauarbeiten begannen 1704 und endeten 1733. Mit seinen 450 Zimmern und einer 30 Hektar großen Gartenanlage, ist die Residenz eine der größten barocken Schlossanlagen Deutschlands.

Schauen wir uns das Schloss näher an. Sie können sich dabei einer Führung anschließen oder Sie nehmen einfach **Federico** mit und probieren es auf eigene Faust. Federico ist der Schlossadler und kann als App in dem Store Ihres Smartphonesystems unter dem Stichwort „Residenzschloss Ludwigsburg" heruntergeladen werden. Die App ist in erster Linie für Kinder und Jugendliche gemacht, aber auch der Erwachsene findet hier eine Fülle von Informationen. Spannend ist die App allemal und mit der installierten Schatzsuche wird der Schlossbesuch für Kinder zum Erlebnis und ist keine dröge und langweilige Pflichtveranstaltung, nur weil die Eltern oder Großeltern es so wollen.

Zu sehen sind im **Neuen Hauptbau** der Marmorsaal, der bei Festlichkeiten als Empfangssaal und als Speisesaal diente; die Räumlichkeiten des König Friedrich I. von Württemberg, das Appartement der Königin Charlotte Mathilde und das Appartement von Herzog Carl Eugen mit Möbeln aus der Zeit des Rokokos. Im **Alten Hauptbau** sind ein Spiegelkabinett, der Jagdpavillon und ein Spielpavillon zu sehen. Hinzu kommen der Küchenbau, der Ordensbau und die Ordenskapelle, die Schlosskapelle, eine Ahnengalerie, das Schlosstheater und ein Keramikmuseum.

Das Schloss ist täglich für Besucher geöffnet. Die genauen Öffnungs- und Führungszeiten und weitere Einzelheiten entnehmen Sie bitte dieser Seite www.schloss-ludwigsburg.de.

Schloss und Barockgarten sind zwei unterschiedliche "Betriebseinheiten". Es gibt Tickets, die nur für das Schloss und seine Museen gültig sind, dann ist der Eingang an der Schlossstraße zu wählen. Dann gibt es Tickets, die zum Eintritt in die Gartenanlagen und das Schloss berechtigen und Tickets, mit denen man nur in die Gartenanlagen kommt. Der Haupteingang für das **Blühende Barock** ist auf dem Stadtplan vermerkt. Vom Stellplatz auf der Bärenwiese ist er bequem zu erreichen. Ein weiterer Eingang befindet sich am Ende der Mömpelgardstraße. Je nachdem welche Veranstaltungen gerade stattfinden, können die Eintrittspreise variieren. Eine Übersicht finden Sie hier www.blueba.de.

Der Rundweg im Blühenden Barock ist etwa drei Kilometer lang. Zu sehen sind 150.000 Pflanzen, darunter 12.000 Rosen und rund 2.000 Rhododendren und Azaleen, die Sie in den Themengärten: Japangarten, Bonsaigarten, Naturgarten, Heil- und Kräutergarten, Rosengärten, Bauerngarten, Astilbengarten, Staudengärten, Sardischer Garten, Rhododendrengarten anschauen können. Des Weiteren gibt es für die Kleinen einen Märchengarten mit rund 50 bekannten Märchenszenen, eine Märchenbahn und einen Märchenbach. Eine weitere Attraktion ist die Voliere. Sie ist 150 Meter lang und 30 Meter breit. Hier können Sie Tiere ohne trennendes Gitter erleben. Die Vögel können sich in dem bis zu

Der Neue Hauptbau der Residenz Ludwigsburg.

Der Alte Hauptbau in der Residenz Ludwigsburg.

15 Meter hohen Raum frei bewegen. Zum Ausruhen gibt es ein Parkcafé, eine Cafeteria und zwei Imbisseinrichtungen. Um das alles zu finden und die Orientierung nicht zu verlieren, gibt es an der Kasse des Haupteinganges einen Orientierungsplan, den Sie für 0,50 € erwerben können.

Wenn Sie nach den Rundgängen im Barockgarten und im Schloss noch genug Energie haben, dann können Sie noch das **Schloss Favorite** im Favoritepark aufsuchen. Es ist das Jagd- und Lustschloss des Herzogs Eberhard Ludwig von Württemberg und ist unweit der Residenz auf einer Anhöhe zu finden. Für den Herzog hatte es, sagen wir es etwas despektierlich, die Funktion eines Gartenhauses, in dem man sich zu einem Nachmittagskaffee traf. Heute wird es für Ausstellungen

Schloss Favorite in Ludwigsburg.

genutzt. Über die Öffnungszeiten und Ausstellungen informiert diese Seite www.schloss-favorite-ludwigsburg.de.

Wenn Sie 2,5 Kilometer durch den Favoritepark über die Wilhelmsallee gehen, so gelangen Sie zum **Seeschloss Monrepos**, ein Rokoko-Meisterwerk, das Herzog Carl Eugen in den Jahren 1758 bis 1764 errichten ließ. Heute wird es als Luxushotel genutzt. Im Sommer finden hier romantische Konzerte statt - wie das große Klassik Open Air & Feuerwerk im Rahmen der Ludwigsburger Schlossfestspiele.

Abschließend bleibt noch zu erwähnen, dass sich auch ein Gang durch die Stadt rund um den Marktplatz lohnt. Wer gerne shoppen geht, findet im **Marstallcenter** und der **Wilhelmgalerie** gute Gelegenheiten dazu.

Wir verlassen nunmehr Ludwigsburg über die B27 in westliche Richtung und fahren nach **Markgröningen**.

(100) Offizieller WOMO-Stellplatz: Markgröningen – Festplatz

GPS: N48°54'25.6" E9°04'43.7"; Schubartstraße, 71706 Markgröningen.
Max. WOMOs: 5, maximale Länge 12 m, max. Aufenthalt 24h.
Ausstattung: Keinerlei wohnmobilspezifische Einrichtungen, ganzjährig geöffnet.
Beschreibung: Halb asphaltierte Rasenplätze am Rande eines PKW-Parkplatzes neben dem Festgelände, nachts sehr ruhig. Bis zum Marktplatz der historischen Innenstadt sind es zu Fuß 400 Meter.

Preise: Kostenlos.
Zufahrt: In Markgröningen in Richtung Unterriexingen fahren und der Beschilderung zum Omnibusparkplatz folgen.

Die rund 15.000 Einwohner zählende Stadt ist eine der drei Gemeinden in Baden-Württemberg, in denen ein **Schäferlauf** stattfindet. Die zwei anderen Orte sind Wildberg und

Marktplatz und Rathaus in Markgröningen.

Das Spital in Markgröningen.

Bad Urach. Beide Orte werden wir auf unserer Reise durch Baden-Württemberg noch besuchen.

Der Schäferlauf in dem malerischen Fachwerkstädtchen Markgröningen findet alljährlich im August statt. Das Festgelände ist nicht weit vom Stellplatz entfernt. Hauptattraktion des Festes ist das barfüßige Wettrennen der Schäferinnen und Schäfer über ein Stoppelfeld. Über dieses Volksfestspektakel informiert diese Seite www.schaeferlauf.de umfassend.

Von den vielen Fachwerkgebäuden ragt das **Rathaus** hervor, das als Kaufhalle, Rats- und Gerichtsgebäude 1441 errichtet wurde und über viele Jahre in dieser Form als Mehrzweckgebäude diente. Imposant ist auch das **Spital** des Heilig-Geist-Ordens, das 1297 eingeweiht wurde. Es diente Pilgern und Reisenden als Herberge und der Versorgung armer und kranker Menschen. Reiche Leute konnten sich hier für eine gesicherte Altersversorgung einkaufen. Von den Tortürmen der ehemaligen Stadtbefestigung ist nur noch das Obere Tor erhalten.

Auf dieser Seite www.markgroeningen.de finden Sie alle sehenswerte Gebäude einzeln beschrieben und Hinweise zu den Stadtführungen, die in großer Zahl angeboten werden.

Von Markgröningen ist es nicht weit bis nach **Hochdorf**. Wir hätten den Ort in unserer Reiseplanung unberücksichtigt gelassen, gäbe es dort nicht das Keltenmuseum. Der kleine Parkplatz des Museums ist ein reiner PKW-Parkplatz. Das WOMO stellen Sie am Besten auf dem Parkplatz am Friedhof ab, den Sie mit diesen Koordinaten [N48°53'17.4" E9°00'17.9"] finden. Von dort sind es nur 350 Meter bis zum rekonstruierten Grabhügel des Fürstengrabes. Sie finden ihn, in dem Sie die Straße einfach weitergehen, die in einen asphaltierten Feldweg übergeht. Nach drei Gehöften sehen Sie den Hügel auf der linken Seite. Um ins Museum zu gelangen, müssen Sie die Straße, über die Sie gekommen sind zurückgehen, bis Sie zu dem Gebäude gelangen, das von einem Bogen überspannt wird. Der Bogen symbolisiert den Grab-

Das Keltenmuseum in Hochdorf an der Enz.

hügel. Die nachgebaute Grabkammer im Museum befindet sich unter diesem Bogen an der gleichen Stelle, wie einst im richtigen Grab. Zu sehen ist das originale Skelett des Fürsten. Dokumentationsfilme illustrieren den Fund und die Ausgrabung. Mit einer Höhe von etwa sechs Metern und einem Durchmesser von 60 Metern ist dieses Grab eines keltischen Fürsten der späten Hallstattkultur eines der größten dieser Art. Er wurde hier um 550 vor Christus mit großem Aufwand und reichen Grabbeigaben bestattet.

Bevor wir uns auf den Weg nach Stuttgart machen sei noch auf diesen schönen Wanderweg im Pulverdinger Holz hingewiesen, der mit seinem Waldparkplatz, den Sie mit diesen Koordinaten finden eine schöne und kostenlose Übernachtungsmöglichkeit bietet [**101:** N48°53'53.8" E9°01'00.4"].

Wanderparkplatz im Pulverdinger Holz.

Der Rundwanderweg ist etwa neun Kilometer lang und gut und einfach zu gehen. Highlight dieser Wanderung ist ein Mammutbaum, der von der **Wilhelmasaat** König Wilhelm I. von Württemberg (1816–1864) stammt. Er lies kurz vor seinem Tod Mammutbaumsamen aus den USA importieren und in Württemberg in mehreren Forstbezirken anpflanzen. Heute gibt es noch rund 200 Bäume aus dieser Saat, die meisten davon stehen als Naturdenkmal unter besonderem Schutz.

Von diesem Wanderparkplatz fahren wir nunmehr nach Stuttgart und quartieren uns dort auf dem Campingplatz ein.

(102) WOMO-Campingplatz: Stuttgart – Cannstatter Wasen

GPS: N48°47'38.9" E9°13'10.7"; Mercedesstraße 40, 70372 Stuttgart.
Max. WOMOs: >20, maximale Länge 12 m.
Ausstattung: Frischwasserversorgung, Abwasserentsorgung mit Bodeneinlass, Kassettenentleerung, Stromanschlüsse, Behälter für die Müllentsorgung, WLAN, Brötchenservice. Im Servicegebäude gibt es Dusche, WC, Waschmaschinen und Trockner. Der Platz ist ganzjährig geöffnet.
Beschreibung: Die Plätze sind überwiegend mit Rasengittersteinen ausgelegt. Die zentrale Lage am Cannstatter Wasen ist ideal für den Besuch der Wilhelma, der Hanns-Martin-Schleyer-Halle und des Mercedes-Benz-Museums. Alles bequem zu Fuß zu erreichen.
Preise: Erwachsene Person 8,00 € (während des Volksfestes 12,00 €), Wohnmobil 7,50 € (über 7 Meter Länge 10,00 €), Strom 0,60 pro kWh, Waschmaschine 4,00 €, Trockner 3,30 €, Dusche 3,00 €, Hund 3,00 €.
Zufahrt: In Stuttgart den Hinweisen zur Hanns-Martin-Schleyer-Halle folgen und kurz vor Erreichen der Halle in Cannstatt sich an der Beschilderung zum Campingplatz orientieren.
Reservierung/Kontakt: Tel.: 0711/556696 oder http://www.campingplatz-stuttgart.de.

Dieselfahrverbot in Stuttgart

Die Zeiten, in denen man einfach mit einem Diesel nach Stuttgart bedenkenlos hineinfahren konnte, sind vorbei. Die berühmt-berüchtigte Meßstation am Neckartor ist mittlerweile bundesweit bekannt. Inzwischen herrscht im gesamten Stadtbereich von Stuttgart ein Dieselfahrverbot für Fahrzeuge die nicht mindestens der Euronorm 5 entsprechen und für einige ausgewählte Strecken ist mindestens Euro 6 erforderlich. Welche Strecken das sind, erfahren Sie hier www.stuttgart.de/diesel-verkehrsverbot. Große Schilder, wie auf dieser Seite abgebildet weisen darauf hin. Die Anfahrt zum Campingplatz ist auch betroffen, wie Sie der Karte zu Beginn dieses Kapitels entnehmen können. Dort ist die weitflächige Dieselfahrverbotszone verzeichnet. Verstoßen Sie mit Ihrem Fahrzeug dagegen und werden erwischt, droht ein Bußgeld in Höhe von über 100,00 €.

Das können Sie vermeiden, denn das Verbot bedeutet nämlich nicht, dass Sie den Campingplatz in Stuttgart nicht doch anfahren können. Es gibt Ausnahmegenehmigen die, wenn Sie diese rechtzeitig beantragen, zur Fahrt durch die Stadt berechtigen. Voraussetzung ist allerdings, dass Ihr Fahrzeug eine grüne Plakette hat. Haben Sie nur eine rote oder eine gelbe, dann werden Ausnahmegenehmigungen nicht mehr erteilt. Gehen Sie bei der Erteilung der Ausnahmegenehmigung von Bearbeitungszeit von mindestens einem Monat aus. Wenn Sie erteilt wird, dann müssen Sie diese im Fahrzeug mitführen, um sie bei einer Kontrolle vorweisen zu können. Wie das ganze Prozedere abläuft, erklärt diese Seite, www.stuttgart.de/ausnahmegenehmigung-verkehrsverbot. Auf dieser Seite https://service.stuttgart.de/lhs-services/ag-diesel-verkehrsverbot können Sie den Antrag stellen. Viel Glück damit, denn wie lange dies Ausnahmeregelungen noch aufrecht erhalten werden, weiß niemand

Das Alte Schloss in Stuttgart.

Stuttgart, Schwabenmetropole zwischen Wald und Reben

Die Lage im Talkessel macht der Stadt bei Inversionswetterlagen zu schaffen, wenn wärmere Luft wie ein Deckel auf bodennaher Kaltluft liegt und einen vertikalen Luftaustausch verhindert. Dann sammeln sich mehr Luftschadstoffe in Bodennähe und es kommt zu Grenzwertüberschreitungen. Die Messstation am Neckartor, die an einer viel befahrenen Straße liegt, wurde mit diesen Messungen bundesweit berühmt. Nun müssen Sie keine Angst haben in Stuttgart einen Erstickungstot zu erleiden. Es ist eine punktuelle Messung, einige Meter weiter im Rosensteinpark sieht die Luftqualität schon wieder ganz anders aus.

Die Stadt ist umgeben von Wald und Rebflächen, sie ist grüner, das meinen wir jetzt nicht politisch, als man durch die Berichterstattung über diese Stadt vermuten würde. Und sie hat auch kulturell einiges zu bieten. Um sich in der Stadt mit dem hier dargelegten orientieren zu können, haben wir auf den folgenden zwei Seiten einen Stadtplan eingefügt. Es empfiehlt sich die Stadt mit der Straßenbahn/U-Bahn oder mit dem Fahrrad zu erkunden. Die Bahnlinien finden Sie auf dem

Das Neue Schloss in Stuttgart.

Stuttgart

Pragsattel
Löwentorstraße
Stresemannstraße
Leibfriedscher Garten
Pragstraße
B10
B27
Höhenpark Killesberg
Naturkundemuseum Museum am Löwentor
Nordbahnhofstr.
Rosensteinpark
Ehmannstr.
Parkbahn
Weissenhof
Heilbronner Straße
Pragfriedhof
Robert-Mayer-Str.
Birkenwaldstraße
Rosensteinstraße
Unterer Schlossgarten
B14
Nord
Cannstatter Straße
Europaviertel
Hackstraße
Neckartor
Neckarstr.
Schwarenbergstr.
Mittlerer Schlossgarten
Kernerviertel
Stuttgart 21
Hauptbahnhof
Planetarium
Haußmannstr.
Kriegsbergstr.
Friedrichstr.
A.-Klett-Platz
Uhlandshöhe
Schauspielhaus
Königstraße
Oberer Schlossgarten
Staatsgalerie
Wagenburgtunnel
Opernhaus
Schlossplatz
Neues Schloss
Theodor-Heuss-Str.
K.-Adenauer-Str.
Alexanderstraße
Altes Schloss
Mitte
Charlottenplatz
Marktplatz
Gerokstraße
Rathaus
Hohenheimer Straße
Planckstraße
Rotebühlplatz
Leonardskirche
Villa Reitzenstein
Gablen
Paulinenstraße
Hauptstätter Str.
Gänsheidestr.

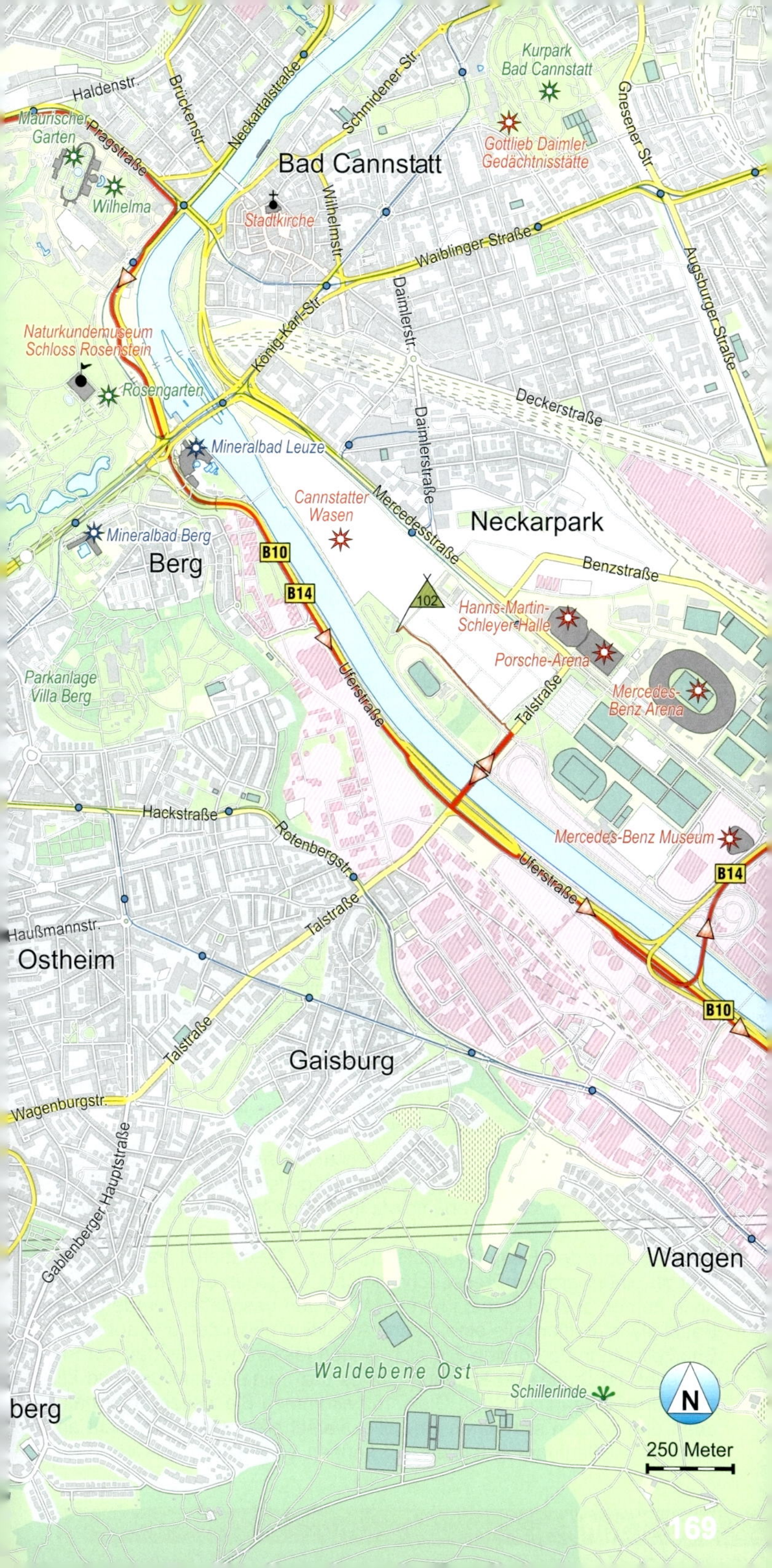
Kurpark
Bad Cannstatt
Haldenstr.
Brückenstr.
Neckartalstraße
Schmidener Str.
Gnesener Str.
Maurischer Garten
Pragstraße
Gottlieb Daimler Gedächtnisstätte
Bad Cannstatt
Wilhelma
Stadtkirche
Wilhelmstr.
Waiblinger Straße
Augsburger Straße
Daimlerstr.
König-Karl-Str.
Naturkundemuseum
Schloss Rosenstein
Rosengarten
Deckerstraße
Mineralbad Leuze
Daimlerstraße
Cannstatter
Wasen
Mercedesstraße
Neckarpark
Mineralbad Berg
Berg
B10
Benzstraße
B14
102
Hanns-Martin-
Schleyer-Halle
Porsche-Arena
Parkanlage
Villa Berg
Uferstraße
Talstraße
Mercedes-
Benz Arena
Hackstraße
Rotenbergstr.
Mercedes-Benz Museum
B14
Uferstraße
Talstraße
Haußmannstr.
Ostheim
B10
Talstraße
Gaisburg
Wagenburgstr.
Gablenberger Hauptstraße
Wangen
Waldebene Ost
Schillerlinde
N
berg
250 Meter

Stadtplan verzeichnet. Radwege gehen durch die Parkanlagen und entlang des Neckars, damit bewegen Sie sich abseits des Autoverkehrs direkt in die Innenstadt, in der Sie z.B. die beiden abgebildeten Schlösser auf der vorangegangenen Seite finden. Mit der Mitte Stuttgarts wollen wir beginnen.

Das **Neue Schloss**, das Herzog Carl Eugen von Württemberg erbauen lies ist heute die Wirkungsstätte mehrerer Ministerien und ist deshalb für Besucher nicht zugänglich. Im **Alten Schloss**, das mit einem schönen Arkadenhof glänzt, ist heute das **Landesmuseum Württemberg** und eine Erinnerungsstätte an den am 20. Juli 1944 hingerichteten deutschen Widerstandskämpfer Claus Graf Stauffenberg untergebracht. Das Alte Schloss war vierhundert Jahre lang die Residenz der Grafen und Herzöge von Württemberg. Weitere Informationen, Öffnungszeiten und Eintrittspreise können Sie hier nachlesen www.landesmuseum-stuttgart.de.

Die Oper in Stuttgart.

Die Staatsgalerie.

Neben diesem altehrwürdigem Gemäuer befindet sich der **Schillerplatz**, der zu Ehren Friedrich Schillers angelegt wurde. Auf diesem Platz findet zweimal wöchentlich ein Wochenmarkt statt und er ist neben dem Marktplatz der Standort für das **Stuttgarter Weindorf**, das jedes Jahr ab Ende August für zwölf Tage stattfindet. In rund 120 Weinlauben laden die Stuttgarter Gastronomen und Weingärtner zum **"Viertelesschlotze"** in dieser überdimensionalen **"Hocketse"** ein, wie das gemütliche beieinander hocken im "Schwobeländle" auch genannt wird. Dazu gibt es Maultaschen, Käsespätzle, Schupfnuden, Zwiebelrostbraten, "Ox" vom Spieß und andere schwäbische Köstlichkeiten. Jede Weinlaube hat hier seine eigene Spezialität. Das Stuttgarter Weindorf ist die Gelegenheit sich mit allen Facetten der schwäbischen Kulinarik und Weinvielfalt vertraut zu machen.

Die Flaniermeile und große Einkaufspassage ist in Stuttgart die **Königstraße**, sie reicht vom Rotebühlplatz im Süden bis zum Hauptbahnhof im Norden.

Der Umbau des Hauptbahnhofs zu einem Tiefbahnhof hat bundesweit zu einem großen Presseecho geführt. Dagegen demonstriert wird noch immer, obwohl längst irreversible Fakten geschaffen wurden. Die Baustelle ist mittlerweile eine eigene Attraktion geworden und auf einer Baustellenführung können Sie sich zeigen lassen, wie der Bau voranschreitet. Im Stuttgarter Rathaus gibt es dazu eine Ausstellung und im „InfoTurmStuttgart“ (ITS) an Gleis 16 bekommen Sie weitere Informationen und können sich einen Überblick verschaffen, wenn Sie nicht an einer Baustellenführung teilnehmen können oder wollen. Alle weiteren notwendigen Infos finden Sie hier www.s21erleben.de. Wer seinen Interessenschwerpunkt in der Kunst und in der der Geschichte hat, der findet mit der **Staatsgalerie** und dem **Haus der Geschichte** zwei sehenswerte Häuser an der Konrad-Adenauer-Straße. Die Staatsgalerie zählt mit ihrer umfangreichen Sammlung zu den meistbesuchten Museen Deutschlands. Gemälde und Plastiken vom 14. bis 21. Jahrhundert werden hier ausgestellt. Im Haus der Geschichte werden Sie Chronologisch durch die Historie Württembergs und Badens geführt.

Das **Lindenmuseum**, das westlich des Hauptbahnhofes am Hegelplatz zu finden ist, ist eines der größten und renommiertesten Völkerkundemuseen in Europa. Seine Sammlungen zu Ozeanien, Nord- und Lateinamerika, Afrika, dem Orient, Süd- und Südostasien sowie Ostasien sind sehr breit angelegt und bieten tiefe, bis in die Gegenwart reichende Einblicke in die Kunst- und Kulturgeschichte außereuropäischer Völker.

Die Entstehung des Museums geht zurück auf Karl Graf von Linden (1838-1910), der als Vorsitzender des Württembergischen Vereins für Handelsgeographie Kontakte in der ganzen Welt hatte und stets um Objekte für seine völkerkundliche Sammlung bat. Öffnungszeiten, Eintrittspreise und weitere Informationen finden Sie hier www.lindenmuseum.de. Die Staatstheater Stuttgart haben in der Welt einen außerordentlich guten Ruf. Sie bestehen aus der Staatsoper, dem Stuttgarter Ballett und dem Schauspiel. Das **Opernhaus** ist zum Oberen Schlossgarten ausgerichtet und weist einen auffallenden Säulenportikus mit zehn allegorischen Figuren auf. Die Gebäude werden in den nächsten Jahren eine grundlegende Sanierung erfahren.

Über das Programm und die Eintrittspreise erfahren Sie mehr auf dieser Seite www.staatstheater-stuttgart.de.

Unweit dieser Spielstätten befindet sich das **Planetarium**. Hier können Sie alles über das Universum erfahren. Es werden zahlreiche Veranstaltungen angeboten, die unterschiedlichen Altersstufen gerecht werden. Hierher können Sie auch mit kleinen Kindern kommen. Was geboten wird, können Sie hier nachlesen www.planetarium-stuttgart.de.

Im Höhenpark Killesberg.

Das Weissenhofmuseum.

Schloss Rosenstein.

Im Maurischen Garten der Wilhelma.

Weinbau in Bad Cannstatt.

Der Stuttgarter Fernsehturm.

Wir verlassen die Mitte Stuttgarts und fahren mit der Tram auf den **Killesberg**. Der Höhenpark ist eine rund 50 Hektar große Anlage mit Seen, schön angepflanzten Blumenbeeten, Spielplätzen, einem Tiergehege, einem Aussichtsturm und einer Parkeisenbahn. Natürlich gibt es auch hier Cafés und Restaurants.

Neben dem Killesberg befindet sich die **Weissenhofsiedlung**. Zwei Häuser dieser Siedlung wurden 2016 zum UNESCO-Weltkulturerbe ernannt. Insgesamt 17 Bauten in sieben Staaten dieser Erde gehören zu dem Welterbe, das das architektonische Werk von **Le Corbusier** als herausragenden Beitrag zur Moderne würdigt. In der Rathenaustraße 1-3 finden Sie im Haus Le Corbusier das **Weissenhofmuseum**, das über die Architekturgeschichte der Weissenhofsiedlung informiert. Öffnungszeiten und Preise finden Sie hier www.stuttgart.de/weissenhof.

Von der Weissenhofsiedlung ist es nicht weit bis zum **Rosensteinpark**, er ist der größte englische Landschaftspark Südwestdeutschlands. Er ist durchzogen von zahlreichen Spazierwegen. In dieser Parkanlage gibt es zwei Naturkundemuseen, eines am Löwentor im Nordwesten der Anlage und eines im Schloss Rosenstein im Südosten.

Nördlich davon befindet sich die **Wilhelma**, ein beliebter zoologisch-botanischer Garten, der jährlich über eine Million Besucher zählt. Wir können an dieser Stelle nicht aufzählen, was es alles zu sehen gibt und weshalb sich ein Besuch lohnt. Schauen Sie bitte hier nach www.wilhelma.de. Dort sehen Sie praktischerweise auch gleich die Öffnungszeiten und die Eintrittspreise.

Von der Wilhelma ist es nicht weit zum **"Leuze"**, wie

das Mineralbad kurz genannt wird. Es ist ein Thermal- und Freizeitbad mit einem sehr umfangreichen Angebot, nicht nur für Erwachsene, wie Sie hier www.stuttgart.de/baeder/leuze erkennen können.

Vom Leuze geht es über den "Wasen" zurück zum Campingplatz. Der **Wasen** ist das Oktoberfest der Stuttgarter, ähnlich groß, ähnlich angelegt, nur nicht so bekannt.

Außerhalb des abgebildeten Stadtplanes befindet sich auf dem Bobser in der Jahnstraße 120 der **Stuttgarter Fernsehturm**. Er ist fast 217 Meter hoch und ist das Wahrzeichen Stuttgarts. Er wurde 1956 eröffnet und war mit seiner Stahlbetonkonstruktion einer der innovativsten Turmbauten seiner Zeit. Turm & Panoramacafé in luftiger Höhe sind täglich geöffnet, das Restaurant ist montags und dienstags geschlossen.

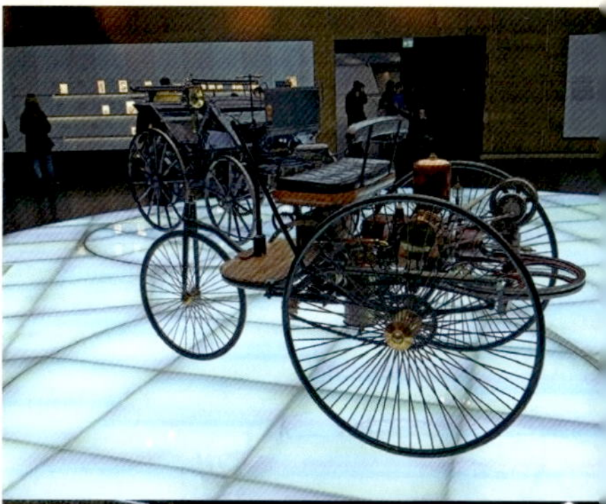

Im Daimler-Benz Museum.

Kommen wir zum guten Schluss unseres Aufenthaltes in der Schwabenmetropole zu zwei außergewöhnlichen Automuseen. Das **Porsche-Museum** befindet sich im Norden der Stadt, im Stadtteil Zuffenhausen. Sie erreichen das Museum am besten mit der S-Bahn (S6, S60), die vom Hauptbahnhof am Porschemuseum vorbeifährt. In dem extravaganten Gebäude mit der nicht minder extravaganten Skulptur auf dem Porscheplatz, erfahren Sie alles über die Firmengeschichte und die Entwicklung dieser Fahrzeuge, die mit ihrer Dynamik und dem ganz eigenen Sound Automobilgeschichte geschrieben haben.

Das Porsche Museum.

Auch das **Daimler-Benz Museum**, das Sie vom Campingplatz ganz bequem zu Fuß erreichen können, ist in einem außergewöhnlichen Gebäude untergebracht. Hier durchwandern Sie die Automobilgeschichte von den Anfängen bis zur Gegenwart. Zunächst geht es mit dem Lift noch oben. Dort startet die Reise mit dem Benz-Motorwagen, den wir schon als Skulptur in Mannheim gesehen haben. Von Jahrzehnt zu Jahrzehnt geht die Reise durch die technische Entwicklung mit den Mercedes-Benz Modellen, die begleitet wird von großformatigen Bildern, die die zeitgeschichtlichen Ereignisse widerspiegeln. Den Besuch dieses Museums sollten Sie nicht versäumen, wenn Sie in Stuttgart sind.

TOUR 8 (ca. 300 km)

Waiblingen – Strümpfelbach – Schorndorf – Welzheim – Lorch – Hohenstaufen – Rechberg – Schwäbisch Gmünd – Aalen – Ellwangen – Niederalfingen – Gaildorf – Murrhardt – Backnang – Kleinaspach – Winnenden

Stellplätze:	Waiblingen, Strümpfelbach, Schorndorf, Welzheim, Rechberg, Schwäbisch Gmünd, Aalen, Ellwangen, Niederalfingen, Gaildorf, Murrhardt, Backnang, Kleinaspach, Winnenden.
Campingplätze:	Ellwangen.
Ver-/Entsorgung:	Waiblingen, Schorndorf, Welzheim, Schwäbisch Gmünd, Aalen, Ellwangen, Niederalfingen, Gaildorf, Murrhardt, Backnang, Winnenden.
Besichtigungen:	Waiblingen (Altstadt), Schorndorf (Altstadt), Welzheim (Römisches Kastell), Rechberg (Burg Hohenrechberg), Schwäbisch Gmünd (Altstadt), Aalen (Limesmuseum, Tiefer Stollen), Rainau (Limestor), Ellwangen (Altstadt), Gaildorf (Altstadt), Backnang (Altstadt), Winnenden (Altstadt).

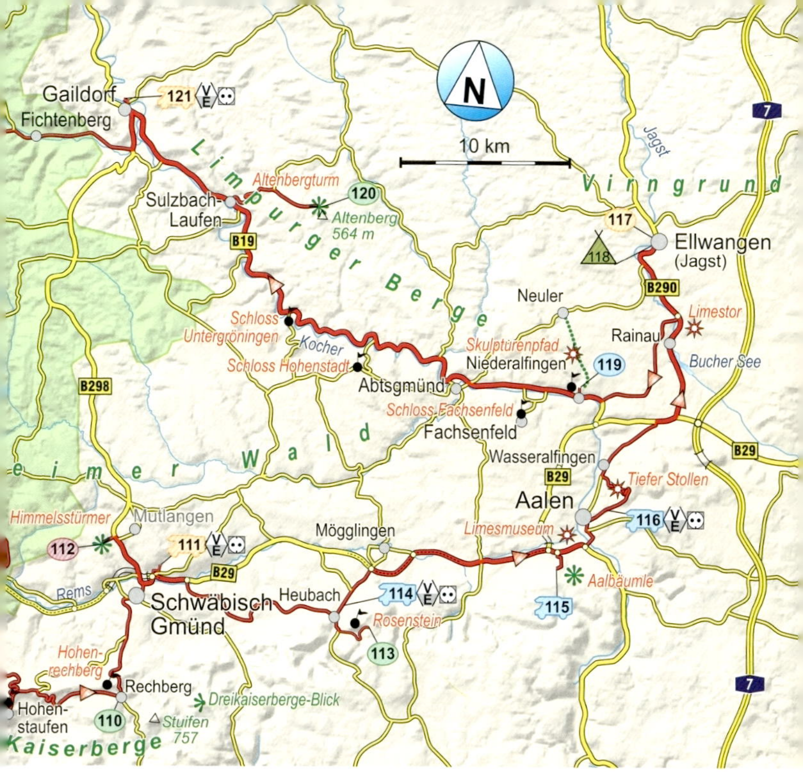

Wandern:	Drei Kaiserberge, Heubach (Rosenstein), Skulpturenpfad Niederalfingen, Altenbergturm, Wasserfälle Hörschbachschlucht, Kleinaspach.
Baden/Wellness:	Waiblingen (Hallenbad), Schorndorf (Freibad), Welzheim (Aichstruter Stausee), Heubach (Freibad), Aalen (Therme, Freibad), Rainau (Bucher See), Niederalfingen (Freibad), Backnang (Freibad), Winnenden (Freibad).

Auf dieser Reise begeben wir uns durch waldreiche Landschaften von Stuttgart entlang des Remstales auf die Ostalb und von dort zurück entlang des Oberlaufs des Kochers und der Murr zurück nach Stuttgart.

Am Anfang und am Ende stehen die Weinbaugebiete des Mittleren Neckarraumes. Wir durchqueren mit dem Schurwald, dem Welzheimer Wald, den Limpurger Bergen und dem Murrhardter Wald den südlichen Bereich der Schwäbisch-Fränkischen Waldberge. Wir werden in Lorch und auf den Kaiserbergen einen Blick in die Stauferzeit werfen. Der Limes wird uns erneut beschäftigen. Überreste von Kastellen, Rekonstruktionen von Wachtürmen und ein ausgezeichnetes Museum stehen dabei an verschiedenen Orten auf dem Programm. Mehrere Wanderungen führen uns auf dieser Route zu besonders schönen Aussichtspunkten.

Beginnen wir in **Waiblingen**. Nur zwölf Kilomter sind es vom Campingplatz in Stuttgart über die B14 hierher.

(103) Offizieller WOMO-Badeplatz: Waiblingen – Hallenbad

GPS: N48°49'50.8" E9°19'17.3"; An der Talaue 10, 71334 Waiblingen.
Max. WOMOs: 13, maximale Länge 12 m, max. Aufenthalt 3 Tage.

Ausstattung: Frischwasserversorgung, Abwasserentsorgung mit Bodeneinlass, Kassettenentleerung, Stromanschlüsse, Behälter für die Müllentsorgung, WLAN, ganzjährig geöffnet.
Beschreibung: Gepflasterte Plätze mit Grünstreifen direkt neben dem Hallenbad und dem angrenzenden Landschaftspark Talaue. Nicht besonders leise durch die vorbeiführende Straße. Für jeweils zwei Fahrzeuge stehen Säulen mit Steckdosen und Wasserzapfstellen bereit. Entfernung bis zur Stadtmitte 500 Meter.
Preise: 10,00 € für ein Fahrzeug mit 2 Personen. Frischwasser 1,00 €, Strom 0,50 € pro kWh.
Zufahrt: Aus Stuttgart kommend, die B14 in Richtung Winnenden fahren und die Ausfahrt Waiblingen Mitte nehmen. Der Straße folgen und am Hallenbad links abbiegen.

Vom Stellplatz gehen wir über die Brühlwiesen in Richtung Altstadt. Wir überqueren die Rems und gehen weiter über die Erleninsel, bis wir am Bädertörle die Altstadt erreicht haben. Das sind in der Summe ungefähr 500 Meter. Rechts geht es zum **Beinsteiner Torturm**, dem einzigen verbliebenen Stadttor der mittelalterlichen Stadtbefestigung. Links geht es

Fachwerkhäuser und moderne Architektur in Waiblingen.

weiter in die vom Fachwerk geprägte historische Altstadt. Sehenswert sind nicht nur das alte Rathaus mit offenen Arkaden, der Marktplatz und der Hochwachtturm, sondern auch eine Vielzahl anderer Fachwerkhäuser.

Mit dem Marktdreieck setzte die Stadt in den 70er Jahren mitten in die historische Altstadt unweit des Marktplatzes ein Gebäude, das als „Ufo“, oder „Farbschachtel“ etikettiert wurde und lange Zeit wenig Anklang fand. Inzwischen hat man sich daran gewöhnt und das avantgardistische Gebäude, in

Fachwerkhäuser am Marktplatz.

dem unter anderem die Stadtbücherei untergebracht ist, als eingetragenes Kulturdenkmal klassifiziert.

Wir fahren weiter nach **Weinstadt**. Der Name ist ein Kunstwort, unter dem die ehemals selbständigen Gemeinden Beutelsbach, Endersbach, Großheppach, Schnait und Strümpfelbach 1975 zu einer Stadt zusammengefasst wurden. Der Name der Stadt sagt aus, wovon die Stadt in erster Linie lebt. Rund 2500 Einwohner zählt Strümpfelbach, das sich schon vom Ortsnamen her wie Märchenstädtchen anhört. Es gilt gilt als das schönste Dorf im Remstal. Auf einer Wanderung

(104) Offizieller WOMO-Gasthof-Stellplatz: Strümpfelbach – Weingut Knauß

GPS: N48°47'35.9" E9°21'45.0"; Nolten 2, 71384 Weinstadt.
Max. WOMOs: 8, maximale Länge 9 m.

Ausstattung: Nur Frischwasserversorgung, WC in der Besenwirtschaft. Der Platz ist ganzjährig geöffnet.

Beschreibung: Große gepflasterte Plätze neben der Besenwirtschaft, sehr ruhig.

Preise: Kostenlos bei Weineinkauf.

Zufahrt: Von Waiblingen über die L1201 in Richtung Plochingen fahren und am Ortseingang von Strümpfelbach links der Beschilderung zum Weingut folgen.

Weinanbau soweit das Auge reicht.

durch die Berge, die einen Skulpturenpfad, einen Wasserfall und das Dorf einschließen, können Sie sich selbst ein Urteil bilden. Die Strümpfelbachrunde ist nicht ganz neun Kilometer lang und kann unter www.komoot.de mit Karte und gpx auf das Smartphone geladen werden. Sie finden die Tour, wenn Sie einfach "Blick ins Remstal – Weinort Strümpfelbach Runde von Kirschblütenweg" in ihre Suchmaschine eingeben. Start und Endpunkt liegen nur wenige Meter vom Stellplatz am Weingut Knauß entfernt, in dem Sie zuvorkommend behandelt werden und einen hervorragenden Wein genießen können.

Strümpfelbach, ein malerischer Weinbauort.

Von Strümpfelbach geht es mit dem WOMO weiter nach Schorndorf, wo wir zunächst diese Stellplätze vorstellen wollen.

(105) Offizieller WOMO-Badeplatz: Schorndorf – Oskar Frech SeeBad

GPS: N48°47'46.9" E9°30'51.9"; Lortzingstraße 56, 73614 Schorndorf.
Max. WOMOs: 5, maximale Länge 8 m.

Ausstattung: Frischwasserversorgung, Abwasserentsorgung ohne Bodeneinlass, Kassettenentleerung, Stromanschlüsse, Behälter für die Müllentsorgung, WLAN, ganzjährig geöffnet.
Beschreibung: Enge und sehr kurze gepflasterte Plätze mit Grünstreifen neben dem Freibad, relativ ruhig. Entfernung bis zur Stadtmitte 1,5 Kilometer.
Preise: Kostenlos, Frischwasser 1,00 €, Entsorgung 1,00 €, Strom 0,50 € pro kWh.
Zufahrt: Auf der B29 die Abfahrt Schorndorf-West nehmen, dann im ersten Kreisverkehr die erste Ausfahrt nehmen, im zweiten ebenso. Der Straße 100 Meter folgen und dann links in die Straße Im Rehfeld abbiegen und diese bis zum Ende durchfahren, dann links abbiegen.

(106) Offizieller WOMO-Stellplatz: Schorndorf – Top-Mobile

GPS: N48°48'20.1" E9°32'30.6"; Gmünder Straße 84/1, 73614 Schorndorf.
Max. WOMOs: 7, maximale Länge 12 m.
Ausstattung: Frischwasserversorgung, Abwasserentsorgung mit Bodeneinlass, Kassettenentleerung, Stromanschlüsse, Behälter für die Müllentsorgung, WLAN, Dusche, WC, Küche, Waschmaschine, Trockner, ganzjährig geöffnet.
Beschreibung: Befestigte Plätze in einem Hinterhof neben einer Werkstatt in der auch Reparaturen am WOMO vorgenommen werden können, sehr ruhig.
Preise: 5,00 € für ein Fahrzeug, 4,00 € pro erwachsene Person, Kinder frei, Frischwasser, Entsorgung, Dusche, Waschmaschine und Trockner jeweils 2,00 €. Strom 0,75 € pro kWh.
Zufahrt: In die Stadtmitte fahren und von dort das WOMO über die Gmünder Straße in Richtung Urbach lenken.

(107) Offizieller WOMO-Stellplatz: Schorndorf – Sportpark Rems

GPS: N48°48'59.1" E9°32'27.5"; Wiesenstraße 70, 73614 Schorndorf.
Max. WOMOs: 10, maximale Länge 12 m.

Ausstattung: Frischwasserversorgung, Abwasserentsorgung ohne Bodeneinlass, Kassettenentleerung, Stromanschlüsse, Behälter für die Müllentsorgung, ganzjährig geöffnet.
Beschreibung: Befestigter Rasenplatz neben Sportanlagen, relativ ruhig. Entfernung bis zur Stadtmitte 1,5 Kilometer.
Preise: Kostenlos, Frischwasser 1,00 €, Strom 0,50 € pro kWh.
Zufahrt: Auf der B29 die Abfahrt Schorndorf-Nord nehmen, dann im ersten Kreisverkehr die erste Ausfahrt nehmen, im zweiten die zweite. Diese Straße bis zum Ende durchfahren, dann links abbiegen und kurz danach rechts.

Schorndorf, dessen erste urkundliche Erwähnung für 1235 belegt ist, blickt auf eine lange Stadtgeschichte zurück. Glück hatte die Stadt während des Zweiten Weltkrieges. Sie wurde von Bombenangriffen verschont und konnte deshalb die historische Bausubstanz erhalten.

Der Marktplatz ist in einen Oberen und einen Unteren Platz geteilt. Mittendrin steht das historische Rathaus, das zwischen 1726 - 1730 erbaut wurde. Auf diesen beiden Plätzen schlägt das Herz der Stadt, hier tummeln sich die Besucher in Cafés und Restaurants und genießen das historische Ambiente. Die meisten Fachwerkhäuser stammen aus dem 17. Jahrhundert. Sie scharen sich hauptsächlich um den **Oberen Marktplatz**, der mit der **Palm'schen Apotheke** auch gleichzeitig eines der attraktivsten Fachwerkhäuser der Stadt in diesem malerischen Ensemble aufweist. Das Gebäude ist allerdings eine Rekonstruktion aus den Jahren 1976 bis 1979, mit der das baufällig gewordene alte Fachwerkhaus ersetzt wurde. Über die Geschichten der Häuser erfahren Sie mehr während einer Führung, über die Sie auf dieser Seite www.schorndorf.de die notwendigen Informationen bekommen, wann, wo und zu welcher Zeit sie stattfinden. Als Alternative bietet sich eine App an. Hier müssen Sie sich an keine bestimmten Zeiten halten, können beliebig lang und oft den Stadtrundgang unterbrechen. Sie bekommen Sie in Ihrem webstore, wenn Sie "Schorndorf" eingeben. Zwei Spaziergänge werden installiert.

Eine führt durch die Fachwerklandschaft der Stadt, eine andere spürt **Gottlieb Daimler** nach, der hier am 17. März 1834 geboren wurde. Alle sehenswerten Gebäude finden Sie in dieser App beschrieben, die meisten davon mit Bildern. Hier finden Sie auch ein Verzeichnis der Gastronomiebetriebe sowie zahlreiche Veranstaltungshinweise.

Die beiden Schlösser am Rande der Altstadt sind für Touristen nicht interessant, in dem einen residiert das Finanzamt, im anderen das Amtsgericht.

Von Schorndorf ist es nicht weit nach Lorch (13 km) und Schwäbisch Gmünd (27 km). Mit dem Rad lassen sich diese Orte über den Remstalradweg gut und schnell erreichen. Mit dem WOMO werden wir diese Orte auch besuchen, machen aber dazu einen Umweg in den Welzheimer Wald und fahren zunächst nach **Welzheim**.

In Welzheim angekommen, stellen wir das WOMO auf dem Stellplatz am Bahnhof ab, den wir mit diesen Koordinaten gefunden haben [**108:** N48°52'22.2" E9°37'50.1"]. Es ist ein einfacher Asphaltplatz ohne Versorgungseinrichtungen aber mit Stromanschlüssen für insgesamt vier Mobile. Er ist zu jeder Zeit anfahrbar und kostenlos. Zu Fuß machen wir uns auf den Weg zu dem in etwa ein Kilometer Entfernung liegenden **Römischen Ostkastell**.

Welzheim war im 2. und 3. Jahrhundert ein bedeutender Truppenstandort der Römer am Obergermanisch Rätischen

Der Obere Marktplatz in Schorndorf.

Rekonstruiertes Westtor im römischen Ostkastell Welzheim.

Limes. Es gab zwei Kastelle, die die Forschung nach ihrer Lagebeziehung zueinander West- und Ostkastell genannt hat. Vom Westkastell ist nicht mehr viel zu sehen, es wurde im Laufe der Jahrhunderte durch die Stadt Welzheim nahezu vollständig überbaut. Die Archäologische Forschung konnte durch Grabungen die Grundmauern des Ostkartells freilegen. Es ist heute ein archäologisches Reservat und Freilichtmuseum. Das Westtor des Kastells ist eine Rekonstruktion und veranschaulicht die Größe dieser Anlage, die Standorte der ehemaligen Gebäude werden durch Betonplatten angezeigt. Große Tafeln am Rande der Anlage informieren über die Geschichte dieses Standortes, der heute zum Welterbe der UNESCO zählt.

(109) Offizieller WOMO-Badeplatz: Welzheim – Aichstruter Stausee

GPS: N48°54'01.1" E9°38'19.3"; Aichstruter Str. 2, 73642 Welzheim.
Max. WOMOs: 10, maximale Länge 12 m, max. Aufenthalt 7 Tage.
Ausstattung: Frischwasserversorgung, Abwasserentsorgung mit Bodeneinlass, Kassettenentleerung, Stromanschlüsse, Behälter für die Müllentsorgung, ganzjährig geöffnet.

Beschreibung: Mit Rasengittersteinen ausgelegter Platz, fast überall schattenlos am Rande des PKW-Parkplatzes. In der Nacht sehr ruhig. Bis zum kleinen Badestrand sind es ca. 200 Meter.
Preise: Tageskarte 7,00 € für ein Fahrzeug, Wochenkarte 30,00 €. Frischwasser 1,00 € und Strom 0,50 € pro kWh. Abwasserentsorgung und Entleerung der Bordtoilette ist kostenfrei.
Zufahrt: Von Welzheim in Richtung Kaisersbach/Fornsbach fahren und dann den Hinweisen zum Stausee folgen.

Auch wenn sich der Stellplatz am Bahnhof für eine Übernachtung eignet, so ist doch der Platz am **Aichstruter Stausee** sehr viel angenehmer, auch wenn er kostenpflichtig ist. Sie finden die Beschreibung auf der linken Seite.

Aichstruter Stausee.

Der See wurde als Hochwasserrückhaltebecken in den 60ziger Jahren angelegt und ist heute in erster Linie das Naturfreibad der Welzheimer Jugend. Mit seinen Grillstellen und Bademöglichkeiten erfreut sich dieser Platz aber auch großer Beliebtheit bei den Wohnmobilisten.

Zu Fuß lässt sich der **Schwabenpark** erreichen, der sich in nicht einmal zwei Kilometern Entfernung befindet. Wenn Sie ihn direkt anfahren möchten, so finden Sie ihn mit diesen Koordinaten [N48°54'12.7" E9°39'15.0"]. Es ist ein Freizeitpark, dessen Angebot sich mit Karusells, Achterbahn, Rutschen, Box-Autos und vielem anderen mehr in erster Linie an Familien mit Kindern richtet. Alle Attraktionen finden Sie hier mit Bildern aufgelistet www.schwabenpark.de.

Wir fahren weiter nach **Lorch** und wollen dort das Kloster besuchen. Neben dem Parkplatz, den Sie mit diesen Koordinaten [N48°47'59.1" E9°42'18.8"] anfahren können, befindet sich eine Limesrekonstruktion mit einem Wachturm. Das Kloster Lorch ist nicht zu

Limesrekonstruktion in Lorch.

Das Stauferrundbild, ein Monumentalgemälde im Kloster Lorch.

verwechseln mit dem Kloster Lorsch, das sich in Südhessen befindet. Beide Klöster sind ehemalige Benediktinerabteien, das in Südhessen zählt zum Welterbe der UNESCO, das **Kloster Lorch** hier im Remstal nicht.

Klosterkirche mit spätgotischem Staufergrabmal.

Kloster Lorch war das Hauskloster der Staufer, es wurde von Herzog Friedrich I. 1102 gestiftet. Neben der sehenswerten Klosterkirche, einer Pfeilerbasilika im romanischen Stil, sind der Kreuzgang und vor allem das **Stauferrundbild** im Kapitelsaal von besonderem Interesse. In diesem Monumentalbild das 2002 von dem Maler Hans Kloos fertiggestellt wurde, wird die Welt der Staufer gezeigt. Alle wesentlichen Schlösser und Burgen aus der Stauferzeit sind hier in einem Rundbild vereint. Von der Burg Hohenstaufen über die Kaiserpfalz in Bad Wimpfen, der Kaiserpfalz in Gelnhausen und dem Castel del Monte in Apulien sind alle bedeutenden Anlagen der Staufer zu sehen, um nur einige zu nennen. Verbunden sind diese Bauten mit geschichtlichen Ereignissen. Wenn Sie genau hinschauen, dann sehen Sie, wie Frauen in Weinsberg ihre Männer von der Burg, die heute "Weibertreu" heißt heruntertragen, weil Ihnen der Stauferkönig Konrad III. einen freien Abzug "mit allem was sie tragen konnten" gewährte. In der Tour 5 hatten wir die Burgruine bereits besucht.

Allerlei Legenden ranken sich um die **Staufer**. Das Adelsgeschlecht gilt als das bedeutsamste und einflussreichste des gesamten Mittelalters. Ihre Macht reichte vom hohen Norden Deutschlands bis hinunter nach Sizilien. Ein einheitliches Staatengebilde gab es aber auch zu Ihrer Zeit nicht. Ihre Könige und Kaiser unter denen Friedrich I., besser bekannt als **Barbarossa**, der einflussreichste und mächtigste war, verstanden es mit politischem Geschick ihre Interessen zu vertreten und die Gunst der vielen Fürsten und kleinen Landesherren für sich zu gewinnen.

Wir befinden uns hier im Stammland der Staufer. Mit dem Kloster haben wir bereits eine Anlage besucht, die untrennbar mit diesem Adelsgeschlecht verbunden ist. Nun geht es weiter zum **Wäscherschloss**, eine kleine unzerstörte Burg, die als Paradebeispiel für eine Stauferburg des 13. Jahrhunderts gilt. Aufgrund der wenigen Parkmöglichkeiten ist sie nicht besonders gut mit

Parkplatz am Hohenrechberg.

Tor der Burg Hohenrechberg.

dem WOMO anzufahren. Wir halten es für besser, sie im Rahmen eine Wanderung oder Radtour aufzusuchen. Wenn Sie es aber versuchen wollen, hier sind die Koordinaten [N48°46'02.4" E9°42'24.4"].

Auf der Suche nach einem geeigneten Parkplatz für die **Drei Kaiserberge** und dem Wäscherschloss halten wir den am **Hohenrechberg** für den geeignetsten. Sie finden ihn mit diesen Koordinaten [**110:** N48°45'13.2" E9°47'20.2"]. Er bietet nicht nur einen einigermaßen ausreichend großen Raum, sondern auch eine phantastische Aussicht auf den Albtrauf und den **Hohenstaufen**. Das Foto auf dieser Seite ist dort entstanden. Der Nachteil liegt auf der Hand. Wer nicht gut zu Fuß ist oder kein e-bike dabei hat, wird es schwer haben, zu den Burgruinen zu kommen. Zur Burgruine auf dem Hohenrechberg ist es noch am einfachsten, sie ist zu Fuß nur 700 Meter entfernt und der Höhenunterschied auf dieser Strecke beträgt nur 50 Meter.

Anstrengender ist es auf den Hohenstaufen zu gelangen, er ist rund sieben Kilometer entfernt und, wie auf dem Foto erkennbar, geht es erst hinunter und dann später wieder relativ steil hinauf. Hier sind dann gleich 180 Meter Höhenunterschied zu bewältigen. Das **Wäscherschloss**, ist ebenfalls rund sieben Kilometer entfernt. Hier geht es kontinuierlich über 200 Höhenmeter bergab, die man natürlich nach dem Besuch dieses Schlosses wieder hochgehen muss. Wer körperlich fit ist, der macht eine Rundtour daraus, als Wanderung oder mit dem Fahrrad. Die Ausschilderung ist gut und wenn

Sie die Tour über www.komoot.de planen, dann können Sie den Tourverlauf auf ihr Smartphone laden und den Weg bequem nachvollziehen. Als Wanderung angelegt sind es rund 20 Kilometer, mit dem Fahrrad sind es rund 24 Kilometer. Einkehrmöglichkeiten gibt es unterwegs in den Orten genug. Darüber hinaus gibt es auf dem Hohenrechberg und auf dem Hohenstaufen Burgschänken. Diese haben jedoch nicht immer geöffnet, hier empfiehlt es sich die Öffnungszeiten vorher abzuklären.

Öffnungszeiten: Die Burgruine Hohenrechberg ist täglich von 9:00 bis 19:00 Uhr geöffnet. Das Wäscherschloss kann von Mai bis Oktober donnerstags bis sonntags zwischen 12:00 bis 17:00 Uhr besichtigt werden. Die Burgruine Hohenstaufen ist zu jeder Zeit frei zugänglich.

Am Fuße der Burgruine Hohenstaufen befindet sich im Ort in der Nähe der Barbarossakirche eine Ausstellung über die Staufer, in die man natürlich gehen muss, wenn man die Geschichte des Adelsgeschlechts und des Mittelalters verstehen will.

Wenn Sie eine weitere Wanderung durchführen möchten, dann wäre der Weg zum **Dreikaiserberge-Blick** eine Option. Das Highlight dieser Wanderung wird aus dem Namen des Zieles schon ersichtlich. Es geht bei dieser Wanderung über 16 Kilometer, wenn man sie als Rundtour über den Stuifen plant, ganz schön rauf und runter. Hier benötigt man Kondition, wird aber mit den schönsten Blicken auf die Kaiserberge und den Albtrauf belohnt.

Blick auf den Albtrauf und den Hohenstaufen.

Nach so viel Mittelalter und nach den anstrengenden Wanderungen geht es nun sehr bequem weiter nach **Schwäbisch Gmünd**, unserem nächsten Etappenziel, wo wir diesen Stellplatz anfahren.

(111) Offizieller WOMO-Stellplatz: Schwäbisch Gmünd – Schießtalplatz

GPS: N48°48'19.5" E9°48'46.9"; Schießtalstr. 20, 73527 Schwäbisch Gmünd.
Max. WOMOs: 10, maximale Länge 8 m, max. Aufenthalt 3 Tage.

Ausstattung: Frischwasserversorgung, Abwasserentsorgung mit Bodeneinlass, Kassettenentleerung, Stromanschlüsse, Behälter für die Müllentsorgung, ganzjährig geöffnet.
Beschreibung: Eng beieinander liegende Stellflächen am Rande eines PKW-Parkplatzes neben der JVA. Für die Fahrt hierher ist die grüne Plakette erforderlich. Fußweg bis zum Münsterplatz 2 km.
Preise: Kostenlos, Frischwasser 1,00 €, Entleerung der Bordtoilette 1,00 €, Strom 0,50 € pro kWh. Abwasserentsorgung ist kostenfrei.
Zufahrt: Der Stellplatz befindet sich nördlich der B29. Folgen Sie den Hinweisen zum Freibad, das sich in der Nähe des Stellplatzes befindet.

Der Rinderbacher Torturm.

Viele kleine Bäche münden an diesem Ort in die Rems, die damit zu dem Namen **Gmünd** führten, wie die Stadt bis 1934 noch offiziell hieß. Auch heute findet diese Kurzform bei den über 60.000 Einwohnern dieser Stadt Verwendung.

Schwäbisch Gmünd verfügt über sehr viel historische Bausubstanz. Auf dieser Seite www.schwaebisch-gmuend.de finden Sie allein unter dem Stichwort "Stadtrundgang" 33 Objekte die es wert sind angeschaut zu werden. Leider hat es die Stadt versäumt zu diesem Stadtrundgang eine Karte als PDF oder als interaktiven Stadtplan beizufügen.

So können Sie die Kirchen, Häuser, Denkmäler, die alle mit einem kleinen Bildchen versehen sind nur einzeln aufrufen und müssen dann eine andere Quelle hinzuziehen, um sie verorten zu können.

Die meisten sehenswerten Bauwerke befinden sich am oder in der Nähe des Marktplatzes, wie die **"Grät"**, eines der ältesten Gmünder Häuser, das mit einem schönen Fachwerk aus dem Jahre 1536 glänzt. Ebenso ist am Marktplatz die **Johanniskirche** mit dem leicht abgeknickten Turm zu sehen, davor steht der **Marienbrunnen**. Etwas abseits des Marktplatzes ist das **Heilig-Kreuz-Münster** zu sehen, die älteste Hallenkirche Süddeutschlands im Stile der Gotik. Von der ehemaligen Stadtmauer sind noch Reste erhalten. Von den 24 Türmen sind sechs verblieben, wie der 35 Meter hohe **Rinderbacher Torturm** im Osten der Altstadt. Schwäbisch Gemünd weiß nicht nur mit altehrwürdigen Gemäuern zu glänzen, auch moderne Architektur kommt zum Zug. Ein besonders gelungenes Beispiel dafür ist das **Forum Gold und Silber**, das sich unweit des Bahnhofes an der Rems befindet. In ihm ist unter anderem ein gutes Restaurant untergebracht, das italienische und schwäbische Spezialitäten auf der Karte hat. Nicht versäumen sollte man die Aussichtsplattform auf dem **Zeiselberg** zu besuchen. Diese befindet sich am Südrand der Altstadt und gewährt einen schönen Blick über die Dächer der Stadt. Der Biergarten auf dieser Anhöhe bietet sich für eine Rast an.

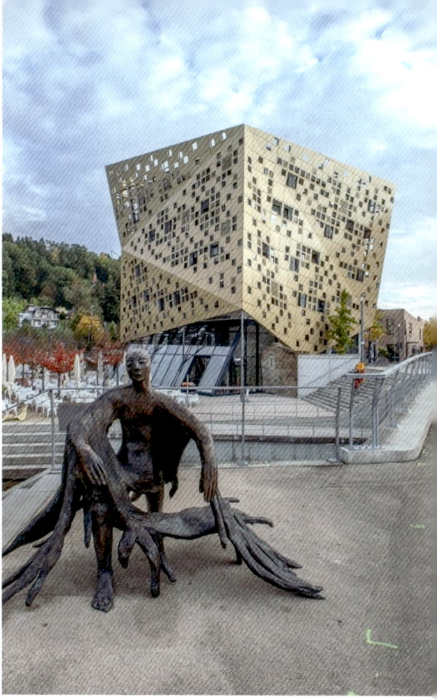
Forum Gold und Silber an der Rems.

Ein weiteres modernes Bauwerk finden Sie im Landschaftspark Wetzgau, westlich von Mutlangen. Der **Himmelsstürmer** ist ein fast 40 Meter hoher Aussichtsturm, der für die Gartenschau von 2014 errichtet wurde. Sie finden den Parkplatz mit diesen Koordinaten [**112:** N48°48'50.1" E9°46'19.5"].

Öffnungszeiten: April bis Ende Oktober täglich von 10:00 bis 21:00 Uhr.

Gleich neben diesem Parkplatz befindet sich das **Weleda-Erlebniszentrum**. Was die Firma Weleda, die ihren Stammsitz in Schwäbisch Gmünd hat produziert, muss, so glauben wir, nicht erklärt werden. Was hier angeboten wird, darüber informiert diese Seite www.weleda.de/weleda/erlebniszentrum recht ausführlich. Hier finden Sie auch die Öffnungszeiten.

Zu einem Erlebnis lädt auch der nächste Standort auf unserer Reise ein. Es ist der Wanderparkplatz Rosenstein, den sie finden, wenn Sie diese Koordinaten in Ihr Navigationssystem tippen [**113:** N48°47'21.2" E9°57'22.8"]. Fast anstrengungsfrei lässt es sich von diesem Wanderparkplatz zur Burgruine auf der Westseite des 735 Meter hohen Rosensteins wandern und zu einem Aussichtspunkt auf der Ostseite dieses Berges. Fast anstrengungsfrei deshalb, weil sich der Wanderparkplatz schon 250 Meter über der Ortslage von **Heubach** befindet. Den mühsamen Aufstieg übernimmt also der Dieselmotor Ihres Fahrzeuges. Die Aussichten hinunter in das Remstal sind fantastisch. Zwischendrin befinden sich eine bewirtschaftete Hütte und einige Höhlen. Der Rundweg zu den genannten Punkten ist etwa sechs Kilometer lang. Wem die Ruhe in der Nacht auf dem Wanderparkplatz zu unheimlich ist, der findet unten im Ort einen offiziellen Stellplatz und zwei weitere sind nur wenige Kilometer entfernt in Aalen zu finden. Wir stellen alle drei kurz vor.

(114) Offizieller WOMO-Badeplatz: Heubach – Freibad

GPS: N48°47'50.9" E9°56'15.1"; Mögglinger Str. 41, 73540 Heubach.
Max. WOMOs: 6, maximale Länge 10 m, max. Aufenthalt 7 Tage
Ausstattung: Frischwasserversorgung, Abwasserentsorgung mit Bodeneinlass, Kassettenentleerung, Stromanschlüsse, Behälter für die Müllentsorgung, ganzjährig geöffnet.
Beschreibung: Mit Rasengittersteinen ausgelegter Platz mit Grünstreifen direkt neben dem Freibad, nachts relativ ruhig. LIDL-Markt mit Bäckerei in 350 Meter Entfernung.
Preise: 6,00 € für ein Fahrzeug mit 2 Personen. Entsorgung kostenlos, über Münzautomaten gibt es Frischwasser für 1,00 €, Strom für 1,00 € pro kWh.
Zufahrt: An der Ausfallstraße nach Möglingen kurz vor dem Ortsende auf der linken Seite.

(115) Offizieller WOMO-Badeplatz: Aalen – Limes Thermen

GPS: N48°49'11.9" E10°04'37.0"; Osterbucher Str. 3, 73431 Aalen.
Max. WOMOs: 6, maximale Länge 8 m.

Ausstattung: Keinerlei wohnmobilspezifische Einrichtungen, ganzjährig geöffnet.
Beschreibung: Asphaltierte Plätze mit Grünstreifen direkt neben der Therme, relativ ruhig. Entfernung bis zur Stadtmitte 3 Kilometer.
Preise: Kostenlos.
Zufahrt: Am Aalener Dreieck von der B29 abfahren und den Hinweisen zur Therme folgen.

(116) Offizieller WOMO-Badeplatz: Aalen – Hirschbachtal

GPS: N48°50'45.8" E10°06'36.3"; Hirschbachstraße 68, 73431 Aalen.
Max. WOMOs: 12, maximale Länge 8 m, max. Aufenthalt 3 Tage.
Ausstattung: Frischwasserversorgung, Abwasserentsorgung mit Bodeneinlass, Kassettenentleerung, Stromanschlüsse, Behälter für die Müllentsorgung, ganzjährig geöffnet.
Beschreibung: Befestigte Plätze mit Grünstreifen und schattigen Bäumen in unmittelbarer Nähe des Freibades, sehr ruhig. Entfernung bis zur Stadtmitte ca. 2 Kilometer.
Preise: Kostenlos, Frischwasser 1,00 €, Entleerung der Bordtoilette 1,00 €, Strom 0,50 € pro kWh. Abwasserentsorgung ist kostenfrei.
Zufahrt: Auf der B19 die Abfahrt Aalen-Zentrum nehmen, im Kreisverkehr die dritte Ausfahrt wählen und dieser Straße folgen, bis eine Eisenbahnlinie überquert wird. Dann links abbiegen und der Straße bis zu einer Ampel folgen, dann rechts abbiegen und der Straße 700 Meter bis zur Einmündung in die Hirschbachstraße folgen.

Dreierlei fanden wir in **Aalen** besonders interessant. Das Limesmuseum, den Tiefen Stollen und das explorinho.

Beginnen wir mit dem Limesmuseum, das Sie auch mit dem WOMO direkt anfahren können, denn von den Stellplätzen ist es relativ weit entfernt. Sie finden den Parkplatz vor dem Museum mit diesen Koordinaten [N48°50'11.8" E10°04'59.2"]. Das **Kastell Aalen** war das größte römische Reiterkastell nördlich der Alpen. Im archäologischen Park hinter dem Mu-

Römischer Baukran im archäologischen Park des Limesmuseums.

seumsgebäude sind die freigelegten und zum Teil rekonstruierten Grundmauern eines Teiles dieses Kastells zu sehen. Ein Rundweg führt durch diese Anlage. Mit Informationstafeln werden die einzelnen Gebäudeteile erläutert.

Im Museumsgebäude wird mit über 1200 Originalfunden die Geschichte dieser Wehranlage und die Geschichte des Limes während der Römerzeit gezeigt. Hier befinden wir uns an einer der Hauptpositionen des UNESCO Welterbes Limes.

Der Limes als UNESCO-Welterbe

Der Obergermanisch-Raetische Limes ist nur ein Teil des Welterbes **"Grenzen des Römischen Reiches"**, wie die offizielle Schreibweise der UNESCO lautet. Der Hadrians Wall im Vereinigten Königreich gehört mit dazu. In Deutschland erstreckt sich der Limes über eine Länge von 550 Kilometern vom Rhein bei Koblenz bis an die Donau westlich von Regensburg. Mit rund 900 Wachtürmen, 90 Kastellen und den Holzpalisaden war er nicht nur ein militärisches Bollwerk, sondern definierte auch wirtschaftliche und kulturelle Grenzen. Mit der zum Teil schnurgeraden Linienführung, die topografische Gegebenheiten nicht berücksichtigte, zeigt der Limes auch die Präzision der römischen Landvermessung. Wir sind auf unserer Reise schon an verschiedenen Stellen auf Rekonstruktionen des Limes gestoßen, weitere werden folgen. In diesem Museum finden Sie eine gelungene Gesamtschau dieser Grenzanlage, auch wenn das Kastell Aalen den Schwerpunkt bildet.

Das **explorhino** ist nur ein Kilometer vom Limesmuseum entfernt. Es ist ein Experimente-Museum, ähnlich der experimenta in Heilbronn, nur nicht so groß. Aber auch hier sind Kinder längere Zeit beschäftigt, wenn Sie alle 120 angebotenen Experimente durchführen wollen. Einen Überblick mit Öffnungszeiten und Eintrittspreisen verschafft diese Seite www.explorhino.de.

Der **Tiefe Stollen** befindet sich im Stadtteil Wasseralfingen. Vom Stellplatz im Hirschbachtal können Sie den Tiefen Stollen über einen Fußweg von 1,5 Kilometern Länge erreichen. Mit einem herzlichen "Glück auf!" geht es mit der Grubenbahn in das Besucherbergwerk, in dem bis 1939 Eisenerz abgebaut wurde. Von den insgesamt über sechs Kilometer langen Gängen wurden die interessantesten Bereiche für Besucher zugänglich gemacht. Bei einer Führung durch die Stollen, Schächte und Gänge wird die Bergbaugeschichte lebendig erzählt. Auf dieser Seite www.bergwerk-aalen.de, können Sie vorab einen virtuellen Rundgang

Einfahrt in den Tiefen Stollen.

durch das Bergwerk machen und sich über die Öffnungszeiten und Eintrittspreise informieren.

Ein Geschäftsmodell der Gemeinde **Rainau** ist die Vermarktung des Limes. Den Besuch dieses Ortes mit etwas mehr als 3000 Einwohner haben wir als Nächstes auf dem Programm. Die Hinweisschilder zum **Limespark** sind unübersehbar. Über den Ort verteilt finden Sie das **Limestor bei Dalkingen**, einen rekonstruierten Wachturm in Schwabsberg, die Grundmauern eines Römerbades und ein römisches Kastell im Ortsteil Buch, dessen ehemalige Mauern mit 4 Toren und Türmen durch eine Heckenpflanzung und einzelne Bäume kenntlich gemacht wurden. Von den Grundmauern ist nichts zu sehen. Auf einem Rundwanderweg von elf Kilometern Länge sind alle miteinander verknüpft. Der Weg führt auch an dem **Bucher See** vorbei. Hier finden Sie mit diesen Koordinaten [N48°54'51.7" E10°08'33.7"] einen gebührenpflichtigen Parkplatz, von dem aus Sie die Wanderung starten können. Am See gibt es einen Badestrand und einen Kiosk mit einer Terrasse am See.

Rekonstruierter Wachturm in Rainau.

Das Limestor bei Dalkingen.

Der Bucher See in Rainau.

Entlang der Jagst geht unsere Reise weiter nach Ellwangen. Kleinstadtperle an der Jagst nennt sich diese Stadt mit rund 25.000 Einwohnern.

Für einen kurzen Aufenthalt empfiehlt sich der Parkplatz auf dem Schießwasen, für einen längeren Aufenthalt bietet sich der Campingplatz an.

(117) Offizieller WOMO-Stellplatz: Ellwangen – P1 Schießwasen

GPS: N48°57'44.6" E10°07'35.9";
Rotenbacher Str. 16, 73479 Ellwangen (Jagst).
Max. WOMOs: >10, maximale Länge 12 m.
Ausstattung: Keinerlei wohnmobilspezifische Einrichtungen, ganzjährig geöffnet.

Beschreibung: Große Asphaltfläche die auch als Festplatz genutzt wird. Für die Besichtigung der Stadt ideal gelegen, es sind nur 500 Meter bis in die Stadtmitte. Ruhig ist es auf diesem Platz allerdings nicht.
Preise: Kostenlos.
Zufahrt: Auf der B290 in die Stadt fahren und in der Mitte der Stadt nach links auf den Schießwasen abbiegen (ausgeschildert).

(118) WOMO-Campingplatz: Ellwangen – AZUR Camping

GPS: N48°57'35.7" E10°07'10.2";
Rotenbacher Str. 45, 73479 Ellwangen (Jagst).
Max. WOMOs: >5, maximale Länge 12 m.
Ausstattung: Frischwasserversorgung, Abwasserentsorgung mit Bodeneinlass, Kassettenentleerung, Stromanschlüsse, Behälter für die Müllentsorgung, WLAN, Shop & Snack mit Brötchenservice. Im Servicegebäude gibt es Dusche, WC, Waschmaschine und Trockner. Der Platz ist von Anfang April bis Ende Oktober geöffnet.

Beschreibung: Kleiner und gemütlicher Platz direkt an der Jagst, 200 Meter vom Hallenbad und 1 km von der Innenstadt entfernt. Sehr ruhig.
Preise: Erwachsene Person 8,00 €, Wohnmobil 12,00 €, inkl. Ver- und Entsorgung sowie Strom. Stellplatz vor der Schranke (ohne Sanitärnutzung aber mit Strom) 16,00 für ein Fahrzeug mit 2 Personen.
Zufahrt: Auf der B290 in die Stadt fahren und in der Mitte der Stadt nach links auf den Schießwasen abbiegen und der Beschilderung zum Hallenbad bzw. Campingplatz folgen.
Reservierung/Kontakt: Tel.: 07961/7921 oder www.azur-camping.de/de/campingplaetze/ellwangen.

Wer sich der Stadt nähert, dem fallen als erstes das Schloss und die Wallfahrtskirche auf, die über der Stadt thronen. Jeder Gebäudekomplex hat seinen eigenen Bergsporn, die der Lohbach voneinander trennt. Die weitläufige Anlage, die offiziell **Schloss ob Ellwangen** heißt, geht auf eine mittelalterliche Burg zurück, die um das Jahr 1200 erbaut wurde. Gleich mehrere Behörden nutzen heute das Gebäude. Der Innenhof dient in den Sommermonaten als Theaterkulisse.

Die **Wallfahrtskirche Schönenberg** gilt wegen ihrer reichhaltigen Innenausstattung als ein Schmuckstück barocker Baukunst. Besonders sehenswert in dieser Kirche sind das Krippen-Diorama und der kleine Raum der Gnadenkapelle.

Die Wallfahrtskirche Schönenberg.

Am attraktivsten ist die Altstadt rund um den Marktplatz und der Markt- und Marienstraße. Hier befinden sich mit der Basilika St. Vitus und der Stadtkirche zwei sehenswerte religiöse Gebäude. Bemerkenswert ist das Haus Zimmerle, der ehemalige Postgasthof "Schwarzer Adler", in dem sich heute eine Apotheke befindet. Berühmte Persönlichkeiten wie Goethe und Mozart hielten sich in diesem Gasthaus auf. Die Bemalung der Fassade erinnert daran. Das Konterfei des Dichterfürsten Goethe ist auf der rechten Seite zu sehen. Angefertigt wurde dieses Kunstwerk 1896 vom Stuttgarter Maler Hans von Kolb.

Das Haus Zimmerle.

Wenn Sie auf dem Weg durch die Stadt der einen oder anderen Pferdeskulptur begegnen, so hat das einen speziell

Grund. Es wird damit auf den **"Kalten Markt"** aufmerksam gemacht, der jedes Jahr im Januar stattfindet. Es ist der älteste Pferdemarkt in Süddeutschland und beginnt immer am Sonntag nach dem Feiertag "Heilige Drei Könige". Auch wenn es kalt ist im Januar, für die Pferdeliebhaber in der Region ist dieser Termin eine Pflichtveranstaltung und die Stadt so bevölkert wie bei einem Karnevalsumzug in Köln.

In Ellwangen kehren wir um, wir fahren nicht die Jagst hinunter, sondern wenden uns dem Kochertal zu und fahren nach **Niederalfingen**.

Geradezu traumhaft ist die Lage des Stellplatzes. Er ist der ideale Ausgangsort für eine Wanderung auf den rund neun

(119) WOMO-Badeplatz:
Niederalfingen – Naturerlebnisbad

GPS: N48°53'55.1" E10°04'44.8"; Schlierbachstraße 48, 73460 Hüttlingen.
Max. WOMOs: 5, maximale Länge 8 m.

Ausstattung: Keinerlei wohnmobilspezifische Einrichtungen, ganzjährig geöffnet.
Beschreibung: Ruhiger Platz neben dem Naturfreibad. Guter Ausgangsort für eine Wanderung auf dem Skulpturenpfad zwischen Niederalfingen und Neuler.
Preise: Kostenlos.
Zufahrt: In Niederalfingen von der B19 rechts abbiegen und Richtung Freibad fahren.

Kilometer langen Skulpturenweg, der bis zu dem Dorf Neuler reicht. Mit über 83 Skulpturen vom Burgnarren über Nachtwächter und diversen Märchenfiguren ist diese Wanderung recht kurzweilig. Alle Figuren wurden von Hobbykünstlern geschnitzt und gestaltet und vor mehr als 10 Jahren aufgestellt. Der Weg durch das Schlierbachtal ist sehr angenehm. Bei der Einsamkeit und der Abgeschiedenheit in Niederalfingen muss man allerdings auch in Kauf nehmen kein Restaurant am Ort vorzufinden. Es gibt ein Café, das war es. Die Burg wird als Landschulheim genutzt und ist deshalb für normale Besucher nicht zugänglich. An diesem Standort muss man also auf die eigenen Vorräte zurückgreifen. Aber in dieser Lage macht man das doch gern.

Burg Niederalfingen.

Auf dem weiteren Weg durch das Kochertal sind Hinweisschilder zu den Schlössern zu sehen, die Sie auf der Karte am Anfang des Kapitels verzeichnet finden. Wir haben Sie aufgesucht. In der Regel sind es Häuser, die für Veranstaltungen genutzt werden und nicht für Besichtigungen geöffnet sind. Eine Ausnahme ist **Schloss Fachsenfeld**, das in den Sommermonaten die Tore für Besucher geöffnet hat. Nur hier werden Sie mit einem ausgewachsenen Wohnmobil keinen Parkplatz finden. Wenn Sie also dieses Schloss besuchen möchten, müssen Sie Ihren eigenen Weg finden. Ob es sich lohnt, können Sie vielleicht nach einem Besuch dieser Seite https://schlossfachsenfeld.de beurteilen. Kein Parkproblem gibt es am **Altenbergturm**. Hier finden Sie mitten im Wald zwei ruhige Wanderparkplätze [**120:** N48°57'53.5" E9°53'56.5"], die sich hervorragend für eine Übernachtung eignen. Wanderwege führen von hier in alle Richtungen und wer den rund 43 Meter hohen Turm besteigt, hat von der Aussichtsplattform einen wunderbaren Blick auf die **Limpurger Berge**.

Der Altenbergturm.

Der nächste Stellplatz führt uns von der Wildnis zurück in die Zivilisation.

(121) Offizieller WOMO-Stellplatz: Gaildorf

GPS: N49°00'08.7" E9°45'57.0"; Bleichgärten 7, 74405 Gaildorf.
Max. WOMOs: 7, maximale Länge 12 m, max. Aufenthalt 3 Tage.
Ausstattung: Frischwasserversorgung, Abwasserentsorgung mit Bodeneinlass, Kassettenentleerung, Stromanschlüsse, Behälter für die Müllentsorgung, ganzjährig geöffnet.
Beschreibung: Geschottertes ebenes Areal hinter der Sporthalle mit einer Baumreihe, die am Abend für Schatten sorgt. Ruhig und doch zentral gelegen. Entfernung zur Stadtmitte mit dem Alten Schloss 500 Meter, Entfernung zum Frasch Mausoleum ca. 600 Meter.
Preise: Alles kostenlos.
Zufahrt: Über die B19 ins Zentrum fahren, dann die Richtung nach Obersontheim einschlagen und hinter der Kocherbrücke links abbiegen und am Sportplatz und an der Sporthalle vorbeifahren.

Eingang zum Alten Schloss in Gaildorf.

Kaffeepause im Schloss \ Werk - Cafe am Alten Schloss.

Gaildorf ist ein kleines Städtchen mit malerischen Ecken. Die Zahl der sehenswürdigen Gebäude ist überschaubar. Um sie alle zu sehen ist die App **Gaildorf app|ONE**, die Sie in Ihrem Appstore finden durchaus nützlich. Hier finden Sie weitergehende Informationen zu den einzelnen Objekten. Zur Stadtgeschichte finden Sie ausführliche Informationen auf dieser Seite www.gaildorf.de.

In Gaildorf war die Flößerei über Jahrhunderte ein bedeutender Wirtschaftsfaktor. Über den Kocher wurde Holz aus den Limpurger Bergen nach Schwäbisch Hall geflößt. Dort fand es als Brennmaterial für die Salzsieder Verwendung. Im Stadtwappen ist mit einem Floß und darüber gekreuzten Flösserhaken die Bedeutung dieses Wirtschaftszweiges auch heute noch sichtbar. Das **Floßfest**, das alle zwei Jahre im Wechsel mit dem Bluesfest stattfindet, soll an die Tradition als Flößerstadt erinnern. Es ist ein kleines Volksfest, nur das neben den auf solchen Festen üblichen Veranstaltungen mit Bier- und Weinzelten auch noch Floßfahrten auf dem Kocher angeboten werden.

Im Süden der Stadt, in rund zwei Kilometern Entfernung, befindet sich ein kleiner Aussichtsturm (Kernerturm), der einen schönen Blick auf die Stadt bietet. Doch bevor Sie hochgehen, schauen Sie auf den Kalender, denn er ist in den Sommermonaten nur an Sonn- und Feiertagen geöffnet.

Wir verlassen Gaildorf, fahren das Tal der Rot hinauf und überqueren an der 420 Meter hohen Schanze den Sattel in das Tal der Murr. In **Murrhardt** angekommen, stellen wir das WOMO auf diesen Stellplatz ab.

(122) Offizieller WOMO-Stellplatz: Murrhardt – Festhalle

GPS: N48°58'47.3" E9°34'26.1"; Kaiser-Ludwig-Straße, 71540 Murrhardt.
Max. WOMOs: 3, maximale Länge 8 m, max. Aufenthalt 5 Tage.
Ausstattung: Frischwasserversorgung, Abwasserentsorgung ohne Bodeneinlass, Kassettenentleerung, Behälter für die Müllentsorgung, ganzjährig geöffnet.
Beschreibung: Mit Rasengittersteinen ausgelegter Platz, nachts sehr ruhig. Entfernung zur Stadtmitte 500 Meter.
Preise: Kostenlos, Frischwasser 1,00 €.
Zufahrt: Auf der L1066 in Murrhardt am Bahnhof vorbeifahren, danach links in die Hörschbachstraße abbiegen, dann die dritte Straße links abbiegen (Kaiser-Ludwig-Straße) und bis zum Ende durchfahren.

Murrhardt ist umgeben von Höhenzügen. Im Norden ist es der Mainhardter, im Süden der Murrhardter Wald. In der Altstadt ist sehr viel historische Bausubstanz erhalten geblieben, wie man bei einem Gang durch die Hauptstraße leicht erkennen kann. Beliebt ist Murrhardt auch bei Radlern, die

Die Hauptstraße in der Altstadt von Murrhardt.

Wasserfall in der Hörschbachschlucht.

den Murrtalradweg von Marbach am Neckar bis nach Gaildorf fahren. Das sind nur rund 60 Kilometer. Etwas abseits der Altstadt hat die Stadt mit der **Walterichskirche** neben dem Feuersee und dem Stadtgarten ein idyllisches Kleinod zu verzeichnen. Wenn Sie vom Stellplatz in die Innenstadt gehen, kommen Sie direkt daran vorbei. Die ganze Geschichte um diese Kirche wird im **Carl-Schweizer-Museum** erzählt, das sich in unmittelbarer Nähe des Feuersees befindet. In diesem Museum finden Sie auch eine Abteilung, die sich der Tier- und Vogelwelt sowie der Ur- und Eiszeittiere widmet. Die Öffnungszeiten und Eintrittspreise finden Sie hier www.carl-schweizer-museum.de.

Feucht und schlüpfrig sind die Wanderwege in der **Hörschbachschlucht**. Ein rund zwei Kilometer langer Wanderweg führt vom Vorderen zum Hinteren Wasserfall. Zwischendrin gibt es mehrere Kaskaden. Auf diesem Wanderparkplatz [**123:** N48°58'08.7" E9°33'00.5"] stehen Sie ruhig und abseits des Wandertrubels.

Nicht ganz so ruhig ist es auf dem Stellplatz unseres nächsten Etappenzieles.

(124) Offizieller WOMO-Badeplatz: Backnang – Wonnemar

GPS: N48°57'01.3" E9°27'10.4"; Martin-Dietrich-Allee, 71522 Backnang.
Max. WOMOs: 4, maximale Länge 8 m.
Ausstattung: Frischwasserversorgung, Abwasserentsorgung mit Bodeneinlass, ganzjährig geöffnet.

Beschreibung: Befestigter Platz direkt neben dem Freizeitbad Wonnemar, relativ ruhig. Entfernung bis zur Stadtmitte 2 km.
Preise: Kostenlos, Frischwasser 1,00 €.
Zufahrt: Von der B14 in Richtung Stadtmitte fahren, bis die Brücke über die Murr erreicht ist. Kurz davor links abbiegen und der Beschilderung zum Freizeitbad folgen.

Der Marktplatz von Backnang mit dem Rathaus.

Mit **Backnang** verlassen wir den Schwäbisch-Fränkischen Wald und kehren in das Neckarbecken zurück. Alle wesentlichen historischen Sehenswürdigkeiten sind rund um den Marktplatz anzutreffen. Hier steht das mächtige Rathaus, das 1716 errichtet wurde und ein charakteristisches Glockentürmchen trägt. Mehrere Fachwerkhäuser säumen diesen dreieckigen Platz, an dessen Rand auf der höchsten Stelle der Stadtturm zu sehen ist. Er ist 45 Meter hoch und steht auf dem frühgotischen Chor der ehemaligen Michaelskirche.

Der Stadtturm, Wahrzeichen Backnangs.

Sollten Sie Ende Juni die Stadt aufsuchen, so wundern Sie sich bitte nicht über den Trubel in den Gassen und auf den Plätzen. Das älteste und größte Straßenfest in Baden-Württemberg findet nämlich jedes Jahr am letzten vollständigen Wochenende im Juni statt. Da steht die Stadt von freitags bis montags kopf. Über das Bühnenprogramm in diesen "tollen" Tagen informiert Sie diese Seite www.backnanger-strassenfest.de. Mit viel Glück finden Sie zu dieser Zeit eine Lücke auf dem Stellplatz.

Mag es zuweilen an anderen Orten durch Straßen- oder Weinfeste lebendig zugehen, der nächste Platz in Kleinaspach ist da garantiert ruhiger. Einziger Nachteil: Er ist relativ klein und wenn viele naturverbundene Wanderer die gleiche Idee haben und eine Wanderung in dieser schönen Weinlandschaft unternehmen wollen, dann kann es doch eng werden.

(125) WOMO-Wanderparkplatz: Kleinaspach – Eselsweg

GPS: N48°59'30.3" E9°21'56.9"; Allmersbacher Str. 45, 71546 Aspach.
GPS V/E-Station: N48°57'49.4" E9°22'33.1"; L1124, Landstraße von Großaspach nach Rielingshausen.
Max. WOMOs: 4, maximale Länge 12 m.
Ausstattung: Tische und Bänke, Behälter für die Müllentsorgung, ganzjährig geöffnet.
Beschreibung: Asphaltierter/geschotterter ebener Platz unterhalb der Weinberge und Obstbaumwiesen. Entfernung bis zum Weinwanderweg am Föhrenberg 1,5 km, Entfernung zur historischen Kelter 900 Meter. Entfernung zur V/E-Station ca. 6 km.

Preise: Kostenlos.
Zufahrt: In Kleinaspach in Richtung Allmersbach fahren und am Ortsausgang auf der linken Seite den Wanderparkplatz ansteuern.

Am Rande des Parkplatzes finden Sie eine große Tafel, auf der mehrere Wanderrouten angezeigt werden. Wenn Sie diese Seite www.aspach.de aufrufen, dann können Sie eine größere Auswahl an Wanderrouten auf Ihr Smartphone laden und sich je nach Lust, Laune und Kondition eine größere oder eine kleinere Route aussuchen. Sie finden Hinweise zu den Radwegen in dieser Region und zu dem Berg- und Talbus, der in den Sommermonaten an Sonn- und Feiertagen in dieser Region verkehrt und eine kostenlose Fahrradmitnahme ermöglicht. So können Sie sich zu einem Startpunkt Ihrer Wahl mit dem Bus kutschieren lassen und dann zum Stellplatz zurückgehen oder -radeln.

Weinberg in Kleinaspach.

Widmen wir uns nun dem letzten Etappenziel auf dieser Tour zu. **Winnenden** heißt die Stadt, die für kurze Zeit durch den Amoklauf eines 17-jährigen im Jahre 2009 die Schlagzeilen der Zeitungen füllte. Das soll nicht unser Thema sein. Die Stadt bietet in der Nähe des Freizeitbades diesen Stellplatz an.

(126) Offizieller WOMO-Badeplatz: Winnenden – Wunnebad

GPS: N48°51'49.7" E9°23'37.4"; Albertviller Str. 56, 71364 Winnenden.
Max. WOMOs: 6, maximale Länge 10 m.
Ausstattung: Frischwasserversorgung, Abwasserentsorgung mit Bodeneinlass, Kassettenentleerung, Stromanschlüsse, Behälter für die Müllentsorgung, ganzjährig geöffnet.
Beschreibung: Gepflasterte Plätze mit Grünstreifen direkt an der Abfahrt der Umgehungstraße, recht laut. Anmeldung an der 350 Meter entfernten Kasse des Wunnebades erforderlich.
Preise: 5,00 € für ein Fahrzeug mit 2 Personen. Entsorgung kostenlos. Strom und Wasser gibt es nur durch Wertmarken, die an der Kasse des Wunnebades zu erwerben sind. 40 Liter Frischwasser und 1 kWh Strom kosten jeweils 0,70 €.
Zufahrt: Die Südumgehung in Richtung Birkmannsweiler/ Winterbach fahren, die Abfahrt zum Wunnebad nehmen und den kreisrunden Parkplatz vor der Brücke ansteuern.

Es gibt zweifellos schönere Stellplätze, aber die Stadt hat durchaus flair und ist mit ihrer historischen Altstadt sehr sehenswert. Vom Stellplatz bis ins Zentrum sind es rund zwei Kilometer. Marktplatz, Rathaus und die Marktstraße bilden den Kern der historischen Altstadt. Der Torturm am Ende der Marktstraße stellt zusammen mit den Resten der Stadtmauer die älteste erhaltene Bausubstanz der Stadt dar. Das örtliche Schloss wurde von den Rittern des Deutschen Ordens aufgebaut, war Residenzschloss der Herren von Württemberg-Winnental und wird heute als Zentrum für Psychiatrie genutzt.

Altes Rathaus und Marktbrunnen in Winnenden.

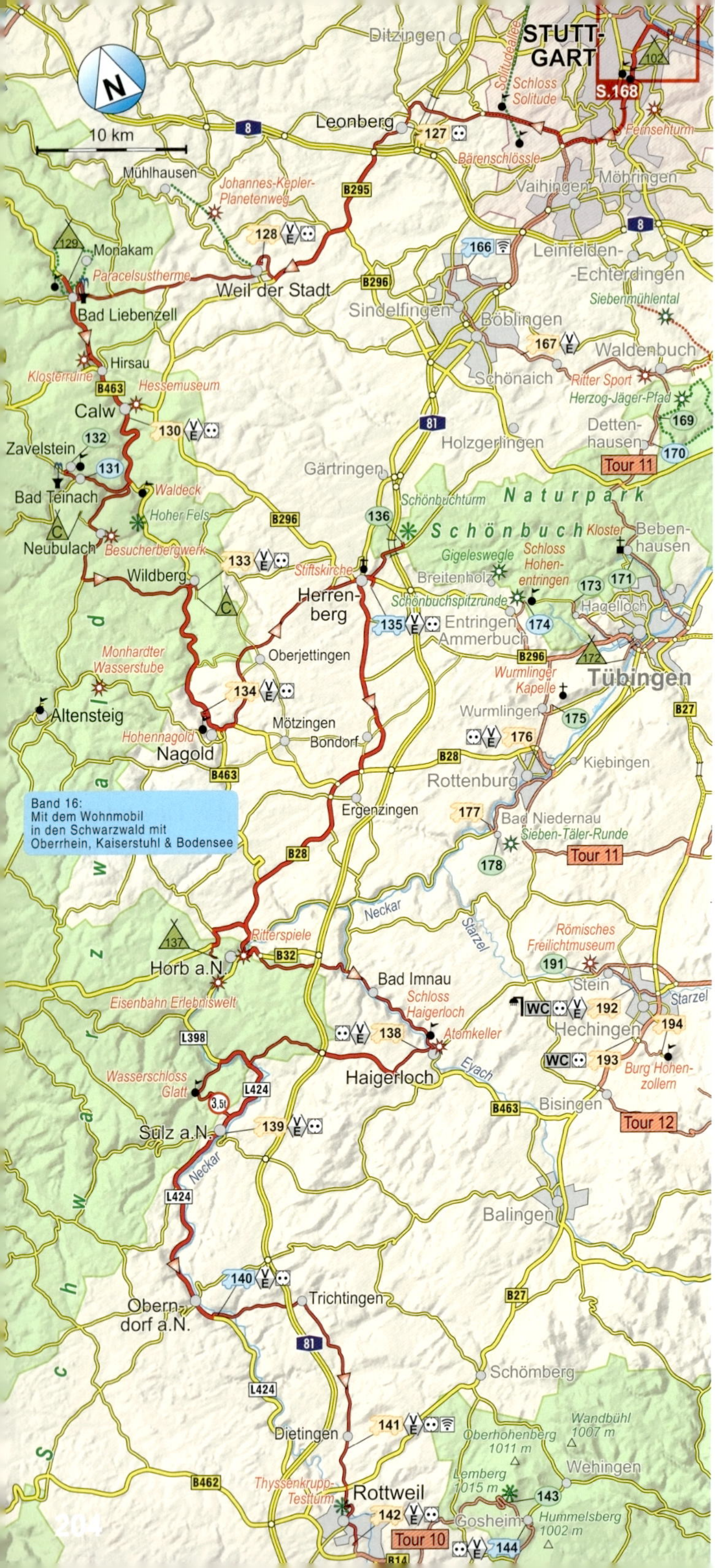

N
10 km
Band 16:
Mit dem Wohnmobil
in den Schwarzwald mit
Oberrhein, Kaiserstuhl & Bodensee
STUTT-
GART
S. 168
Ditzingen
Leonberg
Schloss Solitude
Bärenschlössle
Fernsehturm
Vaihingen
Möhringen
Mühlhausen
Johannes-Kepler-Planetenweg
Monakam
Paracelsustherme
Weil der Stadt
Bad Liebenzell
Leinfelden-
-Echterdingen
Siebenmühlental
Sindelfingen
Böblingen
Waldenbuch
Hirsau
Klosterruine
Hessemuseum
Calw
Schönaich
Ritter Sport
Herzog-Jäger-Pfad
Zavelstein
Bad Teinach
Neubulach
Waldeck
Hoher Fels
Besucherbergwerk
Holzgerlingen
Detten-
hausen
Tour 11
Gärtringen
Schönbuchturm
Naturpark
Schönbuch
Kloster
Beben-
hausen
Schloss Hohen-
entringen
Gigeleswegle
Breitenholz
Wildberg
Stiftskirche
Herren-
berg
Schönbuchspitzrunde
Entringen
Ammerbuch
Hagelloch
Tübingen
Oberjettingen
Monhardter Wasserstube
Wurmlinger Kapelle
Wurmlingen
Altensteig
Hohennagold
Nagold
Mötzingen
Bondorf
Kiebingen
Rottenburg
Ergenzingen
Bad Niedernau
Sieben-Täler-Runde
Tour 11
Neckar
Starzel
Römisches Freilichtmuseum
Stein
Ritterspiele
Horb a.N.
Eisenbahn Erlebniswelt
Bad Imnau
Schloss Haigerloch
Atomkeller
Hechingen
Starzel
Haigerloch
Eyach
Burg Hohen-
zollern
Wasserschloss Glatt
3,5t
Sulz a.N.
Bisingen
Tour 12
Neckar
Balingen
Obern-
dorf a.N.
Trichtingen
Schömberg
Dietingen
Wandbühl 1007 m
Oberhohenberg 1011 m
Wehingen
Lemberg 1015 m
Thyssenkrupp-Testturm
Rottweil
Hummelsberg 1002 m
Gosheim
Tour 10
Schwarzwald

TOUR 9 (ca. 230 km)

Leonberg – Weil der Stadt – Bad Liebenzell – Calw – Bad Teinach-Zavelstein – Neubulach – Wildberg – Nagold – Herrenberg – Horb a.N. – Haigerloch – Sulz a.N. – Oberndorf a.N. – Dietingen – Rottweil

Stellplätze:	Leonberg, Weil der Stadt, Bad Liebenzell, Calw, Bad Teinach-Zavelstein, Neubulach, Wildberg, Nagold, Herrenberg, Haigerloch, Sulz a.N., Oberndorf a.N., Dietingen, Rottweil.
Campingplätze:	Bad Liebenzell, Horb a.N.
Ver-/Entsorgung:	Weil der Stadt, Bad Liebenzell, Calw, Wildberg, Nagold, Herrenberg, Horb, Haigerloch, Sulz a.N., Oberndorf a.N., Dietingen, Rottweil.
Besichtigungen:	Schloss Solitude, Leonberg (Altstadt), Weil der Stadt (Altstadt), Calw (Altstadt, Kloster Hirsau), Bad Teinach-Zavelstein (Burgruine, Kabalistische Lehrtafel), Neubulach (Hella-Glück-Stollen), Wildberg (Schäferlauf), Altensteig (Altstadt, Monhardter Wasserstube), Herrenberg (Altstadt, Stiftskirche), Horb (Altstadt, Ritterspiele, Eisenbahn-Erlebniswelt), Haigerloch (Schloss, Atomkeller), Sulz a.N. (Wasserschloss Glatt), Oberndorf a.N. (Basilika), Rottweil (Altstadt, Thyssenturm).
Wandern/Radwandern:	Weil der Stadt (Planetenweg), Bad Liebenzell (Monbachtal), Teilabschnitte auf dem Nagoldtal-Radweg, Herrenberg (Schönbuchturm).
Baden/Wellness:	Bad Liebenzell (Freibad, Therme), Bad Teinach (Therme), Herrenberg (Freibad), Oberndorf (Freibad).

Diese Tour führt uns durch das Hecken- und das Schlehengäu. Wir fahren dabei auch Orte im östlichen Schwarzwald an, die in dem Band 16 der WOMO-Reihe nicht angesprochen wurden. Diese Tour endet zwischen der Schwäbischen Alb und dem Schwarzwald in Rottweil, der ältesten Stadt Baden-Württembergs. Die Reise geht durch schöne Fachwerkstädte und neben mehreren Schlössern, Burgen und Burgruinen haben wir spektakuläre Festveranstaltungen auf unserem Programmzettel stehen.

Starten wir also und quälen uns zunächst aus Stuttgart heraus, erstes Ziel ist **Schloss Solitude**. Den Parkplatz des Schlosses finden Sie mit diesen Koordinaten [N48°47'02.2" E9°05'26.3"]. Es ist ein prachtvolles Schloss, das sich Herzog Carl Eugen hier in der Waldeinsamkeit des Stuttgarter Westens zwischen 1763 und 1769 erbauen ließ.

Schloss Solitude, das Jagd- und Lustschloss des Herzogs Carl Eugen.

Zu seiner Zeit war das Schloss noch von einem weitläufigen Barockgarten umgeben. In den Heckenlabyrinthen, den Orangerien, dem Theater und einem kleinen „Lustsee“ konnte die höfische Gesellschaft ihren Vergnügungen nachgehen. Die Gärten gibt es nicht mehr, sie wurden von den Nachfolgern Carl Eugens aufgegeben. Das erhaltene Wegenetz, die Freiflächen und die Alleen lassen erahnen, wie groß diese Gartenanlage einst war.

Mit der **Solitudeallee** ließ der Herzog eine schnurgerade Verbindung zum Schloss nach Ludwigsburg bauen. Diese 13 Kilometer lange Verbindung war für den Hofstaat reserviert. Dem gewöhnlichen Volk war das Betreten der Straße bei Strafe verboten. Heute dürfen Sie diesen Weg straffrei

(127) Offizieller WOMO-Stellplatz: Leonberg – Festplatz

GPS: N48°47'49.5" E9°01'03.5"; Steinstraße, 71229 Leonberg.
Max. WOMOs: 4, maximale Länge 12 m.
Ausstattung: Stromanschlüsse, Behälter für die Müllentsorgung, WLAN, ganzjährig geöffnet.
Beschreibung: Asphaltierter Platz, schattenlos. Es gibt vier markierte Stellplätze, jedoch ist der Platz, der auch als Festplatz und für den Wochenmarkt genutzt wird sehr groß, so daß auch mehr als 4 Fahrzeuge abgestellt werden können. Bei Festveranstaltungen ist der Platz für Wohnmobile gesperrt. Die Altstadt ist 600 Meter entfernt, das Hallenbad liegt in Sichtweite. Da der Stellplatz in der Umweltzone liegt, können Sie den Platz nur anfahren, wenn Sie eine grüne Plakette haben.

Preise: 2,50 € für ein Fahrzeug.
Zufahrt: Bis an den Rand der Altstadt fahren und dann der Beschilderung zum Hallenbad folgen.

gehen, wenn Sie mögen. Nur in der Ortslage von Weilimdorf ist eine Asphaltstraße daraus geworden, ansonsten sind es Feld- und Waldwege. Wenn Sie vor dem Schloss stehen, ist die Achse gut erkennbar, auch wenn der Blick nicht bis nach Ludwigsburg reicht. Die Innenräume des Schlosses können besichtigt werden. Über die Öffnungszeiten und Eintrittspreise informiert diese Seite www.schloss-solitude.de.

Wenn Sie einen Fußmarsch von drei Kilometern Länge nicht scheuen, dann kommen Sie südlich des Schlosses zum **Bärenschlössle**, einem ehemaligen Jagdschloss Carl Eugens, das später durch einen Jagdpavillon Wilhelms I. ersetzt wurde. Heute dient es als Ausflugslokal. Umgeben ist das Lokal von dem Rot- und Schwarzwildpark, einem Naturschutzgebiet mit drei künstlichen Seen und einem Tiergehege.

Wir fahren weiter nach **Leonberg**. Der Stellplatz befindet sich nah an der Innenstadt, die Beschreibung finden Sie auf der linken Seite. Malerisch ist die mittelalterliche Altstadt mit ihren zahlreichen Fachwerkhäusern rund um den historischen Marktplatz. In der Mitte des Platzes befindet sich der Marktbrunnen mit einem Wäppner als Figur, der die württembergische Herrschaft symbolisiert. Von ehemals neun Brunnen in der Altstadt ist er als einziger verblieben. Sehenswert ist das hochgiebelige Alte Rathaus aus dem Spätmittelalter. Es wurde zwischen 1460 und 1480 errichtet.

Das Schloss in Leonberg ist vollkommen unspektakulär, nicht weil das Finanzamt hier seinen Sitz hat, sondern weil die Architektur nicht ansprechend wirkt. Sehenswert ist aber der **Pomeranzengarten**, der sich hinter dem Gebäude befindet.

Der Marktplatz in Leonberg.

Es ist ein Lustgarten im Stil der italienischen Renaissance, den Herzogin Sibylla von Württemberg im frühen 17. Jahrhundert anlegen ließ. Wie in der Zeit der Renaissance üblich, ist der Garten auch heute mit Gewürz- und Heilpflanzen bepflanzt. Auch die in der Blüte stark duftenden Pomeranzen sind in diesem Garten vertreten. Der Besitz dieser exotischen und wertvollen Bitterorangenbäume zeugte in der Zeit Sibylla Augustas von Reichtum und Ansehen.

Der Storchenturm in Weil der Stadt.

Wer in Leonberg hoch hinaus will, der geht auf den **Engelbergturm**. Er ist fast 35 Meter hoch, 123 Stufen führen hinauf. Um zu dem Wahrzeichen der Stadt zu gelangen, sind vom Stellplatz rund 1,5 Kilometer zu gehen.

Unser nächstes Reiseziel ist **Weil der Stadt**. Der etwas sperrige Name rührt daher, das man diesen Ort mit anderen gleichlautenden Ortsnamen, die alle "Weil" hießen, zu unterscheiden suchte. So gibt es hier im engen Umkreis

(128) Offizieller WOMO-Stellplatz: Weil der Stadt – Festplatz Jahnstraße

GPS: N48°45'09.3" E8°52'26.7"; Jahnstraße, 71263 Weil der Stadt.
Max. WOMOs: 5, maximale Länge 8 m, max. Aufenthalt 3 Tage.
Ausstattung: Frischwasserversorgung, Abwasserentsorgung mit Bodeneinlass, Kassettenentleerung, 4 Stromanschlüsse, Behälter für die Müllentsorgung. Der Platz ist ganzjährig geöffnet.
Beschreibung: Asphaltierter Platz in Altstadtnähe (500 m). Es gibt fünf markierte Stellplätze, jedoch ist das Areal, das auch als Festplatz genutzt wird sehr groß. Es können auch mehr als 5 Fahrzeuge abgestellt werden, nur müssen diese dann auf eine Stromversorgung verzichten. Bei Festveranstaltungen ist der Platz für Wohnmobile gesperrt. Ein Bäcker befindet sich in Sichtweite des Platzes.

Preise: Kostenlos. Strom 0,50 € pro kWh. Frischwasser und Entsorgung jeweils 1,00 €.
Zufahrt: In die Innenstadt fahren und der Beschilderung zum Festplatz folgen.

ein Weilimdorf, ein Weil im Schönbuch und eben Weil der Stadt.

Der Stellplatz der Stadt, auf dem wir unser WOMO abstellen, ist leicht zu finden.

Die mittelalterliche Stadtmauer ist noch in weiten Teilen erhalten. Sie ist teilweise begehbar. Von den bestehenden vier Wehrtürmen muss der Storchenturm als Fotomotiv am häufigsten herhalten. Sie finden ihn in den Werbebroschüren der Stadt häufig abgebildet.

Der Wappner vor dem Rathaus.

Neben der Stadtmauer mit ihren Türmen sind die Stadtkirche Sankt Peter und Paul, die Spitalkapelle und das Spital, die Johannes-Brenz-Kirche sowie das Gebäudeensemble rund um den Marktplatz mit dem Rathaus sowie den Brunnen und Denkmälern besonders sehenswert.

Keplerdenkmal auf dem Marktplatz.

Größter und bekanntester Sohn der Stadt ist **Johannes Kepler** (* 1571; † 1630), der berühmte Naturphilosoph, Mathematiker und Astronom, der die Gesetzmäßigkeiten entdeckte, nach denen sich die Planeten um die Sonne bewegen. In Weil der Stadt können Sie auf seinen Spuren wandeln. Es gibt ein Keplermuseum, auf dem Keplergymnasium eine Kepler-Sternwarte, von der Stadt werden Keplerführungen angeboten und dann gibt es noch den rund zehn Kilometer langen **Johannes-Kepler-Planetenweg**. Alle weiteren Hinweise dazu mit Öffnungszeiten, Eintrittspreisen und anderem mehr finden Sie auf dieser Seite www.weil-der-stadt.de.

Einen Planetenweg gibt es auch im Kurpark von **Bad Liebenzell**, dem nächsten Ziel unserer Reise. Er ist allerdings sehr viel kürzer. Viele Parkmöglichkeiten gibt es für Wohnmobile in diesem Ort nicht. Wir empfehlen den Campingplatz am Nordrand des kleinen Städtchens aufzusuchen.

(129) WOMO-Campingplatz: Campingpark Bad Liebenzell

GPS: N48°46'45.3" E8°43'51.3"; Pforzheimer Str. 34, 75378 Bad Liebenzell.
Max. WOMOs: >20, maximale Länge 12 m.
Ausstattung: Frischwasserversorgung, Abwasserentsorgung mit Bodeneinlass, Kassettenentleerung, Stromanschlüsse, Behälter für die Müllentsorgung, WLAN, Brötchenservice. Im Servicegebäude gibt es Dusche, WC, Waschmaschinen und Trockner sowie eine Hundedusche. Der Platz ist ganzjährig geöffnet.
Beschreibung: Geräumige Rasenflächen entlang der Nagold, sehr ruhig. Freier Zugang zum benachbarten Freibad. Fußweg zur Burg ca. 1 km, Entfernung zur Paracelsus-Therme ca. 1,5 km. Vor der Schranke gibt es Stellplätze direkt an der Bundesstraße, die sind durch den vorbeirauschenden Verkehr aber ziemlich laut. Angenehmer und wesentlich leiser ist es auf dem Platz hinter der Schranke.
Preise: Je nach Saison zwischen 20,00 € und 28,00 € für ein Fahrzeug mit 2 Erwachsenen und bis zu 3 Kindern. Strom 0,60 pro kWh, WLAN 1,00 € pro Tag, Waschmaschine und Trockner jeweils 3 €. Mit Zahlung der Gebühren erhält man die KONUS-Gästekarte, ein kostenloses Freiticket für Busse und Bahnen in der gesamten Ferienregion Schwarzwald.

Zufahrt: Über die B463 am Ortsausgang in Richtung Pforzheim.
Reservierung/Kontakt:
Tel.: 07052/934060 oder www.campingpark-bad-liebenzell.com.

Bad Liebenzell ist mit etwas weniger als 10.000 Einwohnern ein kleines Städtchen im Nordschwarzwald. Wann und wer die Quellen im 13. Jahrhundert entdeckte ist nicht eindeutig geklärt. Nach Aussage des berühmten Arztes Paracelsus, der 1525 und 1526 die Quellen untersuchte, tun die

Im Kurpark von Bad Liebenzell.

Heilwässer dieses Bades abgearbeiteten Leuten gut. Heute ist die Paracelsus-Therme eine kleine aber feine Wellness-Oase. Das Angebot dieses Hauses können Sie hier www.paracelsus-therme.de durchblättern.

Außer der Burg, von der man eine schöne Aussicht auf Bad Liebenzell hat, kann die Stadt keine wesentliche historische Bausubstanz aufweisen. Naturerlebnis, Wellness und Erholung in frischer Schwarzwaldluft stehen hier im Vordergrund. Der Kurpark lädt zu gemütlichen Spaziergängen ein, eine Wanderung durch das Monbachtal ist schon etwas sportiver und wer gern mit dem Rad unterwegs ist, der fährt auf dem **Nagoldtal-Radweg** in die eine oder andere Richtung. Bis nach Pforzheim sind es 21 Kilometer, bis nach Calw 7 und bis nach Nagold 35 Kilometer.

Brunnen vor der Paracelsus-Therme.

Wanderung durch das Monbachtal zur Burg Liebenzell

Wirklich anstrengend sind nur die ersten zwei Kilometer dieses rund 11 Kilometer langen wild-romantischen und überwiegend bewaldeten Rundweges. Von Bad Liebenzell geht es hinauf nach Monakam, hier sind 200 Höhenmeter zu überwinden. Von Monakam geht es über vier Kilometer die wilde und schattige Monbachschlucht hinunter bis an die Nagold. Festes Schuhwerk ist vonnöten, die Wanderpfade führen über Stock und Stein. An der Nagold angekommen lockt das Café Monbachtal mit Kaffee und Kuchen. Wenige Meter weiter ist mit der Nonnenwag-Wasserstube ein technisches Denkmal aus der Zeit der Flößer zu sehen. Funktionsfähig ist es nicht mehr. Weiter geht es entlang der Nagold bis zum Eisstadion. Hier ist die Bundesstraße zu überqueren und der Weg führt hinauf zur Burg, die nach rund 2 Kilometern erreicht ist. Von der Burgschänke hat man einen herrlichen Blick hinunter auf Bad Liebenzell und in das Nagoldtal. Die Burggaststätte hat allerdings nur samstags und sonntags geöffnet. Der Weg hinunter zum Ausgangspunkt des Weges ist kurz und einfach zu finden.

Die Nonnenwag-Wasserstube, ein Relikt aus der Flößerzeit.

Wir fahren mit dem WOMO weiter nach **Calw**. Auf dem Weg dorthin kommen wir durch den Stadtteil Hirsau, in der die berühmte Klosterruine steht. Wir werden sie bei unserem Aufenthalt in der Hessestadt noch näher betrachten. Zunächst

Beeindruckendes Fachwerkensemble am Calwer Marktplatz.

suchen wir den Stellplatz auf und begeben uns dann zu Fuß in die malerische Fachwerkstadt, die in den Texten von Hermann Hesse **Gerbersau** genannt wurde.

(130) Offizieller WOMO-Stellplatz: Calw

GPS: N48°42'21.3" E8°44'16.7"; Bahnhofstraße 67, 75365 Calw.
Max. WOMOs: 4-30, maximale Länge 10 m.
Ausstattung: Frischwasserversorgung, Abwasserentsorgung ohne Bodeneinlass, Kassettenentleerung, Stromanschlüsse, Behälter für die Müllentsorgung. Der Platz ist ganzjährig geöffnet.
Beschreibung: Nicht sonderlich gepflegtes Gelände auf Rasengittersteinen neben einer Postverteilstation. Offiziell gibt es 4 Plätze, die in Aufbautürbreite dicht beieinander liegen, aber der gemischte Parkplatz lässt auch bis zu 30 weitere Fahrzeuge zu, die dann allerdings alle keinen Stromanschluss haben. Einkaufsmöglichkeiten gibt es in unmittelbarer Nähe (Netto-Markt). Der Verkehr von der vorbeiführenden Bundesstraße ist zu vernehmen, aber keineswegs unerträglich. Auf der vorbeiführenden Bahnlinie verkehren in der Nacht keine Züge.

Preise: Kostenlos, Frischwasser 1,00 €, Strom 0,50 € pro kWh.
Zufahrt: Die B463 in Richtung Nagold fahren und am Ortsende links abbiegen, erkennbar am Postverteilzentrum und einem Wohnmobilhinweisschild.

Heute präsentiert sich Calw mit stolz geschwellter Brust als **Hermann-Hesse-Stadt**. Das war nicht immer so. In dem pietistisch geprägten Calw fremdelte man lang mit diesem Freigeist und weltweit meistgelesener deutschsprachigem Autor des 20. Jahrhunderts. Selbst der Literaturnobelpreis, den er 1946 verliehen bekam, änderte nichts daran. Es brauchte noch einige Zeit, bis der 1877 hier geborene Schriftsteller die gebührende Anerkennung seiner Heimatstadt fand. In dem **Hesse-Museum** im historischen Stadtpalais "Haus Schüz" am oberen Ende des Marktplatzes finden Sie alles über sein Leben und seine Werke. Mit der App "Hermann Hesse Museum", die Sie auf Ihr Smartphone laden können, gewinnen Sie einen ersten Eindruck von dem Museum und erfahren die Öffnungszeiten und Eintrittspreise.

Als der junge Hermann in dieser Stadt am Ufer der Nagold noch herumstromerte, muss es hier furchtbar gestunken haben, denn Calw war eine Gerberstadt. Geblieben ist davon nur ein kleines **Gerberei-Museum** in der Badstraße, unweit der Nikolausbrücke auf der Hesse als Bronzefigur auf seine Stadt blickt. Der alljährlich stattfindende **Gerbersauer Lesesommer** hat die Texte Hesses zum Thema, die eine Verbindung zu seiner Heimatstadt Calw haben. Der Lesesommer findet immer zwischen dem Geburtstag Hesses am 2. Juli und

Hermann Hesse auf der Nikolausbrücke in Calw.

seinem Todestag am 9. August statt. Umrahmt werden diese Veranstaltungen mit musikalischen Aufführungen. Das Programm finden Sie auf dieser Seite www.calw.de, auf der Sie auch viele weitere Informationen finden, wie zum Beispiel die Öffnungszeiten der Museen.

Neben all den kulturellen Veranstaltungen die es in dieser Stadt mit und ohne Hesse gibt, sollte man das Fachwerkarchitekturensemble dieser Stadt gebührend würdigen. Es gibt ganz sicher noch viele schöne Fachwerkstädte in Baden-Württemberg, aber in dieser Dichte ist Calw schon etwas besonderes. Müssten wir ein Ranking zur schönsten Fachwerkstadt dieses Bundeslandes aufstellen, wäre Calw ganz weit vorne. Die Stadt hat aber nicht nur Hesse und Fachwerk zu bieten, es gibt auch noch das Kloster Hirsau und die Aureliuskirche.

Das **Kloster Hirsau** ist rund drei Kilometer von der Innenstadt entfernt. Es ist über den Nagoldtal-Radweg bequem zu erreichen. Wenn Sie mit dem WOMO hinfahren wollen, so

Ruine des Jagdschlosses in der Klosteranlage Hirsau.

stellen Sie Ihr Fahrzeug am besten auf dem Parkplatz des Finanzamtes ab, den Sie mit diesen Koordinaten [N48°44'14.0" E8°43'51.9"] in der Wildbader Straße finden.

Kloster Hirsau

Wenn vom Kloster in Hirsau gesprochen wird, dann muss man hier unterscheiden zwischen dem **Kloster St. Peter und Paul** und dem **Aureliuskloster**.

Beginnen wir mit dem Aureliuskloster. Von dieser Anlage ist nur noch die von außen recht unscheinbar wirkende **Aureliuskirche** erhalten. Das Kloster wurde im 11. Jahrhundert am rechten Ufer der Nagold erbaut. Die Kirche bildete das Zentrum. Von den Türmen sind nur noch die Rümpfe erhalten, vom Kreuzgang an der Südseite der Kirche ist nur noch ein Mauerstück erhalten. Neben dem Gotteshaus, das heute als Katholische Kirche genutzt wird, befindet sich das Klostermuseum. Hier wird die Geschichte beider Klöster mit zahlreichen Exponaten, Text- und Bildtafeln erläutert.

Innenraum der Aureliuskirche.

Als das Aureliuskloster zu klein geworden war, wurde auf dem gegenüberliegenden Ufer der Nagold eine neue sehr viel größere Anlage errichtet. Es wurde zu einer der einflussreichsten Abteien im Römischen Reich. In diesem Kloster wurden die Reformen der französischen Abtei in Cluny weiterentwickelt. Eine strengere Auslegung der Benediktsregel mit mehr Askese, Disziplin und Gehorsam wurde gefordert. "Ora et labora" (Bete und arbeite), mit diesen drei Worten war eigentlich schon alles Wesentliche für das richtige Klosterleben gesagt. Von Hirsau wurden über 120 Köster im deutschsprachigen Raum in diesem Sinne reformiert.

Mit Luther gab es eine ganz andere Reform des christlichen Glaubens. Württemberg wurde protestantisch, das Kloster wurde aufgehoben und Herzog Christoph ließ hier eine evangelische Klosterschule einrichten. Sein Sohn, Herzog Ludwig, ließ das Abtshaus einreißen und anstelle dessen ein repräsentatives Jagdschloss errichten. Die Ruine sehen Sie auf der linken Seite. Das aus diesem Schloss eine Ruine wurde, haben wir dem Herren hier rechts zu verdanken. General Ezéchiel de Mélac ließ im Pfälzischen Erbfolgekrieg die Klosteranlage niederbrennen. Der bekannte Bildhauer Peter Lenk erinnert mit diesem Denkmal auf der

General Mélac mit der Fackel.

Brücke der Umgehungstraße in Hirsau daran. Diese Skulptur ist Teil einer Trilogie. Eine Figur zeigt Abt Wilhelm, den Erbauer des Klosters, der einige seiner Schützlinge in den Armen hält. Die dritte Figur zeigt eine Rockerbraut, die mit ihrem Motorrad in den Himmel zu brausen scheint und sich nicht für die Geschichte des Klosters interessiert.

Von Calw geht es weiter nach **Bad Teinach** und im Anschluss nach **Zavelstein**, der ehemals kleinsten Stadt Baden-Württembergs. Mit der Verwaltungs- und Gebietsreform 1975 bilden diese beiden ehemals selbständigen Gemeinden mit weiteren Teilorten die Stadt Bad Teinach-Zavelstein.

Bad Teinach liegt abseits an einer wenig befahrenen Straße im Tal des Flüsschens, nachdem die Stadt benannt wurde. Es ist ein ruhiger, nein, sehr ruhiger Ort. Ein kleines Städtchen, in dem man keine Ampel braucht, um den Verkehr zu regeln. Das Mineralwasser dieses Ortes ist beliebt. Sie können es nahezu überall in den Getränkemärkten in Baden-Württemberg kaufen und in vielen Restaurants dieser Region werden Sie in der Regel ein "Teinacher" bekommen, wenn Sie nach einem Mineralwasser fragen.

Vor dem Freibad [**131:** N48°41'19.6" E8°41'40.9"] finden Sie ausreichend Platz, um diesen Ort zu besuchen. Das Freibad ist nicht der einzige Ort, in dem Sie ein Bad nehmen können. Die **Mineraltherme** ist nur wenige Meter vom Freibad entfernt. Hier ist es genauso ruhig wie im Ort selbst. Wenn Sie Ruhe und Entspannung suchen, sind Sie hier genau richtig. Teinach war das Lieblingsbad der württembergischen Herzöge. Es blieb jedoch im Vergleich zu anderen Kurstädten bei einem bescheidenen Ausbau. Es gibt nur ein Palais, in dem heute ein Hotel untergebracht ist.

Parkplatz am Freibad in Bad Teinach.

Detailaufnahme der kabbalistischen Lehrtafel.

Mit der **kabbalistischen Lehrtafel**, die auf Veranlassung der Prinzessin Antonia von Württemberg gemalt wurde, ist in der evangelischen Dreifaltigkeitskirche ein außergewöhnliches Kunstwerk zu sehen. Es ist ein aufklappbares Triptychon, mehr als fünf Meter breit und mehr als sechs Meter hoch. In der Kirche finden Sie Broschüren, die dieses Kunstwerk erläutern.

Wenden wir uns nun Zavelstein zu, das rund 170 Meter höher liegt als Bad Teinach. Zwei Optionen bieten sich an. Eine kleine Wanderung von rund 2,5 Kilometern Länge, die sich mit einer Einkehr in die **Schloßberghütte** verbinden lässt, ist die eine Variante. Die andere ist, mit dem WOMO hochzufahren und den Parkplatz am Wanderheim aufzusuchen [**132:** N48°41'56.9" E8°41'43.6"].

Burgruine Zavelstein.

Im Städle von Zavelstein.

Krokusblüte am Wanderheim.

Genußwandern ist hier angesagt, besonders während der Krokusblüte im Frühjahr, wenn abertausende dieser kleinen Blütenkelche aus den Wiesen zwischen dem Wanderheim und dem Ort hervorsprießen. Mit dem Wanderheim, dem Restaurant Berlins Lamm und dem Michelin-Sternerestaurant Berlins Krone haben Sie die Qual der Wahl.

Die Burg Zavelstein wurde übrigens auch durch die Truppen des Herrn Mélac zur Ruine. Von der Aussichtsplattform auf dem Turm können Sie Ausschau halten nach dem nächsten Ziel auf unserer Reise, das nur wenige Kilometer entfernt liegt. Das Bergbaustädtchen **Neubulach** steht nun auf dem Programm.

Im Städle von Neubulach.

Im **Städle**, wie die Neubulacher ihren alten Ortskern liebevoll nennen, tritt dem Besucher ein malerisches Fachwerkensemble entgegen. Das Calwer Tor, der Diebsturm und die Stadtkirche sind die, im wahrsten Sinne des Wortes, herausragenden Gebäude des "Städles". Im Alten Rathaus befindet sich ein Kulturcafé und im Brauhaus Rössle, gleich hinter dem Calwer Tor, gibt es selbstgebrautes Bier und schwäbische Spezialitäten.

Im Besucherbergwerk.

Neben der Altstadt ist ein Besuch des ehemaligen **Silberbergwerks** von besonderem Interesse. Im **Hella Glück Stollen** bekommen Sie im Rahmen einer Führung eine Ahnung davon, wie beschwerlich die Arbeit der Bergmänner im Mittelalter gewesen ist. Der Stollen ist gut ausgeleuchtet und gut begehbar. Gelegentlich muss man den Kopf einziehen, da ist es schon gut, dass vorher Schutzhelme und auch ein Schutzumhang ausgeteilt werden. Alles in allem sind die Wege aber komfortabel zu gehen. Wer es etwas ursprünglicher mag, der bucht eine Führung durch den **Tiefen Stollen**. Hier geht es ohne Licht und über Leitern durch sehr enge Gänge. Das ist ein besonders Erlebnis.

Den Parkplatz des Bergwerkes finden Sie mit diesen Koordinaten [N48°39'18.3" E8°42'09.9"]. Auf dieser Seite finden Sie alle weiteren Informationen, Öffnungszeiten und Eintrittspreise www.bergwerk-neubulach.de.

Mit der Ruine Waldeck und dem Hohen Felsen gibt es zwei attraktive Wanderziele darauf sei noch hingewiesen und in der Bergvogtei Neubulach im Städle gibt es eine große Mineraliensammlung zu bewundern. Weitere Auskünfte dazu finden Sie hier www.neubulach.de.

Wir fahren jetzt weiter nach **Wildberg**. Die Altstadt mit der Burgruine liegt hoch oben über dem Nagoldtal auf einem Bergsporn. Der Stellplatz befindet sich unten an der Nagold.

(133) Offizieller WOMO-Stellplatz: Wildberg – Am Klosterhof

GPS: N48°37'14.8" E8°44'41.4"; Klosterhof 2, 72218 Wildberg.
Max. WOMOs: 4, maximale Länge 12 m.
Ausstattung: Frischwasserversorgung, Abwasserentsorgung mit Bodeneinlass, Kassettenentleerung, Stromanschlüsse, Behälter für die Müllentsorgung, ganzjährig geöffnet.
Beschreibung: Mit Rasengittersteinen befestigter, weitgehend schattenloser Platz am Ufer der Nagold. Sehr ruhig. Der Nagoldtal-Radweg führt direkt am Platz vorbei. Ein sehr schöner Platz, der allerdings während des Schäferlaufs nicht nutzbar ist.
Preise: Kostenlos, Frischwasser 1,00 € (50 Liter), Strom 1,00 € pro kWh. Abwasserentsorgung und Entleerung der Bordtoilette ist kostenfrei.
Zufahrt: In Wildberg angekommen hinunter an die Nagold fahren und auf der B463 in Richtung Nagold abbiegen. Dem Straßenverlauf etwa einen Kilometer folgen, dann links abbiegen, über die Nagoldbrücke fahren, rechts halten und bis zum Stellplatz durchfahren (ca. 250 Meter).
Ausweichparkplatz während des Schäferlaufs: Kantstr. 2 an der Sporthalle oben auf der Höhe in Richtung Effringen/Schönbronn.

Wildberg ist wie Markgröningen und Bad Urach einer der drei württembergischen **Schäferlaufstädte**. Alle zwei Jahre findet diese besondere Veranstaltung auf der Festwiese statt. Nun ist dies nicht nur ein lustiges Spektakulum. Den rennenden Mädels (und auch Buben) zuzuschauen ist natürlich spannend. Kein Wasser sollte verschüttet werden, das sich in den Holzbottichen befindet, die sie auf ihren Köpfen tragen. Den Lauf gewinnt, wer als erste das Ziel erreicht und dabei am wenigsten Wasser verschüttet hat. Im Programm dieser großen Festveranstaltung,

Schäferlauf in Wildberg.

die sich über ein verlängertes Wochenende erstreckt, werden neben vielen Darbietungen auch viele Informationen rund um die Schafhaltung präsentiert.

Außerordentlich interessant fanden wir das "Leistungshüten". Hier haben wir erfahren, wie es den Schäfern gelingt, ihre Herde beieinander zu halten, wie sie die Herde lenken und wie sie ihre Hunde dabei einsetzen. Chapeau! Das war sehr beeindruckend. Schäfer sind Kulturlandschaftspfleger. Ohne sie wären die offenen Landschaften in Baden-Württemberg längst von Gestrüpp überwuchert und verbuscht. Keine Mähmaschine arbeitet gründlicher als die Schafe mit ihren Mähwerkzeugen. Natürlich erfährt man bei dieser Veranstaltung auch, unter welchen Bedingungen die Schäfer arbeiten müssen. Das sind nicht die Besten. Das Schäferleben ist hart und schlecht bezahlt. Romantisch wirkt es nur von außen betrachtet. Und nun fühlt sich manch einer in seiner Existenz auch noch durch den Wolf bedroht, der hier und an anderen Orten in Deutschland wieder heimisch wird oder werden soll.

Leistungshüten in Wildberg.

Alles Weitere über den Schäferlauf finden Sie auf dieser Seite https://schaeferlauf-wildberg.de.

Was gibt es Interessantes in Wildberg außerhalb des Schäferlaufs? Nun, da sind zunächst die vielen Wandermöglichkeiten zu nennen, die sich hier entlang der Nagold und auf den Höhen über der Nagold anbieten. Auch auf den Nagoldtal-Radweg sei an dieser Stelle noch einmal hingewiesen. Die Sehenswürdigkeiten in der Stadt sind nicht so spektakulär. Das ehemalige **Kloster Reuthin** hat man schnell besichtigt, das Museum im Fruchtkasten hat nur an den Wochenenden geöffnet und oben auf dem Berg ist die **Schloßruine** sicher einen Weg wert. Von dort hat man einen schönen Blick in das Nagoldtal. Wanderwege und passende Kartenausschnitte dazu können Sie auf dieser Seite finden www.wildberg.de.

Das schönste Fachwerkhaus in Nagold.

Wir setzen unsere Reise fort und fahren nach **Nagold**. Der Stellplatz befindet sich gleich am Ortseingang. Wir stellen ihn hier kurz vor.

(134) Offizieller WOMO-Stellplatz: Nagold – Wohnmobilhafen

GPS: N48°33'51.7" E8°43'19.5"; Am Glockenrain 67, 72202 Nagold.
Max. WOMOs: 9, maximale Länge 12 m, max. Aufenthalt 4 Tage.
Ausstattung: Frischwasserversorgung, Abwasserentsorgung ohne Bodeneinlass, Kassettenentleerung, Stromanschlüsse, Behälter für die Müllentsorgung, ganzjährig geöffnet.
Beschreibung: Weitgehend schattenlose Plätze neben dem Bauhof der Stadt. Die Zufahrt ist Teil des Nagoldtal-Radweges. In der Nacht sehr ruhig, die Ver- und Entsorgungsstation ist zu jeder Zeit anfahrbar.
Preise: 3,00 € für ein Fahrzeug, Frischwasser und Entsorgung jeweils 1,00 €, Strom 1,00 € pro kWh.
Zufahrt: Von der B463 am Ortseingang rechts abbiegen und das Gelände des Graf-Baumarktes durchfahren, die Nagold überqueren, dann rechts halten und bis zum Stellplatz durchfahren.

Nagold hat in den letzten Jahren deutlich an Attraktivität gewonnen. Dank wirtschaftlich guter Rahmenbedingungen wurde einige Umgestaltungen in der Stadt vorgenommen die den Bewohnern wie den Besuchern der Stadt zugutekommen. Die Stadt kann nicht mit so vielen Fachwerkhäusern aufwarten wie Calw. Dennoch lädt die Stadt zum Flanieren ein, das Angebot mit Ladengeschäften, Restaurants und Cafés ist relativ groß und der Kleb, so heißt der Stadtpark, ist schön angelegt. Der Weg von der Innenstadt in diese Parkanlage ist kurz, die Nagold bildet die Grenze. Vom Kleb führt ein Wanderweg hoch zur Ruine Hohennagold. Von der Burg hat man einen schönen Blick auf das Nagoldtal und in das Heckengäu. Von Mai bis Oktober ist an den Wochenenden und Feiertagen die Ruine bewirtschaftet.

Nagold hat auch ein umfangreiches kulturelles Angebot. Neben den städtischen Veranstaltungen, die Sie auf der website der Stadt finden www.nagold.de (neben vielen weiteren Informationen über die Stadt), möchten wir auf die Veranstaltungen in der **Alten Seminarturnhalle** hinweisen. Das verblüffend umfangreiche Programm können Sie hier einsehen www.alte-seminarturnhalle.de.

Altensteig.

Von Nagold machen wir einen kleinen Ausflug in den Schwarzwald nach **Altensteig**. Wir nehmen dazu die Räder und fahren auf dem Nagoldtal-Radweg in das kleine Städtchen mit der schönen Panoramaansicht. Das Schloss und das Museum in der Oberen Stadt sind einen Besuch wert. Und wenn man schon mal oben ist, dann sollte eine Besuch im **Bäck-Schwarz** nicht fehlen. Es ist wohl das urigste Lokal im Nordschwarzwald.

Die größte Attraktion aber ist das alle zwei Jahre stattfindende Flößerfest an der Monhardter Wasserstube. Spekta-

Spektakuläre Floßfahrt auf der Nagold.

kulärster Teil der Veranstaltung ist die Fahrt der Flößer, die mit mehreren miteinander verbundenen Flößen von der angestauten Nagold durch die geöffnete Sperre den Bach hinunterrauschen. Veranstalter ist die Flößerzunft Oberes Nagoldtal. Hier http://floesser-altensteig.de erfahren Sie alles Weitere und bekommen darüber hinaus detailreiche Informationen über die Flößerei im Nordschwarzwald. Um weitere Informationen über die Stadt Altensteig zu bekommen, schauen Sie bitte hier nach www.altensteig.de.

Tiefer werden wir uns nicht in den Schwarzwald begeben. Wir verweisen an dieser Stelle auf den Band 16 der WOMO-Reihe, in dem Sie mehr über den Schwarzwald erfahren.

Wir radeln jetzt zurück nach Nagold und machen uns von dort auf den Weg nach **Herrenberg**.

Die Waldlandschaft begleitet uns nur noch ein kurzes Stück. Auf der Ebene sind wir wieder in der offenen Wiesen- und Ackerlandschaft des Heckengäus. Um die Innenstadt Herrenbergs zu besichtigen, parken Sie am besten hier.

(135) Offizieller WOMO-Badeplatz: Herrenberg – Wohnmobilhafen am NaturFreibad

GPS: N48°35'24.6" E8°52'39.2"; Längenholz 4, 71083 Herrenberg.
Max. WOMOs: 10, maximale Länge 12 m, max. Aufenthalt 5 Tage.
Ausstattung: Frischwasserversorgung, Abwasserentsorgung mit Bodeneinlass, Kassettenentleerung, Stromanschlüsse, Behälter für die Müllentsorgung, ganzjährig geöffnet.
Beschreibung: Asphaltierter Platz mit Stellflächen auf Rasengittersteinen, schattenlos. In einer Sackgasse am Ortsrand in unmittelbarer Nähe des NaturFreibades und des Hallenbades, sehr ruhig.
Preise: 5,00 € für ein Fahrzeug, Frischwasser 1,00 €, Strom 1,00 € pro kWh. Abwasserentsorgung und Entleerung der Bordtoilette ist kostenfrei.
Zufahrt: Auf der B296 in Richtung Tübingen fahren. Am Ortsausgang rechts abbiegen, und dann in die nächste Straße links abbiegen.

Herrenberg ist wieder eine der Städte mit einer malerischen mittelalterlichen Altstadt, die mit zahlreichen Fachwerkhäusern zu glänzen weiß. Hier ist der historische Marktplatz hervorzuheben, der für Fachwerkfreunde ganz sicher besonders reizvoll ist. Die Häuser rund um diesen Platz entstanden alle zur gleichen Zeit. Sie wurden während des Dreißigjährigen Krieges nach einem großen Stadtbrand im Jahre 1635 errichtet. Der Marktplatz war die erste Adresse in dieser Zeit und nur gut betuchte konnten sich hier ein Haus leisten. Um dem Besucher die einzelnen Facetten der Gebäude näherzubrin-

Historischer Marktplatz in Herrenberg.

gen, hat die Stadt einen Fachwerkpfad angelegt. Er führt zu 25 Stationen in der Altstadt und beleuchtet die einzelnen Typen und beschreibt die Besonderheiten der Gebäude.

Sehenswert ist auch die **"Glucke vom Gäu"**, wie die Stiftskirche, das Wahrzeichen der Stadt auch genannt wird. Ursprünglich hatte sie eine gotische Doppelturmfassade aus Fachwerk. Baufällig geworden, wurden die Turmspitzen durch eine barocke Haube mit einer Zwiebel ersetzt. Architektonisch gesehen nicht unbedingt eine Meisterleistung, aber die Herrenberger haben sich an den Anblick gewöhnt und lieben ihre Kirche. Für Ärger sorgt sie aber doch, denn sie rutscht immer weiter den Hang hinunter, was große Sicherungsmaßnahmen notwendig werden ließ.

Der Schönbuchturm in Herrenberg.

In der Glockenstube des Turms ist ein Glockenmuseum untergebracht, in dem über 30 läutbare Bronzeglocken zu sehen und zu hören sind. Die Öffnungszeiten finden Sie hier www.glockenmuseum-stiftskirche-herrenberg.de.

Einen ganz anderen begehbaren Turm findet man am Rande des Schönbuchs, in unmittelbarer Nähe der Stadt. Ein schöner, rund vier Kilometer langer Wanderweg führt von der Stiftskirche über die Schlossruine zu diesem Aussichtsturm. Die Ruine ist ein schönes Etappenziel, lädt doch hier ein Biergarten mit einer herrlichen Aussicht über das Gäu zu einer Pause ein.

Wer nicht hochgehen mag, kann auch hochfahren und findet mit diesen Koordinaten **[136:** N48°36'10.0" E8°54'12.3"] am Naturfreundehaus einen ausgezeichneten Wanderparkplatz, der sich sehr gut für eine Übernachtung eignet.

Wir verlassen Herrenberg und fahren über Bondorf und Ergenzingen nach **Horb am Neckar**. Die Parkmöglichkeiten für Wohnmobile sind bescheiden. Es gibt zwar eine große Parkfläche unten am Neckar, jedoch ist diese den PKW vorbehalten. Deshalb fahren wir diesen Campingplatz an.

(137) WOMO-Campingplatz: Horb – Freizeitpark Camping Schüttehof

GPS: N48°26'43.4" E8°40'24.6"; Schütteberg 9, 72160 Horb am Neckar.
Max. WOMOs: >10, maximale Länge 10 m.
Ausstattung: Frischwasserversorgung, Abwasserentsorgung mit Bodeneinlass, Kassettenentleerung, Stromanschlüsse, Behälter für die Müllentsorgung, WLAN, Brötchenservice, Restaurant. Im Servicegebäude gibt es Duschen, WCs, Waschmaschinen und Trockner. Der Platz ist ganzjährig geöffnet.

Beschreibung: Der Platz befindet sich rund 120 Meter über der Altstadt von Horb, er ist schattenlos und sehr ruhig. Die Entsorgungsstation befindet sich im Eingangsbereich und ist sehr gut anzufahren.
Preise: Erwachsene Person 7,00 €, Wohnmobil 8,00 €, Komfortplatz (mit Wasseranschluss) 12,00 €, Strom 3,00 pro Tag, Hunde 3,00 €, Waschmaschine 3,00 €, Trockner 3,50 €, Dusche 0,60 €.
Zufahrt: In Horb auf der B28 in Richtung Freudenstadt fahren, den Ort verlassen. 700 Meter hinter dem Ortsende in einem Kreisverkehr die zweit Ausfahrt wählen und dann in die nächste Straße links abbiegen.
Reservierung/Kontakt: Tel.: 07451/3951 oder www.camping-schuettehof.de.

Vom Campingplatz führt ein Weg hinunter in die Altstadt. Er geht an dem **Schütteturm** vorbei, der 1422 als Wachtturm errichtet wurde. Gleich daneben befindet sich die 1431 zu Ehren der **Heiligen Ottilie auf der Schütte** erbaute Kapelle. Dann geht es den Kreuzgang hinunter und man gelangt in den Burggarten mit dem **Schurkenturm**, einem Stadtturm aus spätstaufischer Zeit, der lange Zeit als Gefängnis genutzt wurde. Die **Stiftskirche** ist nur wenige Meter von diesem Turm entfernt. Sie ist das älteste Gotteshaus der Stadt. Dann geht es noch einige Stufen hinunter und man steht auf

Rat- und Wachthaus mit dem Horber Bilderbuch.

dem Marktplatz. Besonderes Schmuckstück dieses Straßenmarktplatzes ist das Rat- und Wachthaus mit dem **Horber Bilderbuch**, das mit seinen Wappen und Portraits einen Blick in die Geschichte dieser Stadt wirft. Auf diesem rund einen Kilometer langen Weg hat man schon einen großen Teil der sehenswerten Gebäude dieser 25.000 Einwohner zählenden Neckarstadt "abgearbeitet". Es gibt noch einige mehr, die wir hier aber nicht alle aufzählen können. Schauen Sie dazu auf diese Seite www.horb.de und klicken Sie sich durch. Hinweisen möchten wir noch auf den Biergarten **Rauschbart**, von dem Sie einen traumhaften Blick in das Neckartal haben. Wie der Blick in das Tal durch den Bau der Hochbrücke getrübt werden wird, bleibt abzuwarten. Sie finden den Biergarten östlich der Stadt, rund zwei Kilometer vom Marktplatz entfernt.

Ritter zum Kampfe bereit.

Das größte Fest in dieser Stadt sind die alljährlich im Juni stattfindenden **Ritterspiele**. Es ist gleichzeitig das größte dieser Art in Baden-Württemberg. In Turnieren kämpfen die herbeigereisten Ritter mit Lanze und Schwert um den Sieg und um die Gunst der holden Schönheiten, die auf den Zuschauerrängen begeistert Beifall klatschen. In den Buden und auf den Ständen hämmern die Schmiede, Handwerksleute bieten lautstark ihre Waren feil, Troubadoure mit ihren Schalmeien, Drehleiern und anderen Instrumenten bringen mittelalterliche Musik zu Gehör. Ergänzt wird dieses Treiben auf den Plätzen und Straßen durch das Angebot köstlicher Schlemmereien. Es ist einfach ein besonderes Spektakulum, wir können es empfehlen. Weitere Informationen dazu finden Sie hier www.horb.de/Ritterspiele.

Gar nicht amüsant ist ein Blick in die jüngere Geschichte des Ortes. Horb hatte sechs jüdische Gemeinden, die ihre Spuren in der Stadt hinterlassen haben. Es gibt in den Teilorten insgesamt fünf jüdische Friedhöfe, die als mahnende Erinnerungsorte gepflegt werden. Auf der website der Stadt finden Sie diese beschrieben.

Eisenbahnfreunde werden die **Eisenbahn-Erlebniswelt** sicher gern aufsuchen [N48°25'59.9" E8°40'20.4"]. Über 40 historische Fahrzeuge sind hier ausgestellt und können teilweise auch von innen besichtigt werden. Es ist ein privat geführtes Museum. Informationen zu den Öffnungszeiten und Eintrittspreisen finden Sie hier www.eisenbahn-erlebniswelt.de.

TEE Triebwagen in der Eisenbahn-Erlebniswelt

Von Horb reisen wir weiter nach **Haigerloch**. Hier finden wir diesen Stellplatz.

(138) Offizieller WOMO-Stellplatz: Haigerloch

GPS: N48°22'07.7" E8°47'39.2"; Oberstadtstraße 74, 72401 Haigerloch.

Max. WOMOs: 8, maximale Länge 15 m, max. Aufenthalt 3 Tage.

Ausstattung: Frischwasserversorgung, Abwasserentsorgung mit Bodeneinlass, Kassettenentleerung, Stromanschlüsse, Behälter für die Müllentsorgung, ganzjährig geöffnet.

Beschreibung: Große asphaltierte Fläche weitgehend schattenlos, 1,5 Kilometer vom Schloss entfernt, nicht ruhig.

Preise: Kostenlos, Frischwasser 1,00 €, Strom 1,00 € pro kWh. Abwasserentsorgung und Entleerung der Bordtoilette ist kostenfrei.

Zufahrt: In der Oberstadt in Richtung Autobahn fahren und am Sport- und Freizeitzentrum links abbiegen.

Schloss Haigerloch ist durch einen Spaziergang von 1,5 Kilometern Länge vom Stellplatz zu erreichen. Dazu muss man die Oberstadtstraße bis zur Unterstadt hinuntergehen. Unten an der Eyach und dem Marktplatz angekommen, geht es über Treppen wieder hoch und man gelangt schließlich in den Schlosshof. Mehrere Gebäudeteile werden heute als Hotel und als Veranstaltungsräume genutzt. Im Schlossrestaurant finden Sie eine variantenreiche internationale Küche.

Das Schloss Haigerloch ist heute ein elegantes Hotel.

Unterhalb der Schlosskirche befindet sich das **Atomkellermuseum**. Sie erreichen es, wenn Sie nicht zum Schloss, sondern vom Marktplatz die Pfunggasse hochgehen. In diesem Museum sind die Gerätschaften und Versuchsanlagen von Werner Heisenberg und Otto Hahn nachgebildet und ausgestellt. Vor Bombenangriffen geschützt, wurde in diesem ehemaligen Bierkeller bis zum Ende des Krieges an der Entwicklung eines Atommeilers gearbeitet. Amerikanische Truppen demontierten alle Anlagen und Versuchsanordnungen und transportierten sie ab.

Neben diesem interessanten Blick in die Geschichte, bietet sich in dieser Stadt eine Wanderung durch das malerische Eyachtal an. Zu dieser und fünf weiteren Wanderungen finden Sie auf dieser homepage www.haigerloch.de eine Wanderbroschüre mit kleinen Karten, die zum kostenlosen download bereitsteht. Die Wanderungen sind alle als Rundwanderwege angelegt und zwischen 5 und 22 Kilometer lang.

Auf Schusters Rappen oder mit dem Rad kann man auch die Umgebung unseres nächsten Reisezieles erkunden. Das **Wasserschloss Glatt** ist rund 16 Kilometer von Haiger-

Das Wasserschloss in Glatt.

loch entfernt. Den Parkplatz finden Sie hier [N48°23'12.9" E8°37'44.4"]. Es gibt nicht viele Schlösser dieser Art in Baden-Württemberg, die vollständig von einem Wassergraben umgeben sind. Im Schloss, das in seinen Ursprüngen auf das 13. Jahrhundert zurückgeht, sind vier Museen untergebracht. Das **Schlossmuseum** zeigt die Geschichte des Dorfes und widmet sich den Herrschaftsverhältnissen im Mittelalter. Das **Adelsmuseum mit Rüstkammer** veranschaulicht die Lebensformen des Adels. Das **Bauernmuseum** in der Zehntscheuer gibt einen Einblick in den ländlich-bäuerlichen Alltag der Region am oberen Neckar und in der **Galerie Schloss Glatt** sind Werke regionaler Künstler ausgestellt. Die ehemaligen Wirtschaftsgebäude der Schlossanlage befinden sich außerhalb der Grabenanlage. Ein schöner Wanderweg führt an dieser dicken Winter-Linde mit einem Stammumfang von 741 Zentimetern vorbei. Sie befindet sich unweit des Schlosses. Der Wanderweg, die Paradies-Tour im Glatt-Tal, ist 12,6 Kilometer lang. Karte und gpx-Daten für ihr Navigationsgerät bekommen Sie hier www.rad-und-wanderparadies.de.

Naturdenkmal Winter-Linde.

Bevor es zum nächsten Ziel weitergeht, sollten Sie, sofern Sie Kuchen mögen, die Schwarzwälder Kirschtorte im Schlosscafé probieren. Dieser Kuchen ist die Spezialität des Hauses. Den Geschmack werden Sie zum Maßstab für eine Torte dieser Art mit nach Hause nehmen. Das aufgefutterte Gewicht werden Sie bei der nächsten Wanderung gleich wieder los.

Wir fahren weiter nach Sulz am Neckar. Wenn Sie nur die Koordinaten des nun folgenden Stellplatzes in Ihr Navi eingeben und Ihr Gerät den kürzesten Weg sucht, dann sollte Ihr Fahrzeug nicht mehr als 3,5 t zulässiges Gesamtgewicht haben. Ist Ihr Fahrzeug schwerer, empfiehlt es sich zur Hauptstraße zurückzufahren und dann den Weg nach Sulz über die L424 zu nehmen.

(139) Offizieller WOMO-Stellplatz: Sulz am Neckar – Kurpark Wöhrd

GPS: N48°21'50.3" E8°38'10.9"; Zeppelinstraße, 72172 Sulz am Neckar.
Max. WOMOs: 6, maximale Länge 7 Meter.
Ausstattung: Frischwasserversorgung, Abwasserentsorgung ohne Bodeneinlass, Kassettenentleerung, Stromanschlüsse, Behälter für die Müllentsorgung, ganzjährig geöffnet.

Beschreibung: Enge Plätze am Rande eines PKW-Parkplatzes direkt am Neckar und dem Kurpark Wöhrd. Schattig und ruhig. Die Innenstadt ist nur wenige Meter entfernt, dort finden sich Restaurants und einige Einkaufsmöglichkeiten.
Preise: Kostenlos, Frischwasser 1,00 €, Entsorgung 1,00 € und Strom 0,50 € pro kWh.
Zufahrt: Auf der L424 aus Horb kommend in Sulz am ersten Kreisverkehr die zweite Ausfahrt nehmen, dann an der folgenden Ampel links abbiegen, 100 Meter später links in die Bahnhofstraße und weitere 100 Meter später rechts in die Zeppelinstraße abbiegen.

Die Stadt hat für ihre Besucher eine kleine Broschüre auf ihrer website www.sulz.de zum download bereitgestellt. Die können Sie sich einmal anschauen und dann entscheiden, ob sich dieser historische Stadtspaziergang für Sie lohnt. Auf dieser website finden Sie auch virtuelle Rundgänge durch das Wasserschloss Glatt. Die Burgruine Albeck können Sie sich dort auch vorab anschauen, bevor Sie sich auf den rund 2,5 Kilometer langen Weg zu diesem Bauwerk machen.

Burgruine Albeck.

Von Sulz fahren wir flussaufwärts weiter bis nach **Oberndorf am Neckar**. Der Stellplatz befindet sich im Süden der Stadt, die Zufahrt ist nicht ganz unkompliziert. Sehen Sie selbst.

(140) Offizieller WOMO-Badeplatz:
Oberndorf – Kletteranlage Neckarhalle

GPS: N48°16'56.9" E8°35'05.1"; Austraße 12, 78727 Oberndorf am Neckar.
Max. WOMOs: 14, maximale Länge 12 m.
Ausstattung: Frischwasserversorgung, Abwasserentsorgung mit Bodeneinlass, Kassettenentleerung, Stromanschlüsse, Behälter für die Müllentsorgung, ganzjährig geöffnet.

Beschreibung: Asphaltierte Fläche neben der Kletteranlage Neckarhalle, schattenlos. Schräg gegenüber befindet sich das Freibad und mit dem Turnerheim ein gutes Restaurant. Wenige Meter weiter gibt es einen Nettomarkt. Entfernung zur Stadtmitte 1,5 km.
Preise: Kostenlos, Frischwasser 1,00 € (ca. 80 Liter), Strom 1,00 € für 8 Stunden. Abwasserentsorgung und Entleerung der Bordtoilette 1,00 €.
Zufahrt: Oberndorf auf der L424 in Richtung Rottweil durchfahren. Am Ortsausgang den Hinweisschildern zum Freibad folgen, rechts abbiegen, die L424 und die Bahnlinie überqueren und dann erneut rechts abbiegen.

Oberndorf am Neckar ist eine der Waffenschmieden Deutschlands. Heckler & Koch ist das bekannteste Unternehmen dieser Stadt. Mit Rheinmetall (Munition) und Feinwerkbau (Sportwaffen) gibt es zwei weitere Firmen in dieser Branche. Das **Waffenmuseum** im Schwedenbau erläutert die Geschichte der örtlichen Waffenentwicklung und -produktion. Neben dem Waffenmuseum ist in demselben Gebäude das **Heimatmuseum** untergebracht. Die Öffnungszeiten und Eintrittspreise finden Sie hier www.oberndorf.de.

Im Waffenmuseum in Oberndorf.

Die Klosterkirche in Oberndorf.

Unweit des Waffenmuseums befindet sich die **Klosterkirche**, ein spätbarockes Gebäude, das heute für unterschiedliche Veranstaltungen genutzt wird und den kulturellen Mittelpunkt der Stadt darstellt. Die Altstadt befindet sich auf einem Bergsporn rund 40 Meter oberhalb des Neckars. Sie macht einen attraktiven Eindruck und ist ein Besuch Wert.

Wir fahren weiter und streben dem Ende dieser Tour zu. Nach dem Stellplatz in Dietingen geht es direkt nach Rottweil.

(141) Offizieller WOMO-Stellplatz: Dietingen – Reisemobilpark Turm und Kristalle

GPS: N48°12'01.5" E8°38'45.7"; Fronstraße, 78661 Dietingen.
Max. WOMOs: 48, maximale Länge 12 m, max. Aufenthalt 7 Tage.

Ausstattung: Frischwasserversorgung, Abwasserentsorgung mit Bodeneinlass, Kassettenentleerung, Stromanschlüsse, Behälter für die Müllentsorgung, WLAN, ganzjährig geöffnet.
Beschreibung: Geschotterter Rasen mit Grünstreifen, schattenlos. 34 Komfort-Parzellen bis zu 7 Meter breit und 12 Meter tief, 14 Classic-Parzellen 5 Meter breit und 8 Meter tief. Stromversorgung an jedem Platz. Mineralien und Fossilien-Museum Welt der Kristalle direkt am Platz. In der Nähe: Neckartalradweg, Ruine Neckarburg, Biergarten Hofgut Neckarburg, Genießerhof mit Schlemmer-Scheune, Gasthaus Adler, griechisches Restaurant, Bushaltestelle nach Rottweil.
Preise: Classic-Parzelle 9,00 €, Komfort-Parzelle 10,00 €. Frischwasser 1,00 € für ca. 100 Liter, Strom 0,50 pro kWh.
Zufahrt: Dietingen in Richtung Rottweil durchfahren und dann am Ortsende links abbiegen.

(142) Offizieller WOMO-Stellplatz: Rottweil – Stadion

GPS: N48°09'20.0" E8°37'44.8"; Stadionstraße, 78628 Rottweil.
Max. WOMOs: 20, maximale Länge 9 m, max. Aufenthalt 10 Tage.

Ausstattung: Frischwasserversorgung, Abwasserentsorgung mit Bodeneinlass, Kassettenentleerung, Stromanschlüsse, Behälter für die Müllentsorgung, ganzjährig geöffnet.
Beschreibung: Geschotterte Plätze mit Grünstreifen, weitgehend schattenlos in unmittelbarer Nähe des Stadions und des Freibades (250 Meter), des Kletterzentrums und des Solebades, recht ruhig. Entfernung bis zur Altstadtmitte 1,6 km, bis zum Thyssenkrupp-Testturm ca. 3,5 km.
Preise: 5,00 € für ein Fahrzeug. Frischwasser 1,00 € (ca. 70 Liter), 8 Stunden Strom 1,00 €. Abwasserentsorgung und Entleerung der Bordtoilette ist kostenfrei. Einen Parkschein gibt es am Freibad (Mai - September) 09:00 - 20:00 Uhr, Sole- und Freizeitbad (ganzjährig) 10:00 - 22:00 Uhr, K5 - DAV Kletterzentrum (ganzjährig) 16:00 - 22:00 Uhr oder bei der Tourist-Information (im Stadtzentrum) 09:30 - 17:00 Uhr.
Zufahrt: Rottweil durchfahren und den Hinweisen zu den Sportanlagen folgen.

Bei der **Welt der Kristalle** am Stellplatz in Dietingen fragt man sich: Ist das nun ein Shop mit einem angeschlossenen Museum oder ist es umgekehrt. Wie dem auch sei, interessant ist es allemal und die über vier Meter hohe Amethystdruse ist schon sehr außergewöhnlich. Ob es die weltweit größte ist, wie auf dieser Seite www.welt-der-kristalle.de angenommen wird, können wir nicht beurteilen. Sie erhalten auf jeden Fall einen ersten Eindruck von der Ausstellung und Sie erfahren die Öffnungszeiten und Eintrittspreise, wenn Sie diese website aufrufen.

Rottweil ist die älteste Stadt Baden-Württembergs. Neben diesem Superlativ kamen 2017 weitere hinzu. Nun hat Rottweil mit dem **Thyssenkrupp-Testturm**, den Sie hier rechts im Bild sehen, auch den höchsten Turm in Baden-Württemberg, mit 232 Metern die höchste Aussichtsplattform Deutschlands und mit diesem Turm auch noch das höchste textilverkleidete Gebäude der Welt.

Es hat auch technisch einiges zu bieten, denn mit Schwingungspendel im Inneren des Turmes können reale Windlasten simuliert werden. Gebaut wurde der Turm, um Aufzüge zu testen. Zwölf Schächte dienen dazu, in dreien werden seillose Techniken ausprobiert, die nach dem Prinzip der Magnetschwebebahn funktionieren sollen. Natürlich gibt es auch noch eine klassische Treppe. Mit 1390 Stufen braucht man ein wenig Kondition, um nach oben zu kommen. Das ist doch ideal,

Fasnetsumzug in Rottweil.

Der Federahannes beim Rottweiler Narrensprung.

um auch gleich ein Sportereignis daraus zu entwickeln. Der Rekord liegt bei 6:56 Minuten. Stramme Leistung! Geöffnet ist der Turm nur freitags bis sonntags. Tickets können Sie online kaufen, schauen Sie bitte hier https://testturm.thyssenkrupp-elevator.com. Für einen Erwachsenen kostet die Fahrt nach oben 9,00 €. Auf dem kostenpflichtigen Parkplatz am Fuße des Turms ist an den Wochenenden auch genug Platz für Wohnmobile. Sie finden ihn mit diesen Koordinaten [N48°10'47.5" E8°37'38.7"].

Ein alter Superlativ in der ältesten Stadt Baden-Württembergs ist der **Narrensprung**. Welche Fasnetsveranstaltung der Schwäbisch-Alemannischen Fastnacht ist bekannter als der viel zitierte Rottweiler Narrensprung? Auf drei Umzügen springt der Federahannes während der fünften Jahreszeit, begleitet von mehr als tausend Maskenträgern durch das Schwarze Tor die Hauptstraße hinunter. Am Fasnachtsmontag um 8:00 Uhr und am Fasnachtsdienstag um 8:00 und 14:00 Uhr. Es ist eine faszinierende Veranstaltung, die man irgendwann einmal besucht haben sollte.

Rottweil ist aber nicht nur wegen des Testturms und der Fasnet interessant. Bei einem Gang durch die mittelalterliche Altstadt fallen die vielen Erker an den wunderschön herausgeputzten Häusern auf. Sie gibt es in allen Formen und Farben,

Erker in der Innenstadt von Rottweil.

reich verziert oder einfach gehalten. Das Bild auf dieser Seite zeigt nur eine ganz kleine Auswahl. Die Erker sind architektonische Elemente der Fassadengestaltung, die Rottweil mit einem weiteren Pluspunkt versehen. An der Hauptstraße, der Hochbrücktorstraße und dem Friedrichsplatz sind die wesentlichen Baudenkmäler der Stadt zu finden. Das **Schwarze Tor**, als ein verbliebener Teil der ehemaligen Stadtbefestigung, die **Kapellenkirche** ein gotisches Gotteshaus aus dem frühen 14. Jahrhundert, die Predigerkirche aus dem 13. Jahrhundert und das Heilig-Kreuz-Münster, das als spätromanische Kirche im 13. Jahrhundert gebaut wurde und im 15. Jahrhundert gotisch umgestaltet wurde, sind sehenswert. In diesem Karree finden Sie darüber hinaus zahlreiche Cafés, Restaurants, Boutiquen und Ladengeschäfte, die zu einem Bummel durch die Innenstadt einladen. Vor dem Museum der Stadt Rottweil in der Hauptstraße sitzt als Bronzefigur ein **Rottweiler**. Damit ist jetzt kein Bürger der Stadt gemeint, sondern der Hund, der lange Zeit ein unentbehrlicher Helfer der Viehhändler und Metzger in dieser Gemeinde war, aus der sich eine eigenständige Rasse entwickelt hat.

Damit sind wir am Ende dieser Tour angekommen. Das nächste Kapitel führt uns in das Tal der Oberen Donau.

TOUR 10 (ca. 250 km)

Spaichingen – Schwenningen – Bad Dürrheim – Donaueschingen – Hüfingen – Geisingen – Immendingen – Tuttlingen – Neuhausen ob Eck – Fridingen – Bärenthal – Hausen im Tal – Meßkirch – Stockach

Stellplätze:	Gosheim, Spaichingen, Schwenningen, Bad Dürrheim, Donaueschingen, Hüfingen, Geisingen, Immendingen, Tuttlingen, Neuhausen ob Eck, Bärenthal, Kloster Beuron, Meßkirch, Stockach.
Campingplätze:	Hausen im Tal.
Ver-/Entsorgung:	Gosheim, Schwenningen, Bad Dürrheim, Donaueschingen, Hüfingen, Geisingen, Tuttlingen, Neuhausen ob Eck, Bärenthal, Kloster Beuron, Meßkirch, Stockach.
Besichtigungen:	Spaichingen (Dreifaltigkeitsberg), Bad Dürrheim (Kurpark), Donaueschingen (Altstadt, Donauquelle), Hüfingen (Altstadt), Tuttlingen (Altstadt, Hohburg), Neuhausen ob Eck (Freilichtmuseum), Kloster Beuron, Hausen (Ruine Schloss Haussen), Meßkirch (Campus Galli).

Wandern:	Lemberg (höchster Berg der Schwäbischen Alb), Klippeneck, Dreifaltigkeitsberg bei Speichingen, Neckarursprung in Schwenningen, Donauversinkung in Immendingen und weitere Wanderungen und Radtouren im Naturpark Obere Donau.
Baden/Wellness:	Gosheim (Jurabad), Bad Dürrheim (Solemar), Fridingen (Freibad).

Hoch hinaus geht es auf dieser Tour, bevor wir uns an die Quellen von Neckar und Donau wagen. Wir werden der Donau flussabwärts folgen und damit eine Region durchfahren, die sicher zu den schönsten und spektakulärsten Naturlandschaften Deutschlands zählt. Den Naturpark Obere Donau werden wir auf dieser Tour aber nicht gänzlich durchfahren, sondern biegen in Hausen in Richtung Bodensee ab. Stockach ist der letzte Punkt auf dieser Tour. Ab hier können Sie mit dem Band 16 der WOMO-Reihe die Region um das Schwäbische Meer erkunden. Mit der Tour 12 vervollständigen wir die Reise im Naturpark Obere Donau und mit der Tour 15 geht es entlang der Donau weiter bis nach Ulm. Wenn Sie also von Donaueschingen bis nach Ulm entlang des Flusses fahren wollen, so können Sie dies mit ein wenig Blättern in diesem Buch tun. Starten wir nun, verabschieden wir uns von Rottweil und fahren gleich zum höchsten Punkt in diesem Buch.

Der 34 Meter hohe Lembergturm.

Wanderparkplatz am Lemberg.

Bis zu dem Wanderparkplatz [**143:** N48°08'40.9" E8°44'53.7"] am Fuße des Lembergs sind es nur 14 Kilometer. Er bietet neben einer relativ großen geschotterten Parkfläche einen Kinderspielplatz und eine Grillstelle. Wir befinden uns hier auf einer Höhe von 871 Metern, die restlichen Meter zum 1015 Meter hohen **Lemberg** nehmen wir nun zu Fuß in Angriff. Nur 900 Meter ist der Waldweg lang, der zu dem 34 Meter hohen Stahlgerüst-Turm führt. Nun sind noch einmal 152 Stufen zu bewältigen, um auf die Aussichtsplattform des Turmes zu kommen. An klaren Tagen soll die Sicht bis in die Alpen reichen. Das Glück hatten wir nicht, der Horizont verschwand im Dunst, ein Alpenpanorama konnten wir nicht entdecken. Gut erkennbar ist Rottweil, denn der Thyssenkrupp-Testturm ragt wie eine Nadel aus der flachwelligen Ebene der Baar hervor. Mit **Baar** wird die Hochebene zwischen Schwarzwald und Schwäbischer Alb bezeichnet.

Für den Wanderer eröffnen sich in dieser Region vielerlei Möglichkeiten. Von kurzen Rundwegen bis zu dem sportiven Weg der 10 tausender reicht das Angebot. Wenn Sie auf dieser Seite www.komoot.de "Gosheim" in die Suche eingeben, dann bekommen Sie mindestens zehn Wanderangebote, die sich alle rund um den Lemberg tummeln. Für jede dieser Wanderungen finden Sie entsprechendes Kartenmaterial, Beschreibungen und die Möglichkeit sich die Wanderung direkt auf Ihr Smartphone zu laden und auch offline zur Verfügung zu haben. Mit der **Region der 10 Tausender** wurde die zehn Erhebungen mit über 1000 Meter Höhe zu einem

Wandergebiet zusammengefasst. Sie liegen allesamt ziemlich dicht beieinander. Man kann das in drei Etappen an drei unterschiedlichen Tagen machen. Wer die Herausforderung sucht und körperlich gut durchtrainiert ist, der macht das an einem Tag. Karten und Beschreibungen finden Sie auf www.heuberg.de und dem Stichwort Freizeit und Erholung. Um die Muskulatur nach anstrengenden Wanderungen zu lockern, können Sie hier schwimmen gehen.

(144) Offizieller WOMO-Badeplatz: Gosheim – Jurabad

GPS: N48°07'57.1" E8°44'57.2"; Gehrenstraße 18, 78559 Gosheim.
Max. WOMOs: 4, maximale Länge 8 m.
Ausstattung: Frischwasserversorgung, Abwasserentsorgung, Kassettenentleerung, Stromanschlüsse, Behälter für die Müllentsorgung, ganzjährig geöffnet.
Beschreibung: Gepflasterte Parkplätze mit Grünstreifen direkt neben dem Jurabad (Freizeitbad mit Sauna und Dampfbad), relativ ruhig.
Preise: Kostenlos, Frischwasser 1,00 €, Strom für 0,50 € pro kWh.
Zufahrt: In der Ortsmitte gegenüber dem Gasthaus Bären rechts abbiegen und der Brühlstraße folgen.

In diese Wanderungen lassen sich auch die nächsten schönen und sehr ruhigen Wanderparkplätze integrieren, die Sie einmal neben Deutschlands höchstem **Segelfluggelände Klippeneck** [**145:** N48°06'43.4" E8°45'34.8"] und auf dem **Dreifaltigkeitsberg** [**146:** N48°05'01.0" E8°45'39.3"] finden. Auf allen drei genannten Wanderparkplätzen stehen Sie in der Nacht vollkommen ungestört und ruhig.

Wanderparkplatz am Segelfluggelände Klippeneck.

Die Muscheln, Ammoniten und andere Versteinerungen an dem Aussichtspunkt auf dem Klippeneck sind nicht willkürlich auf die Säule geklebt worden. Es sind die jeweiligen Leitfossilien der geologischen Schichten Keuper, Lias, Dogger und Malm die hier auf der Schwäbischen Alb zutage treten. Der Aussichtspunkt ist rund ein Kilometer von dem Stellplatz entfernt und steht direkt am Albtrauf.

Von diesem Aussichtspunkt bis zur **Wallfahrtskirche auf dem Dreifaltigkeitsberg** sind es zu Fuß rund drei Kilometer. Nennenswerte Steigungen sind auf diesem Weg nicht zu verzeichnen. Mit dem WOMO sind es von Stellplatz zu Stellplatz fast 14 Kilometer. Auf der einen Seite kurvenreich nach Spaichingen runter und auf der anderen Seite kurvenreich wieder hoch. Der Höhenunterschied liegt bei fast 350 Metern. Neben der wenig beeindruckenden Wallfahrtskirche befindet sich ein Gasthaus mit einfacher gut bürgerlicher Küche.

Aussichtspunkt Klippeneck.

Fahren wir wieder hinunter und machen uns auf den Weg nach **Schwenningen**, der ehemals selbständigen württembergische Stadt, die 1972 mit der ehemals selbständigen badischen Stadt Villingen zur Stadt Villingen-Schwenningen vereint wurde. In Schwenningen gibt es auf dem Messegelände einen kleinen Stellplatz. Für die Ver- und Entsorgung ist er gut, für eine Übernachtung ist er nicht reizvoll und zum Verweilen lädt er auch nicht ein. Sie finden den Platz mit diesen Koordinaten [**147:** N48°02'52.6" E8°32'19.3"]. Um zum Neckarursprung zu gelangen, suchen wir den Parkplatz am G.-Strohm-Stadion auf, der mit diesen Koordinaten zu finden ist [**148:** N48°03'04.1" E8°31'57.1"]. Es ist keineswegs ein idealer Übernachtungsplatz, aber ein guter Ort um von hier aus in das **Schwenninger Moos** zu gehen, in dem sich in einem großen See der **Neckarursprung** verborgen hält. Der Rundweg durch das Moos führt teilweise über Stege und ist von dem gewählten Stellplatz aus rund vier Kilometer lang. Durch diese Moorlandschaft verläuft die **Europäische Was-**

Aussicht vom Dreifaltigkeitsberg.

Parkplatz am Stadion.

serscheide. Auf der einen Seite geht es über den Neckar in den Rhein, auf der anderen Seite über den Marbacher Talbach in die Brigach und damit in die Donau.

Es ist ein schöner Spazierweg, der bequem und anstrengungsfrei gegangen werden kann. Über Flora und Fauna des Mooses informieren mehrere Hinweistafeln am Wegesrand.

Von Schwenningen fahren wir weiter nach **Bad Dürrheim** und treffen dort auf diesen überdimensional angelegten Stellplatz am Rande des Kurparkes.

Neckarursprung im Schwenninger Moos.

(149) Offizieller WOMO-Badeplatz: Bad Dürrheim – Reisemobilhafen

GPS: N48°00'43.1" E8°32'03.9"; Huberstraße 34/2, 78073 Bad Dürrheim.
Max. WOMOs: 342, maximale Länge 12 m.
Ausstattung: Frischwasserversorgung, Abwasserentsorgung mit Bodeneinlass, Kassettenentleerung, Stromanschlüsse, Behälter für die Müllentsorgung, Gasflaschentausch, WLAN, Brötchenservice, ganzjährig geöffnet.
Beschreibung: Ein Stellplatz der Superlative. 5 Areale mit zwei großen Ver- und Entsorgungseinrichtungen, die folgendermaßen aufgeteilt sind: **P1** Solemar, 56 parzellierte Stellplätze alle mit Stromanschluss (2 Min. vom Solemar entfernt); **P2** Park-Oase, 150 Stellplätze mit Stromanschluss; **P3** Arena, 100 Stellplätze (nur für Clubtreffen vorgesehen), **P4** Park-Natur, 20 parzellierte Einheiten mit Stromanschlüssen, ca. 80 bis 90 m² groß, hundefrei; **P5** Park-Weitblick 16 parzellierte Stellplätze. Neuerdings gibt es auf dem Areal auch einen Fritz-Berger-Shop.

P1 Solemar.

Preise: 9,00 € für ein Fahrzeug, Kurtaxe pro Nacht, pro Erwachsener: 2,50 €. Strom 2,50 € pro Tag. Ver- und Entsorgung sind kostenlos. Anmeldung und Bezahlung erfolgt an der Rezeption des Stellplatzes. Ab der ersten Übernachtung erhalten Sie pro Person jeden Tag einen freien Eintritt in die Solemar-Therme für 3 Stunden im Wert von 12,50 € oder in das Hallen- und Freibad Minara.

P4 Park Natur.

Zufahrt: Auf der B27 an Bad Dürrheim in Richtung Donaueschingen vorbeifahren. Die Ausfahrt Dürrheim-Süd nehmen und danach die nächste Straße links abfahren.

Im Kurpark von Bad Dürrheim.

Um 1822 wurden bei Bohrungen ein großes Salzlager auf der Gemarkung der Gemeinde entdeckt. Schon ein Jahr später wurde die Sole gefördert und in großen Salzsiedepfannen zu Tafelsalz verarbeitet. Zwei Bohrtürme der alten Anlage stehen noch, sie wurden inzwischen zu einem Jugendhaus umfunktioniert. Ab 1883 wurde die Sole auch für Badekuren genutzt. Im Jahre 1921 erhielt Dürrheim das Prädikat "Bad" und entwickelte sich im Laufe der Jahre zu einem respektablen Sole-Heilbad sowie zu einem heilklimatischen und Kneipp-Kurort. Es gibt viele Einrichtungen und Kliniken, die der Gesundheit dienen. Hauptanziehungspunkte für die Besucher sind das Wellness- und Gesundheitszentrum Solemar und der Kurpark, in dem man "Lustwandeln" kann. Das mag in der Formulierung uncool und altbacken klingen, aber für diese schöne Anlage fällt uns nichts Treffenderes ein. Im **Solemar** finden Sie ein vielfältiges Angebot, was heute zu einem modernen Wellnesstempel gehört. Wir wollen es nicht aufzählen, schauen Sie bitte hier nach https://badduerrheim.de/solemar. Auf dieser Seite finden Sie auch die Öffnungszeiten und Eintrittspreise.

Das Solemar in Bad Dürrheim.

Gut erholt und relaxt fahren wir weiter nach **Donaueschingen**. Der schöne Stellplatz, den wir auf der folgenden Seite beschreiben, ist gelegentlich von Pferdeduft umweht, nämlich dann, wenn ein großes Reitturnier stattfindet. Für Reitsportveranstaltungen hat Donaueschingen einen guten Ruf.

(150) Offizieller WOMO-Stellplatz: Donaueschingen – Schlosspark

GPS: N47°56'50.6" E8°30'45.4"; Prinz-Fritzi-Allee, 78166 Donaueschingen.
Max. WOMOs: 20, maximale Länge 12 m, max. Aufenthalt 2 Tage.
Ausstattung: Frischwasserversorgung, Abwasserentsorgung mit Bodeneinlass, Kassettenentleerung, Stromanschlüsse, Behälter für die Müllentsorgung, ganzjährig geöffnet.
Beschreibung: Sandflächen, bei Regen teilweise matschig, schattig. In einer Sackgasse am Ortsrand hinter den Sportanlagen in unmittelbarer Nähe der Fürstlich Fürstenbergischen Parkanlage und der Breg, sehr ruhig. Entfernung zur Innenstadt (Rathaus) 1,7 km. Die V/E-Station befindet sich an der Kläranlage **GPS:** N47°56'56.8" E8°31'17.4" rund 1 km vom Stellplatz entfernt.

Preise: Kostenlos. Strom 0,50 € pro kWh. Abwasserentsorgung und Entleerung der Bordtoilette ist kostenfrei. Frischwasser 1,00 € für ca. 50 Liter.
Zufahrt: Auf der B27 in Richtung Blumberg fahren und die Ausfahrt Donaueschingen Mitte nehmen. Richtung Donaueschingen fahren und im ersten Kreisverkehr die dritte Ausfahrt nehmen und dem Verlauf der Straße bis zum Ende folgen.

Vom Stellplatz geht es durch den schönen Schlosspark zur Brigach und von dort über eine Brücke zur Stadtkirche St. Johann. Nebendran steht das Fürstlich Fürstenbergische Schloss, das auch heute noch von der Fürstenfamilie bewohnt wird. Es kann trotzdem besichtigt werden. Die Termine finden Sie hier www.donaueschingen.de.

Zwischen dem Schloss und der Kirche befindet sich die **Donauquelle**, eine schön eingefasste Karstquelle, in der bis zu 150 Liter Wasser pro Sekunde aus dem Unterboden hervorquillt. Aber ist das wirklich die Quelle dieses zweitlängsten Flus-

Rathaus in Donaueschingen.

ses Europas, der nach 2857 Kilometern im Schwarzen Meer mündet? Donaueschingen beharrt darauf und deshalb wäre die Donau aus ihrer Sicht nur 2811 Kilometer lang. Wer in der Geographiestunde in der Schule aufgepasst hat, der kennt vielleicht noch diesen Spruch: "Brigach und Breg bringen die Donau zuweg". Dies hat auch nach wie vor Gültigkeit, nur 800 Meter vom Stellplatz entfernt treffen diese beiden Flüsse aufeinander und vereinigen sich zu einem Fluss, der ab diesem Punkt Donau genannt wird.

In der Geographie ist es allgemein üblich, die mündungsfernste Quelle als Ursprung des späteren Hauptflusses anzusehen. Im Falle der Donau ist das die Breg, deren Quelle an der Martinskapelle auf der Gemarkung der Stadt **Furtwangen** zu finden ist. Dorthin zu fahren ist ein lohnenswerter Ausflug, nebenbei bemerkt. Es sind nur 36 Kilometer. Furtwangen reklamiert nun für sich Ort der **Donauquelle** zu sein. Ein Streit zwischen den Städten entstand, gutachterliche Stellungnahmen hoch dotierter Wissenschaftler wurden eingeholt und hin und her geschickt. Die einen argumentieren historisch und bemühen römische Quellen, die anderen argumentieren hydrogeographisch. Ein Streit, der den unvoreingenommen Besucher in Erstaunen versetzt, Donaueschinger und Furtwanger aber in zwei unversöhnlich gegenüber stehende Lager spaltet. Wie geht man nun mit diesem Streit um? Wir schließen uns

(151) Offizieller WOMO-Stellplatz: Hüfingen – An der Breg

GPS: N47°55'23.3" E8°29'10.1"; Bräunlinger Str. 1, 78183 Hüfingen.
Max. WOMOs: 22, maximale Länge 12 m.
Ausstattung: Frischwasserversorgung, Abwasserentsorgung mit Bodeneinlass, Kassettenentleerung, Stromanschlüsse, Behälter für die Müllentsorgung. Im Servicegebäude gibt es Dusche, WC, Waschmaschine und einen Trockner. Der Platz ist ganzjährig geöffnet.

Beschreibung: Mit Rundhölzern abgegrenzte Schotterrasenplätze, teilweise schattig. Nicht alle Plätze sind mit großen Fahrzeugen anzufahren. Sehr ruhig, schöne Spazierwege entlang der Breg. Entfernung zur Stadtmitte mit einigen Restaurants 500 Meter.
Preise: 7,00 € für ein Fahrzeug, Kurtaxe pro Nacht, pro Erwachsener: 1,50 €. Strom 1,40 € für 10 Stunden. Frischwasser ebenfalls 1,40 € (ca. 100 Liter). Entsorgung kostenlos. Der Betrag wird am Abend bzw. am Morgen von einem Bediensteten der Stadt kassiert.
Zufahrt: Von der B27 auf die B31 in Richtung Freiburg fahren. Hier gleich die erste Abfahrt nehmen und die Straße bis zum Ende durchfahren, links abbiegen und die nächste Straße erneut links abbiegen.

dem Stockacher Narrengericht an, dass 1984 urteilte: "Der Streit um die Donauquelle ist zu schön, als dass er durch ein närrisches Urteil für alle Zeiten beendet werden dürfte."

Diesen Streit wird irgendwann einmal die Natur lösen, wie Sie auf der übernächsten Seite zum Thema Donauversinkung lesen können.

Vorher gehen wir aber noch durch das schöne Städtchen Donaueschingen, schauen uns das Rathaus und den davor installierten **Musikantenbrunnen** an, genießen im Fürstenberg Bräustüble ein frisch gezapftes Bier und machen uns dann nach einer Pause im WOMO auf zum nächsten Etappenziel.

Hüfingen heißt der Ort, den wir jetzt anfahren. Er ist nur rund acht Kilometer von Donaueschingen entfernt und kann auch als Ausweichplatz für ein Besuch Donaueschingens genutzt werden, sollte die Stellplätze dort belegt sein. Die Beschreibung des Stellplatzes in Hüfingen finden Sie auf der linken Seite. Auf dem Weg dorthin geht es am **Riedsee** mit einem Campingplatz vorbei. Der Baggersee wird gern von Windsurfern genutzt.

Hüfingen ist ein Städtchen mit rund 8.000 Einwohner. Die historische denkmalgeschützte Altstadt ist überschaubar, ein Spaziergang durch die Gassen nimmt nicht allzu viel Zeit in Anspruch. Interessant ist die **römische Badruine**, die sich südlich der Breg befindet und nur 600 Meter vom Stellplatz entfernt ist. Gehen Sie dazu einfach flussaufwärts den Weg entlang. Es soll eines der ältesten Kastellbäder nördlich der Alpen sein. Leider hat es nur an Sonn- und Feiertagen geöffnet.

Die römische Badruine in Hüfingen.

Der Stellplatz ist ein guter Ort, um auf Entdeckungstour in das Umland zu gehen. Mit dem Fahrrad entlang der Donau, oder über die Hügel nach Blumberg zur Sauschwänzlebahn (13 Kilometer) oder zur Wutachschlucht (12 Kilometer) zu fahren sind schöne Optionen. Die beiden letztgenannten Ziele finden Sie im Band 16 der WOMO-Reihe, die den Schwarzwald und das Schwäbische Meer behandelt, beschrieben.

Den nächsten Stellplatz auf unserer Reise betrachten wir ebenso als guten Ausgangspunkt für Ausflüge entlang der Donau und in das Donaubergland. Wir fahren aber gleich weiter zur Donauversinkung.

(152) Offizieller WOMO-Stellplatz: Geisingen – Danuterra

GPS: N47°55'11.3" E8°38'58.9"; Am Espen 8, 78187 Geisingen.
Max. WOMOs: 37, maximale Länge 12 m.
Ausstattung: Frischwasserversorgung, Abwasserentsorgung mit Bodeneinlass, Kassettenentleerung, Stromanschlüsse, Behälter für die Müllentsorgung, ganzjährig geöffnet.

Beschreibung: Geschotterte Plätze mit Grünstreifen an einem Altarm der Donau. Schattenlos, Entfernung bis zur Ortsmitte ca. 600 Meter. Für die Nähe zur B31 und der Autobahn sehr ruhig. Sehr guter Etappenplatz, wenn man auf der A81 in Richtung Schweiz unterwegs ist oder umgekehrt aus dem Süden kommend gen Norden fährt.
Preise: 9,00 € für ein Fahrzeug pro Tag, für 7 Tage 35,00 €. 80 Liter Frischwasser 1,00 €, Strom 2,00 € für 4 kWh. Abwasserentsorgung und Entleerung der Bordtoilette ist kostenfrei.
Zufahrt: Auf der B31 in Richtung Tuttlingen fahren. Vor der Autobahn nach Geisingen abbiegen und gleich die erste Straße links abbiegen.

(153) WOMO-Wanderparkplatz: Immendingen – Donauversinkung

GPS: N47°55'54.7" E8°44'56.8"; Unterer Ösch 18, 78194 Immendingen.
Max. WOMOs: 4, maximale Länge 8 m.
Ausstattung: Tische und Bänke, Biergarten (mit leckerem Kuchen, kleinen Gerichten und kühlen Getränken), WC, ganzjährig geöffnet.

Beschreibung: Einfache befestigte Fläche auf einem gemischten Parkplatz 300 Meter von der Donauversinkung entfernt.
Preise: Kostenlos.
Zufahrt: Immendingen auf der B311 in Richtung Tuttlingen durchfahren. Die Abfahrt zum Daimler-Testgelände passieren und dann die nächste Straße rechts abbiegen.

Donauversinkung

Die Donauversinkung ist ein besonders Naturphänomen. Man spricht auch noch gelegentlich von „Donauversickerung“ doch dies ist sprachlich nicht korrekt. Versinkung trifft es besser, denn das Wasser versickert nicht im Boden, sondern versinkt und tritt an anderer Stelle wieder hervor.

Was hat es mit diesem Phänomen auf sich und wie ist es zu erklären? Geht man vom Parkplatz auf dem Wanderweg entlang der Donau an dem Biergarten nina's ess-Art vorbei, so gelangt man nach kurzer Zeit zu einem der „Schlucklöcher" im Flussbett, in dem urplötzlich das Wasser der Donau verschwindet. Je nach Witterungsverhältnissen kann die Situation abweichen. Wenn die Donau mehr Wasser führt, als durch die Schlucklöcher aufgenommen werden kann, fällt das Flussbett nicht trocken. Hat es längere Zeit nicht geregnet oder ist die Schneeschmelze schon einige Zeit vorbei, so kann man kurz hinter dem Biergarten trockenen Fußes durch das Flussbett bis nach Möhringen wandern. Das sind immerhin rund drei Kilometer. In Möhringen tritt nur ein kleiner Teil des Wassers wieder zutage. Die größere Menge des Wassers an diesem Ort kommt aus den Zuflüssen der Umgebung.

In den Schlucklöchern bei Immendingen versinkt das Wasser durch das an dieser Stelle besonders klüftige Kalkgestein, deren Brüchigkeit im Verlauf der Erdgeschichte durch Verwerfungen und Erdbeben besonders stark ausgeprägt wurde. Durch diese Klüfte und Hohlräume findet das Wasser seinen Weg in das zwölf Kilometer entfernt liegende **Aach**, das 175 Meter tiefer liegt. Auf der Karte am Anfang dieses Kapitels finden Sie den Ort verzeichnet. Hier tritt das Wasser wieder aus und bildet damit sogar die **größte Karstquelle Deutschlands**. Von der Aach geht es in den Rhein, d.h. die Donau speist durch ihr verloren gegangenes Wasser den Rhein. Die Geographen nennen so eine Flussanzapfung Bifurkation und da es hier unterirdisch erfolgt, ist es eine **unterirdische Bifurkation**. Da die Aktivitäten des Wassers immer mit Erosionserscheinungen verbunden sind, kann man davon ausgehen, dass irgendwann das klüftige Gestein mit seinen Höhlensystemen in seiner Stabilität durch die Erosionskraft des Wassers so geschwächt sein wird, dass es zusammenbricht, eine neue Schlucht entstehen lässt und der Flusslauf der Donau bei Immendingen zum Rhein abbiegt. Schon einmal gab es dieses Phänomen bei der **Wutach**, die zunächst der Quellfluss der Donau war. Sie wurde eines Tages vom Rhein „angezapft" und entwässert nun in ihn. Durch die nach der Anzapfung erfolgte höhere Fließgeschwindigkeit wurde die Schlucht durch die Erosion tiefergelegt und so ausgeformt, wie wir sie heute vorfinden. Wann aber das Höhlensystem zwischen Immendingen und Aach zusammenbricht, vermag niemand zu sagen. Das kann in 10000 Jahren sein oder auch später. Wenn es eintritt, müssten sich die Stadtväter von Furtwangen und Donaueschingen auf jeden Fall nicht mehr darüber streiten, wo sich die Donauquelle befindet.

Hier versinkt das Wasser der Donau ...

... hier im Aachtopf tritt es wieder hervor und fließt dem Rhein zu.

Von Immendingen fahren wir weiter nach **Tuttlingen**, einer Stadt mit rund 36.000 Einwohnern. Mit mehr als 400 Medizintechnikunternehmen die in der Summe rund 8000 Beschäftigte haben, bezeichnet sich Tuttlingen auch als Weltzentrum der Medizintechnik.

(154) Offizieller WOMO-Stellplatz: Tuttlingen – Festplatz Donaupark

GPS: N47°59'05.4" E8°48'45.8"; Stuttgarter Str. 1, 78532 Tuttlingen.
Max. WOMOs: 12, maximale Länge 8 m.
Ausstattung: Frischwasserversorgung, Abwasserentsorgung mit Bodeneinlass, Kassettenentleerung, Behälter für die Müllentsorgung, WLAN, ganzjährig geöffnet.

Beschreibung: Geschotterte Plätze und Rasengittersteine am Ende eines PKW-Parkplatzes von der Donau nur durch eine Baumreihe und dem Donauradweg getrennt. Fußweg zum TuWass Freizeit- und Thermalbad 500 Meter, Fußweg in die Innenstadt 700 Meter.
Preise: Kostenlos, Entleerung der Bordtoilette 1,00 €, Frischwasser 1,00 €, Abwasserentsorgung ist kostenfrei.
Zufahrt: Tuttlingen in Richtung Mühlheim a.d.D. durchfahren und ca. 200 Meter hinter dem TuWass Freizeit- und Thermalbad nach Überquerung der Bahnlinie scharf rechts abbiegen und dann ca. 200 Meter über das Parkplatzgelände fahren.

Für die Stadt gibt es eine App für das Smartphone, die alle möglichen Stadtinformationen für den Besucher bereithält. Einfach im store "Tuttlingen" eingeben, die Tuttlingen-City-App installieren und los geht es. Unter dem Stichwort "Tourismus" sind alle Sehenswürdigkeiten der Stadt aufgeführt, bei Museen auch mit Eintrittspreisen und Öffnungszeiten. Vier Stadtrundgänge können mit dieser App aufgerufen werden, die mit vielen Informationen und Erzählungen verknüpft sind. Alles in allem sehr praktisch angelegt und einfach zu bedienen.

Der Stellplatz liegt optimal, um die Innenstadt und den Donaupark zu besuchen. Nach dem großen Brand im Jahre 1803 wurde der Grundriss der Stadt mit rechtwinkeligen Straßenzügen völlig neu konzipiert. Alle Gebäude, die Sie in der Stadt sehen, wurden nach 1804 gebaut. Von älteren Gebäuden blieb in der Innenstadt nichts stehen. Vom Stellplatz bis zum Marktplatz sind es lediglich 600 Meter. Noch einmal 1000 Meter sind zu gehen, wenn man zum Wahrzeichen der Stadt, der Ruine Honburg hochgehen möchte. Der steile Anstieg auf den letzten Metern mag mühsam erscheinen, aber der Blick von oben auf die Stadt ist schon sehr reizvoll. Die Burg war im späten Mittelalter eine der wichtigsten württem-

Die Burgruine Honburg.

bergischen Landesfestungen und wurde im Dreißigjährigen Krieg zerstört. Heute dient der große Innenhof der Anlage im Juli dem jährlich stattfindenden Honberg-Sommer, einem rund 14-tägigen Open Air Festival auf dem auch international bekannte Stars auftreten. Wenn Sie die App installiert haben, dann finden Sie unter dem Stichwort "Veranstaltungen" alle notwendigen weiteren Informationen.

Wenn Sie gern auf Festivals gehen, haben wir noch einen Tipp für Sie in Verbindung mit diesem Stellplatz in **Neuhausen ob Eck**, unserem nächsten Reiseziel.

(155) Offizieller WOMO-Stellplatz: Neuhausen ob Eck

GPS: N47°58'29.4" E8°55'26.2"; Beim Friedhof 7, 78579 Neuhausen ob Eck.
Max. WOMOs: 8, maximale Länge 8 m, max. Aufenthalt 4 Tage.
Ausstattung: Frischwasserversorgung, Abwasserentsorgung ohne Bodeneinlass, Kassettenentleerung, Stromanschlüsse, Behälter für die Müllentsorgung, ganzjährig geöffnet.
Beschreibung: Geschotterte leicht schräge Plätze mit Grünstreifen, schattenlos zwischen dem Friedhof und Tennisplätzen, sehr ruhig.
Preise: Kostenlos, Spende wird erbeten. Frischwasser 1,00 € für ca. 80 Liter, Entsorgung der Bordtoilette ebenfalls 1,00 €.
Zufahrt: Von Mühlheim a.d.D. kommend in Richtung Neuhausen ob Eck fahren, das Freilichtmuseum passieren und vor dem Ortseingang am Friedhof rechts abfahren.

Das **Southside-Festival** findet jedes Jahr im Juni auf dem ehemaligen Militärflugplatz statt, der rund einen Kilometer vom Stellplatz entfernt ist. Es ist in erster Linie ein Rock-Festival, auf dem auch international bekannte Stars auftreten. Hier

Das „Biehle", im 18. Jh. erbautes Bauernhaus in Neuhausen ob Eck.

www.southside.de erfahren Sie mehr. Von der ehemaligen Militärbasis, die als Sonderlandeplatz weiterhin in Betrieb ist, können Sie mit einem Tragschrauber in die Luft gehen, und sich die Naturlandschaft von oben anschauen. Interesse? Dann schauen Sie hier www.schwarzwaldcopter.de.

Wir bleiben ganz profan am Boden und fahren zu dem **Freilichtmuseum**. Unser Fahrzeug stellen wir dazu hier ab [**156:** N47°58'52.8" E8°55'46.2"]. Es ist ein schöner ruhiger Waldparkplatz, auf dem man auch ganz ungestört übernachten kann.

Waldparkplatz am Freilichtmuseum Neuhausen ob Eck.

Das Museum besteht seit 1988. Im Laufe der Jahre wurden hier 25 historische Häuser wieder aufgebaut, die aus den Regionen Schwäbische Alb, Schwarzwald, Hegau, Baar, Oberer Neckar und Bodensee stammen. Es ist ein lebendiges Museum. Rinder, Esel, Schweine, Schafe, Ziegen, Hühner, Gänse und Stallhasen bevölkern die Ställe, Koben und Weiden während der Saison. Und auch die Felder werden bewirtschaftet, Flachs, alte Getreidesorten, Kartoffeln und andere Feldfrüchte werden angebaut. Dazu kommen noch die bunten Bauerngärten mit ihren Wildblumen, die eine Zeitreise in die harte Lebenswelt der Vergangenheit lebendig werden lässt. Alte Handwerkstechniken werden gezeigt. Sie sehen Korbmacher, Schmiede, Wagner, Weber, Töpfer und viele andere mehr. Über die Öffnungszeiten und die Eintrittspreise dieses sehr sehenswerten Museums informiert diese Seite https://freilichtmuseum-neuhausen.de.

Der **Naturpark Obere Donau** ist ein erstklassiges und sehr reizvolles Wandergebiet. Es gibt eine Reihe von "Komfortstellplätzen" und einige ganz simple Parkplätze, von denen Sie ihre Wandertouren starten können. Ein einfacher Parkplatz befindet sich in **Fridingen** in der Nähe des Freibades, den Sie mit diesen Koordinaten finden **[157:** N48°01'01.8" E8°55'27.7"], die folgenden Plätze bieten mehr Komfort.

(158) Offizieller WOMO-Stellplatz: Bärenthal – Baeralodge

GPS: N48°04'28.1" E8°55'58.4"; Gnadenweiler Str. 36, 78580 Bärenthal.
Max. WOMOs: 7, maximale Länge 10 m.
Ausstattung: Komfortplatz mit Frischwasserversorgung, Abwasserentsorgung mit Bodeneinlass, Kassettenentleerung, Stromanschlüsse, Behälter für die Müllentsorgung, WLAN, Brötchenservice. Im Servicegebäude gibt es eine Dusche, WC, Waschmaschine und einen Trockner. Der Platz ist ganzjährig geöffnet.

Beschreibung: Geschotterte Plätze mit Grünstreifen, schattenlos an der wenig befahrenen Straße nach Schwenningen, sehr ruhig.
Preise: 12,00 € für ein Fahrzeug, die Parkgebühr ist im Bistro zu zahlen, das mit typischer Schweizer Küche überrascht.
Zufahrt: Am Ortsausgang in Richtung Gnadenweiler und Schwenningen auf der rechten Seite.

(159) Offizieller WOMO-Stellplatz: Kloster Beuron

GPS: N48°03'11.3" E8°58'03.7"; Abteistraße, 88631 Beuron.
Max. WOMOs: 24, maximale Länge 8 m.
Ausstattung: Frischwasserversorgung, Abwasserentsorgung mit Bodeneinlass, Kassettenentleerung, Stromanschlüsse, Behälter für die Müllentsorgung, ganzjährig geöffnet.

Beschreibung: Rasenpflastersteine mit Grünstreifen, weitgehend schattenlos, zwischen der Donau, dem PKW-Parkplatz und dem Kloster, sehr ruhig. Weg zum Kloster ca. 350 Meter. Sehr guter Standort, für Radtouren und Wanderungen entlang der Oberen Donau.
Preise: 5,00 € für ein Fahrzeug, Frischwasser 1,00 € (ca. 100 Liter), Strom 2,00 € für 8 Stunden. Abwasserentsorgung und Entleerung der Bordtoilette ist kostenfrei. Den Parkschein gibt es am Kassenautomaten.
Zufahrt: Auf der L277 in Richtung Sigmaringen der Beschilderung zum Kloster folgen.

Zwischen Fridingen und Beuron durchbricht die Donau die Schwäbische Alb. Hier ist das Tal eng, schroffe Felsen ragen links und rechts empor, oft gekrönt von Aussichtspunkten, Burgen und Burgruinen. Es gibt viele Wanderwege im Tal der Oberen Donau, die immer wieder phantastische Blicke auf die Felsformationen bieten, die von der Donau in dieser Landschaft herauspräpariert wurden. Wir sehen uns nicht in der Lage zu sagen, welche Wanderung zu welchem Ort über diesen oder jenen Weg die schönste ist, die Auswahl ist einfach zu groß, die Varianten zu zahlreich. Wenn Sie auf diese Seite www.komoot.de gehen und dort unter der Rubrik "Wandern" nach Kloster Beuron suchen, so werden Sie dort zahlreiche Wandervorschläge mit Bildern, Beschreibungen, Höhenprofilen und Karten finden. Wenn Sie sich einmal auf dieser Seite angemeldet haben, so können Sie die Tourdaten auch auf Ihr GPS-Gerät speichern. Die Wanderungen erfordern zum Teil eine gute Kondition, denn so manche Route geht recht ordentlich hinauf und hinunter. Bis zu 200 Meter Höhenunterschied sind drin, die zumeist auf kurzer Distanz zu bewältigen sind.

Wenn Sie statt Smartphone und GPS-Geräte sich lieber mit der guten alten Wanderkarte in Papierform orientieren wollen, dann empfehlen wir Ihnen die topographischen Karten im Maßstab 1:25.000 vom Landesvermessungsamt. Es sind

die Blätter 7919 Mühlheim a.d.Donau und 7920 Leibertingen, die das Gebiet entlang der Donau zwischen Mühlheim und Inzigkofen abdecken. Für eine Orientierung im Gelände sind sie immer noch hilfreicher als die kleinen Displays der GPS-Geräte oder Smartphones.

Das **Kloster Beuron** wurde 1077 als Augustiner Chorherrenstift gegründet und 1863 als Benediktinerkloster wiederbelebt. Rund 40 Mönche leben und arbeiten hier. Sie betreiben einen Verlag, eine Gärtnerei, eine Schnapsbrennerei und ein Wasserkraftwerk. Die hauseigenen Produkte werden im Shop neben der Kirche angeboten.

In erster Linie dient das Kloster aber der Seelsorge und als Wallfahrtsort. Alljährlich wallfahren mehr als 100.000 Gläubige zum Gnadenbild der **"Schmerzhaften Mutter von Beuron"**, einem Bildnis Marias, die ihren toten Sohn auf dem Schoß hält und um ihn trauert.

Die barocke **Abteikirche** ist im Inneren reich verziert. Die Krypta, die Grablege der Beuroner Erzäbte, ist für Besucher offen. Sie können einen virtuellen Rundgang durch das Kloster machen, wenn Sie diese Seite www.erzabtei-beuron.de/fix/pano aufrufen. Bevor wir zum nächsten Stellplatz aufbrechen, möchten wir noch auf die Burg Wildenstein hinweisen, die Sie auf dieser Seite am Horizont als scheinbar kleines Gebäude erkennen können. Wir werden auf der übernächsten Sei-

Kloster Beuron im Naturpark Oberes Donautal.

Schloss Werenwag.

te von dieser Burg einen Blick in das Donautal werfen. Vorher möchten wir noch auf den kostenpflichtigen Stellplatz in Talhof hinweisen, zehn Wohnmobile finden hier am Ufer der Donau Platz. Hunde sind auf diesem Platz nicht zugelassen. Pro Tag kostet der Aufenthalt mindestens 15,00 €. Sie finden den Platz an der L277 mit diesen Koordinaten [**160:** N48°04'12.4" E9°00'18.8"]. Wenn Sie Ihr Fahrzeug hier abgestellt haben, wird Ihnen sogleich das **Schloss Werenwag** auffallen. Es steht auf einem Bergsporn hoch über der Donau. Besichtigt werden kann es nicht, es ist im Besitz des Hauses Fürstenberg, der Familie, die auch die Brauerei in Donaueschingen betreibt.

Wir fahren weiter zu diesem recht großen und zentral gelegenen Campingplatz.

(161) WOMO-Campingplatz: Wagenburg

GPS: N48°05'04.8" E9°02'25.4"; Kirchstraße 24, 88631 Beuron.
Max. WOMOs: 100, maximale Länge 8 m.
Ausstattung: Frischwasserversorgung, Abwasserentsorgung mit Bodeneinlass, Kassettenentleerung, Stromanschlüsse, WLAN, Behälter für die Müllentsorgung. Im Servicegebäude gibt es Dusche, WC, Waschmaschine und einen Trockner. Der Platz ist von Anfang Mai bis Ende September geöffnet.

Beschreibung: Geräumiges nicht parzelliertes offenes Wiesengelände, teilweise mit Platten befestigt. Direkt an der Donau, sehr ruhig. Kleiner Kiosk mit Ausschank und Terrassenbetrieb, Terrasse mit Blick auf die Donau, Gasflaschentausch.
Preise: Erwachsene Person je nach Saison wischen 4,50 € und 6,50 €, Wohnmobil je nach Größe und Saison zwischen 6,00 € und 9,00 €, Strom 3,00 pro Tag. Hund 1,50 €.
Zufahrt: In der Mitte von Hausen im Tal rechts zum Campingplatz abbiegen. Achtung: Die Durchfahrtshöhe der Bahnunterführung ist auf 3,1 Meter begrenzt..
Reservierung/Kontakt: Tel.: 07579/ 559 oder www.camping-wagenburg.de.

Blick von der Burg Wildenstein in das Tal der Donau.

Die Ruine Hausen oberhalb von Hausen im Tal.

Um die Umgebung mit Wanderungen und Radtouren entlang der Donau zu erkunden, ist der Campingplatz ein guter Standort. Für die Orientierung und die Auswahl gilt auch, was wir bereits auf den vorangegangenen Seiten ausgeführt haben.

Mit dem Rad sind es über den **Donauradweg** flussabwärts bis nach Sigmaringen 20 Kilometer. Flussaufwärts liegt das Kloster Beuron in 8 Kilometern Entfernung, Fridingen in 18 und Tuttlingen in 34 Kilometern Entfernung. Das sind Wegstrecken, die in Tagestouren gut zu bewältigen sind. Die Steigungs- und Gefällstrecken auf diesem von ADFC ausgezeichneten Radweg sind überschaubar und auch dann zu bewältigen, wenn Sie nicht mit einem e-bike unterwegs sind.

Wanderparkplatz zwischen der Burg Wildenstein und Leibertingen.

Zu den vielen Aussichtspunkten führen die Radwege in der Regel nicht. Hier kommt man meistens nur zu Fuß hin. Entweder stellt man das Rad ab und läuft ein Stück, oder man unternimmt gleich eine Wanderung. Einen schönen Wanderparkplatz finden Sie übrigens zwischen der **Burg Wilden-**

stein und dem Örtchen **Leibertingen** mit diesen Koordinaten [**162:** N48°02'53.1" E9°00'29.1"]. Von hier führen Wanderwege zur Burg und auch hinunter in das Tal. Ein Rundwanderweg von sechs Kilometern Länge führt hinunter zum Kloster Beuron, ein Stück die Donau entlang und anschließend wieder hinauf. Darüber hinaus gibt es einen Walderlebnispfad von 2,5 Kilometern Länge, der gern von Lehrern genutzt wird, die hier mit ihren Schülern den Biologieunterricht einmal nach draußen verlegt haben. Die Burg Wildenstein wurde zu einer Jugendherberge umfunktioniert und wird für Klassenfahrten genutzt.

Wir verlassen jetzt das Donautal. Wenn Sie entlang der Donau weiterfahren möchten, den Blättern sie bitte weiter auf die Seite 293. Dort geht es in der Tour 12 weiter nach Sigmaringen.

Wollverarbeitung im Campus Galli.

Reine Handarbeit, die mittelalterliche Holzkirche.

Sie haben handwerkliches Geschick und viel Freizeit, die Sie sinnvoll verbringen möchten? Hier haben wir ein Vorschlag für Sie. Stellen Sie Ihr WOMO hier ab [**163:** N48°02'00.4" E9°06'32.4"] und bauen Sie mit auf der Klosterbaustelle **Campus Galli**, auf der nach der Grundlage des St. Galler Klosterplans eine karolingische Klosterstadt errichtet wird. Ohne moderne Werkzeuge, ohne Akkuschrauber und Bohrmaschine, ohne Betonmischer und Fertigbauteilen. Alles wird von Hand gemacht, mühsam und langwierig. Es gibt viele Freiwillige und ehrenamtliche Helfer, die Ihnen gern Ihre handwerklichen Tätigkeiten erklären und zeigen. Sie können Schindelmachern über die Schulter schauen, Küfer bei der Herstellung von Holzeimern zuschauen und auf einem etwas größeren Platz sehen wie von Hand aus einem Baumstamm ein Holzbalken geschlagen wird. Ein faszinierendes Unterfangen was sich das Team im Campus Galli hier vorgenommen hat. Sehr viel mehr

Informationen bietet diese Seite www.campus-galli.de. Für die Werbung mag man sich offensichtlich nicht auf mittelalterliche Übertragungstechniken verlassen.

In Meßkirch lohnt neben einem Gang durch die schöne Altstadt, ein Besuch des **Oldtimer Museums**, das sich in einem Nebengebäude des Schlosses befindet. Über die Öffnungszeiten, Eintrittspreise und die Aktivitäten des Museums informiert diese Seite www.oldtimer-freunde-messkirch.de.

Rathaus und Marktbrunnen in Meßkirch.

(164) Offizieller WOMO-Stellplatz: Meßkirch – Bistro 311

GPS: N47°59'49.4" E9°07'08.1"; Am Stachus 24, 88605 Meßkirch.
Max. WOMOs: > 10, maximale Länge 10 m.
Ausstattung: Frischwasserversorgung, Abwasserentsorgung mit Bodeneinlass, Kassettenentleerung, Stromanschlüsse, Behälter für die Müllentsorgung, ganzjährig geöffnet.
Beschreibung: Befestigter gut anfahrbarer Platz hinter dem Bistro B311. Alle Einkaufsmöglichkeiten in fußläufiger Entfernung. Nicht leise durch die vorbeiführende B311. Im Bistro 311 gibt es Frühstück, Mittag- und Abendessen.
Preise: Waren bei der Drucklegung des Buches noch nicht bekannt.
Zufahrt: Auf der B311 in Meßkirch über die Brücke der Ablach fahren, danach rechts abbiegen, dem Straßenverlauf folgen und vor dem Bahnübergang erneut rechts abbiegen und der Straße bis zum Bistro 311 folgen.

Die große regelmäßige vierflügelige Schlossanlage im Stil der Renaissance wird hauptsächlich für kulturelle Veranstaltungen genutzt. Ein Besuch ist im Rahmen einer Führung möglich, die Termine dazu finden Sie hier www.schloss-messkirch.de.

In **Stockach** beenden wir dieses Kapitel. Ab diesem Stellplatz **[165:** N47°50'31.1" E8°59'45.3"] in der Johann-Glatt-Straße, geht es mit dem Band 16 der WOMO-Reihe weiter. Der Platz befindet sich in einer Sackgasse hinter dem Wohn- und Reisemobilhändler Caramobil. Er ist mit allen notwendigen wohnmobilspezifischen Erfordernissen ausgestattet. Anmeldung und Bezahlung erfolgt an der Rezeption des Campingplatzes.

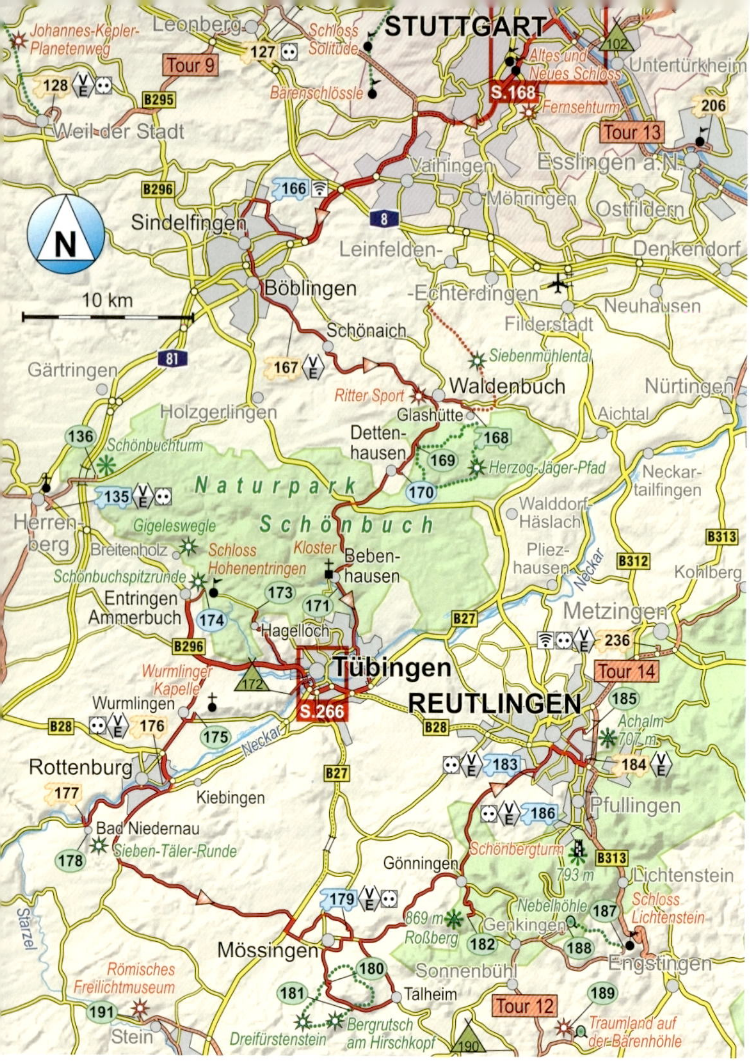

TOUR 11 (ca. 160 km)

Sindelfingen – Böblingen – Waldenbuch – Dettenhausen – Bebenhausen – Tübingen – Entringen – Rottenburg – Bad Niedernau – Mössingen – Gönningen – Reutlingen

Stellplätze:	Sindelfingen, Böblingen, Waldenbuch, Dettenhausen, Bebenhausen, Entringen, Rottenburg, Bad Niedernau, Mössingen, Gönningen, Reutlingen.
Campingplätze:	Tübingen.
Ver-/Entsorgung:	Böblingen, Tübingen, Rottenburg, Mössingen, Reutlingen.

Besichtigungen:	Waldenbuch (Altstadt, Ritter Sport), Bebenhausen (Kloster), Tübingen (Altstadt, Schloss), Wurmlinger Kapelle, Rottenburg (Altstadt), Gönningen (Samenhandelsmuseum), Reutlingen (Altstadt).
Wandern/Radwandern:	Waldenbuch (Siebenmühlental, Herzog-Jäger-Pfad), Tübingen (Hagelloch), Entringen (Schonbuchspitzrunde, Gigeleswegle), Wurmlinger Kapelle (Naturinfopfad), Bad Niedernau (Sieben-Täler-Runde, Neckartal-Radweg), Mössingen (Dreifürstenstein, Bergrutsch am Hirschkopf), Gönningen (Roßbergturm), Reutlingen (Achalm).
Baden/Wellness:	Sindelfingen (Badezentrum), Dettenhausen (Freibad), Entringen (Freibad), Mössingen (Freibad), Reutlingen (Freibad).

In dieser Tour fahren wir aus dem Ballungsraum Stuttgart durch den Schönbuch an den Rand der Schwäbischen Alb. Der Schönbuch ist ein nahezu geschlossenes Waldgebiet und ein großer Erholungsraum für die Bewohner der großen Städte dieser Region. Er ist durchzogen von zahlreichen Wanderwegen und Radfahrwegen und an sonnigen Wochenenden stets stark frequentiert. Am Südrand des Schönbuchs liegt Tübingen, die berühmte Universitätsstadt. Diese Stadt steht auf unserem Reiseprogramm ebenso wie Rottenburg, die kleine Bischofsstadt am Neckar. Von Rottenburg geht es an den Albtrauf, dort schauen wir uns mit einem riesigen Bergrutsch ein besonderes Naturphänomen an, bevor es nach Reutlingen weitergeht. Beginnen wir jetzt mit der Industriestadt Sindelfingen.

(166) Offizieller WOMO-Badeplatz: Sindelfingen – Badezentrum

GPS: N48°43'09.0" E9°01'05.5"; Hohenzollernstraße 23, 71067 Sindelfingen.
Max. WOMOs: 10, maximale Länge 12 m.
Ausstattung: Behälter für die Müllentsorgung, WLAN im Foyer des Hallenbades, ganzjährig geöffnet.
Beschreibung: Asphaltierter Parkplatz direkt neben dem Badezentrum Sindelfingen, relativ ruhig. Im Badezentrum gibt es ein Freibad mit drei Becken, ein Hallenbad und eine Sauna.
Preise: Kostenlos.
Zufahrt: An der Abfahrt Sindelfingen von der A81 herunterfahren und rechts abbiegen Richtung Sindelfingen. Nach ca. 800 Meter, nach der Unterquerung einer Fußgängerbrücke rechts abbiegen in die Wilhelm-Haspel-Straße und dieser Straße folgen, die nach 1,5 Kilometern in die Hohenzollernstraße übergeht. Diese führt zum Badezentrum.

Sindelfingen und die Geschwisterstadt **Böblingen** sind als Touristenhochburgen nicht bekannt. Es sind in erster Linie Industriestädte, deren Wohlergehen hauptsächlich vom **Mercedes-Benz-Werk** Sindelfingen abhängt, das hier mit rund 25.000 Beschäftigten ihr weltweit größtes Automobilwerk betreibt. Weitere 6.000 haben in der PKW-Entwicklung einen Arbeitsplatz. Die beiden Städte haben zusammen über 100.000 Einwohner, sie gehen nahtlos in einander über, die Autobahn markiert die Grenze zwischen diesen beiden Städten.

Eine Führung durch das PKW-Werk ist eine der Hauptattraktionen der Stadt Sindelfingen. Sie wird nahezu täglich mehrmals durchgeführt. Allerdings ist eine Anmeldung erforderlich, weil eine Gruppe nicht mehr als 20 Personen umfassen sollte. Größere Gruppen würden den Betriebsablauf stören. Anmeldungsformular und Termine finden Sie auf dieser Seite www.mercedes-benz.de. Wenn Sie die Seite geöffnet haben, scrollen Sie bitte ganz nach unten und klicken auf das Kundencenter Sindelfingen. Alles Weitere sehen Sie dann.

Für weiteren automobilen Glanz sorgt die **Motorworld**, ein besonderes Ausstellungsgelände auf dem historischen Landesflughafen in Böblingen. Hier können Sie sich nicht nur automobile Raritäten anschauen, hier können Sie Ihren privaten Fuhrpark auch um ein Oldtimermodell erweitern. Über Öffnungszeiten und das vollständige Angebot informiert diese Seite www.motorworld.de, einen Parkplatz finden Sie hier [N48°41'29.0" E9°00'11.4"]. Dieser ist auch dafür geeignet **Sensapolis**, den größten Indoor-Freizeitpark Deutschlands, zu besuchen. Klettern, Spielen, Kartfahren, über das gesamte Angebot, Öffnungszeiten und Eintrittspreise informiert diese Seite www.sensapolis.de.

(167) Offizieller WOMO-Stellplatz: Böblingen – Eisenbahnerheim

GPS: N48°40'12.1" E9°02'01.0"; Im Zimmerschlag 7, 71072 Böblingen.
Max. WOMOs: 4, maximale Länge 8 m.
Ausstattung: Frischwasserversorgung, Abwasserentsorgung mit Bodeneinlass, Kassettenentleerung, Behälter für die Müllentsorgung, ganzjährig geöffnet.

Beschreibung: Kleiner mit Rasengittersteinen ausgelegter Platz mit Grünstreifen am Ortsrand neben einer Tennisanlage. Entfernung zur Stadtmitte rund 3 km, die sich mit dem Fahrrad bequem bewältigen lassen.
Preise: Kostenlos.
Zufahrt: Böblingen in Richtung Schönaich durchfahren und nach dem Ortsende in die erste Straße rechts abbiegen.

In der Altstadt von Sindelfingen.

Marktplatz und Stadtkirche in Böblingen.

Auch wenn Technik und Automobilbau bei diesen beiden Städten im Vordergrund steht, so gibt es in beiden auch noch verwinkelte Gassen mit Fachwerkhäusern. In Sindelfingen mehr, in Böblingen weniger, dafür gibt es zum Ausgleich einen Stadtsee mit einer Wandelhalle, dessen Dach von 228 armdicken Säulen getragen wird. Hauptgebäude in diesem See, der in einen Unteren und in einen Oberen geteilt wird, ist die Kongresshalle.

(168) Offizieller WOMO-Wanderparkplatz: Waldenbuch – Glashütte

GPS: N48°38'02.9" E9°09'10.2"; Glashütter Täle 42, 71111 Waldenbuch.
Max. WOMOs: 3, maximale Länge 8 m.
Ausstattung: Keine wohnmobilspezifischen Einrichtungen, keine Tische, keine Bänke. Ganzjährig geöffnet.
Beschreibung: Kleine gepflasterte Fläche am Rande eines PKW-Parkplatzes. An sonnigen Wochenenden stark frequentiert. Besucher des Kletter- und Bewegungsspielplatzes, der direkt neben dem Platz liegt und Radler stellen hier ihre PKW ab, da kann es schon mal eng werden.

Preise: Kostenlos.
Zufahrt: In Waldenbuch in Richtung Aichtal-Neuenhaus fahren und am Ortsausgang in einem Kreisverkehr die erste Ausfahrt nehmen, dann links abbiegen.

Waldenbuch, ein schönes Städtchen am Rande des Schönbuchs.

Museum Ritter in Waldenbuch.

Von Böblingen fahren wir weiter über Schönaich nach **Waldenbuch**. Gleich am Ortsanfang fällt das **Museum Ritter** auf. Dahinter befinden sich die Produktionsgebäude von **Ritter Sport**, in der die Schokolade in den berühmten quadratischen Tafeln produziert wird. Im Schoko-Shop können Sie sich mit diesem Naschwerk eindecken. In der Schoko-Werkstatt dürfen Kinder sich an eigenen Schokokreationen versuchen und im Museum finden Sie eine ganze Reihe von Ausstellungsstücken, die etwas mit geometrischen Formen zu tun haben. Mehr Informationen gibt es auf dieser Schokoladenseite www.ritter-sport.de.

In den engen Gassen der Altstadt von Waldenbuch finden Sie noch einige altehrwürdige Fachwerkhäuser. Die Stadt www.waldenbuch.de hat für die Besucher einen Rundweg angelegt, der die einzelnen Gebäude erläutert. 21 Stationen sind es in der Altstadt, die wichtigste und interessanteste dabei ist das Schloss, in dem das **Museum für Alltagskultur** untergebracht ist. Das Schloss war ein beliebter Aufenthaltsort des Herzogs Carl Eugen, der nicht nur um Schloss Solitude auf die Jagd ging, sondern auch im Schönbuch.

Wer gern mit dem Rad unterwegs ist, der findet auf der alten Eisenbahntrasse im Siebenmühltal einen schönen, aber nicht sehr langen Radweg. Er ist vom Stellplatz Glashütte gut zu erreichen. Für Wanderungen ist der Schönbuch ideal, dazu wechseln wir jetzt den Standort.

(169) WOMO-Wanderparkplatz: Waldenbuch – Braunäcker

GPS: N48°36'56.4" E9°07'00.9"; 71111 Waldenbuch.
Max. WOMOs: 5, maximale Länge 12 m.
Ausstattung: Keine wohnmobilspezifischen Einrichtungen, ganzjährig geöffnet.

Beschreibung: Geräumiger schattiger Wanderparkplatz auf befestigtem Waldboden. Idealer Startpunkt für eine Wanderung auf dem Herzog-Jäger-Pfad. Nachts sehr ruhig, tagsüber je nach Wetterlage und Wochentag großer Besucherandrang mit PKWs.
Preise: Kostenlos.
Zufahrt: Von Waldenbuch in Richtung Dettenhausen fahren. Ca 2. km nach Ortsende links zum Wanderparkplatz abbiegen. "Braunäcker" ist dort auch ausgeschildert. Rund 350 Meter durch den Wald fahren, dann rechts abbiegen.

Wanderung auf dem Herzog-Jäger-Pfad

Als Startpunkt für diesen fast 14 Kilometer langen Premium-Wanderweg rund um den Bezenberg können Sie auch die Stellplätze in Waldenbuch-Glashütte oder den in Dettenhausen am Freibad wählen, den Sie auf der folgenden Seite beschrieben finden. Von beiden Stellplätzen führen längere Zuwege zu diesem Wanderweg.

Der Wanderparkplatz Braunäcker ist dem Herzog-Jäger-Pfad am nächsten. Nur wenige Meter sind zu gehen und schon wird man von Herzog Friedrich I. und Friedl auf einer Tafel begrüßt. Friedl ist der Hund des Herzogs. Es folgen allerlei Schautafeln im weiteren Verlauf des Weges, der fast ausnahmslos durch dichten Wald führt. So erfährt man etwas über die Waldwirtschaft, die Bäche, die den Wald durchfließen, wobei die Schaich hier im Vordergrund steht. Man erfährt einiges über die Tierwelt und natürlich über die Jagd, denn Herzog Friedrich war Jäger. Wenn Sie noch nicht wissen, woher der Spruch "da ist mir etwas durch die Lappen gegangen" kommt, hier können Sie es erfahren. Sie werden darüber hinaus entdecken, dass hier für das Ulmer Münster Sandstein abgebaut wird. Sehr viel Ruhe und die frische Luft des Waldes werden Sie genießen können, bis Sie

Mammutbaum am Ende des Herzog-Jäger Pfades.

schließlich zu dem über 40 Meter hohen Mammutbaum gelangen. Er befindet sich schon recht nah am Ende dieses Wanderweges. Auch dieser Baum stammt aus der Wilhelmasaat König Wilhelm I. von Württemberg (1816–1864), genauso wie der Mammutbaum, den wir schon bei der Wanderung im Pulverdinger Holz in Tour 7 beschrieben haben.

Wichtig: Nehmen Sie Proviant und Getränke auf dieser Wanderung mit, eine Einkehrmöglichkeit gibt es auf diesem Weg schönen Wanderweg leider nicht.

(170) WOMO-Badeplatz: Dettenhausen – Freibad

GPS: N48°36'23.3" E9°06'21.2"; Mühlenweg, 72135 Dettenhausen.
Max. WOMOs: 4, maximale Länge 6 m.
Ausstattung: Keine wohnmobilspezifischen Einrichtungen, ganzjährig geöffnet.
Beschreibung: Enge Plätze auf einem PKW-Parkplatz, schmale Zufahrt, deshalb nur für Kastwagen und kompakte Wohnmobile geeignet. Rangieren auf dem Platz ist für größere Fahrzeuge kaum möglich. Entfernung bis zum Freibad 350 Meter, Entfernung bis zum Herzog-Jäger-Pfad 1,4 km.
Preise: Kostenlos.
Zufahrt: In der Ortsmitte von Dettenhausen links abbiegen, auf die Beschilderung zum Wanderparkplatz achten und dieser folgen..

Für eine Erfrischung nach der Wanderung bietet sich das Freibad in Dettenhausen an. Danach geht es aber auch gleich mit dem nächsten Highlight, dem **Kloster Bebenhausen** weiter. Parken können Sie hier [**171:** N48°33'27.4" E9°03'52.8"].

Kloster Bebenhausen

Vom Parkplatz führt ein Spazierweg über rund 800 Metern Länge zum Kloster. Mauern mit einigen erhaltenen Türmen und Toren umgeben die Klosteranlage. Gut sichtbar sind eine äußere und eine innere Mauer. Letztere umschließt die eigentliche ehemalige Zisterzienserabtei. Die Klosterstadt und das Kloster selbst, sind bis auf die Innenräume frei zugänglich. Die Anlage zählt zu den am besten erhaltenen Zisterzienserklöstern im südwestdeutschen Raum. Nach der Reformation

Im Kreuzgang des Klosters Bebenhausen.

wurde hier eine Schule eingerichtet und es diente nach einigen Veränderungen den württembergischen Königen als Jagdschloss. Nach dem Zweiten Weltkrieg war es auch für kurze Zeit Sitz des Landtags des Landes Württemberg-Hohenzollern.

Bei einer Führung werden der Kreuzgang, das Sommer- und das Winterrefektorium, die Kirche, sowie die Schlossräume gezeigt. Darunter befindet sich auch der repräsentative Speisesaal, den König Karl I. von Württemberg einrichten ließ. Die Küche, in der die königlichen Festessen vorbereitet wurden, ist nahezu unverändert erhalten geblieben. Das Königshaus verstand es, die Gäste kulinarisch zu verwöhnen. Ein Abendessen bestand schon mal aus drei Gängen mit neun Einzelgerichten und passenden Weinen zu jedem Gericht versteht sich. Ganz so königlich geht es in den heutigen Gaststätten, die Sie in Bebenhausen finden nicht zu. Die Öffnungszeiten für den Besuch des Klosters sowie sehr viel Detailinformationen finden Sie auf dieser Seite www.kloster-bebenhausen.de.

Reste der Klostermauer mit Wehrgang.

(172) WOMO-Campingplatz: Tübingen – Neckarcamping

GPS: N48°30'40.0" E9°02'08.7"; Rappenberghalde 61, 72070 Tübingen.
Max. WOMOs: >20, maximale Länge 10 m.
Ausstattung: Frischwasserversorgung, Abwasserentsorgung mit Bodeneinlass, Kassettenentleerung, Stromanschlüsse, Behälter für die Müllentsorgung, WLAN, Brötchenservice. Im Servicegebäude gibt es Duschen, WCs, Waschmaschinen und Trockner. Der Platz ist von Ende März bis Ende Oktober geöffnet.
Beschreibung: Geräumige Rasenplätze direkt am Neckar. Entfernung bis zur Stadtmitte ca. 2 km.
Preise: Wohnmobil inkl. 1 Person 26,00 €, jede weitere Person 4,00 €, Hund 4,00 €, Strom pauschal 3,50 € pro Tag.
Zufahrt: Fahren Sie zunächst von Bebenhausen kommend auf die B27 in Richtung Hechingen/Rottweil. Nehmen Sie dann die erste Abfahrt in Richtung Rottenburg/Herrenberg, das ist die B28. Sie passieren das Bahnhofsgelände auf der rechten Seite und überqueren die Eisenbahnlinie. Gleich dahinter (noch vor dem Tunnel, siehe Stadtplan auf der folgenden Seite) geht es rechts ab. Am Ende der Ausfahrt folgen Sie dem Campingplatz-Symbol, fahren Sie links und dann gleich wieder links. Es ist möglich, dass Ihr Navi bei Eingabe der Koordinaten durch die Innenstadt lockt, das geht zwar auch, ist aber aus unserer Sicht mit dem Wohnmobil nicht empfehlenswert. Da der Stellplatz in der Umweltzone liegt, können Sie den Platz nur anfahren, wenn Sie eine grüne Plakette haben.

Reservierung/Kontakt: Eine Reservierung ist nicht möglich. Ob noch ein Platz frei ist, kann unter dieser Telefonnummer erfragt werden 07071/43145.

Tübingen

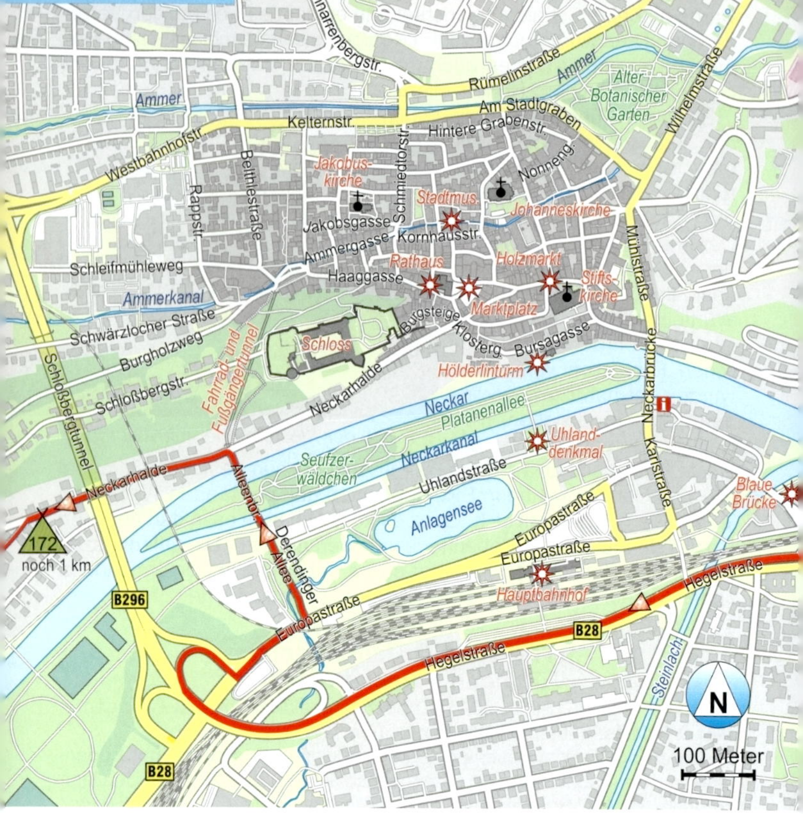

Wer mit einem normal ausgewachsenem Wohnmobil in Tübingen ein Parkplatz sucht, wird schnell verzweifeln. Einfach ist das nicht, jedenfalls in der Innenstadt oder innenstadtnah. Der Campingplatz bietet natürlich eine Möglichkeit, aber bevor Sie dorthin fahren, rufen Sie besser an und fragen nach einem freien Platz. Die Fahrt ist durch die mit PKW zugeparkten schmalen Sträßchen nicht sonderlich reizvoll.

Als Alternativen bieten sich der Wanderparkplatz an der Wurmlinger Kapelle und der Stellplatz in Rottenburg an, die wir weiter unten beschreiben. Mit dem Fahrrad sind es von dem Wanderparkplatz acht Kilometer bis in die Innenstadt von Tübingen, von Rottenburg sind es über den Neckartal-Radweg rund elf Kilometer. Von Rottenburg gibt es außerdem die Möglichkeit mit der Bahn nach Tübingen zu fahren.

Zu Fuß durch die Universitätsstadt Tübingen

Vom Campingplatz bis zur Alleenbrücke sind es rund 1,5 Kilometer. An der Alleenbrücke angekommen haben wir die Wahl, den Fahrrad- und Fußgängertunnel zu nutzen, die Schlossbergstaffel hochzugehen oder der Neckarhalde einfach weiter zu folgen. Wir wählen den rund 250 Meter langen Tunnel, der unter dem Schlossberg hindurchführt.

Dieser Tunnel darf auch von den superschnellen S-pedelcs genutzt werden. Sollten Sie mit einem solchen unterwegs sein, hier dürfen Sie durch. Und wo wir gerade dabei sind, Tübingen ist eine radfahrerfreundliche Stadt und für die mittlerweile allgegenwärtigen e-bikes gibt es zahlreiche Ladestationen. Auf dieser Seite www.tuebingen.de können Sie die Ladestationen finden und natürlich auch alle anderen relevanten Informationen über die Stadt.

Die Ammergasse in Tübingen.

Nachdem wir den Tunnel verlassen haben, geht es über einen kleinen Platz in die **Ammergasse**. Hier wohnten früher die Gerber, die den Ammerkanal als Abwasserkanal nutzten. Heute ist es ein malerisches Gässchen. Blumenkästen hängen an den Geländern der zahlreichen Brücken und sorgen für eine große Blütenpracht. Die Gasse führt bis zur Judengasse. Von hier ist es nicht weit zur **Jakobuskirche**, eine der vielen Stationen auf den weit verzweigten Zubringerwegen zum Jakobsweg nach Santiago de Compostella. Über die Kornhausstraße geht es weiter zum **Stadtmuseum**. Es ist im Kornhaus untergebracht, das eines der ältesten in traditionellem alemannischen Fachwerkstil errichteten Gebäude Tübingens ist. In diesem 1453 erbauten Haus wird die über 900-jährige Geschichte der Stadt präsentiert. Wenige Meter entfernt befindet sich die **Johanneskirche**, eine neogotische Kirche, die Ende des 19. Jahrhunderts errichtet wurde.

Über die Nonnengasse geht es in den **Alten Botanischen Garten**. Der von den Studenten nur "Bota" genannte Garten, ist in den Sommermonaten ein beliebter Treffpunkt. Die alten Bäume des ab 1805 angelegten Parks spenden Schatten und bieten eine Oase der Ruhe.

Nun machen wir uns auf den Weg zum Marktplatz mit dem großen historischen Rathaus. Wir gehen auf dem Weg dorthin über den Holzmarkt und an der Stiftskirche vorbei. Der Turm dieser Kirche kann in

Marktplatz und Rathaus in Tübingen.

den Sommermonaten bestiegen werden. Mit seiner **Sgraffito-Bemalung** ist das **Tübinger Rathaus** sicher das schönste Gebäude der Stadt. Detailreicher sehen Sie einen Ausschnitt der Fassade in der vorderen Klappe dieses Buches.

Eingang zum Schloss Hohentübingen.

Vom Marktplatz führt die Burgsteige hoch zum **Schloss Hohentübingen**. Es ist ein großer Renaissance-Vierflügelbau mit Rundtürmen. Heute ist hier das Institut der Klassischen Archäologie und das **Museum Alte Kulturen** untergebracht. Ausgestellt werden unter anderem die 40.000 Jahre alten Figuren aus Mammutelfenbein, die in den Höhlen der Schwäbischen Alb gefundenen wurden.

Ein weiteres Highlight des Museums ist das älteste erhaltene **Riesenweinfass** der Welt mit einem Fassungsvermögen von rund 84.000 Litern. Es wurde 1549 gebaut. Es misst in der Länge 6,80 Meter und in der Höhe 4,70 Meter.

Vom Schloss geht es wieder hinunter. Durch die Klostergasse kommen wir zum **Hölderlinturm**. Der berühmte Dichter verbrachte 36 Jahre seines Lebens in diesem Gebäude. Heute dient es als Museum. Multimedial wird Leben und Werk Hölderlins vorgestellt.

Von der Neckarbrücke hat man diesen Blick auf die **Neckarfront.** Hier kommen wir auch den berühmten Stocherkähnen näher, die zu Bootsausflügen auf dem Neckar einladen. Legendär sind die **Tübinger Stocherkahnrennen**, die alljährlich von studentischen Gruppen im Sommer durchgeführt werden. Ein harter Wettbewerb, bei dem schon auch mal einige Studenten zur Belustigung der zahlreichen Zuschauer baden gehen. Dem Siegerboot winkt ein Fass Bier, die Verlierer müssen Lebertran trinken. Jedes Besatzungsmitglied einen halben Liter.

Damit beenden wir unseren Besuch in Tübingen. Durch die Platanenallee geht es zurück zum Campingplatz.

Blick auf die Neckarfront.

Ein sehr beliebtes Wanderziel der Tübinger ist das **Schloss Hohenentringen** im Schönbuch. Wenn Sie mit einem Kastenwagen oder einem kompakten Wohmobil unterwegs sind, das sechs Meter Länge nicht überschreitet, dann können Sie den Wanderparkplatz Bogentor anfahren [**173:** N48°32'47.1" E9°00'43.3"], der oberhalb von Hagelloch zu finden ist. Von diesem Wanderparkplatz führt ein weitverzweigtes Wanderwege- und Radwanderwegenetz durch den Schönbuch. Bis zum Kloster Bebenhausen sind es von hier rund fünf Kilometer, bis zum Schloss Hohenentringen etwas mehr als zwei Kilometer und auch der Schönbuchturm in Herrenberg ist mit 14 Kilometern Entfernung nicht unerreichbar, wenn man in diesem schönen Waldgelände mit dem Fahrrad unterwegs ist. Die Ausschilderung der Wege ist sehr gut und sind sehr gut befahrbar.

Biergarten auf Schloss Hohenentringen.

Diese Wege innerhalb des Schönbuchs lassen sich auch vom **Freibad in Entringen** aus erkunden, das sich am Waldrand im Freibadweg 100, 72119, Ammerbuch [**174:** N48°33'20.9" E8°58'39.8"] befindet. Mit der **Schönbuchspitzrunde** und dem **Gigelesweg** gibt es darüber hinaus zwei schöne zertifizierte Wanderwege die am Schönbuchrand durch Obstbaumwiesen führen und immer wieder einen weiten Blick in das Gäu erlauben. Der erste Weg ist acht, der zweite nur fünf Kilometer lang. Tourdaten, Karten und gpx-Daten bekommen Sie schnell, wenn Sie genau mit den Wanderwegnamen in Ihre Suchmaschine gehen.

Eine weitere schöne kleine Wanderung führt zur **Wurmlinger Kapelle**. Stellen Sie dazu das WOMO auf diesem Park-

Die Wurmlinger Kapelle.

platz [**175:** N48°30'11.2" E8°58'12.5"] am Fuße des Berges ab. Hier stehen Sie in der Nacht sehr ruhig. Tagsüber ist an diesem Platz ein Kiosk in Betrieb, der kleine Gerichte und Getränke anbietet. Der Weg zur Kapelle ist rund ein Kilometer lang. Durch die isolierte Lage hat man von hier oben einen schönen "Rundumblick". Die Besichtigung der Kapelle ist leider nur an Sonntagen möglich. Rund um den Kapellenberg ist ein **Naturinfopfad** angelegt, der sich unter anderem mit dem Weinbau in dieser Region beschäftigt. Hier ist das erste Weinanbaugebiet am Neckar, weiter südlich gibt es entlang des Flusses keine Weinberge mehr.

Von Wurmlingen geht die Fahrt weiter nach **Rottenburg**. Die Stadt hat etwas mehr als 40.000 Einwohnern. Seit 1821 ist sie die Bischofsstadt der katholischen Diözese Rottenburg-Stuttgart.

(176) Offizieller WOMO-Stellplatz: Rottenburg – Wohnmobilhafen am Neckar

GPS: N48°28'20.3" E8°57'00.1"; Ulmenweg 13, 72108 Rottenburg am Neckar.
Max. WOMOs: 12, maximale Länge 8 m, max. Aufenthalt 4 Tage.
Ausstattung: Frischwasserversorgung, Abwasserentsorgung ohne Bodeneinlass, Kassettenentleerung, Stromanschlüsse, Behälter für die Müllentsorgung, ganzjährig geöffnet.
Beschreibung: Geräumige asphaltierte Plätze mit Grünstreifen nur durch eine Baumreihe vom Neckar getrennt, sehr ruhig. Entfernung zur Stadtmitte von Rottenburg 1,5 km, Entfernung zur Stadtmitte von Tübingen 10 km über den Neckartalradweg.

Preise: 5,00 € für ein Fahrzeug, 30 Liter Frischwasser 1,00 €, Strom 1,00 € pro kWh. Abwasserentsorgung und Entleerung der Bordtoilette ist kostenfrei.
Zufahrt: Am Ortseingang von Rottenburg auf die B28 in Richtung Industriegebiet fahren. Dem Verlauf der B28 folgen und kurz vor der Brücke über den Neckar rechts abbiegen und der Straße bis zum Stellplatz folgen.

Im Vergleich zu den Hauptkirchen in anderen Domstädten wirkt der Rottenburger **Dom St. Martin** sehr bescheiden. Er wurde im 15. Jahrhundert erbaut und ist das Wahrzeichen der Stadt. Er befindet sich am Marktplatz, dem zentralen Platz des Ortes, mit Rathaus, Restaurants und Straßencafés. Vor dem Dom steht der Marktbrunnen, den eine sehr schöne gotische Brunnensäule ziert. Für kirchengeschichtlich interessierte wird das **Diözesanmuseum** interessant sein, das eine große Sammlung von Plastiken und Tafelbildern des 13. bis 18. Jahrhunderts sowie Kruzifixe und Altargeräte des Mittelalters ausgestellt hat. Öffnungszeiten und Eintrittspreise finden Sie hier www.dioezesanmuseum-rottenburg.de.

Marktplatz mit Rathaus und Dom in Rottenburg.

Wer sich für die römische Geschichte dieses Raumes interessiert wird hier fündig. Das kleine **Sumelocenna-Museum** unter einem Parkhaus am Eugen-Bolz-Platz zeigt das Alltagsleben der römischen Bevölkerung im antiken Sumelocenna, wie Rottenburg von den Römern genannt wurde.

Öffnungszeiten: Dienstags bis sonntags 10:00 bis 16:30 Uhr. Eintrittspreis 2,50 €.

Den Römern war auch die Quelle in **Bad Niedernau** bekannt, an der noch heute Mineralwasser gewonnen und unter dem Namen "Römerquelle" vertrieben wird. Ein kleiner aber schön gelegener Stellplatz ist abseits des Ortes zu finden.

(177) Offizieller WOMO-Stellplatz:
Bad Niedernau – Blaue Brücke

GPS: N48°27'33.2" E8°54'00.5";
Bahnallee, 72108 Rottenburg am Neckar – Bad Niedernau.
Max. WOMOs: 5, maximale Länge 7 m, max. Aufenthalt 4 Tage.
Ausstattung: Keine wohnmobilspezifischen Einrichtungen, ganzjährig geöffnet.
Beschreibung: Ein kleiner befestigter Platz unter hohen Bäumen am Neckar, sehr ruhig. Idealer Standort, um Radtouren entlang des Neckars zu unternehmen. Über den Neckartalradweg beträgt die Entfernung zur Stadtmitte von Rottenburg 4 km, zur Stadtmitte von Tübingen 16 km. Die Ortsmitte von Bad Niedernau ist 600 Meter entfernt.

Preise: Kostenlos.
Zufahrt: In Bad Niedernau über die Blaue Brücke fahren. Durchfahrtshöhe 3,5 Meter.

Von Bad Niedernau werden Sie vermutlich noch nie etwas gehört haben. Es ist kein Kur- und Badeort wie Bad Rappenau oder Bad Wimpfen. Es ist ein kleines verträumtes Örtchen, das über keine Kur- und Wellnesseinrichtungen verfügt. Einziges Restaurant im Ort ist das Bad-Cafe das sich ungefähr in der Mitte dieses rund 500 Einwohner zählenden Stadtteils von Rottenburg befindet. Der Stellplatz wie der Wanderparkplatz am Kurpark [**178:** N48°27'05.3" E8°54'06.0"] sind gute Standorte, um eine Wanderung auf dem Premiumwanderweg **Sieben-Täler-Runde** durch das Katzenbachtal zu unternehmen. Der Weg ist nur sechs Kilometer lang. Eine große Tafel am Wanderparkplatz zeigt den Verlauf und gibt umfangreiche Informationen zu der Naturlandschaft, die auf diesem Weg durchschritten wird. Ein Highlight dieser Wanderung ist die begehbare aber unbeleuchtete **Sieben-Täler-Höhle**.

Im Kurpark von Bad Niedernau.

Darüber hinaus ist für die Radfahrer erneut der Neckartal-Radweg zu empfehlen. Bis nach Horb sind es rund 20 Kilometer, bis zum Wasserschloss Glatt rund 30 Kilometer. In die andere Richtung sind es bis nach Tübingen 16 Kilometer.

Von Bad Niedernau geht es weiter nach **Mössingen**. Die Stadt war einst mit der Fa. Pausa ein Zentrum des kunstvollen Textildruckes in Baden-Württemberg. Die Architektur der Firmengebäude entsprechen dem Bauhausstil. In der Tonnenhalle der ehemaligen Fabrik werden Ausstellungen durch-

(179) Offizieller WOMO-Badeplatz: Mössingen – Firstwald

GPS: N48°24'47.5" E9°04'09.5"; Firstwaldstraße 32, 72116 Mössingen.
Max. WOMOs: 10, maximale Länge 10 m, max. Aufenthalt 4 Tage.
Ausstattung: Frischwasserversorgung, Abwasserentsorgung ohne Bodeneinlass, Kassettenentleerung, Stromanschlüsse, Behälter für die Müllentsorgung, ganzjährig geöffnet.
Beschreibung: Geräumige Plätze auf Rasengittersteinen in unmittelbarer Nähe des Freibades. Entfernung bis zur Stadtmitte 1 Kilometer.

Preise: 5,00 € für ein Fahrzeug, Frischwasser 1,00 €, Entsorgung 1,00 €, Strom 1,00 € für 2 kWh.
Zufahrt: Von der B27 kommend im ersten Kreisverkehr die dritte Ausfahrt, im zweiten Kreisverkehr die zweite Ausfahrt und im dritten Kreisverkehr die erste Ausfahrt nehmen und der Straße zum Freibad folgen, dann die Freibadstraße am Bad vorbei bis zum Ende durchfahren.

geführt. Informationen dazu finden Sie auf dieser Seite www.moessingen.de in der Rubrik Freizeit & Tourismus.

In erster Linie ist Mössingen aber etwas für Naturliebhaber und Wanderer. Wir stellen Ihnen hier zwei schöne Wanderparkplätze vor und unternehmen eine kleine Wanderung.

(180) WOMO-Wanderparkplatz: Mössingen – Olgahöhe

GPS: N48°23'25.6" E9°03'42.0"; 72116 Mössingen.
Max. WOMOs: 3, maximale Länge 8 m.
Ausstattung: Tische und Bänke, Behälter für die Müllentsorgung, Spielplatz, Grillstelle, ganzjährig geöffnet.
Beschreibung: Schattiger asphaltierter Waldparkplatz am Rande der Grillstelle und des Spielplatzes Olgahöhe. Von der Grillstelle gibt es eine gute Fernsicht auf Mössingen und das Umland.
Preise: Kostenlos.
Zufahrt: In Mössingen an einem Kreisverkehr von der J.-Gutenberg-Straße in die Bergstraße fahren, den Hinweisschildern in Richtung Schützenhaus und Talheim bis zur Olgahöhe folgen.

(181) WOMO-Wanderparkplatz: Mössingen – Bergrutsch

GPS: N48°22'49.5" E9°04'22.5"; 72116 Mössingen.
Max. WOMOs: 3, maximale Länge 7 m.
Ausstattung: Keine, ganzjährig geöffnet.
Beschreibung: Schattiger geschotterter Waldparkplatz in der Nähe des Bergrutsches.
Preise: Kostenlos.
Zufahrt: Von der Olgahöhe der schmalen Straße Richtung Talheim folgen. Die Straße kann nur von Fahrzeugen mit einem zul. Gesamtgewicht von 6t befahren werden. Durch den Wald fahren und am Ende des Waldes scharf rechts in einen geschotterten Weg abbiegen.

Wanderung auf dem Dreifürstensteig

Ein roter Apfel dient als Wegmarkierung für diesen etwas mehr als 13 Kilometer langen Premium-Rundwanderweg. Insgesamt fünf Wanderparkplätze befinden sich am Wegesrand, zwei davon, die wir besonders gut mit dem WOMO nutzen können, haben wir oben beschrieben. Auf der Olgahöhe gibt es einen Kinderspielplatz und eine öffentliche Grillstelle mit schönen Blick hinunter ins Tal. Der Stellplatz in der Nähe des Bergrutsches liegt etwas versteckt am Waldrand und ist nicht so stark frequentiert. Wer von der Olgahöhe zum Dreifürstenstein startet, kommt zunächst durch Streuobstwiesen, die hinab ins Buchbachtal führen. Von dort geht es hinauf zum 854 Meter hohen „Albbalkon“ **Dreifürstenstein**. Der Name rührt daher, dass an diesem Punkt einst die Grenzen der Fürstentümer Fürstenberg und Hohenzollern sowie das Herzogtum

Spielplatz am Wanderparkplatz Olgahöhe.

Der Bergrutsch in Mössingen.

Württemberg zusammenstießen. Durch Buchenmischwald geht es über rund 2,5 Kilometer stetig bergan. Auf dieser Distanz sind etwas mehr als 300 Höhenmeter zu bezwingen. Da muss man schon mal zwischendurch verschnaufen. Die Steigung ist also recht ordentlich, da ist es gut, ein Fläschchen Wasser dabei zu haben, denn unterwegs gibt es keine Möglichkeit der Einkehr. Aber die Qual lohnt sich, vom Dreifürstenstein hat man eine fantastische Sicht ins Umland, insbesondere auf die Burg Hohenzollern. Nach einer Verschnaufpause geht es fast eben weiter und man gelangt nach rund zwei Kilometern zum **Bergrutsch**. Nun führt der Weg wieder hinunter, wir passieren den Wanderparkplatz "Bergrutsch" und gehen dann durch eine offene Landschaft mit freiem Blick ins Tal der Steinach zu einer Paarschaukel, die wir nach weiteren 3,5 Kilometern erreichen. Weitere fünf Kilometer führen uns durch Wald und Streuobstwiesen zum Schützenhaus, das allerdings nur an den Wochenenden geöffnet hat. Hier werden kleine Gerichte und kühle Getränke angeboten. Von dort ist der Weg zurück zum WOMO nicht mehr weit.

Bei Gönningen lässt sich sogleich die nächste Wanderung anschließen. Sie ist sehr viel kürzer, weniger anstrengend und kulinarisch verlockender. Vorher schauen wir uns aber noch das Samenhandelsmuseum im alten Rathaus an. Ein Parkplatz befindet sich hier [N48°25'48.1" E9°09'12.5"], rund 300 Meter vom Museum entfernt. Verblüffend ist die Dokumentation darüber, wie diese ehemals selbstständige Gemeinde mit Saatgut- und Blumenzwiebelhandel europaweit zu Ruhm gelangte. Alljährlich lockt die Tulpenblüte im Ort zahlreiche Besucher an, wenn in den Gärten und Anlagen so um die 50.000 Blüten den Frühling begrüßen. Tiefergehende Ausführungen finden Sie dazu auf dieser Seite www.tulpenbluete.de.

Das Alte Rathaus in Gönningen.

Öffnungszeiten des Museums: Montags, dienstags, mittwochs und freitags 8:00 bis 11:30 Uhr, donnerstags 14:00 bis 18:00 Uhr.

Nun geht es zum **Roßberg** weiter und wir stellen das WOMO hier ab [**182:** N48°25'09.4" E9°09'04.1"]. Ein Spaziergang steht auf dem Programm, denn bei den nicht einmal zwei Kilometern die wir hier zu Fuß zurücklegen, kann man nicht von einer Wanderung sprechen. Der Anstieg auf den Berg ist nicht besonders mühsam. Hier oben wurde dem Geologen Prof. Quenstedt in der Nähe des Roßbergturms ein Denkmal gesetzt. Er hat sich um die Erforschung der Schwäbischen Alb große Verdienste erworben, 52 Jahre lang war er in der Lehre an der Universität Tübingen tätig. Von der Aussichtsplattform an diesem Denkmal hat man eine fantastische Sicht auf den Albtrauf und hinunter in die Tallandschaft. Vom 28 Meter hohen Roßbergturm ist die Sicht natürlich noch besser, aber der ist nur dann zugänglich, wenn das Wanderheim geöffnet hat. Montags und dienstags ist Ruhetag. An sonnigen Tagen ist die Gaststätte in dem Wanderheim stark frequentiert. Die gute Küche ist bei Wanderern und Radlern sehr beliebt.

Der Roßbergturm.

Vom Roßberg geht es nun hinunter zur letzten Station dieser Tour. Die mehr als 100.000 Einwohner zählende Stadt **Reutlingen** ist in erster Linie ein moderner Industrie- und Dienstleistungsstandort. Sie hat sich aber auch eine schöne Innenstadt bewahrt, die altes

Modern, die Stadthalle in Reutlingen.

mit neuem zu verbinden weiß und glänzt mit einem breiten kulturellen Angebot. Mit der Schwäbischen Alb im Rücken hat sie darüber hinaus eine weitläufige, äußerst reizvolle Naturlandschaft. Dazu gibt es in der nächsten Tour mehr zu sagen. Jetzt schauen wir uns zunächst die beiden Stellplätze an und gehen dann kurz durch die Innenstadt.

(183) Offizieller WOMO-Badeplatz: Reutlingen – Freibad Markwasen

GPS: N48°28'27.5" E9°11'39.1"; Hermann-Hesse-Straße 40, 72762 Reutlingen.
Max. WOMOs: 10, maximale Länge 10 m.

Ausstattung: Frischwasserversorgung, Abwasserentsorgung mit Bodeneinlass, Kassettenentleerung, Stromanschlüsse, Behälter für die Müllentsorgung, ganzjährig geöffnet.
Beschreibung: Geräumige geschotterte Fläche von einigen Bäumen umgeben. Das Freibad ist nur wenige Meter entfernt, nachts relativ ruhig, tagsüber belebt. Entfernung bis zur Stadtmitte 2,5 Kilometer.
Preise: 8,00 € für ein Fahrzeug. Entsorgung 1,00 €, Frischwasser 1,00 €, Strom 0,50 € pro kWh.
Zufahrt: Aus Gönningen kommend am Stadion in Reutlingen vorbeifahren und danach in die nächste Straße rechts abbiegen.

(184) Offizieller WOMO-Stellplatz: Reutlingen – Südbahnhof

GPS: N48°28'59.5" E9°13'44.2"; Am Südbahnhof, 72766 Reutlingen.
Max. WOMOs: 15, maximale Länge 7 m, max. Aufenthalt 3 Tage.
Ausstattung: Frischwasserversorgung, Abwasserentsorgung ohne Bodeneinlass, Kassettenentleerung, Behälter für die Müllentsorgung, ganzjährig geöffnet.

Beschreibung: Enge Plätze am Rande eine P&R-Platzes. Sehr laut durch die direkt am Platz vorbeiführende mehrspurige Hauptverkehrsstraße. Entfernung bis zur Stadtmitte 1,5 Kilometer.
Preise: Alles kostenlos.
Zufahrt: Auf der B312/313 in Richtung Pfullingen fahren und den Hinweisen zum P&R Parkplatz folgen.

Als Alternative zu dem Stellplatz am Südbahnhof bietet sich der Wanderparkplatz am Fuße des **Achalm** an. Sie finden ihn mit diesen Koordinaten [**185:** N48°29'44.3" E9°13'59.3"]. Von diesem Platz führt ein ca. zwei Kilometer langer Wanderweg hoch zur Ruine auf den 707 Meter hohen Berg, der wie ein Vulkankegel aussieht, aber keiner ist.

Das **Tübinger Tor** war das Haupttor der mittelalterlichen Befestigungsanlage, von der mit dem Gartentor und dem Zwinger noch weitere Gebäude erhalten sind. Das Tor befindet sich vis-a-vis der Stadthalle. Geht man durch das Tor gelangt man schnell auf den Marktplatz. Hier befindet sich der **Spitalhof**, ein Krankenhaus aus dem Mittelalter. Vor dem Gebäude ist der Marktbrunnen zu sehen, der von einer Ritterskulptur des Kaisers Maximilian II. geziert wird. Wendet man sich auf dem Marktplatz nach rechts, so ist bald die mächtige Marienkirche erreicht. Ein ursprünglich rein gotisches Bauwerk, das um 1900 im neogotischen Stil restauriert wurde.

Das Tübinger Tor in Reutlingen.

Giebel des Spitalhofs und Ritterskulptur des Kaisers Maximilian II.

Geht man am Längsschiff der Kirche vorbei in die Metzgergasse und wendet sich dort erneut nach rechts, so muss man noch wenige Meter weitergehen, um zur Spreuerhofstraße zu gelangen. Ob Sie die durchschreiten können, hängt von Ihrem Leibesumfang ab. Sie ist an der schmalsten Stelle genau 31 Zentimeter breit und laut Guinnessbuch der Rekorde die schmalste Straße der Welt. Ein vollständiges Verzeichnis aller Sehenswürdigkeiten der Stadt finden Sie hier www.reutlingen.de. Wir fahren in der nächsten Tour hoch auf die Schwäbische Alb.

REUTLINGEN
Achalm 707 m
176
183
184
Rottenburg
177
Kiebingen
B27
186
Pfullingen
Bad Niedernau
Sieben-Täler-Runde
178
Schönbergturm
793 m
B313
Gönningen
Lichtenstein
Tour 11
179
Starzel
869 m
Roßberg
Nebelhöhle
187
Genkingen
182
188
Schloss Lichtenstein
Mössingen
180
Engstingen
Sonnenbühl
Römisches Freilichtmuseum
181
Talheim
Traumland auf der Bärenhöhle
191
190
Stein
Dreifürstenstein
Bergrutsch am Hirschkopf
189
192
Kornbühl
Melchingen
Hechingen
Starzel
Sommerbobbahn
Erpfingen
193
194
Stetten unter Holstein
B312
Burg Hohenzollern
Killer
Bisingen
Trochtelfingen
195
196
B32
B313
Onstmettingen
Burladingen
Balingen
Tailfingen
Gammertingen
197
Fehla
Albstadt-Ebingen
N
B463
Meßstetten
Wildgehege
10 km
Straßberg
198
Truppenübungsplatz Heuberg
Stetten am kalten Markt
B32
R. Schl. Hausen
Mühlfelsen
Thiergarten
199
Schwenningen
Teufelslochfelsen
Amalienfelsen
Sigmaringen
158
3,1m
Schloss Sigmaringen
Talhof
161
201
Bärenthal
Hausen im Tal
159
200
Inzigkofen
L277
160
Donau
Tour 10
B313
Mengen
Kloster Beuron
Burg Wildenstein
Campus Galli
Wildpark Josefslust
203
Mühlheim a.d.D.
162
Leibertingen
163
202
Fridingen
Rulfingen
Naturpark
Alblach
157
Donau
Krauchenwies
156
Obere Donau
B311
Freilichtmuseum
164
155
Meßkirch
Neuhausen ob Eck
L456
Tour 10
204
Pfullendorf
205
Linzgau
B313
Band 16: Mit dem Wohnmobil in den Schwarzwald mit Oberrhein, Kaiserstuhl & Bodensee
Stockach
165
Schwäbische Alb

TOUR 12 (ca. 240 km)

Pfullingen – Lichtenstein – Sonnenbühl – Hechingen – Onstmettingen – Albstadt – Meßstetten – Hausen im Tal – Thiergarten – Inzigkofen – Sigmaringen – Krauchenwies – Mengen-Rulfingen – Pfullendorf – Stockach

Stellplätze:	Pfullingen, Sonnenbühl, Hechingen, Onstmettingen, Albstadt, Meßstetten, Thiergarten, Inzigkofen, Sigmaringen, Krauchenwies, Pfullendorf, Stockach.
Campingplätze:	Sonnenbühl, Hausen im Tal.
Ver-/Entsorgung:	Pfullingen, Sonnenbühl, Hechingen, Albstadt, Meßstetten, Hausen im Tal, Sigmaringen, Krauchenwies, Mengen-Rulfingen, Pfullendorf, Stockach.
Besichtigungen:	Sonnenbühl (Schloss Lichtenstein, Nebelhöhle, Traumland, Bärenhöhle), Hechingen (Römisches Freilichtmuseum, Burg Hohenzollern), Sigmaringen (Schloss, Zündapp-Museum).
Wandern:	Von Schloss Lichtenstein zur Nebelhöhle, Onstmettingen (Albtrauf), Albstadt, Inzigkofen (Fürstlicher Park).
Baden/Wellness:	Pfullingen (Freibad), Albstadt (Freibad), Krauchenwies (Ablacher See), Mengen-Rulfingen, (Zielfinger Seen), Pfullendorf (Seepark Linzgau).

Diese Tour führt uns hoch auf die Schwäbische Alb. Wir besuchen mit dem Schloss Lichtenstein, der Burg Hohenzollern und dem Schloss Sigmaringen drei außergewöhnliche Anlagen, jede mit ihrer eigenen Geschichte. Zwei Höhlen haben wir auf dem Programm und wir werfen in dem römischen Freilichtmuseum in Hechingen einen tiefen Blick in die Geschichte dieses Raumes. Im zweiten Teil dieser Tour fahren wir im Tal der oberen Donau dort weiter, wo wir in der Tour 10 die Donau verlassen haben. Diesmal verlassen wir die Donau in Sigmaringen und fahren weiter in den Linzgau. Diese Tour findet ihr Ende in Stockach. Hier können Sie mit dem Band 16 der WOMO-Reihe weiterreisen an den Bodensee oder in den Schwarzwald. Wenn Sie die Absicht haben von Sigmaringen der Donau weiter flussabwärts bis nach Ulm zu folgen, so verweisen wir hier auf die Tour 15, die ab der Seite 362 dem Verlauf der Donau bis zur bayerischen Landesgrenze folgt.

Wir starten jetzt die Reise auf die Alb, machen uns zunächst aber noch im Freibad in Pfullingen ein wenig frisch.

(186) Offizieller WOMO-Badeplatz: Pfullingen – Sportpark

GPS: N48°27'20.4" E9°13'41.1"; Klosterstraße 112, 72793 Pfullingen.
Max. WOMOs: 8, maximale Länge 10 m, max. Aufenthalt 4 Tage.
Ausstattung: Frischwasserversorgung, Abwasserentsorgung ohne Bodeneinlass, Kassettenentleerung, Stromanschlüsse, Behälter für die Müllentsorgung, ganzjährig geöffnet.
Beschreibung: Befestigte Plätze auf Schotterrasen in unmittelbarer Nähe des Freibades. Entfernung bis zur Stadtmitte 1,5 Kilometer.

Preise: Kostenlos, Frischwasser 1,00 €, Entsorgung 1,00 €, Strom 1,00 € für 2 kWh.
Zufahrt: Auf der B312/313 in Richtung Lichtenstein fahren und hinter dem Tunnel in die erste Straße nach rechts abbiegen, dann der Beschilderung zum Stellplatz folgen. Die Rangiermöglichkeiten auf dem Platz sind sehr beengt.

Auf dem Weg dorthin fällt ein Turm auf, der weithin sichtbar auf dem 793 Meter hohen Schönberg steht. Im Volksmund wird er **"Pfullenger Onderhos"** genannt, übersetzt heißt dies "Pfullinger Unterhose". Diese Doppelturm-Konstruktion

Schloss Lichtenstein und das Tal der Echaz.

wurde 1906 gebaut. Beide Türme sind mit einer überdachten Aussichtsplattform miteinander verbunden. Der 28 Meter hohe **Schönbergturm**, wie er offiziell heißt, ist ein beliebtes Wanderziel. Vom Stellplatz führt ein fast drei Kilometer langer Wanderweg hinauf. Der Höhenunterschied beträgt rund 340 Meter. Es geht also mal wieder stramm hoch. Die Aussichtsplattform ist täglich geöffnet, 112 Stufen führen hinauf. Die Öffnungszeiten des Kiosks am Fuße des Turms, hängen von den Witterungsbedingungen ab. Wenn Sie wieder einmal diese Seite bemühen www.komoot.de und dort unter der Rubrik Wandern "Pfullingen" eingeben, dann werden Sie noch einige weitere Wanderziele finden, die Sie alle vom Stellplatz aus erreichen können. Faszinierend sind die vielen Aussichtspunkte,

Die Pfullenger Onderos.

die Wanderungen hier am Albtrauf erst richtig spannend machen. Dazu gehört auch ein Gang zum **Wackerstein**, einem der markantesten Felsen in der Reutlinger Alb. Wer es sportiv mag, der wandert von Pfullingen über den Schönbergturm und der Nebelhöhle bis zum Schloss Lichtenstein und zurück. Das sind dann mal gleich 20 Kilometer.

Das geht auch bequemer, denn in unmittelbarer Nähe des Schlosses und der Nebelhöhle befinden sich große Wanderparkplätze, die auch für eine Übernachtung genutzt werden können. Beginnen wir mit **Schloss Lichtenstein**. Den Wanderparkplatz finden Sie bequem mit diesen Koordinaten **[187: N48°24'17.8" E9°15'24.4"]**. Er ist gebührenpflichtig (2,00 €), direkt neben dem Parkplatz befindet sich die Schloßschenke, in der klassische schwäbische Gerichte angeboten werden. Sehr viel eleganter ist das **Alte Forsthaus**, das nur 200 Meter weiter im Wald liegt. Hier kann man sich ein romantisches Candle Light Dinner mit exquisitem 4-Gängemenü und erlesenen Weinen gönnen. Für die Kulinarik wäre also gesorgt, nun zum Schloss:

In seiner Optik erinnert es an Neuschwanstein. Die Lage auf einem Felsen hoch über dem Tal der Echaz ist einfach malerisch, was fast untertrieben klingt. Das Schloss hatte nie eine militärische Funktion, obwohl es wie eine Ritterburg aussieht. Der Bau dieses neugotischen Schlosses entspricht dem Zeitgeist des 19. Jahrhunderts. Mit einem verklärten Blick schaute der Adel auf das Mittelalter. Vielerorts wurden Burgruinen gebaut, an anderen Orten Ritterburgen "nachgebaut" oder zumindest so errichtet, wie man sich eine Ritterburg vorstellte. Romantischer Historismus nennt das die Kunst- und Architekturgeschichte. Schloss Lichtenstein ist geradezu ein Paradebeispiel für diese Zeit und gilt deshalb als das **"Märchenschloss Württembergs"**.

Auch im Inneren hat das Schloss einiges zu bieten, aber das lassen Sie sich am besten während einer Führung erklären, die wir an dieser Stelle nur empfehlen können.

Öffnungszeiten, Eintrittspreise und viele weitere Informationen finden Sie auf dieser Seite www.schloss-lichtenstein.de.

Vom Schloss Lichtenstein führt ein relativ kurzer Wanderweg von drei Kilometern Länge zur Nebelhöhle. Wenn man die etwas längere Variante von fünf Kilometern wählt, kommt man noch an zwei Aussichtspunkten vorbei, die schöne Blicke in das Echaztal bieten.

Wir fahren jetzt mit dem WOMO zur **Nebelhöhle** und kommen auf dem Weg dorthin an mehreren Wanderparkplätzen vorbei. Hier wollen wir festhalten, dass Sie auf der Alb in einem sehr großen Umfang Wanderparkplätze vorfinden

Tropfsteinformationen in der Nebelhöhle.

werden, die sich für Übernachtungen eignen. Würden wir sie alle aufnehmen wollen, würde das Buch platzen. Wir haben uns bemüht, die Plätze auszuwählen, die sich mit besonders schönen Ausblicken, Wanderungen, Burgen, Höhlen usf. kombinieren lassen. Sollten die von uns vorgeschlagenen Orte tatsächlich einmal keinen freien Platz mehr haben, so werden Sie ganz sicher an einer weniger prominenten Stelle einen finden. Die Alb ist übersät mit Wanderparkplätzen.

Ist die Alb als Wandergebiet schon seit langer Zeit beliebt, so hat sich dies durch die Ernennung zum UNESCO Global Geopark noch weiter gesteigert.

UNESCO Global Geopark Schwäbische Alb

UNESCO Global Geoparks sind einheitliche geografische Gebiete, in denen Standorte und Landschaften von internationaler geologischer Bedeutung mit einem ganzheitlichen Konzept von Schutz, Bildung und nachhaltiger Entwicklung verwaltet werden. Im November 2015 haben die 195 Mitgliedstaaten der UNESCO auf der 38. Generalkonferenz der Organisation die Schaffung dieses neuen Labels beschlossen. Nach den Welterbestätten und den Biosphärenreservaten ist es die dritte Kategorie von Stätten des universellen Welterbes. Die Mitglieder dieser Parks verpflichten sich zur Bewahrung des geologischen, naturräumlichen und kulturellen Erbes, zur Vermittlung von Wissen über Erde und Natur sowie zur nachhaltigen wirtschaftlichen und geotouristischen Entwicklung ihrer Regionen. So kann man es auf dieser Seite www.geopark-alb.de nachlesen. Und weiter heißt es an einer anderen Stelle: "Neben den 26 Geopark-Infostellen, die über die vielfältigen Themen im Geopark informieren, trifft der Besucher auf der gesamten Schwäbischen Alb immer wieder auf Tafeln, die "Geopoints" ausweisen. Diese kennzeichnen geologische Highlights aber auch interessante Einzelobjekt, deren Bedeutung sich erst nach näherem Hinsehen erschließt. Geopoints sind wichtige Komponenten des Besucherlenkungskonzeptes des UNESCO Geopark Schwäbische Alb. Seit 2016 wurden schon 28 herausragende Geotope ausgezeichnet (Stand Okt. 2019). Mittelfristig sollen in jedem der 10 Landkreise mindestens 10 Geopoints ausgewiesen werden."

Mächtiger Stalagnat in der Nebelhöhle.

Die Nebelhöhle ist eine der ältesten Schauhöhlen auf der Alb. Sie wurde 1486 entdeckt. Über 141 Stufen geht es in die Höhle hinunter. Rund 480 Meter ist der begehbare Teil lang. An der tiefsten Stelle ist man rund 50 Meter unter der Erdoberfläche. Die Temperatur ist hier Sommer wie Winter 8-10° Celsius frisch. Die Luftfeuchtigkeit ist sehr hoch, sie liegt bei 100%. Besonders bei der Schneeschmelze oder nach starken Regengüssen tropft es unentwegt von der Decke. Da kann man schon mal

(188) WOMO-Wanderparkplatz: Sonnenbühl – Nebelhöhle

GPS: N48°24'59.5" E9°13'17.8"; Nebelhöhle, 72820 Sonnenbühl-Genkingen.
Max. WOMOs: 10, maximale Länge 12 m.
Ausstattung: Tische und Bänke, Behälter für die Müllentsorgung, WC, ganzjährig geöffnet.
Beschreibung: Geräumige asphaltierte und geschotterte Plätze im Wald in unmittelbarer Nähe der Nebelhöhle. Ausgezeichnetes Restaurant neben der Höhle, sehr guter Standort, um eine Wanderung zum Schloss Lichtenstein zu unternehmen.

Preise: Kostenlos.
Zufahrt: Die Nebelhöhle ist sehr gut ausgeschildert. Wer von Lichtenstein in Richtung Sonnenbühl fährt, kann sie nicht verfehlen.

einen Spritzer abbekommen. Die Höhle kann im Gegensatz zur acht Kilometer entfernten Bärenhöhle ohne Führung besichtigt werden.

Öffnungszeiten für beide Höhlen: 1. April bis 1. November täglich 9:00 - 17:30 Uhr, November und März: Samstag und Sonntag von 9:00 - 17:00 Uhr. Eintrittspreis für den Erwachsenen für beide Höhlen jeweils 5,00 €. Bei der Bärenhöhle ist die Führung im Eintrittspreis enthalten. Eine Familienkarte kostet 12,50 €.

Wenn Sie bislang auf der Reise durch Baden-Württemberg noch keine Maultaschen probiert haben, so haben Sie beim **Maultaschenwirt** neben der Nebelhöhle eine ideale Gelegenheit dazu. Sie sollten nur Bargeld dabei haben, Kartenzahlung ist hier nicht möglich. Nach den Maultaschen geht es gleich weiter zum Traumland auf der Bärenhöhle.

(189) WOMO-Wanderparkplatz: Sonnenbühl – Traumland auf der Bärenhöhle

GPS: N48°22'10.5" E9°12'54.5"; 72820 Sonnenbühl.

Max. WOMOs: 10, maximale Länge 12 m.

Ausstattung: Tische und Bänke, Behälter für die Müllentsorgung, WC, ganzjährig geöffnet.

Beschreibung: Geräumige asphaltierte und geschotterte Plätze im Wald in unmittelbarer Nähe der Bärenhöhle. Sehr guter Standort, um Wanderungen in die Umgebung zu unternehmen und in erster Linie natürlich der Standort für ein Besuch des Traumlandes.

Preise: Kostenlos.

Zufahrt: Das Traumland auf der Bärenhöhle ist sehr gut ausgeschildert. Wer von Sonnenbühl in Richtung Trochtelfingen fährt, kann sie nicht verfehlen.

Riesenradfahren auf der Alb, das geht auch. Einen schönen Ausblick hat man, wenn man gerade einmal oben angekommen ist. Neben dem Riesenrad gibt es allerlei weitere Attraktionen und einen Märchenpark. Hier www.freizeitpark-traumland.de können Sie sich alle Attraktionen anschauen und sich auch gleich über die Öffnungszeiten und Eintrittspreise informieren.

Im Traumland auf der Bärenhöhle.

Die **Bärenhöhle** hat einen separaten Eingang. Es geht ebenerdig in die Karls- und Bärenhöhle, wie sie offiziell heißt. Auch hier handelt es sich um eine Tropfsteinhöhle. Sie setzt sich aus der Karlshöhle und der erst 1949 entdeckten Bärenhöhle zusammen. Ihren Namen verdankt sie den zahlreichen Skeletten von Höhlenbären, die hier gefunden wurden. Ein restauriertes Bärenskelett ist ausgestellt. Die Höhle ist nur 250 Meter lang.

Wer einen längeren Aufenthalt auf der Kuppenalb rund um Sonnenbühl plant, ist auf diesem Campingplatz gut aufgehoben.

(190) WOMO-Campingplatz: AZUR Rosencamping Schwäbische Alb

GPS: N48°21'45.6" E9°10'59.5"; Hardtweg 82, 72820 Sonnenbühl.
Max. WOMOs: >20, maximale Länge 12 m.
Ausstattung: Frischwasserversorgung, Abwasserentsorgung mit Bodeneinlass, Kassettenentleerung, Stromanschlüsse, Behälter für die Müllentsorgung, WLAN, Brötchenservice, Shop, großes Sanitärgebäude mit Waschmaschinen und Trockner, Gasflaschentausch. Der Platz ist ganzjährig geöffnet.
Beschreibung: Sehr komfortabler Platz mit großem Freibad und Liegewiese, Kinderanimation, Naturspielplatz mit Kletterturm und Seilgarten, Beachvolleyballfeld, Bouleanlage, Gartenschach und Grillplatz.
Preise: Stellplatz für ein Fahrzeug mit zwei Personen inkl. Strom je nach Saison zwischen 24,00 und 34,00 €. Hund zwischen 4,00 und 5,00 €.
Zufahrt: Im Stadtteil Bug, über die Buger Hauptstraße hinter dem Ortsausgang auf der linken Seite.
Reservierung/Kontakt: Tel.: 0711/4093-510 oder www.azur-camping.de.

Neben den Höhlen und dem Traumland bieten sich hier zahlreiche Wanderwege an, die dank der nur leicht welligen Topographie nahezu anstrengungsfrei zu gehen sind. Burgruinen und einige Aussichtspunkte sind lohnende Wanderziele für einen ruhigen Urlaub.

Wir fahren die Alb wieder hinunter. Über Burladingen geht es durch das Killertal entlang der Starzel nach Stein, einem Stadtteil von Hechingen. Hier stellen wir das WOMO auf diesem Wanderparkplatz [**191:** N48°22'27.3" E8°56'06.0"] ab und gehen von dort zum **Römischen Freilichtmuseum**. Bis in die siebziger Jahre des letzten Jahrhunderts war dieser römische Gutshof unbekannt. Nach der Entdeckung wurden zwischen 1978 und 1981 die Grundmauern des Haupt- und eines Badegebäudes freigelegt. Im Laufe der Jahre wurden ein Heiliger Bezirk, ein Mühlengebäude , ein Speicher, große Teile der Hofmauer mit einem Eingangstor, eine Schmiede, ein Wohngebäude und zwei Eckgebäude an der Hofmauer freigelegt. Die außergewöhnliche Größe der **"Villa rustica"** und der gute Erhaltungszu-

Grundmauern des Badgebäudes.

stand der Grundmauern führten zu dem Wunsch, Teile der Anlage zu rekonstruieren und für Besucher zugänglich zu machen.

In dem rekonstruierten Hauptgebäude des Gutshofes sind die Grabungsfunde aus dieser Anlage ausgestellt. Im Obergeschoss wurde ein **Triclinium** nachgebildet, ein Speisezimmer, in dem die Mahlzeiten im Liegen eingenommen wurden. Mit weiteren Rekonstruktionen auf dem Gelände versucht das Römische Freilichtmuseum anhand wissenschaftlicher Befunde und Vorlagen dem Besucher ein möglichst konkretes Bild der Römerzeit zu präsentieren. Öffnungszeiten, Eintrittspreise sowie umfangreiche Informationen zu dem römischen Gutshof finden Sie hier www.villa-rustica.de.

Rekonstruiertes Hauptgebäude.

Man sieht sie schon von Weitem hoch oben auf dem Berg über Hechingen thronen. Die **Burg Hohenzollern** ist unser nächstes Ziel. Auf dem Weg dorthin fahren wir aber noch an zwei Stellplätzen vorbei, die Sie für Übernachtungen nutzen können. Der dritte Stellplatz, der in dieser Reihe folgt, befindet sich bereits am Fuße der Burg.

(192) Offizieller WOMO-Stellplatz: Hechingen – Zollernalbcamping

GPS: N48°21'35.7" E8°57'30.5"; Niederhechinger Str. 41, 72379 Hechingen.
Max. WOMOs: 20, maximale Länge 12 m.
Ausstattung: Frischwasserversorgung, Abwasserentsorgung mit Bodeneinlass, Kassettenentleerung, Stromanschlüsse, Behälter für die Müllentsorgung, WLAN. Im Servicegebäude gibt es Dusche und WC. Der Platz ist ganzjährig geöffnet.
Beschreibung: Geräumige ebene geschotterte Plätze mit Grünstreifen, schattenlos, am Rande des Campingplatzes. In einer Sackgasse am Ortsrand direkt neben Sportanlagen und einem Freibad, sehr ruhig.
Preise: 10,00 € für ein Fahrzeug. Entleerung der Bordtoilette 1,00 € (funktioniert nur mit 2x50 Cent-Münzen), Strom für 1,00 € pro kWh. Abwasserentsorgung und ist kostenfrei. Anmeldung und Bezahlung erfolgt im Café "Siehscht me" neben dem Platz.
Zufahrt: Von Stein direkt nach Hechingen fahren (nicht über die Umgehungstraße). In Hechingen angekommen hinter den großen Sportanlagen rechts abbiegen.

(193) Offizieller WOMO-Stellplatz: Hechingen – Hofgut Domaine

GPS: N48°20'15.7" E8°56'59.0"; Brielhof 1, 72379 Hechingen.
Max. WOMOs: 18, maximale Länge 9 m.
Ausstattung: Stromanschlüsse, Behälter für die Müllentsorgung, WC, ganzjährig geöffnet.
Beschreibung: Geräumige gepflasterte Plätze mit Grünstreifen, schattenlos. Blick auf die Burg Hohenzollern. Verkehr auf der B27 deutlich vernehmbar. Drei Restaurants (u.a. italienisch und mexikanisch), ein Biergarten, ein Streichelzoo, ein Spielplatz sowie eine Minigolfanlage lassen diesen Stellplatz schon sehr außergewöhnlich erscheinen.

Preise: 18,00 € für ein Fahrzeug, Strom kostenlos. Die Hälfte der Parkgebühr wird bei einer Einkehr in einem der Restaurants erstattet.
Zufahrt: Von der B27 Abfahrt Hechingen nur wenige Meter in Richtung Hechingen fahren, dann rechts in das Hofgut abbiegen.

(194) Offizieller WOMO-Stellplatz: Bisingen – Burg Hohenzollern P1

GPS: N48°19'32.9" E8°57'50.5"; 72379 Bisingen.
Max. WOMOs: 4, maximale Länge 12 m, max. Aufenthalt 24h.
Ausstattung: Stromanschlüsse, Behälter für die Müllentsorgung, WC, ganzjährig geöffnet.
Beschreibung: Sackgasse unterhalb der Burg, geräumiges asphaltiertes Areal am Rande eines großen PKW-Parkplatzes mitten im Wald, nachts absolut ruhig. Fußweg zur Burg 600 m mit einem Höhenunterschied von rund 100 Metern. Auch wenn es nur 4 „offizielle" Parkplätze für Wohnmobile auf dem P1 gibt, so müssen Sie keine Angst haben, wieder weggeschickt zu werden, wenn diese belegt sind. Das freundliche Personal wird Ihnen einen Platz auf dem Omnibusplatz zuweisen oder Sie auf den etwas weiter unterhalb liegenden P2 schicken. Schlechtestenfalls müssen Sie einen etwas längeren Fußweg zur Burg in Kauf nehmen. Wer das nicht möchte, der fährt mit dem Shuttlebus, der alle 10-15 Min. hinauf und hinunter fährt. Zu zahlen sind dafür 3,30 €.

Preise: 4,00 € für ein Fahrzeug.
Zufahrt: Von der B27 der Beschilderung zur Burg Hohenzollern folgen und bis zum Parkplatz P1 fahren.

Die **Burg Hohenzollern** ist ein Besuchermagnet, mehr als 350.000 Touristen aus aller Welt schauen sich diese Anlage der bedeutendsten Dynastie des deutschen Hochadels und Stammsitz des preußischen Königshauses jedes Jahr an.

Eine Eintrittskarte können Sie direkt am Rande des Parkplatzes im Burg-Laden P1 erwerben. Es gibt zwei unter-

Das Adlertor, der Zugang zur Burg Hohenzollern.

schiedliche Tickets, eines nur für den Innenhof und Außengelände der Burg und ein weiteres, das eine Führung durch die Innenräume beinhaltet. Die Preise und die Öffnungszeiten finden Sie hier www.burg-hohenzollern.com.

Betritt man die Burg durch das Adlertor, geht es auf gewundenen Wegen hinauf durch Festungstürme und Tore. Der Weg wurde so angelegt, um auch mit Kutschen die 25 Meter Höhenunterschied vom Eingangstor bis zum Innenhof befahren zu können. Die Hochburg ist von Basteien umgeben, die mit breiten Wegen miteinander verbunden sind. Man kann also einmal um die gesamte Burg herumgehen und hat je nach Position wunderbare Blicke in den Schwarzwald, auf die Alb oder hinunter in das Neckartal. Überlebensgroße Bronzeskulpturen der brandenburgisch-preußischen Herrscher sind hier aufgestellt. Zwölf Regenten schauen mit den Rücken zum Schloss in die Landschaft. Vom Großen Kurfürsten Friedrich Wilhelm über den "Alten

Im Innenhof der Burg Hohenzollern.

Fritz" bis zu Kaiser Wilhelm I. Beim Rundgang werden Ihnen einige Schäden im Mauerwerk auffallen, die durch ein Erdbeben im Jahre 1978 entstanden sind. Der ehemalige Burggarten wurde zu einem Biergarten umfunktioniert. Unweit davon befindet sich das Burgrestaurant. Im Schlosshof beginnen die Führungen durch die Innenräume. Es geht durch den Grafensaal, die Bibliothek, das Markgrafenzimmer, durch Schlafgemächer, den Blauen Salon, durch die Schatzkammer und durch die evangelische und die katholische Kapelle. Der erste Raum bei der Führung ist die Stammbaumhalle. Es ist ein sehr großer und hoher Saal, in dem der weitverzweigte Stammbaum der Hohenzollern an den Wänden aufgemalt ist.

Unter dem Stichwort "Königliches Flanieren" finden Sie auf der bereits genannten homepage der Burg die Tage vermerkt, an denen Sie die Räumlichkeiten ohne Führung besichtigen können. Sie können sich an diesen Terminen in aller Ruhe in den Räumen umsehen und können solange verweilen wie sie möchten. Der Eintrittspreis ist an diesen Tagen leicht erhöht. Das Führungspersonal hat in dieser Zeit allerdings nicht frei. Die Damen und Herren sind in den Räumen zugegen und beantworten Ihnen gern Ihre Fragen.

Nach einem langen Besuch auf dieser Burg fahren wir nun weiter. Jetzt geht es wieder auf die Alb hinauf. Über Bisingen fahren wir nach **Onstmettingen** und von dort weiter auf den Raichberg. Hier oben stehen Ihnen zwei schöne Stellplätze

Blick vom Zeller Horn auf die Burg Hohenzollern.

zur Verfügung. Zum einen ist dies der Parkplatz Zollersteighof [**195:** N48°18'11.8" E8°58'53.6"] und zum anderen der Wanderparkplatz am Raichberg [**196:** N48°18'05.4" E8°59'42.4"].

Ruhig übernachten können Sie auf beiden Plätzen. Der Erstgenannte empfiehlt sich dann, wenn Sie den Abend mit einem leckeren Essen beschließen wollen. Das Gasthaus können wir empfehlen. Spät darf man allerdings nicht kommen, um 20:30 Uhr wird die Küche geschlossen.

Das Schönste an diesen beiden Plätzen ist Ihre Lage auf der Hochfläche. Zunächst erscheint es langweilig, so zwischen Wiesen und Wald zu stehen, aber man hat von diesen Plätzen einen raschen Zugang zum Albtrauf, der mit der Wanderwegmarkierung **"Traufgänge"** sehr gut ausgeschildert ist. Verlaufen kann man sich dabei eigentlich nicht.

Vom Parkplatz zum **Zeller Horn** muss man nur etwas mehr als einen Kilometer gehen, um zu dem Aussichtspunkt zu gelangen, wo dieses Foto entstanden ist. Über den Traufgang kommen Sie zu weiteren Aussichtspunkten, die immer wieder fantastische Blicke auf die Schichtstufe der Alb und hinunter ins Tal ermöglichen. Dazu kommen noch einige geologische Besonderheiten wie Felsspalten, Felsüberhänge und anderes mehr. Das Wegenetz der Traufgänge ist recht umfangreich, alles an einem Tag zu gehen ist nicht möglich. Einen guten Überblick gewinnt, wer auf diese Seite geht www.traufgaenge.de und sich dort die einzelnen Touren anschaut. Die

Seite bietet auch Karten und gpx-downloads für ihr Navigationsgerät an. Erreichen kann man diese Wanderweg auch von diesem Stellplatz, den wir jetzt anfahren.

(197) Offizieller WOMO-Badeplatz: Albstadt – Sonnencamping

GPS: N48°12'52.0" E8°58'42.4"; Beibruck 54, 72458 Albstadt.
Max. WOMOs: 16, maximale Länge 10 m, max. Aufenthalt 4 Tage.
Ausstattung: Frischwasserversorgung, Abwasserentsorgung mit Bodeneinlass, Kassettenentleerung, Stromanschlüsse, Behälter für die Müllentsorgung, Brötchenservice, WLAN, Gasflaschentausch. Im Servicegebäude gibt es Dusche, WC, Waschmaschine und Trockner. Der Platz ist ganzjährig geöffnet.
Beschreibung: Die Stellplätze haben eine Größe zwischen 65 und 75 m², und sind weitgehend schattenlos. Der Platz befindet sich neben dem Freizeitbad "badkap" in unmittelbarer Nähe der B463. Der Verkehr auf der Straße ist deutlich vernehmbar. Dusche, WC, Waschmaschine und Trockner befinden sich auf dem benachbarten Campingplatz und können gegen Gebühr benutzt werden.

Preise: 12,00 € für ein Fahrzeug. Über Münzautomaten gibt es Frischwasser für 1,00 € (ca. 90 Liter) und Strom für 0,62 € pro kWh. Dusche/WC 2,50 € pro Person und Tag. Abwasserentsorgung und Entleerung der Bordtoilette ist kostenfrei.
Zufahrt: Von B463 in Richtung Balingen der Beschilderung zum Campingplatz und dem Freizeitbad folgen.

Auch in Meßstetten lassen sich die Wanderschuhe schnüren. Auf dieser Seite www.stadt-messstetten.de finden Sie einige Wanderrouten, die auf dem Stadtgebiet vorhanden

(198) Offizieller WOMO-Stellplatz: Meßstetten – Blumersberg

GPS: N48°10'29.3" E8°57'30.7"; Blumersberg, 72469 Meßstetten.
Max. WOMOs: 10, maximale Länge 12 m, max. Aufenthalt 5 Tage.

Ausstattung: Frischwasserversorgung, Abwasserentsorgung mit Bodeneinlass, Kassettenentleerung, Stromanschlüsse, Behälter für die Müllentsorgung, ganzjährig geöffnet.
Beschreibung: Geschotterte Plätze mit Grünstreifen, schattenlos, neben einem Fußballplatz, sehr ruhig (wenn nicht gerade ein Fußballspiel stattfindet).
Preise: Kostenlos, Frischwasser 1,00 € und Strom 1,00 € für 6 Stunden. Abwasserentsorgung und Entleerung der Bordtoilette ist kostenfrei.
Zufahrt: Meßstetten in Richtung Tuttlingen/Meßkirch durchfahren, am Kreisverkehr beim Lidl die dritte Ausfahrt nehmen und danach in die dritte Straße rechts abbiegen.

sind. Sie sind aber nicht so aussichtsreich wie die Traufgänge, die das Wanderherz verwöhnen. Wer mit Kindern unterwegs ist, dem wird das örtliche Wildgehege gefallen, denn hier lassen sich Rot-, Dam-, und Schwarzwild in einem großen Gelände beobachten. Hinzu kommen Pfau, Mufflons und Zwergziegen, die sich natürlich auch gern füttern lassen. Der Park ist zu jeder Zeit frei zugänglich.

Im Donautal auf dem Weg nach Sigmaringen.

Wir fahren weiter und kommen über Schwenningen wieder hinunter in das Tal der Donau nach Hausen im Tal. Den hiesigen Campingplatz und die Wandermöglichkeiten rund um diesen Ort haben wir bereits auf Seite 254 beschrieben und wollen das hier nicht wiederholen.

Wir fahren in Richtung Sigmaringen und kommen in **Thiergarten** an diesem Stellplatz vorbei [**199:** N48°05'12.0" E9°05'52.9"], den Sie nutzen können, wenn Sie auf der Donau eine Kanutour bis nach Sigmaringen unternehmen wollen. Die Anmeldung erledigen Sie in **Jack Rattles Tal der Piraten** nur wenige Meter von diesem sehr einfach gehaltenen Platz entfernt. Über das Angebot des Kanuverleihs und sonstige Freizeitaktivitäten informiert die etwas verwegene und überraschend aussehende Seite www.jackrattle.de.

Parkplatz Teufelsbrücke in Inzigkofen.

Wir fahren weiter nach **Inzigkofen** und steuern dort den kleinen bescheidenen Wanderparkplatz "Teufelsbrücke" mit einer WC-Anlage an, der sich in der Nähe des **Fürstlichen Parks zu Inzigkofen** befindet. Sie finden den Platz mit diesen Koordinaten [**200:** N48°04'33.3" E9°10'23.6"]. Es gibt zwei Zufahrten zu dem

Die Teufelsbrücke.

Der Amalienfelsen im Fürstlichen Park zu Inzigkofen.

Platz. Die eine Zufahrt, die kurz hinter Dietfurt rechts über die Donau führt, ist auf 3,5t beschränkt. Wer ein schwereres Fahrzeug hat, muss bis an den Rand von Sigmaringen fahren und sich dann durch Inzigkofen zu diesem Platz vorarbeiten.

In dem Landschaftspark wurde die ohnehin schon malerische Naturlandschaft an der Donau durch gestalterischen Eingriff mit Anpflanzungen, Wegen, Treppen und Brücken noch verfeinert. Begonnen hat damit bereits die Fürstin Amalie Zephyrine von Hohenzollern-Sigmaringen (1760 – 1841). Ein weitverzweigtes Wegesystem durchzieht diesen Park und es geht recht ordentlich über zum Teil recht steile Treppen hinunter an die Donau. Über die 2018/19 errichtete Hängebrücke geht es über den Fluss hinweg in den nördlichen Teil des Parkes. Das Wegesystem ist mehrere Kilometer lang und gut ausgeschildert. Den Weg zum **Känzele** sollten Sie nicht versäumen zu gehen. Er führt durch Felsgrotten und bietet von dem Aussichtspunkt einen wunderbaren Blick in das Donautal in Richtung Thiergarten. Vom Känzele können Sie eine Rundwanderung starten, die über die **Ruine Dietfurt** zum **Teufelslochfelsen** und von dort zur **Ruine gebrochen Gutenstein** führt. Von dort geht es dann zurück zum Parkplatz. Eine Tagestour von rund elf Kilometern, die schon ein wenig anstrengend ist, denn es geht mehrmals rauf und runter. Aber die Ausblicke hinunter in das Tal der Donau sind immer wieder überwältigend.

Wir fahren nun einige Kilometer weiter zu einem Stellplatz, der mit allem Komfort ausgestattet ist und darüber hinaus einen schönen Blick auf das Schloss in Sigmaringen bietet. Was will man mehr?

(201) Offizieller WOMO-Stellplatz: Sigmaringen

GPS: N48°05'05.9" E9°12'34.5"; Georg-Zimmerer-Str., 72488 Sigmaringen.
Max. WOMOs: 24, maximale Länge 12 m, max. Aufenthalt 7 Tage.
Ausstattung: Frischwasserversorgung, Abwasserentsorgung mit Bodeneinlass, Kassettenentleerung, Stromanschlüsse, Behälter für die Müllentsorgung, ganzjährig geöffnet.
Beschreibung: Geschotterte Plätze, teilweise schattig mit Blick auf Schloss Sigmaringen (Fußweg entlang der Donau ca. 1 km, durch die Innenstadt ca. 800 Meter). Der Campingplatz befindet sich direkt neben dem Stellplatz, die Einrichtungen des CPs können allerdings nicht mitbenutzt werden.

Preise: 8,00 € für ein Fahrzeug, Frischwasser 1,00 €, Strom für 1,00 € für 4 Stunden. Abwasserentsorgung und Entleerung der Bordtoilette ist kostenfrei.
Zufahrt: In Sigmaringen der Beschilderung zur Stadthalle und dem Campingplatz folgen.

Das Schloss ist natürlich die Hauptsehenswürdigkeit in diesem Ort. Über die Hohenzollern haben wir ja schon einiges bei dem Besuch der Burg erfahren, hier geht es dann gleich weiter. Auch dieses Schloss ist in Privatbesitz und gehört zur schwäbischen Linie des Hauses Hohenzollern-Sigmaringen. Es ist Sitz der Unternehmensgruppe Fürst von Hohenzollern, ein Mischkonzern, der unter anderem im Immobiliengeschäft und der Forstwirtschaft tätig ist.

Das Gasthaus Bären in Sigmaringen.

Ein Teil des Schlosses ist für Besucher zugänglich. Bei einer Führung werden rund 20 Salons, Zimmer und Galerien gezeigt. Gemälde, Möbel und Stilepochen werden dabei ausführlich erklärt. Eine Besichtigung dauert circa 60 Minuten. Die Waffenkammer kann

Das Eingangsportal des Hohenzollernschlosses in Sigmaringen.

man sich ohne eine Führung anschauen. An der Kasse gibt es Audioguides, mit denen die Waffen und Rüstungen erklärt werden. Rund 3.000 Exponate sind zu sehen.

Öffnungszeiten: April – Oktober, täglich 9:00 bis 18:00 Uhr. November, Dezember und März, täglich 10:00 bis 17:00 Uhr. Eintrittspreise für den Erwachsenen: Schloss 9,50 €, Waffenkammer 7,00 €, Kombiticket 12,50 €.

Einer privaten Sammelleidenschaft verdankt das **Zündapp-Museum** in einem Nebengebäude der Privatbrauerei Zoller-Hof seine Entstehung. Über 100 Fahrzeuge sind hier zu sehen, vom knatternden Kleinmoped bis zum legendären Januskopf reicht die Spannbreite. Sie finden das Museum in der Leopoldstraße 40.

Öffnungszeiten: Samstags, sonn- und feiertags von 10:00 bis 15:00 Uhr. Eintritt für den Erwachsenen 5,00 €.

Wir verabschieden uns von Sigmaringen und fahren nun in die **Krauchenwieser Seenplatte**. Sie besteht aus neun ehemalige und einem aktiven Baggersee. Die neun ehemaligen Baggerseen wurden teilweise umfunktioniert zu Freizeit- und Badeseen, sowie zu Vogelschutzgebieten und Fischrevieren.

Ablacher See in Krauchenwies.

Während man in Krauchenwies auf dem Campingplatz keinen direkten Zugang zum See hat, hat man das Gewässer in Mengen-Rulfingen fast direkt vor der Nase. Zum Baden, zum Angeln und für die Beobachtung von Vögeln sind beide Plätze sehr gut geeignet. Dar-

(202) Offizieller WOMO-Badeplatz: Krauchenwies – Seencamping

GPS: N48°01'06.9" E9°14'02.2"; Ablacher Str. 4, 72505 Krauchenwies.
Max. WOMOs: 24, maximale Länge 12 m, max. Aufenthalt 4 Tage.
Ausstattung: Frischwasserversorgung, Abwasserentsorgung mit Bodeneinlass, Kassettenentleerung, Stromanschlüsse, Behälter für die Müllentsorgung, WLAN, Brötchenservice, Gasflaschentausch, ganzjährig geöffnet.
Beschreibung: 80 – 95 m² große Plätze mit Grünstreifen nur wenige Meter vom Badesee entfernt. Idealer Platz für Hundehalter.

Preise: 10,00 € für ein Fahrzeug. Entsorgung kostenlos, über Münzautomaten gibt es Frischwasser für 1,00 €, Strom für 0,62 € pro kWh.
Zufahrt: In Krauchenwies auf die B311 in Richtung Meßkirch fahren und am Ortsausgang rechts in die Ablacher Straße abbiegen, nach 200 Metern erneut rechts abbiegen.

(203) Offizieller WOMO-Badeplatz: Mengen – Zielfinger Seen

GPS: N48°01'51.3" E9°16'57.9"; Uferweg, 88512 Mengen-Rulfingen.
Max. WOMOs: 50, maximale Länge 12 m.
Ausstattung: Frischwasserversorgung, Abwasserentsorgung mit Bodeneinlass, Kassettenentleerung, Stromanschlüsse, Behälter für die Müllentsorgung, WLAN, Brötchenservice, geöffnet von Mitte April bis Ende Oktober.

Beschreibung: Geräumige geschotterte Rasenplätze 400 Meter vom Badestrand entfernt. Gutes Restaurant mit internationaler Küche.
Preise: 14,00 € für ein Fahrzeug mit 2 Personen. Entsorgung kostenlos, Frischwasser 1,00 € (ca. 80 Liter), Strom 0,50 € pro kWh.
Zufahrt: In Krauchenwies auf die B311 in Richtung Mengen fahren und im Ortsteil Rulfingen im Kreisverkehr die dritte Ausfahrt nehmen und kurz danach links abbiegen.

über hinaus bieten sich Ausflüge in den **Wildpark Josefslust** an. Hier gilt zu beachten, das Radfahren in diesem sehr weitläufigen Park mit frei umherlaufenden Dam- und Rotwild nicht erlaubt ist.

Nun geht es zum nächsten Badesee nach Pfullingen weiter.

Am Zielfinger See.

Im Gegensatz zu den beiden soeben besuchten ruhigen Seen ist der **Seepark Linzgau** mit Strandbad, Wasserskipark, einem Tauchzentrum, einer Abenteuergolf-Anlage, einer Fußball-Golfanlage und einem Planetenweg ein umfangreich ausgestatteter Freizeitpark, der dafür sorgt, dass es hier in den Sommermonaten sehr lebendig ist.

Wer nur die Innenstadt besuchen möchte, fährt am besten auf den Parkplatz am Stadtgarten.

(204) Offizieller WOMO-Badeplatz: Pfullendorf – Seepark Linzgau

GPS: N47°55'56.3" E9°14'19.6"; Am Litzelbacherweg, 88630 Pfullendorf.
Max. WOMOs: 25, maximale Länge 10 m.
Ausstattung: Frischwasserversorgung, Abwasserentsorgung mit Bodeneinlass und Kassettenentleerung kann am nahe gelegenen Klärwerk erfolgen.

Stromanschlüsse befinden sich am Platz, ebenso Behälter für die Müllentsorgung. Der Stellplatz ist ganzjährig geöffnet.
Beschreibung: Geschotterte Plätze mit Grünstreifen neben dem Klärwerk unweit des Badesees. Entfernung bis zur Stadtmitte 2 Kilometer. Für den Badesee herscht ein striktes Hundeverbot. Neben dem Stellplatz befindet sich das örtliche Festgelände. Wenn dort eine Veranstaltung stattfindet, kann es auch einmal laut zugehen. Toilette und Kaltwasserdusche stehen zu den Öffnungszeiten des Seeparks zur Verfügung.
Preise: 6,00 € für ein Fahrzeug. Entsorgung kostenlos, Frischwasser 1,00 €, Strom 0,50 € pro kWh.
Zufahrt: Von Krauchenwies auf der L456 in Richtung Pfullendorf fahren und dort vor dem Ortseingang im ersten Kreisverkehr die erste Ausfahrt nehmen, die Straße bis zum Ende durchfahren und dann links abbiegen.

(205) Offizieller WOMO-Stellplatz: Pfullendorf – Stadtgarten

GPS: N47°55'21.2" E9°15'17.6"; Am Stadtgarten 1, 88630 Pfullendorf.
Max. WOMOs: 10, maximale Länge 12 m.
Ausstattung: Keinerlei wohnmobilspezifische Einrichtungen, ganzjährig geöffnet.
Beschreibung: Befestigte, bei Nässe aber leicht schlamige Fläche am Rande der Altstadt, ruhig. Ideal gelegen, um die Innenstadt zu besichtigen,

deren Mitte man bereits nach 250 Metern erreicht hat.
Preise: Kostenlos.
Zufahrt: Von Krauchenwies auf der L456 nach Pfullendorf fahren, dort vor dem Ortseingang im ersten Kreisverkehr die zweite Ausfahrt nehmen, im zweiten Kreisverkehr ebenfalls die zweite, im dritten die erste und im vierten wiederum die erste, dann gleich links abbiegen.

Die rund 13.000 Einwohner zählende Stadt **Pfullendorf** hat eine schöne kleine Altstadt mit einigen sehenswerten Gebäuden, wie zum Beispiel das 1524 erbaute Rathaus, die Stadtpfarrkirche St. Jakobus und eine ganze Reihe von Profanbauten rund um den Marktplatz, auf dem der Narrenbrunnen steht.

Rathaus (links) und Stadtpfarrkirche.

Das **Obere Tor** ist das Wahrzeichen der Stadt. Die Doppeltoranlage mit dem 38 Meter hohen Beobachtungsturm zählt zu den schönsten Eingangstoren in dieser Region nördlich des Bodensees.

Das Museum zur Stadtgeschichte ist in dem ältesten Haus der Stadt untergebracht. Es ist ein 1317 errichtetes Gebäude in einer alemannischen Fachwerkkonstruktion. Es befindet sich am Nordrand der Altstadt in der Museumsgasse.

Narrenbrunnen auf dem Marktplatz.

Um einen vollständigen Stadtrundgang zu absolvieren, können Sie sich einen audioguide auf Ihr Smartphone laden. Er führt Sie über 15 Stationen durch die Stadt. Sie finden ihn auf dieser Seite www.pfullendorf.de unter der Rubrik Tourismus und Kultur. Sie können auch an einem **Räuberstreifzug durch Pfullendorf** teilnehmen. Wie das funktioniert erfahren Sie in der Touristinfo am Marktplatz.

Wie in Tour 10, ist Stockach auch auf dieser Reise der letzte Ort den wir anfahren. Dort geht es mit dem Band 16 weiter.

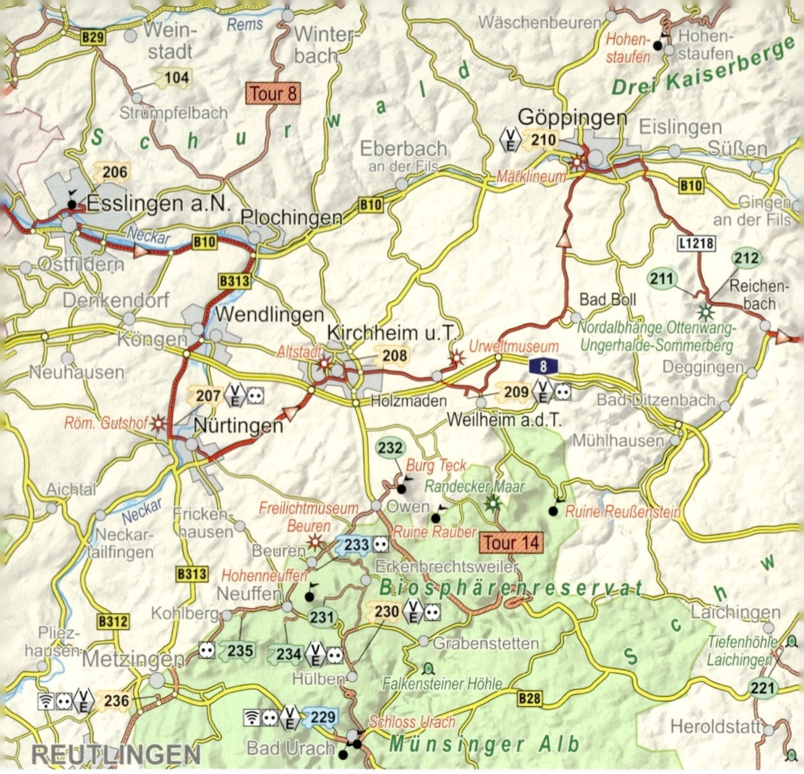

TOUR 13 (ca. 195 km)

Esslingen – Nürtingen – Kirchheim u.T. – Holzmaden – Weilheim a.d.T. – Göppingen – Bad Überkingen – Geislingen/Steige – Giengen an der Brenz – Hürben – Ulm

Stellplätze: Esslingen, Nürtingen, Kirchheim u.T., Weilheim a.d.T., Göppingen, Bad Überkingen, Hürben, Ulm.

Campingplätze: Geislingen/Steige.

Ver-/Entsorgung: Nürtingen, Weilheim a.d.T., Göppingen, Geislingen/Steige, Hürben, Ulm.

Besichtigungen: Esslingen (Altstadt, Burg), Nürtingen (Altstadt), Kirchheim u.T. (Altstadt), Holzmaden (Urweltmuseum), Göppingen (Märklineum), Bad Überkingen (Altstadt), Geislingen/Steige (Burg Helfenstein), Giengen an der Brenz (Steiff-Museum), Hürben (Höhlenerlebniswelt, Archäopark Vogelherd).

Wandern/Radwandern: Natur- und Kulturlehrpfad Weinheim, Albtrauf Nordalbhänge, Eselsburger Tal, Lonetal bei Hürben.

Baden/Wellness: Bad Überkingen.

Auf dieser Tour von Stuttgart nach Ulm geht es zunächst den Neckar entlang. Wir besuchen hier die Städte Esslingen und Nürtingen. Über Kirchheim unter Teck geht es zum Urweltmuseum in Holzmaden. Von dort weiter über Weilheim nach Göppingen, wo wir für alle Modelleisenbahnfreunde einen Besuch bei der Firma Märklin machen. Danach stehen Albtraufgänge auf dem Programm. Gebadet wir in Bad Überkingen und in Geislingen/Steige werfen wir nicht nur einen Blick in den Ort, sondern vor allem einen Blick in das Filstal, das von der Burg Helfenstein besonders gut einzusehen ist. Danach geht es eine Weile auf der Albhochfläche weiter, bis wir in Hürben einmal mehr in die Höhlenwelt der Schwäbischen Alb abtauchen. Weil es landschaftlich so reizvoll ist, fahren wir mit den Rädern auch ein wenig durch das Lonetal und schauen uns die Steinernen Jungfrauen im Eselsburger Tal an. Da das Steiff-Museum in Giengen an der Brenz nicht weit weg ist, werfen wir auch noch einen Blick in die Teddybärenwelt. Ulm ist die letzte Station auf dieser Reise. Wir werden die Stadt aber erst zu Beginn der nächsten Tour beschreiben, die uns über die Schwäbische Alb nach Reutlingen führt.

Beginnen wir nun mit Esslingen am Neckar, das nur wenige Kilometer von Stuttgart entfernt ist und über die B10 schnell erreicht werden kann. Der hiesige Stellplatz ist bescheiden klein und liegt oberhalb der Burg.

(206) Offizieller WOMO-Stellplatz: Esslingen am Neckar – Äußerer Burgplatz

GPS: N48°44'49.4" E9°18'38.1"; Schönenbergweg, 73728 Esslingen a.N.
Max. WOMOs: 3, maximale Länge 7 m, max. Aufenthalt 24h.
Ausstattung: Keinerlei wohnmobilspezifische Einrichtungen, ganzjährig geöffnet.
Beschreibung: Sehr enger Platz mit einer schmalen Zufahrt. Die Lage ist allerdings genial neben dem Burggelände mit dem Restaurant und der kleinen Parkanlage. Wer mit einem Kastenwagen unterwegs ist, der findet unter Umständen auf dem etwas oberhalb gelegenen PKW-Parkplatz in der hintersten Ecke noch eine freie Stellfläche. Der Fußweg zum Marktplatz ist 700 Meter kurz, 70 Meter Höhenunterschied sind zu bewältigen.

Preise: Kostenlos.
Zufahrt: In Esslingen der Beschilderung zur Burg folgen.

Im Gegensatz zu anderen Städten im Südwesten hat Esslingen alle Kriege nahezu unversehrt überstanden. Die gewachsene historische Bausubstanz spiegelt alle Stilrichtungen wieder. Ein Gang durch die Altstadt ist ein Spaziergang durch zwölf Jahrhunderte Architekturgeschichte. Gotische Gebäude, mittelalterliche Fachwerkhäuser, Barock- und Renaissancebauten, alles ist zu sehen in dieser alten Stadt, die zum Flanieren einlädt und von der Burg überwacht wird. Wenn Sie auch in den Wintermonaten mit dem Wohnmobil unterwegs sind, dann sollten Sie einmal den **Mittelaltermarkt**

Die mittelalterliche Burg in Esslingen am Neckar.

Das Neue Rathaus am Marktplatz in Esslingen.

& Weihnachtsmarkt in dieser Stadt besuchen. Er beginnt in der Regel Ende November und endet am 22. Dezember. Es ist schon ein besonderes Erlebnis und doch stark abweichend von den "normalen" Weihnachtsmärkten.

Kulinarisch hat die Stadt zu jeder Jahreszeit einiges zu bieten. Es gibt zahlreiche Restaurants und Cafés in der Altstadt und rund um den Marktplatz. Ein besonderes Highlight ist die älteste Sektkellerei Deutschlands, die in Esslingen vorzufinden ist. Sie zeigt den Besuchern gern, wie Sekt hergestellt wird. Dann wissen Sie auch gleich, was mit den Trauben geschieht, die an dem Hang der Burg wachsen. Auf der homepage der Sektkellerei Kessler www.kessler-sekt.de erfahren Sie alles Notwendige, wenn Sie an einer Führung teilnehmen möchten.

Wir fahren jetzt weiter nach **Nürtingen**, in die Heimatstadt des Entertainers Harald Schmidt.

(207) Offizieller WOMO-Stellplatz: Nürtingen

GPS: N48°38'10.8" E9°19'50.0"; Plätschwiesen 4, 72622 Nürtingen.
Max. WOMOs: 12, maximale Länge 12 m, max. Aufenthalt 7 Tage.

Ausstattung: Frischwasserversorgung, Abwasserentsorgung mit Bodeneinlass, Kassettenentleerung, Stromanschlüsse für 8 Fahrzeuge, Behälter für die Müllentsorgung, ganzjährig geöffnet.
Beschreibung: Geschotterte Plätze mit Grünstreifen, schattenlos, am Ortsrand neben Sportanlagen und einer Festwiese, sehr ruhig.
Preise: 5,00 € für ein Fahrzeug, Frischwasser 1,00 € und Strom 0,50 € pro kWh. Abwasserentsorgung und Entleerung der Bordtoilette ist kostenfrei.
Zufahrt: Auf der B313 bis zum Ortsrand fahren, die Straße zum Industriegebiet passieren und dann bei der nächsten Möglichkeit links abbiegen.

In der Altstadt von Nürtingen.

Nürtingen präsentiert sich mit einer schön sanierten Altstadt, es gibt zwar hier nicht so viel historische Bausubstanz zu bewundern wie in Esslingen, aber mit der Neckarfront, den vielen Lokalen und dem Blockturm als Rest der Stadtbefestigung ist sie einen Besuch wert. Mit den Grundmauern des Römischen Gutshofes im Stadtteil Oberensingen verfügt die Stadt über ein antikes Baudenkmal. Im Gegensatz zum Gutshof in Hechingen, wird dieser nicht sonderlich stark präsentiert.

Der nächste Ort auf unserer Reise ist **Kirchheim unter Teck**, der nur neun Kilometer von Nürtingen entfernt ist.

(208) Offizieller WOMO-Stellplatz: Kirchheim unter Teck – Ziegelwasen

GPS: N48°39'02.8" E9°27'28.7"; Obere Steinstr. , 73230 Kirchheim u. Teck.
Max. WOMOs: 6, maximale Länge 8 m, max. Aufenthalt 7 Tage.

Ausstattung: Keinerlei wohnmobilspezifische Einrichtungen, ganzjährig geöffnet.
Beschreibung: Nur 500 Meter von der Altstadt entfernt am Rande eines großen PKW-Parkplatzes. Bei feuchter Witterung leicht matschig. Nachts relativ ruhig.
Preise: Kostenlos.
Zufahrt: In die Innenstadt fahren und den Hinweisen zum Parkplatz Ziegelwasen folgen.

In der historischen Altstadt von Kirchheim unter Teck gibt es viele Fachwerkhäuser zu sehen. Wahrzeichen ist das imposante **Rathaus** mit einer Aussichtsplattform auf dem Turm.

Wenn Sie vom Parkplatz in die Altstadt gehen, dann sehen Sie auf der rechten Seite mit einer Bastion Reste der mittelalterlichen Stadtbefestigung. Wenn Sie die Max-Eyth-Straße weitergehen, die in das Zentrum führt, sind Sie auch schon gleich am Rathaus, das am Ende der breiten Marktstraße steht. Der Rathausturm kann nur im Rahmen von speziellen

Stadtführungen bestiegen werden. Auf dem Marktplatz sind die Umrisse des alten Rathauses zu sehen, das hier vor dem großen Stadtbrand von 1690 stand. Am Ende der Marktstraße befindet sich das **Wachthaus**. Es beherbergte eine Torwächter- und eine Gefangenenwärterwohnung sowie Gefängniszellen. Heute wird dieses Gebäude mit einem schönen Biergarten gastronomisch genutzt.

Das Rathaus in Kirchheim unter Teck.

In Privatbesitz befindet sich eines der prachtvollsten Fachwerkhäuser der Stadt. Das **Alte Haus** wurde 1538 als eines der größten Gebäude dieses Ortes vor dem Oberen Tor errichtet. Es befindet sich in Sichtweite des Biergartens. Es gibt noch einige weitere historische Gebäude, die sich in dieser 40.000 Einwohner zählenden Stadt entdecken lassen. Um diese zu finden, können Sie sich Broschüren im PDF-Format von dieser Seite herunterladen www.kirchheim-teck.de. Wenn Sie mit der Nutzung von QR-Codes vertraut sind, so können Sie auch bei einigen historischen Gebäuden mit Ihren Smartphone Informationen zu den jeweiligen Objekten abrufen.

Marktgeschehen in Kirchheim unter Teck.

Die Burg Teck behandeln wir auf der nächsten Tour, auf der es von Ulm nach Reutlingen geht. Wenn Sie jetzt schon hinfahren möchten, dann schauen Sie bitte auf der Seite 334 nach, was wir darüber zu berichten haben.

Hier geht es jetzt weiter zum **Urweltmuseum Hauff** in **Holzmaden**. Um zielgenau auf den Parkplatz des Museums zu kommen, nutzen Sie diese Koordinaten [N48°38'06.5" E9°31'40.1"] oder geben Sie diese Adresse ein: Aichelberger Str. 90, 73271 Holzmaden.

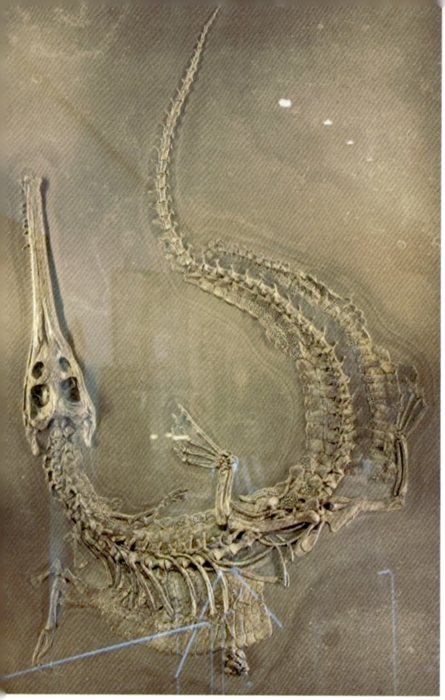

Für das Verständnis der Schwäbischen Alb als Fossilienfundstätte ist ein Besuch dieses herausragenden Museums eigentlich unerlässlich. Um es kurz zu machen, zitieren wir von der homepage des Museums: "*Vor 180 Millionen Jahren war fast ganz Europa von dem Jurameer überflutet. Das heutige Süddeutschland war damals ein flaches Meeresbecken am Rande des Tethysmeeres, in dem eine der berühmtesten Fossilfundstätten entstand, die es weltweit gibt: Holzmaden.*

Die außergewöhnliche Erhaltung der Fossilien ist zurückzuführen auf:

– den geringen Sauerstoffgehalt am Meeresboden. Er bewirkte, dass sich in den Tierleichen am Meeresboden keine Verwesungsgase bildeten, die zum Auftrieb an die Wasseroberfläche führten. Außerdem konnten keine Aasfresser den Meeresboden besiedeln.

– einen Meeresschlamm, der sehr feinkörnig war und in jeden Hohlraum und die feinsten Poren eines toten Tieres eindringen konnte.

– fehlende Wasserbewegungen und Strömungen. Der Meeresschlamm lagerte sich ungestört in feinsten Schichten ab. Die Knochen der toten Meerestiere wurden nicht verdriftet. Sie wurden im Skelettverband vor Ort in den feinen Meeresschlamm eingebettet."

Mehr als 400 Exponate finden Sie in diesem Museum ausgestellt. Größtes Präparat ist die über 100 Quadratmeter große Kolonie von Seelilien, für deren Bearbeitung 18 Jahre benötigt wurden. Das Museum ist ein privat geführtes Unternehmen. Es bietet auch Originalversteinerungen in verschiedenen Größen zum Kauf an. Sie können aber auch Ihr Glück versuchen und in einem nah gelegenen Steinbruch mit dem Fossilienhammer in der Hand auf die Suche gehen. Im Museum erfahren Sie, wo das ist und wann dieser Steinbruch geöffnet hat. Es ist nicht der, der dem Museum gegenüberliegt, das noch als Hinweis.

Öffnungszeiten, Eintrittspreise und sehr viel mehr Informationen über das Museum mit eindrucksvollen Bildern finden Sie hier www.urweltmuseum.de.

Wenn Sie des Fossilienklopfens müde geworden sind, so finden Sie hier in Weilheim einen schönen Stellplatz zum Entspannen.

(209) Offizieller WOMO-Stellplatz: Weilheim an der Teck

GPS: N48°37'13.7" E9°32'07.9"; Kalixtenbergstr., 73235 Weilheim an der Teck.
Max. WOMOs: 8, maximale Länge 12 m.
Ausstattung: Frischwasserversorgung, Abwasserentsorgung mit Bodeneinlass, Kassettenentleerung, Stromanschlüsse, Behälter für die Müllentsorgung, ganzjährig geöffnet.

Beschreibung: Geschotterte Plätze mit Grünstreifen, schattenlos am Ortsrand, ruhig. Bis in die Innenstadt sind es rund 800 Meter. Ein gutes Restaurant (Zähringer Stuben) befindet sich neben der Limburghalle, nur wenige Meter vom Stellplatz entfernt.
Preise: 6,00 € für ein Fahrzeug, Frischwasser 1,00 €, Strom 1,00 € für 4 kWh. Abwasserentsorgung und Entleerung der Bordtoilette ist kostenfrei. Einen Parkschein gibt es an einer der beiden Tankstellen im Ort. Alternativ kann mit einer Smartphoneapp gezahlt werden. Mögliche Nummern dafür sind am Platz ausgehängt.
Zufahrt: Aus Holzmaden kommend, nach dem Kreisverkehr die dritte Straße rechts abbiegen.

Weilheim ist ein charmantes Städtchen mit einigen Fachwerkhäusern, die rund um den Marktplatz und der Kirche zu sehen sind. Mit dem Altstadtrundweg kann der Ort erkundet werden.

Über den **Natur- und Kulturlehrpfad** gelangt man zum höchsten Weinberg in Baden-Württemberg. Auf dem drei Kilometer langen Rundweg informieren zwölf Tafeln über die Geologie, die Geschichte sowie über die Fauna und Flora des 598 Meter hohen Limburg.

Die Peterskirche in Weilheim an der Teck.

Von Weilheim fahren wir nun nach Göppingen in das Filstal. Die Industriestadt ist bekannt durch den Handball-Bundesligisten Frisch Auf! Göppingen, der seine Heimspiele in der Arena absolviert, an der sich dieser Stellplatz befindet.

(210) Offizieller WOMO-Stellplatz: Göppingen – EWS Arena

GPS: N48°42'42.9" E9°38'51.3"; Lorcher Str., 73033 Göppingen.
Max. WOMOs: 6, maximale Länge 12 m, max. Aufenthalt 2 Tage.
Ausstattung: Frischwasserversorgung, Abwasserentsorgung ohne Bodeneinlass, Kassettenentleerung, Behälter für die Müllentsorgung, ganzjährig geöffnet.

Beschreibung: Am Rande des großen asphaltierten PKW-Parkplatzes der EWS-Arena, relativ ruhig. Kleine Parkanlage nebendran, Schwimmbad Barbarossa-Thermen mit Sauna und Wellnesss-Oase in 400 Metern Entfernung. Das Märklineum ist rund 1, die Innenstadt rund 1,3 Kilometer entfernt.
Preise: Kostenlos, Frischwasser 1,00 €. Abwasserentsorgung und Entleerung der Bordtoilette ist kostenfrei.
Zufahrt: Den Richtungshinweisen zur EWS-Arena folgen.

Modelleisenbahnern ist der Name der Stadt bekannt durch die **Fa. Märklin**, die hier seit 160 Jahren Spielzeug produziert. In dem neu geschaffenen Märklineum wird die ganze Palette der produzierten Modellbahnen gezeigt. In einer 400 Quadratmeter großen Modellbahnanlage sieht man die Züge in Aktion. Gute alte Dampfloks mit Güterwagen, moderne ICE, Schienenbusse, Rangierloks und andere Fahrzeuge kreisen auf der Anlage und lassen die Kinderaugen leuchten. Es ist eine faszinierende Technik mit detailreichen Lokomotiven. Im Store leuchten die Augen dann nicht mehr ganz so strahlend, denn billig ist das Spielzeug nicht.

Das Märklineum in Göppingen.

Die Altstadt hat nicht das Flair wie andere Städte dieser Region. Das Städtische Museum im **Storchen** ist sicher noch interessant, außen wie innen, aber sonst gibt es schönere Orte für einen Stadtbummel, deshalb machen wir uns auch gleich wieder auf und fahren dem nächsten Ziel zu.

Auf dem Weg nach Bad Überkingen geht es vom Filstal über eine kurvenreiche Strecke hinauf auf die Alb. Wir durchfahren das Naturschutzgebiet **Nordalbhänge: Ottenwang-Ungerhalde-Sommerberg**. Von den vielen Wanderparkplätzen, die es in dieser Region gibt, haben wir zwei für Sie herausgesucht. Dieser hier liegt ganz still und verschwiegen an einem Wirtschaftsweg inmitten von Wiesen und Wäldern [**211:** N48°38'11.6" E9°41'54.2"] und der zweite befindet sich unmittelbar an der stark befahrenen L1218 am Gairenbuckel und ist mit diesen Koordinaten [**212:** N48°38'07.6" E9°42'15.8"] zu finden.

Wanderparkplatz, nur von Wiese und Wald umgeben.

Von diesem Parkplatz erreicht man das **Wasserberghaus** über den Albsteig HW1, dem Premiumwanderweg der Schwäbischen Alb. Die bewirtschaftete Wanderhütte ist bereits nach rund 1,5 Kilometern erreicht, Anstieg rund 138 Meter. Über die Öffnungszeiten der Hütte sowie über weitere Wanderwege in der Region erfahren Sie mehr auf dieser Seite www.wasserberghaus.de oder direkt vor Ort.

Bad Überkingen, die nächste Station auf unserer Reise, ist ein kleiner Kurort mit wenigen Einrichtungen. Der Ort selbst zählt nur 1900 Einwohner,

In Bad Überkingen.

(213) Offizieller WOMO-Badeplatz: ThermalBad Überkingen

GPS: N48°36'07.2" E9°47'51.9"; Am Kurpark, 73337 Bad Überkingen.
Max. WOMOs: 16, maximale Länge 12 m, max. Aufenthalt 3 Tage.
Ausstattung: 4 Stromanschlüsse, Behälter für die Müllentsorgung, ganzjährig geöffnet.
Beschreibung: Gut anfahrbare gepflasterte Plätze mit Grünstreifen in einer Sackgasse neben der Therme, sehr ruhig.
Preise: 3,00 € für ein Fahrzeug, zahlbar an der Kasse der Therme, Strom 0,50 € pro kWh.
Zufahrt: Den Hinweisen zur Therme folgen.

Blick von der Burgruine Helfenstein auf Geislingen und in das Tal der Fils.

ist also nicht mehr als ein großes Dorf mit einer Therme, Salzgrotte und Sauna. Die größten Sehenswürdigkeiten sind hier die Felsen der Schwäbischen Alb, denen wir auf Wanderungen in dieser Region in mannigfaltiger Weise begegnen.

Wir fahren weiter nach **Geislingen an der Steige**, das nicht nur einen kleinen Campingplatz bietet [**214:** N48°38'02.8" E9°50'29.4"], sondern mit der **Burgruine Helfenstein** auch ein äußerst attraktives Wanderziel. Die Burg diente im Mittelalter der Kontrolle des Albaufstiegs. Heute ist es ein beliebter Aussichtspunkt auf die Industriestadt, die mit WMF ein weltbekanntes Traditionsunternehmen hat, das aber mittlerweile nicht mehr selbstständig ist, sondern zur französischen Groupe SEB gehört. In dem **WMF-Outletcenter** in der Fabrikstraße 40 können Sie ihren Bestand an Töpfen und Pfannen aufstocken. Wenn Sie die Burgruine Helfenstein nicht vom Campingplatz erwandern möchten, so finden Sie oben auf der Höhe mit diesen Koordinaten [N48°36'58.7" E9°51'03.7"] einen Wanderparkplatz, der den Besuch stark vereinfacht. Von hier sind es bis zur Ruine nur leicht abschüssige 300 Meter.

Von Geislingen geht es nun über die kontinuierlich nach Osten abdachenden Albhochfläche über Gerstetten und Herbrechtingen nach **Giengen an der Brenz**. In dem Stadtteil Hürben dieser 20.000 Einwohner zählenden ehemaligen Reichsstadt, stellen wir das WOMO an der Charlottenhöhle ab und nehmen uns zu Fuß beziehungsweise mit dem Fahrrad die Umgebung vor.

Zunächst geht es zu dem **Archäopark Vogelherd** einem archäologischen Themenpark an der **Vogelherdhöhle**. Das sind mit dem Fahrrad durch das Lonetal nur fünf schöne Rad-

(215) Offizieller WOMO-Stellplatz: Reisemobilstation Charlottenhöhle

GPS: N48°35'03.1" E10°12'41.8"; Lonetalstraße 61, 89537 Giengen.
Max. WOMOs: 15, maximale Länge 9 m.
Ausstattung: Frischwasserversorgung, Abwasserentsorgung mit Bodeneinlass, Kassettenentleerung, Stromanschlüsse, Brötchenservice, Behälter für die Müllentsorgung, ganzjährig geöffnet.
Beschreibung: Geschotterter Platz mit Grünstreifen in ruhiger Lage in unmittelbarer Nähe der HöhlenErlebnisWelt.
Preise: 7,00 € für ein Fahrzeug, Frischwasser 1,00 €, Strom 2,00 € für 12 Stunden. Abwasserentsorgung und Entleerung der Bordtoilette ist kostenfrei.
Zufahrt: Von der St2204 in Richtung Kloster Banz der Beschilderung zur Therme folgen.

kilometer, die bequem zu fahren sind. Die Höhle wurde weltberühmt durch den Fund einzigartiger Tierplastiken die über 40.000 Jahre alt sind.

Unter den Gegenständen, die an diesen Orten gefunden wurden, befinden sich geschnitzte Figuren, Musikinstrumente und Schmuck. Die Figuren zeigen Tierarten, die in dieser eiszeitlichen Umgebung lebten - Höhlenlöwen, Mammuts, Vögel, Pferde, Rinder und Fische. Andere Figuren zeigen Kreaturen, die halb Tier, halb Mensch sind. Weltweit gibt es dies in dieser Form kein zweites Mal.

Dieses Pferd aus Mammutelfenbein wurde in der Vogelherd-Höhle gefunden. Es wird in Tübingen im Museum Alte Kulturen gezeigt. Siehe Seite 268

Tropfsteinformation in der Charlottenhöhle.

Seit 2017 gehört diese Höhle, mit einigen anderen in der Region, zum Welterbe der UNESCO. Der offizielle Name lautet: **Höhlen und Eiszeitkunst der Schwäbischen Alb**.

Der Archäopark Vogelherd bringt die Bedeutung der Funde zur Geltung. Einige Schaustücke sind hier ausgestellt. Über das gesamte Programm, Öffnungszeiten und Eintrittspreise gibt diese Seite Auskunft www.archaeo-park-vogelherd.de.

Mit der **HöhlenErlebnisWelt** wurde ein weiteres interaktives Erlebnismuseum geschaffen. Es befindet sich in Sichtweite des Stellplatzes. Es wurde rund um die **Charlottenhöhle** konstruiert. Die Höhle ist mit 587 Metern eine der längsten begehbaren Schauhöhlen in Süddeutschland und weist zahreiche Tropfsteine auf.

Im HöhlenHaus wird über die Entstehung, die Entdeckung und die Eröffnung der Höhle informiert. Das Leben mit Sauriern, Mammuts, Höhlenlöwen, Neandertalern und den Anfängen menschlicher Kunst und Kultur vor über 35.000 Jahren wird hier gezeigt. Es ist teilweise eine Wiederholung dessen, was auch schon im Archäopark zu sehen war. Der wesentliche Unterschied: Das Anfassen der Exponate ist hier erlaubt, denn die Ausstellung will zum spielerischen Lernen anregen und dient nicht der Wissenschaft.

Mit einem Abenteuerspielplatz und Grillstellen im Außenbereich, richtet sich diese Einrichtung an Familien mit Kindern, die hier eine interessante und unbeschwerte Zeit verbringen können. Eintrittspreise, Öffnungszeiten und weitere Informationen finden Sie auf www.hoehlenerlebniswelt.de.

Landschaftlich ist es hier sehr reizvoll. Zum Abschluss dieses Kapitels drehen wir noch eine kleine Runde mit den Fahrrädern und verbinden dabei den Besuch der **Steinernen Jungfrauen** im **Eselsburger Tal** mit einem Besuch des **Steiff-Museums** in Giengen an der Brenz. Es sind nur 20 Kilometer. Es geht dreimal jeweils über eine kurze Distanz rund 200 Meter hoch und ebenso oft auch wieder runter. Mit dem

Steinerne Jungfrauen im Eselsburger Tal.

e-bike kein Problem, aber wenn Sie ohne Motorunterstützung unterwegs sind, kann es anstrengend werden.

Das Steiff-Museum in Giengen an der Brenz.

Das Steiff-Museum zeigt die Geschichte des Teddybären und die Geschichte einer außergewöhnlichen Frau, die sich gegen viele Widerstände durchsetzte und ganz einfach ihren Weg ging. Auf drei Etagen wird durch die 2.400 Quadratmeter große Ausstellung geleitet und an über 2000 Ausstellungsstücken vorbeigeführt. Über Eintrittspreise und Öffnungszeiten informiert diese Seite www.steiff.com unter der Rubrik Steiff Museum.

Nachdem die Räder wieder auf dem Fahrradträger des WOMOs fest verzurrt sind, geht die Reise weiter nach Ulm. Wir nehmen den schnellsten Weg über die Autobahn. Die Stellplatzinformationen und die Stadtbeschreibung finden Sie auf den nächsten Seiten.

Wir befinden uns an dieser Stelle im Randbereich zu unserem Buch "Mit dem Wohnmobil nach Bayern, Teil 3: Der Nordwesten mit der Romantischen Straße", Band 95 der WOMO-Reihe. Dort endet die Tour 11 in Ulm und behandelt davor die Abtei Neresheim, die sich in der Nähe der Grenze zu Bayern befindet. Von hier aus ist es auch nicht weit ins Ries nach Nördlingen oder in das Donaumoos mit seinen vielen attraktiven Reisezielen. Sie finden das alles in dem Nachbarbuch beschrieben, worauf wir an dieser Stelle hinweisen möchten.

TOUR 14 (ca. 220 km)

Ulm – Blaustein – Blaubeuren – Laichingen – Münsingen – Marbach – Bad Urach – Hülben – Beuren – Neuffen – Metzingen – Reutlingen

Stellplätze:	Neu-Ulm, Ulm, Blaustein, Blaubeuren, Laichingen, Heroldstatt, Münsingen, Ödenwaldstetten, Marbach, Bad Urach, Neuffen, Metzingen, Reutlingen.
Campingplätze:	Keine.
Ver-/Entsorgung:	Neu-Ulm, Ulm, Blaubeuren, Münsingen, Ödenwaldstetten, Bad Urach, Hülben, Neuffen, Metzingen, Reutlingen.
Besichtigungen:	Ulm (Altstadt, Münster, Bundesfestung), Blaubeuren (Blautopf, Höhlen), Laichingen (Tiefenhöhle), Heroldstatt (Sontheimer Höhle), Ödenwaldstetten (Bauernhausmuseum), Marbach (Landesgestüt), Bad Urach (Altstadt), Beuren (Freilichtmuseum), Neuffen , Metzingen (Outletcenter).
Wandern/Radwandern:	Im Tal der Großen Lauter, Gestütsradwege Marbach, Uracher Wasserfall, Randecker Maar.
Baden/Wellness:	Neu-Ulm (Donaubad), Blaustein (Freibad), Bad Urach (Therme), Beuren (Therme).

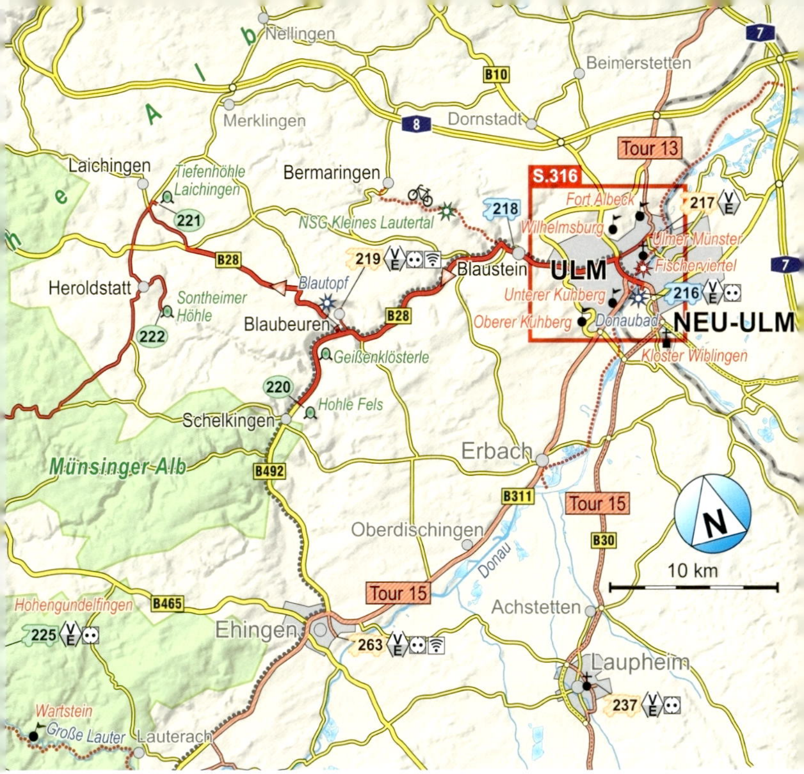

Höhlen, Burgen, Burgruinen, Tallandschaften, Thermen, Freilichtmuseen und schöne Fachwerkstädte. Auf dieser Tour haben wir wieder eine bunte Mischung aus all dem Genannten.

Beginnen wollen wir mit einem neuen Stellplatz am Donaubad in **Neu-Ulm** [**216:** N48°23'00.5" E9°59'15.7"], der sich im Öschweg befindet (siehe Stadtplan folgende Seite). Bei Drucklegung dieses Buches war er noch nicht fertiggestellt. Über Ausstattungsmerkmale und Preise können wir deshalb keine Angaben machen. Er soll im Sommer 2020 in Betrieb gehen. Er hat den Vorteil, dass er außerhalb der Umweltzone liegt und deshalb auch von älteren Fahrzeugen angefahren werden kann. Den alten bekannten Stellplatz stellen wir hier vor.

(217) Offizieller WOMO-Stellplatz: Ulm – Donaustadion

GPS: N48°24'23.9" E10°00'32.9"; Wielandstraße, 89073 Ulm.
max. WOMOs: 50, maximale Länge 12 m, max. Aufenthalt 3 Tage.
Ausstattung: Gepflasteter Platz mit Wasserver- und Abwasserentsorgung, Kassettenentleerung, Behälter für die Müllentsorgung. Ganzjährig geöffnet.
Lage: Der Platz liegt direkt neben dem Stadion, 2,5 km vom Münster entfernt. Mit der Stadtbahn lässt sich das Zentrum bequem erreichen. Die Haltestelle ist nur wenige Meter vom Stellplatz entfernt.
Preise: Kostenlos, Abwasserentsorgung und Entleerung der Bordtoilette ist kostenfrei. Frischwasser kostet 1,00 €.
Zufahrt: Der Stellplatz liegt innerhalb der Umweltzone und darf nur von Fahrzeugen mit grüner Plakete angefahren werden. Für die Zufahrt den Hinweisen zum Stadion folgen.

Ulm und Neu-Ulm

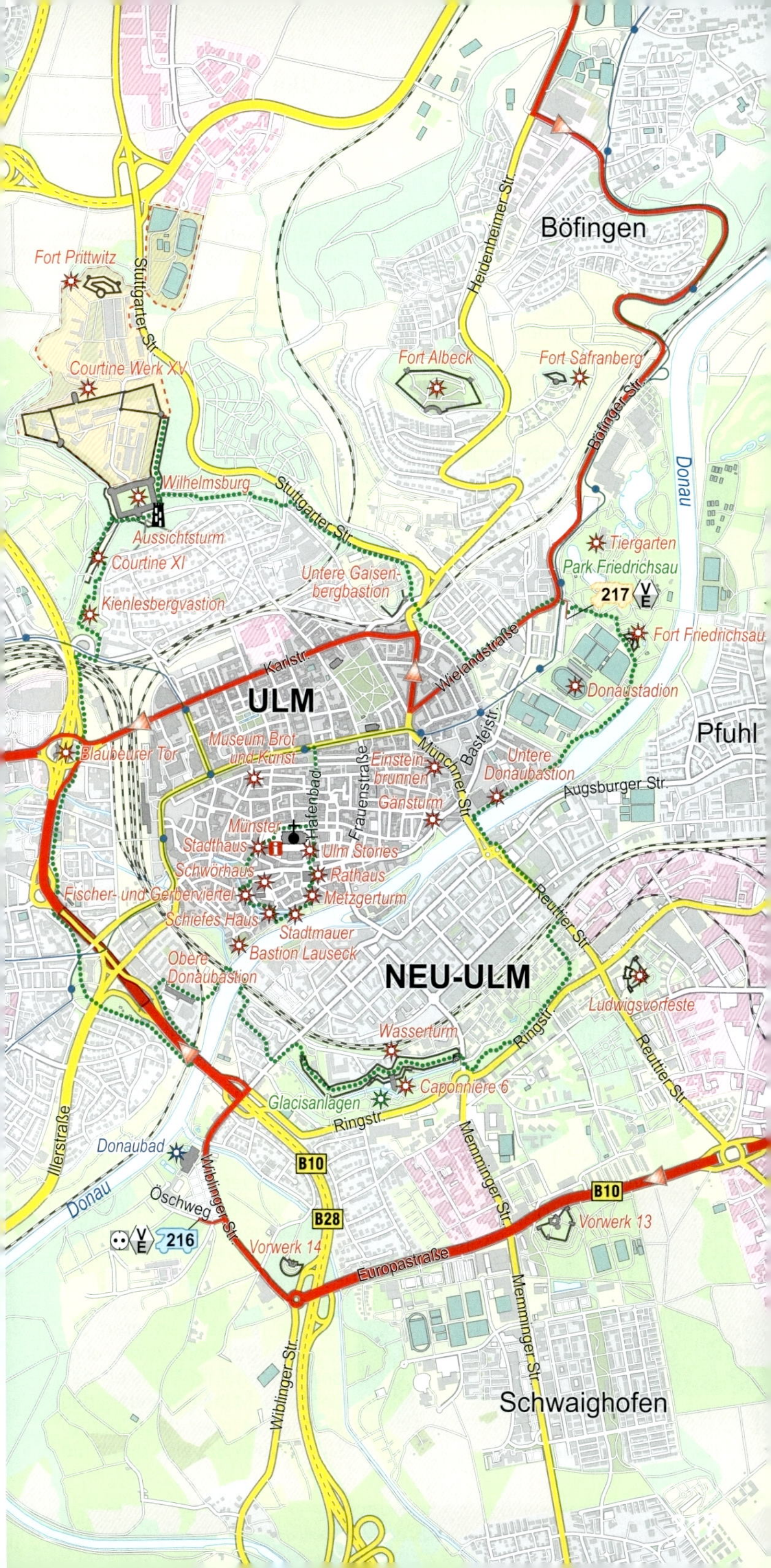

Böfingen
Fort Prittwitz
Stuttgarter Str.
Heidenheimer Str.
Courtine Werk XV
Fort Albeck
Fort Safranberg
Böfinger Str.
Donau
Wilhelmsburg
Stuttgarter Str.
Aussichtsturm
Courtine XI
Tiergarten
Park Friedrichsau
Untere Gaisenbergbastion
217
Kienlesbergvastion
Fort Friedrichsau
Karlstr.
Wielandstraße
ULM
Donaustadion
Pfuhl
Museum Brot und Kunst
Blaubeurer Tor
Frauenstraße
Einsteinbrunnen
Münchner Str.
Basteistr.
Untere Donaubastion
Augsburger Str.
Hafenbad
Gänsturm
Münster
Stadthaus
Ulm Stories
Schwörhaus
Rathaus
Fischer- und Gerberviertel
Metzgerturm
Schiefes Haus
Stadtmauer
Reuttier Str.
Bastion Lauseck
Obere Donaubastion
NEU-ULM
Ludwigsvorfeste
Wasserturm
Ringstr.
Caponniere 6
Glacisanlagen
Ringstr.
Illerstraße
Donaubad
Memminger Str.
Reuttier Str.
B10
Öschweg
Wiblinger Str.
B28
B10
Vorwerk 13
Donau
216
Vorwerk 14
Europastraße
Memminger Str.
Wiblinger Str.
Schwaighofen

Spaziergänge durch Ulm und Neu-Ulm

Zwei Spaziergänge wollen wir durch Ulm machen. Einen kurzen zu den bekanntesten Highlights, dem **Münster** und dem **Fischerviertel** und einen sehr viel längeren zu einigen Gebäuden der **Bundesfestung**, die den meisten Besuchern der Stadt weniger bekannt sind.

Mit der Straßenbahnlinie 1 geht es vom Donaustadion bis zur Haltestelle Justizgebäude. Sie erkennen auf dem Stadtplan die Straßenbahnlinien an der dunkelblauen Farbe. Die Haltestellen sind mit einem dunkelblauen Punkt markiert.

Von der Haltestelle Justizgebäude geht es zu Fuß weiter über die Hafenbadstraße, auf der nach rund 400 Metern der hintere Teil des Münsterplatzes erreicht wird.

Mit 161,53 Metern hat das **Ulmer Münster** den höchsten Kirchturm der Welt. Über Jahrhunderte war dieses Gebäude eine Dauerbaustelle. Von der Grundsteinlegung im Jahre 1377 bis zur Fertigstellung im Jahre 1890 vergingen immerhin 513 Jahre. Das wird nur noch vom Bau des Kölner Domes getoppt, der 632 Jahre in Anspruch nahm. Aber auch heute klebt an irgendeinem Gebäudeteil immer ein Gerüst, denn der Zahn der Zeit verschont die aus Naturstein bestehenden Fassadenelemente nicht. Ständig wird an irgendeiner Stelle saniert und restauriert. Dies ist bei anderen Bauwerken dieser Art nicht anders. Da die Instandhaltung des Münsters Unsummen verschlingt, wird für die Besteigung des Turmes ein Eintritt von 5,00 € pro Erwachsenem verlangt. Die Eintrittsgelder werden für die Sanierungsarbeiten verwendet. Sie tun der Kirche also etwas Gutes, wenn Sie die 768 Stufen hinaufgehen. Von der Aussichtsplattform in 143 Metern Höhe haben Sie natürlich einen fantastischen Blick auf Ulm und um Ulm herum.

Das Ulmer Münster.

Für kreislaufgeplagte Menschen ist dieser Aufstieg in dem engen Treppenhaus natürlich nichts. Sie können aber trotzdem den Rundumblick genießen und das zu jeder Tages- und Nachtzeit, indem Sie sich eine kostenlose App auf Ihr Smartphone oder Tablet laden. Suchen Sie dazu in Ihrem Appstore nach **Ulm Stories** und installieren Sie diese auf Ihrem Gerät. Diese App hat einen weiteren Vorteil, denn er fungiert bei entsprechender Einstellung auch als virtueller Reiseführer bei dem Besuch des Kirchenschiffes. Ohne dass Sie noch etwas Weiteres tun müssen, erfahren Sie je nach Standort etwas über den Erzengel im Münster, das doppelte Münsterwunder, das Weltgericht oder das Chorgestühl. Wenn Sie also durch die

Kirche gehen und viele Besucher ihr Smartphone am Ohr oder den berühmten Knopf im Ohr haben, dann hören diese vermutlich nicht irgendeinen Popsong, sondern lauschen den Ausführungen an einer der 11 Stationen. Eine ganz faszinierende App, wir können Sie nur empfehlen.

Und da wir gerade bei der schönen neuen Technik sind, dann gehen Sie doch in die Kramgasse 3, am südlichen Ende des Münsters. Hier können Sie in den **Ganzkörper-Flugsimulator Birdly®** einsteigen und durch ihre eigenen Bewegungen einen Flug durch die Ulmer Altstadt von 1890 unternehmen. 5,00 € kostet ein Flug und kann von dienstags bis sonntags zwischen 10.00 und 18.00 Uhr absolviert werden.

Im Ulmer Münster.

Kommen wir von der Virtual-Reality zurück in das reale Leben und gehen an dem modernen **Stadthaus** und dem **Schwörhaus** vorbei in das **Fischer- und Gerberviertel**, das an der Mündung der Blau in die Donau liegt. Es ist ein idyllischer Ort und das bedeutendste Altstadtensemble der Münsterstadt. Vom bestialischen Gestank der Fischverarbeitung und Lederherstellung ist nichts mehr zu spüren. Sauber fließt das Wasser der Blau durch das Viertel. Das Flüsschen wird von schmalen Brücken überspannt und in dem Gewirr der Gassen finden sich alte malerische Fachwerkhäuser, in denen kleine Restaurants, Cafés und Galerien den Besuchern ihren Service anbieten. Im **Schiefen Haus** ist

Schiefes Haus, laut Guinnessbuch der Rekorde das schiefste Hotel der Welt.

Das Rathaus mit prachtvoller Außenbemalung aus der Frührenaissance.

sogar ein Hotel untergebracht. Ein außergewöhnliches Haus, in dem der Gleichgewichtssinn schon mal durcheinander kommen kann.

Das **Fischer- und Gerberviertel** findet an der Stadtmauer sein Ende, die heute ein beliebter Spazierweg ist und auf der man einige Meter entlang der Stadt gehen kann. Durch den etwas schief stehenden 36 Meter hohen **Metzgerturm** geht es zum **Rathaus**, das mit seiner prachtvollen Außenbemalung aus der Frührenaissance auffällt. Diese Bemalung war nicht nur als Fassadenschmuck gedacht, sondern sollte auch eine erzieherische Wirkung haben. Auf der Ostseite des Rathauses wird anhand von biblischen Beispielen unter anderem auf "Göttliche Weisheit", "Gerechtigkeit", "Liebe" und anderem mehr hingewiesen. Die Nordseite zeigt Themen aus der römischen Sagenwelt und behandelt unter anderen die "Kriegsehrbarkeit", " männliche Kühnheit" und " Gehorsam".

Die Stadtmauer in der Nähe des Metzgerturmes.

Da wir nun wieder am **Münsterplatz** angekommen sind, ist unser kleiner Spaziergang beendet. Wenn Sie es gemütlich angehen lassen, sind Sie mit all den aufgezählten Sehenswürdigkeiten einen ganzen Tag beschäftigt und dabei haben wir noch etliches ausgelassen.

Gehen wir nun zum zweiten Spaziergang über, der ein wenig mehr Kondition erfordert. Hier geht es vor allem um die **Bundesfestung**, ein Festungsgürtel, dessen zahlreiche Gebäude in Ulm und in Neu-Ulm in Form von Forts, Courtinen, Bastionen und Capponnieren anzutreffen sind. Um dem Besucher diese Anlagen näher zu bringen, wurde ein **Festungsweg** angelegt. Er ist 12,5 Kilometer lang und sehr gut ausgeschildert. Auf unserem Stadtplan haben wir diesen Weg übernommen. Einzige Abweichung: Start und Zielpunkt ist bei uns der Stellplatz.

Warum in aller Welt steht hier mitten im süddeutschen Raum so eine große Festungsanlage und wieso ist sie noch so gut erhalten? Um das zu verstehen, ist ein kleiner Blick in die Geschichte notwendig.

Napoleon wurde bekanntlich 1815 in Waterloo endgültig besiegt und in die Verbannung geschickt. Die Herrscher der Länder Europas bzw. deren Gesandten setzten sich im Wiener Kongress unter Fürst Metternich zusammen und ordneten Europa neu. Grenzverschiebungen von erheblichem Umfang fanden statt. So wurde unter anderem Franken dem Königreich Bayern zugeschlagen. Was nicht stattfand, war die Bildung eines Nationalstaates Deutschland. Es blieb beim **Deutschen Bund** einem Zusammenschluss von 35 deutschen Einzelstaaten und den Städten Frankfurt, Hamburg, Bremen und Lübeck. Die Schwergewichte in diesem Bund waren Preußen und Österreich, das allerdings nur zu einem Teil seines Herrschaftsgebietes im Bund vertreten war. Jeder Einzelstaat war darauf bedacht, möglichst viel an Macht zu behalten und wenn möglich das eigene Territorium zu vergrößern. Jeder verfolgte sozusagen seine eigenen Interessen. Nur bei der Landesverteidigung war man bereit zusammenzuarbeiten. Frankreich wurde als damals dominierende Militärmacht von den Staaten des **Deutschen Bundes** auch nach 1815 immer noch als Bedrohung empfunden. Für weitere militärische Auseinandersetzungen wollte man gewappnet sein und beschloss, die Grenze zu Frankreich mit Festungen abzusichern. In Luxemburg, Mainz, Landau und Rastatt wurden Festungen angelegt. In Rastatt ist von der Festung aber nicht mehr viel zu sehen, wie wir auf der Seite 80 festgestellt haben. Ulm wurde in erster Linie auf Drängen Österreichs zu einer Festung ausgebaut, glaubte man doch hier an der Handelsstraße zwischen Paris und Wien mögliche französische Truppen aufhalten zu können und einen Rückzugsraum zu bieten für die Soldaten des Deutschen Bundes, wenn sie im Kriegsfall die Festungen Rastatt und Landau hätten aufgeben müssen. Deshalb wurde die Festung auch so groß angelegt. Im Ernstfall sollte sie 100 000 Soldaten Schutz bieten. Der Bau dieser Anlage war ein Mammutprojekt, das für die Stadt Ulm vielerlei wirtschaftliche Vorteile mit sich brachte. Mit dem Bau der **Wilhelmsburg**, dem Hauptgebäude der Festungsanlage auf dem **Michelsberg**, wurde 1842 begonnen. Bis zu 8000 Arbeiter waren in den Jahren von 1842 bis 1859 damit beschäftigt die Festung zu bauen. Ingenieurtechnisch und logistisch eine Meisterleistung dieser Zeit. Einer Bewährungsprobe war die Festung nie ausgesetzt, Sie wurde nie angegriffen, was die Vollständigkeit und den relativ guten Zustand dieser Anlagen erklärt. Zwar wurden einzelne Teile für Stadterweiterungs- und Ausbaumaßnahmen abgerissen, aber in der Gesamtschau ist dies eine einmalige Anlage in Deutschland, die es wert ist, als historisches Monument erhalten zu werden. Darum kümmert sich der **Förderkreis Bundesfestung Ulm**. Über die homepage www.festung-ulm.de/ dieses Vereins erhalten Sie sehr viele Detailinformationen und erfahren auch alles Notwendige über Führungen und Öffnungszeiten. Von außen sind die Anlagen natürlich zu jeder Zeit zu betrachten und viele Gebäude werden genutzt z.B. als Museen, als KZ-Gedenkstätte, als Jugend- und Vereinsräume, als Clubs, Biergärten und Restaurants oder als Teil der Grünanlagen wie z.B. den **Glacisanlagen** in Neu-Ulm.

Blick vom Aussichtsturm auf den großen Gebäudekomplex der Bundesfestung.

Wir verlassen Ulm über die B28 in Richtung Reutlingen. Den ersten Zwischenstopp machen wir in **Blaustein**. Hier kann man das örtliche Freizeitbad mit großer Rutsche, Sauna und Wellnessangeboten nutzen. Ein schöner Radweg führt durch

(218) Offizieller WOMO-Badeplatz: Blaustein – Freizeitbad Bad Blau

GPS: N48°25'03.2" E9°54'59.0"; Boschstraße, 89134 Blaustein.
Max. WOMOs: 20, maximale Länge 12 m.
Ausstattung: Befestigte Plätze ohne Versorgungseinrichtungen für Wohnmobile, ganzjährig geöffnet.

Beschreibung: Ortsrand zwischen Sportanlagen und Freizeitbad, ruhig.
Preise: Kostenlos.
Zufahrt: In Blaustein der Beschilderung zum Freizeitbad folgen. Der Bahnhof ist 600 Meter entfernt. Von dort sind es 7 Minuten mit der Bahn bis zum Hauptbahnhof in Ulm. Die Züge fahren im Stundentakt.

das **Naturschutzgebiet Kleines Lautertal**. Von Blaustein bis nach Bermatingen sind das rund 10 Kilometer. Unterwegs gibt es nette Einkehrmöglichkeiten. Einen Prospekt zum download über dieses NSG finden Sie hier: www.blaustein.de unter dem Stichwort Kultur & Tourismus.

Das nächste Ziel ist **Blaubeuren**. Der Stellplatz ist schnell gefunden. Größte Attraktion des Ortes ist der **Blautopf**. Sie ist nach dem **Aachtopf** (siehe Seite 247) die größte Karstquelle Deutschlands. Auch hier durchdringt das Oberflächenwasser

(219) Offizieller WOMO-Stellplatz: Blaubeuren

GPS: N48°24'54.8" E9°47'27.1"; Dodelweg 20, 89143 Blaubeuren.
Max. WOMOs: 16, maximale Länge 9 m, max. Aufenthalt 5 Tage.
Ausstattung: Frischwasserversorgung, Abwasserentsorgung mit Bodeneinlass, Kassettenentleerung, Stromanschlüsse, Behälter für die Müllentsorgung, WLAN, ganzjährig geöffnet.
Beschreibung: Gepflasterte Plätze mit Bäumen abgetrennt, schattig, neben Hallenbad und Tennisplätzen, sehr ruhig. 600 Meter bis zum Blautopf, 750 Meter bis zur Innenstadt.

Preise: 10,00 € für ein Fahrzeug inkl. Strom, Frischwasser 1,00 €. Abwasserentsorgung und Entleerung der Bordtoilette ist kostenfrei. Ausweichparkplatz ohne Stromanschluss auf der Wiese 8,00 €.
Zufahrt: Von der B28 vor der Tunneleinfahrt rechts abbiegen und in Richtung Innenstadt fahren, dabei der Beschilderung zum Hallenbad und Wohnmobilstellplatz folgen.

Der Blautopf in Blaubeuren.

der Alb das klüftige Gestein, fließt durch ein weitverzweigtes Höhlensystem und tritt an dieser Stelle aus dem Fels. Je nach Witterung und Jahreszeit ist die Intensität unterschiedlich, sie reicht von 250 bis 32.670 Liter pro Sekunde. Neben dem Besuch des Blautopfs lohnt ein Gang durch das alte Gerberviertel der Stadt, ein malerisches Kleinod. Vier Wanderwege hat die Stadt für Ihre Besucher angelegt (download der Karte und Beschreibung gibt es hier: www.blaubeuren.de). Einer davon führt zu der Höhle **Hohle Fels**, die sich im Tal der Aach bei Schelkingen befindet. In dieser Höhle wurde die **Venus vom Hohle Fels** gefunden. Sie ist die bisher älteste bekannte, von Menschenhand geschaffene Frauenfigur. Geschnitzt wurde Sie aus dem Stoßzahn eines Mammuts. Ausgestellt ist sie im

Der Hohle Fels ist die größte für Besucher zugängliche Höhlenhalle der Alb.

Urgeschichtlichen Museum Blaubeuren. Dieses sehenswerte Museum beschäftigt sich mit den Lebenswelten des Menschen in der Eiszeit. Die Öffnungszeiten und Eintrittspreise finden Sie hier www.urmu.de. Der Hohle Fels gehört auch zum UNESCO-Welterbe **Höhlen und Eiszeitkunst der Schwäbischen Alb**. Wenn Sie die Höhle mit dem WOMO anfahren möchten, dann finden Sie mit diesen Koordinaten den passenden Parkplatz [**220:** N48°22'47.0" E9°45'08.8"].

Steile Treppen in der Laichinger Tiefenhöhle.

Nicht zum Welterbe gehört die **Tiefenhöhle in Laichingen**, die Sie mit diesen Koordinaten [**221:** N48°28'43.5" E9°41'32.2"] finden. Sie ist die einzige begehbare Schachthöhle in Deutschland. Sie ist 86 Meter tief und 1348 Meter lang. Über steile Beton- und Eisentreppen geht es erst hinunter und an anderer Stelle wieder hinauf. Für den Besucher ist in einer Tiefe von 55 Metern Schluss und der Gang für ihn ist nur 330 Meter lang. Es ist keine Tropfsteinhöhle und es wurden auch keine Spuren menschlicher Nutzung in dieser Höhle entdeckt. Sie steht über Klüfte und Gänge mit dem Blautopf in Verbindung. Dies konnte die Höhlenforschung durch gefärbtes Wasser belegen, das hier eingelassen wurde und 36 Stunden später am Blautopf wieder austrat. (*Öffnungszeiten: Täglich von 10:00 bis 18:00 Uhr, Eintrittspreis 4,00 €*).

Waldparkplatz an der Sontheimer Höhle.

Wir haben noch eine Höhle auf dem Programm. Mit der **Sontheimer Höhle** bei Heroldstatt ist es wieder eine Tropfsteinhöhle, die, vergleicht man sie mit der Nebelhöhle, doch sehr bescheiden daherkommt. Dafür stehen Sie sehr verschwiegen und sehr ruhig am Waldrand [**222:** N48°26'03.2" E9°41'02.7"], wenn Sie solche "Freisteherplätze" mögen, dann ist es ideal.

Den nächsten Stellplatz muss man sich garantiert mit mehreren Wohnmobilisten teilen. Die Münsinger Alb mit dem Tal der Großen Lauter ist ein Wander- und Radfahrerparadies

(223) Offizieller WOMO-Stellplatz: Münsingen – Im Wiesental

GPS: N48°24'33.8" E9°29'08.9"; Grafenecker Str., 72525 Münsingen.
Max. WOMOs: 18, maximale Länge 12 m, max. Aufenthalt 5 Tage.

Ausstattung: Frischwasserversorgung, Abwasserentsorgung ohne Bodeneinlass, Kassettenentleerung, Stromanschlüsse, Behälter für die Müllentsorgung, ganzjährig geöffnet.
Beschreibung: Geräumige geschotterte Plätze mit Grünstreifen, schattenlos, sehr ruhig.
Preise: 12,00 € für ein Fahrzeug, inkl. der ALBcard, 8,00 € ohne ALBcard. Frischwasser 1,00 €, Strom ist kostenlos. Die AlbCard ermöglicht einen kostenlosen Eintritt in über 50 Attraktionen auf der Schwäbischen Alb sowie eine kostenlose Nutzung des ÖPNV Angebots mit Bus und Bahn auf der gesamten Schwäbischen Alb. Die Gebühren sind beim Kassierer zu entrichten oder bei der Touristik Information .
Zufahrt: In Münsingen in Richtung Hayingen fahren und am Sportplatz rechts abbiegen.

schlechthin. Die Möglichkeiten die es hier dazu gibt, können wir gar nicht alle aufzählen, das gäbe ein Buch für sich.

Wenn Sie diese homepage aufrufen www.muensingen.com/Wandern, werden Sie verstehen warum. Allein die Beschreibungen der schönsten zehn Wanderungen rund um Münsingen umfassen schon 28 Seiten. Wir empfehlen Ihnen, sich diese einmal anzuschauen, neben den vielen anderen, die es dort auch noch einzusehen gibt. Sie können sich diese Wandervorschläge als PDF auf ihr Tablet oder Smartphone laden und vielfach auch im gpx-Format für Ihr Wandernavigationsgerät. Idealerweise machen Sie dies spätestens auf dem Stellplatz im Wiesental, denn an anderen Orten sind die Verbindungen nicht immer berauschend.

Wanderparkplatz bei Buttenhausen.

Ein Gang zur Touristinfo ist in diesem Zusammenhang natürlich auch zu empfehlen. Hier be-

Burgruine Bischishausen.

kommen Sie die Wandervorschläge in gedruckter Form. Sie befindet sich in der Hauptstr. 13 und ist damit nur rund 700 Meter vom Stellplatz im Wiesental entfernt.

Empfehlenswert ist auch ein Besuch des **Biosphärenzentrums Schwäbische Alb**, das sich in der Biosphärenallee 2 befindet. Vom Stellplatz im Wiesental ist das rund vier Kilometer entfernt. Hier erfahren Sie alles über die Natur und die Landschaft dieser Region und über die Menschen, die hier ihre Heimat haben. Breiten Raum nimmt die Umgestaltung des ehemaligen Truppenübungsplatzes ein, aus dem dieses Biosphärenreservat entstanden ist. Das Zentrum ist auch gleichzeitig eine Informationsstelle für den GeoPark Schwäbische Alb. Und nun einige Beispiele für Wanderungen und Radtouren in der Region.

Am Wanderparkplatz bei **Buttenhausen** (siehe Foto vorangegangene Seite) [**224:** N48°21'46.2" E9°28'09.1"] finden Sie einen Spiel- und einen Grillplatz, eine große Wandertafel zeigt kleinere und größere Rundwanderwege an. Auf diesem Stellplatz (225), können Sie alle notwendigen Ver- und

(225) WOMO-Wanderparkplatz: Münsingen – Heiligental

GPS: N48°18'57.5" E9°30'26.9"; Heiligental, 72525 Münsingen.
Max. WOMOs: 4, maximale Länge 10 m.
Ausstattung: Frischwasserversorgung, Abwasserentsorgung ohne Bodeneinlass, Kassettenentleerung, Stromanschlüsse, WC, Tische und Bänke, Behälter für die Müllentsorgung. Der Platz ist ganzjährig geöffnet.

Beschreibung: Geschotterte Fläche neben einem PKW-Parkplatz, sehr ruhig. Großflächige Hinweistafeln illustrieren die Wanderrouten und Radwege in dieser Region.
Preise: Kostenlos, auch Strom und Frischwasser.
Zufahrt: An der Straße zwischen Gundelfingen und Indelhausen auf der linken Seite.

Lautertal zwischen Indelhausen und Gundelfingen.

Entsorgungsarbeiten erledigen, auch dann, wenn die eigentlichen Stellplätze belegt sind. Hier finden Sie den nächsten Wanderparkplatz [**226:** N48°18'32.3" E9°29'53.8"], der sich unterhalb der bewirtschafteten **Burg Derneck** befindet. Von beiden letztgenannten Wanderparkplätzen können Sie auf dem Premiumwanderweg Hohengundelfingen-Burg Derneck eine sehr schöne aussichtsreiche Runde wandern. Etwas mehr als sechs Kilometer ist der Weg lang und erfordert keinen durchtrainierten Körper. Er bietet an mehren Stellen die Möglichkeit zur Einkehr. Geht es bei einer Wanderung meist in die Höhe, bleibt man mit dem Rad eher unten im Tal. Hier können Sie bis zur Donau fahren, von der wir an dieser Stelle nur noch 14 Radkilometer entfernt sind und bis zur Wimsener Höhle in Tour 15 (siehe Seite 366) sind es auch nur zehn Kilometer. Kurzum, die Münsinger Alb bietet für einen Wanderurlaub sehr viel abwechslungsreiche Möglichkeiten. Noch ist es hier überschaubar und nicht überlaufen, aber die Vermarktungswelle dieses Naturparadieses läuft. In wenigen Jahren ist die Münsinger Alb kein Geheimtipp mehr.

Wir fahren weiter zu einem kleinen **Bauernhausmuseum** nach **Ödenwaldstetten**.

Im Bauernhausmuseum von Ödenwaldstetten.

Es besteht aus nur zwei Gebäuden einer Althofstelle aus der Zeit um 1600 und 1859. Gleich neben dem gepflegten Bauerngarten dieser Anlage befindet sich ein idyllischer Wohnmobilstellplatz.

(227) Offizieller WOMO-Stellplatz: Ödenwaldstetten – Bauernhausmuseum

GPS: N48°20'51.2" E9°22'37.3"; Jahnstraße, 72531 Hohenstein.
Max. WOMOs: 6, maximale Länge 8 m, max. Aufenthalt 3 Tage.
Ausstattung: Frischwasserversorgung, Abwasserentsorgung ohne Bodeneinlass, Kassettenentleerung, Stromanschlüsse, Behälter für die Müllentsorgung, Grillplatz, ganzjährig geöffnet.

Beschreibung: Idyllischer Platz zwischen dem Bauernhofmuseum einer großen Wiese, absolut ruhig.
Preise: 4,00 € für ein Fahrzeug, Frischwasser 1,00 € und Strom 1,00 € für 6 Stunden. Abwasserentsorgung und Entleerung der Bordtoilette ist kostenfrei.
Zufahrt: In Ödenwaldstetten der Beschilderung zum Bauernhausmuseum und dem Stellplatz folgen.

Vom Wanderparkplatz am **Haupt- und Landgestüt Marbach** [**228:** N48°23'04.7" E9°24'55.4"] lassen sich sehr schöne Radtouren unternehmen, die als **"Gestütsradwege"** gekennzeichnet sind. Drei stehen zur Wahl. Ein kurzer mit 14 Kilometern Länge, ein mittlerer mit 29 und ein langer mit 50 Kilometern Länge. Letzter hat auch die höchsten Steigungs- und Gefällstrecken aufzuweisen. Auf der großen Wandertafel am Parkplatz sind sie verzeichnet. Die 29 Kilometer lange Strecke startet man aber besser in Bad Urach. Die Strecken führen vorbei an den typischen Vegetations- und Landschaftsformen auf der Alb. Da es Themenradwege sind, geht es an kleineren und größeren Pferdehöfen vorbei, die natürlich ringsum viele Pferdekoppeln aufweisen.

Wanderparkplatz beim Landesgestüt.

Typische Vegetationsform auf der Alb.

Im Landesgestüt werden alljährlich mehrere Veranstaltungen durchgeführt. Bekannteste und spektakulärste ist die große **Hengstparade**, die Tausende Besucher in das Reitstadion lockt.

Es ist eine große Pferdeshow, in der nicht nur die Hengste und Stuten des Gestütes gezeigt werden, sondern auch zahlreiche akrobatischen Darbietungen, Dressurquadrillen und historische Gespanne. Verblüffend, wie Menschen mit dem entsprechenden "Pferdeverstand" mit diesen Tieren umgehen können. Alle weiteren Informationen mit Terminen und Eintrittspreisen zu den Veranstaltungen finden Sie hier https://hul.landwirtschaft-bw.de.

Silberne Herde auf der Hengstparade.

Wir machen uns nun wieder mit dem WOMO auf den Weg und begeben uns nach **Bad Urach** zu diesem Stellplatz.

(229) Offizieller WOMO-Badeplatz:
Bad Urach – Alb Therme

GPS: N48°30'03.1" E9°22'37.4"; Bei den Thermen, 72574 Bad Urach.
Max. WOMOs: 26, maximale Länge 8 m, max. Aufenthalt 5 Tage.
Ausstattung: Frischwasserversorgung, Abwasserentsorgung mit Bodeneinlass, Kassettenentleerung, Stromanschlüsse, Behälter für die Müllentsorgung, WLAN, Tische und Bänke unter Bäumen. Der Platz ist ganzjährig geöffnet.
Beschreibung: Geräumige gepflasterte Plätze mit Grünstreifen, teilweise schattig. Bis zum Eingang der Therme sind es 250 Meter. An der Kasse der Therme wird der Schlüssel für den Stromkasten ausgegeben. Der Platz ist angenehm ruhig. Entfernung zum Wasserfall 2,5 km, Entfernung zur Innenstadt 2 km.

Preise: 10,00 € für ein Fahrzeug inkl. Strom, Frischwasser 1,00 €. Abwasserentsorgung und Entleerung der Bordtoilette ist kostenfrei.
Zufahrt: Auf der B28 Richtung Metzingen fahren, dann den Hinweisen zur Therme folgen.

Das schmucke Städtchen mit rund 12.000 Einwohnern ist eine der drei Schäferlaufgemeinden in Baden-Württemberg. Wir befinden uns hier am Rande der Alb im Tal der Erms. Auf dem Weg hierher sind wir vom Gestüt etwa 300 Höhenmeter hinunter gefahren.

Das Schloss in Bad Urach.

Die Altstadt rund um den **Marktplatz** weiß mit schönen Fachwerkfassaden zu glänzen. Die Häuser wurden im 15. und 16. Jahrhundert errichtet. Das Rathaus, das Sie am linken Bildrand sehen und an dem Türmchen auf dem Dach erkennen können, stammt aus dem Jahre 1440. Neben der mittelalterlichen Altstadt ist das **Schloss** von besonderem Interesse, das nur wenige Meter vom Marktplatz entfernt liegt und durch die Kirchgasse zu erreichen ist.

Das spätmittelalterliche Residenzschloss wurde Ende des 14. Jahrhunderts durch Graf Eberhard III. errichtet. In den folgenden Jahrhunderten wurde es immer wieder erweitert und umgebaut. Jeder Graf, jeder Herzog hatte, dem jeweiligen Zeitgeist folgend, seine besonderen Vorlieben und ließ die Anlage umgestalten. So kam der prächtige Goldene Saal erst zu Beginn des 17. Jahrhunderts durch Herzog Johann Friedrich zustande. Für seine Hochzeit mit Prinzessin Barbara Sophie von Brandenburg ließ er den Saal im Stil der Spätrenaissance umgestalten. Im dritten Stock sind mit zweiundzwanzig prachtvoll geschnitzten und vergoldeten Prunkschlitten besondere Ausstellungsstücke des württembergischen Barock-Herzogs Carl Eugen zu sehen. Mehr über die Räumlichkeiten und Ausstellungsgegenstände, die während einer Führung besichtigt werden können, erfahren Sie auf dieser Seite www.schloss-urach.de, der Sie auch die Öffnungszeiten und Eintrittspreise entnehmen können.

Ein weitverzweigtes Wanderwegenetz umgibt die Stadt, die von den Höhenzügen der Schwäbischen Alb umzingelt ist. Im Norden bietet der **Nägelesfelsen** eine schöne Aussicht auf Bad Urach und in das Ermstal, im Süden ist das die **Ruine Hohenurach**, der **Hanner Fels** und das **Michelskäppele**. Jeder dieser Aussichtspunkte liegt auf einem anderen Felssporn, so das es immer wieder rauf und runter geht, wenn man alle Aussichtspunkte erwandern möchte. In der Summe sind das rund 14 Kilometer, wenn Sie das als Rundweg vom Stellplatz aus angehen wollen. Eine Wanderung, für die Sie Kondition brauchen.

Weit weniger anstrengend ist es, nur zum berühmten Uracher Wasserfall zu gehen, den Sie auf der folgenden Seite abgebildet finden. Vom Stellplatz sind das etwas mehr als zwei Kilometer mit einer moderaten Steigung. Der Weg ist sehr bequem zu gehen. Er wird nur dann anstrengend, wenn Sie sich den Wasserfall von oben anschauen möchten. Dann geht es über eine kurze Distanz über Treppen und Steigungen gleich 200 Meter in die Höhe.

Auf dieser Seite www.badurach-tourismus.de finden Sie mit den Grafensteigen gleich fünf ausgearbeitete Wanderrouten, jeweils mit Karte zum download und gpx-Dateien für Ihr Wandernavi. Der Wasserfallsteig ist zehn Kilometer lang, der Hohenurachsteig und der Hochbergsteig jeweils rund acht, der Hohenwittlingensteig rund sechs und der Seeburgsteig

Bad Urach, Marktplatzpanorama.

Uracher Wasserfall.

wiederum rund acht. Die letzten beiden lassen sich nicht dierekt vom Stellplatz starten, sie liegen etwas abseits der Stadt. Abseits der Stadt liegt auch die frei zugängliche **Falkensteiner Höhle**. Sie fällt durch ihren imposanten Eingang auf, aus dem ein Bach fließt. Hineingehen ist aber nicht ungefährlich, das macht man, wenn überhaupt, nur mit einem erfahrenen Höhlenführer. Den Parkplatz unterhalb der Höhle finden Sie mit diesen Koordinaten [N48°30'52.2" E9°26'58.3"].

Der nächste Stellplatz auf unserer Reise ist ein ruhiger Etappenort. Von hier aus lassen sich Radtouren in alle Richtungen unternehmen, zum Beispiel zu den beiden Burgen, die wir jetzt auf dem Programmzettel stehen haben oder zum Freilichtmuseum Beuren, das wir danach aufsuchen werden.

(230) Offizieller WOMO-Stellplatz: Hülben – Phoenix Wohnmobilhafen

GPS: N48°31'33.8" E9°24'43.5"; Kaltentalstraße, 72584 Hülben.
Max. WOMOs: >6, maximale Länge 12 m, max. Aufenthalt 4 Tage.
Ausstattung: Frischwasserversorgung, Abwasserentsorgung mit Bodeneinlass, Kassettenentleerung, Stromanschlüsse, Behälter für die Müllentsorgung, ganzjährig geöffnet.
Beschreibung: Geräumige geschotterte Plätze am Waldrand, teilweise schattig. Sehr ruhig. Neben den 6 offiziellen Stellplätzen, für die eine Stromversorgung zur Verfügung steht, bietet das Areal sehr viel mehr Raum für weitere Mobile.

Preise: Kostenlos, Frischwasser 0,50 €, Strom 0,50 € pro kWh. Abwasserentsorgung und Entleerung der Bordtoilette ist kostenfrei.
Zufahrt: Hülben fast komplett durchfahren, kurz vor dem Ortsausgang rechts in die Kaltentalstraße abbiegen und der Straße bis zum Ende folgen.

Den Wanderparkplatz der **Ruine Hohenneuffen** erreichen Sie mit diesen Koordinaten [**231:** N48°33'13.6" E9°24'10.9"].

Die Burgruine Hohenneuffen.

Von diesem Wanderparkplatz bis zur Ruine sind rund 800 Meter zu gehen. Auf der Burg, von der man eine fantastische Sicht ins Umland hat, gibt es ein Restaurant und einen Kiosk mit Biergarten. Kiosk und Burganlage sind täglich von 9:00 bis 17:00 Uhr geöffnet, das Restaurant hat wechselnde Öffnungszeiten, die Sie hier einsehen können https://hohenneuffen.de.

Blick vom Hohenneuffen entlang des Albtraufs in Richtung Reutlingen.

Vom Wanderparkplatz Hohenneuffen bis zum Wanderparkplatz Hörnle [**232:** N48°35'46.4" E9°28'26.7"] sind es nur rund zwölf Kilometer. Von hier geht es über einen Wanderweg von rund 1,3 Kilometern Länge mit einer gleichmäßigen Steigung 150 Meter höher auf die **Burg Teck**. Die Teck ist nicht nur bewirtschaftet, sie ist auch ein Wanderheim. Die Öffnungs-

Die Burg Teck.

zeiten finden Sie hier www.burg-teck-alb.de. Von dieser Burg, die natürlich auch eine fantastische Fernsicht bietet, können Sie weitere Wanderungen unternehmen. Die Veronikahöhle ist rund ein Kilometer entfernt. Es ist ein kleiner frei begehbarer Spaltgang. Bis zur Ruine Rauber sind es rund drei Kilometer, bis zur wesentlich größeren **Ruine Reußenstein** schon elf. Sie ist nicht bewirtschaftet. Der Weg geht vorbei am **Randecker Maar**, einem ehemaligen Vulkanschlot. Wer diesen langen Weg scheut, der fährt zu diesem Wanderparkplatz [N48°34'08.7" E9°32'03.6"] am Rande des Maares. Ergoogeln Sie sich dazu mit dem Stichwort "Rundwanderung: Zipfelbachtal - Reußenstein" alle notwendigen Daten und Beschreibungen mit einer Karte. Diesmal werden Sie die Tourbeschreibung auf outdooractive finden.

Im Freilichtmuseum Beuren.

Nach so vielen Wanderungen wären Lockerungsübungen in einer Therme nicht schlecht. Doch bevor wir in die Panorama Therme nach Beuren fahren, statten wir dem **Freilichtmuseum** noch einen Besuch ab, an dem wir auf dem Weg dorthin vorbeikommen.

In dem Museum stehen zurzeit 25 Gebäude. Von diesen sind etwa die Hälfte richtige Häuser oder Gehöfte, die anderen sind kleinere Einrichtungen wie Bienenhaus, Backhaus und anderes. Die Gebäude kommen aus dem mittleren Neckarraum und von der Schwäbischen Alb. Aufgelockert ist dieses Dorf mit Tieren, Gärten, Streuobstwiesen und Äckern. Mit einer App oder einem Audioguide lässt sich dieses Dorf, das seit 1995 besteht, erkunden.

Die Öffnungszeiten und Eintrittspreise entnehmen Sie bitte dieser Seite www.freilichtmuseum-beuren.de.

Jetzt geht es weiter zur Therme. Wir müssen allerdings feststellen, dass der Parkplatz für Wohnmobile verflixt klein und eng ist. Ausweichmöglichkeiten in der Nähe der Therme haben wir nicht entdecken können.

(233) Offizieller WOMO-Badeplatz: Beuren – Panorama Therme

GPS: N48°33'58.3" E9°23'57.8"; Am Thermalbad 5, 72660 Beuren.
Max. WOMOs: 5, maximale Länge 7 m.
Ausstattung: Nur Stromanschlüsse, Behälter für die Müllentsorgung, ganzjährig geöffnet.
Beschreibung: Kleiner und sehr enger Stellplatz neben der Therme, sehr ruhig gelegen. Entfernung bis zur Ortsmitte 500 Meter, bis zum Freilichtmuseum 1,8 km.
Preise: 6,00 € für ein Fahrzeug inkl. Strom.
Zufahrt: In Beuren kurz hinter dem Ortseingang rechts abbiegen und der Beschilderung zur Therme folgen.

Die Badelandschaft der Therme besteht aus mehreren Außen- und Innenbecken, Saunen und Wellnesseinrichtungen. Das umfangreiche Angebot können Sie hier einsehen www.panorama-therme.de.

Die nächsten beiden WOMO-Wanderparkplätze liegen dicht beieinander. Beide gewähren einen schönen Blick auf die Ruine Hohenneuffen. Der eine Stellplatz befindet sich am Ortsrand der Stadt **Neuffen**, der andere am Ortsrand von **Kohlberg**. Zu Stadtbesichtigungen laden beide Orte nicht ein. Neuffen hat ein schönes altes Rathaus, das war es dann aber auch schon. Außer der Burgruine oberhalb der Stadt na-

(234) Offizieller WOMO-Wanderparkplatz: Neuffen – Am Schützenhaus

GPS: N48°32'51.0" E9°22'14.7"; Schützenhausweg 50, 72639 Neuffen.
Max. WOMOs: 16, maximale Länge 12 m, max. Aufenthalt 21 Tage.

Ausstattung: Frischwasserversorgung, Abwasserentsorgung mit Bodeneinlass, Kassettenentleerung, Stromanschlüsse, Behälter für die Müllentsorgung, ganzjährig geöffnet.
Beschreibung: Asphaltierte und geschotterte schattenlose Plätze, mit Blick auf die Burgruine Hohenneuffen, die sich in 2 km Entfernung befindet. Im Schützenhaus bietet ein deutsch-griechisches Restaurant, das unter der Woche Abends geöffnet hat schwäbische, wie griechische Gerichte an.
Preise: Kostenlos, Frischwasser 1,00 €, Strom 0,50 € pro kWh. Abwasserentsorgung und Entleerung der Bordtoilette ist kostenfrei.
Zufahrt: In Neuffen angekommen, gleich die erste Straße links abbiegen und der Beschilderung zum Schützenhaus folgen.

(235) WOMO-Wanderparkplatz: Kohlberg am Jusi

GPS: N48°33'26.2" E9°20'45.6"; 72664 Kohlberg.
Max. WOMOs: >6, maximale Länge 12 m, max. Aufenthalt 14 Tage

Ausstattung: Stromanschlüsse, Tische und Bänke, Behälter für die Müllentsorgung, ganzjährig geöffnet.
Beschreibung: Geschotterte schattenlose Plätze, mit Blick auf die Burgruine Hohenneuffen. Bäcker 1 km entfernt, Weinstube 1,2 km.
Preise: Kostenlos. Strom 1,00 € für 1,5 kWh.
Zufahrt: Vor dem Ortseingang von Kohlberg links abbiegen.

türlich. So ist es hier wieder an der Zeit die Wanderschuhe zu schnüren und einen oder mehrere der Wege zu gehen, die die Ortsgruppe Neuffen des Schwäbischen Albvereins zusammengestellt hat und die Sie von dieser Seite www.neuffen.de als gpx-Daten für Ihr Wandernavi herunterladen können. Dazu gibt es eine Übersichtskarte im PDF-Format, die für ein Smartphone allerdings schon recht unhandlich ist. Einkehrmöglichkeiten sind auf dieser Karte vermerkt, sodass man unterwegs weder Hunger noch

Das Rathaus in Neuffen.

Durst leiden muss, wenn der Rucksack leer gefuttert ist. Die Wanderstrecken sind unterschiedlich lang, sie variieren zwischen 9 und 21 Kilometer. Rauf und runter geht es bei allen.

Kommen wir nun zur vorletzten Station dieser Tour. Wir fahren nach Metzingen in die Outletcity, in der Sie sich mit den neuesten Modeaccessoires von Gucci, Prada, Armani, Hugo Boss

(236) Offizieller WOMO-Stellplatz: Metzingen – Outletcity

GPS: N48°31'55.9" E9°16'33.9"; Stettertstraße 4, 72555 Metzingen.
Max. WOMOs: 19, maximale Länge 12 m, max. Aufenthalt 5 Tage.
Ausstattung: Frischwasserversorgung, Abwasserentsorgung mit Bodeneinlass, Kassettenentleerung, Stromanschlüsse, Behälter für die Müllentsorgung, WLAN, ganzjährig geöffnet.
Beschreibung: Eng beieinander liegende schattenlose geschotterte Plätze zwischen einem sehr großen PKW-Parkplatz, einem Natursteinhandel, einem Transportbetrieb und den Ladengeschäften der Outletcity.

Preise: 12,00 € für ein Fahrzeug inkl Frischwasser, Strom 3,00 € pro Tag. Abwasserentsorgung und Entleerung der Bordtoilette ist kostenfrei.
Zufahrt: Auf der B313/B28 Richtung Reutlingen fahren und die Abfahrt Metzingen-Mitte wählen, dann der Beschilderung zum Wohnmobilstellplatz folgen.

oder wie die edlen Marken alle heißen eindecken können. Über 300 Marken sind hier vertreten, die bis zu 30% Nachlass auf die regulären Verkaufspreise gewähren. Ob es stimmt wissen wir nicht. Uns sind beim Besuch viele Fahrzeuge mit ausländischen Kennzeichen aufgefallen. Heißt das nun, das sich der weiteste Weg hierher lohnt? Die Betreiber des Centers sagen natürlich ja. Schauen Sie selbst einmal durch und bilden Sie sich Ihr eigenes Urteil. Wir fahren jetzt nach Reutlingen und beenden dort diese Tour. Die Stellplatzdaten finden Sie auf Seite 276.

Im Outletcenter Metzingen.

Passage im Outletcenter Metzingen.

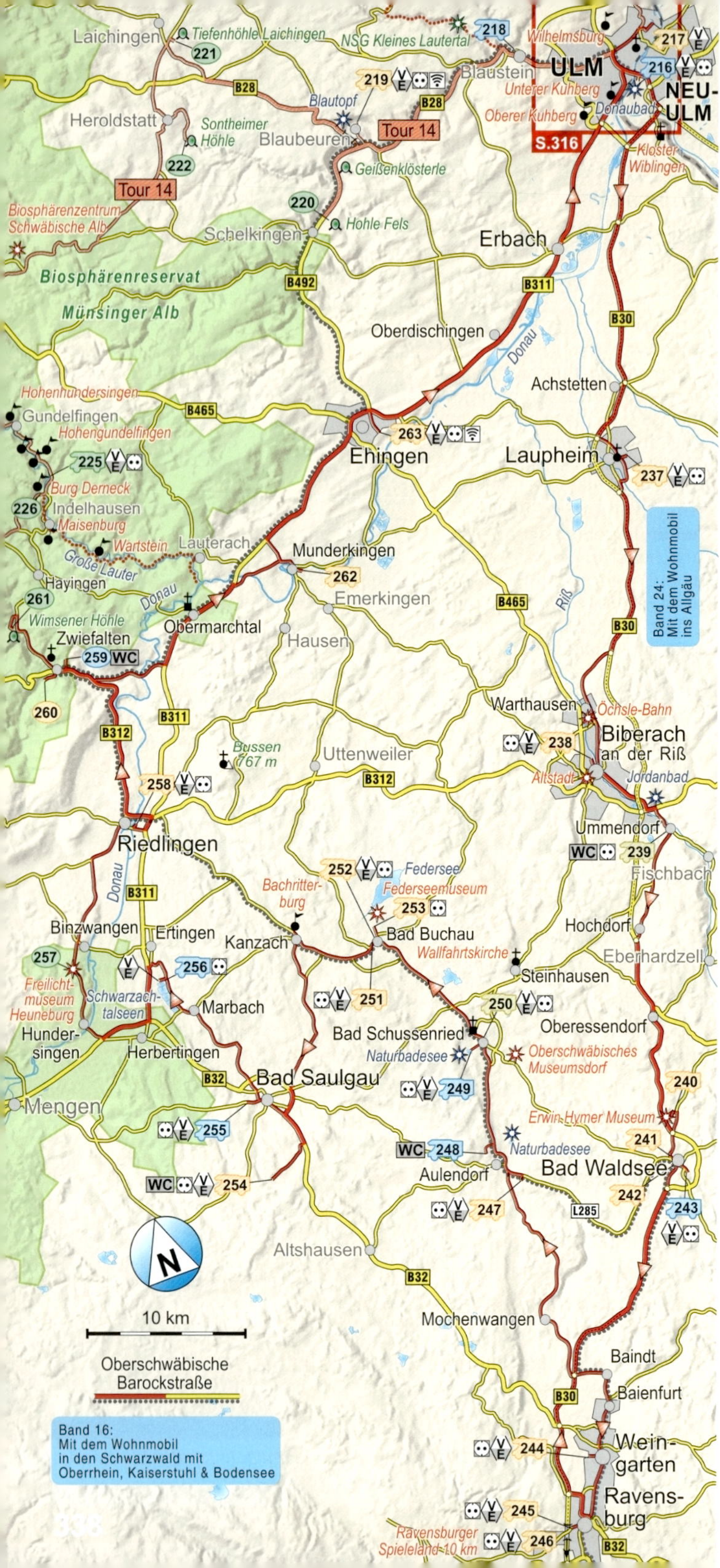

Laichingen
Tiefenhöhle Laichingen
221
NSG Kleines Lautertal
218
ULM
Wilhelmsburg
217
216
NEU-ULM
Blaustein
219
B28
Blautopf
Unterer Kuhberg
Oberer Kuhberg
Donaubad
Heroldstatt
Sontheimer Höhle
Blaubeuren
Tour 14
S.316
Kloster Wiblingen
222
Geißenklösterle
Tour 14
Biosphärenzentrum Schwäbische Alb
220
Hohle Fels
Schelkingen
Erbach
Biosphärenreservat
Münsinger Alb
B492
B311
B30
Oberdischingen
Donau
Achstetten
Hohenhundersingen
B465
Gundelfingen
Hohengundelfingen
263
Ehingen
Laupheim
237
225
Burg Derneck
226
Indelhausen
Maisenburg
Band 24: Mit dem Wohnmobil ins Allgäu
Wartstein
Lauterach
Munderkingen
Große Lauter
262
Hayingen
Donau
Emerkingen
261
B465
Riß
Wimsener Höhle
Obermarchtal
B30
Zwiefalten
Hausen
259
WC
260
B311
Warthausen
Öchsle-Bahn
Biberach an der Riß
B312
Bussen 767 m
238
Uttenweiler
Altstadt
Jordanbad
258
B312
Riedlingen
Ummendorf
WC
239
Donau
Fischbach
252
Federsee
B311
Bachritterburg
Federseemuseum
253
Hochdorf
Binzwangen
Ertingen
Bad Buchau
Kanzach
Wallfahrtskirche
Eberhardzell
257
256
Steinhausen
Freilicht-museum Heuneburg
Schwarzach-talseen
251
250
Marbach
Bad Schussenried
Oberessendorf
Hunder-singen
Herbertingen
Naturbadesee
Oberschwäbisches Museumsdorf
B32
Bad Saulgau
249
240
Mengen
Erwin Hymer Museum
255
241
WC
248
Naturbadesee
Aulendorf
Bad Waldsee
WC
254
242
247
L285
243
N
Altshausen
B32
10 km
Mochenwangen
Oberschwäbische Barockstraße
Baindt
Baienfurt
B30
Band 16: Mit dem Wohnmobil in den Schwarzwald mit Oberrhein, Kaiserstuhl & Bodensee
244
Wein-garten
Ravens-burg
245
Ravensburger Spieleland 10 km
246
B32

TOUR 15 (ca. 295 km)

Laupheim – Biberarch an der Riß – Ummendorf – Bad Waldsee – Weingarten – Ravensburg – Aulendorf – Bad Schussenried – Bad Buchau – Bad Saulgau – Schwarzachtalseen – Heuneburg – Riedlingen – Zwiefalten – Wimsener Höhle – Obermarchtal – Munderkingen – Ehingen – Ulm

Stellplätze:	Laupheim, Biberarch an der Riß, Ummendorf, Bad Waldsee, Weingarten, Ravensburg, Aulendorf, Bad Schussenried, Bad Buchau, Bad Saulgau, Schwarzachtalseen, Heuneburg, Riedlingen, Zwiefalten, Wimsener Höhle, Munderkingen, Ehingen, Ulm.
Campingplätze:	Keine.
Ver-/Entsorgung:	Laupheim, Biberarch an der Riß, Bad Waldsee, Weingarten, Ravensburg, Aulendorf, Bad Schussenried, Bad Buchau, Bad Saulgau, Schwarzachtalseen, Riedlingen, Ehingen, Ulm.
Besichtigungen:	Kloster Wiblingen, Laupheim (Schloss), Biberarch an der Riß (Altstadt), Bad Waldsee (Erwin Hymer Museum), Weingarten (Klosterkirche), Ravensburg (Altstadt, Ravensburger Spieleland), Bad Schussenried (Klosterkirche, Klosterbibliothek, Oberschwäbisches Museumsdorf), Bad Buchau (Federseemuseum), Heuneburg (Freilichtmuseum), Riedlingen (Altstadt), Zwiefalten (Kloster), Wimsener Höhle, Munderkingen (Altstadt), Ehingen (Altstadt).
Wandern/Radwandern:	Federsee, Schwarzachtalseen, Heuneburg (Archäologischer Wanderweg), Ehingen (Bierwnderweg, Berg Bier-Tour).
Baden/Wellness:	Bad Waldsee (Therme), Aulendorf (Therme), Bad Schussenried (Badesee), Bad Saulgau (Therme), Schwarzachtalseen, Zwiefalten (Freibad).

Oberschwaben ist bekannt für seine vielen Barockkirchen und Barockklöster. Mit der Oberschwäbischen Barockstraße wurde ein verzweigtes Netz an Touristenstraßen geschaffen, die all diese Kirchen und Klöster miteinander verbinden. Auf der nebenstehenden Karte sehen Sie allerdings nur die Hauptroute. Hier alle aufzuführen würde nur verwirren. Barock wird also ein großes Thema sein in diesem Kapitel aber eben nicht nur. Wir weisen noch auf einige Thermen hin, besuchen schöne Altstädte, werfen in der Heuneburg einen Blick in die Vor- und Frühgeschichte und mit der Bachritterburg einen Blick ins Mittelalter. Die neuesten Wohnmobile schauen wir uns in Bad

Kloster Wiblingen..

Waldsee und Aulendorf bei der Fa. Hymer und der Fa. Carthago an. In Bad Waldsee gehen wir auch der Geschichte der "mobilen Freizeit" nach, wie sie im Erwin Hymer Museum präsentiert wird.

Beginnen wir mit einem Paukenschlag des Barock. **Kloster Wiblingen** liegt am südlichen Rand von Ulm. Diese Anlage ist unser erstes Ziel. Sie finden den Parkplatz des Klosters mit diesen Koordinaten [N48°21'44.2" E9°59'26.4"].

Leider haben wir nur eine Außenaufnahme des Klosters. Für die nächste Ausgabe dieses Buches werden wir uns die Erlaubnis holen, auch Innenaufnahmen zeigen zu dürfen.

Die Kirche und vor allem der Bibliothekssaal sind von einer barocken Pracht, die alle andere Gebäude in dieser Stilepoche übertreffen. Schauen Sie auf dieser Seite www.kloster-wiblingen.de nach. Hier finden Sie einige Fotos und praktischerweise auch gleich die Öffnungszeiten und Eintrittspreise.

Richtig bescheiden wirkt dagegen Kirche in Laupheim. An den rechtzeitigen Besuch des Gotteshauses werden Sie per Glockenschlag erinnert. Der Stellplatz befindet sich genau neben der Kirche. Da brauchen Sie schon einen guten Schlaf. Das **Schloss**, das auf der anderen Seite des großen Parkplatzes liegt, dient in erster Linie Veranstaltungen und Ausstellungen. Mit dem **Museum zur Geschichte von Christen und Juden** beleuchtet es aber auch in chronologischer Form die Entwicklung der christlich-jüdischen Koexistenz. Ein sehenswertes Museum, wie wir meinen. Weitere Informationen über das Museum und die Ausstel-

Schloss Laupheim.

(237) Offizieller WOMO-Stellplatz: Laupheim – Schlossparkplatz

GPS: N48°13'47.7" E9°53'15.7"; Claus-Graf-Stauffenberg-Straße 18, 88471 Laupheim.
Max. WOMOs: 7, maximale Länge 8 m.
Ausstattung: Frischwasserversorgung, Abwasserentsorgung mit Bodeneinlass, Kassettenentleerung, Stromanschlüsse, Behälter für die Müllentsorgung, ganzjährig geöffnet.
Beschreibung: Stellflächen auf Plastikrasengitterplatten direkt neben der Kirche. Glockengeläut muss man mögen, wenn man hier schlafen will. Für eine Besichtigung des Schlosses und der Stadt ist die Lage des Stellplatz im hintersten Winkel des großen PKW-Parkplatzes aber ideal.
Preise: 8,00 € für ein Fahrzeug inkl. Stromversorgung, Frischwasser 0,50 €, Entleerung der Bordtoilette ebenfalls 0,50 €. Einen Parkschein und den Schlüssel für den Stromkasten gibt es im Kulturhaus am Schloss zu den am Stellplatz ausgehängten Öffnungszeiten. Wer Abends anreist oder am Wochenende, muss den Hausmeister bemühen, dessen Telefonnummer auch am Stellplatz zu finden ist.
Zufahrt: Richtung Stadtmitte fahren und der Beschilderung zum Schlossparkplatz folgen.

lungen darin, Öffnungszeiten und Eintrittspreise finden Sie hier https://museum-laupheim.de.

Besonders stolz ist die Stadt auf **Karl Lämmle** (* 1867; † 1939). Kennen Sie nicht? Aber Sie kennen Filme, wie "Der Glöckner von Notre Dame" oder "Im Westen nichts Neues" in den ersten Fassungen wohlgemerkt? Diese Filme produzierte Karl Lämmle, der in den USA zu **Carl Laemmle** wurde. Er gründete, nachdem er seine Geburtsstadt Laupheim verlassen hatte die Universal Studios und gilt damit als einer der Gründerväter Hollywoods. Über seine Biographie und wie die Stadt sein Andenken bewahrt erfahren Sie mehr, wenn Sie sich diese Seite anschauen www.laupheim.de und unter Kultur & Freizeit nachschauen.

Fahren wir weiter nach **Biberach an der Riß**. Wenn Sie sich der Stadt nähern und am Horizont viele Baukräne sehen, so müssen Sie nicht befürchten in eine Großbaustelle zu geraten. Die Fa. Liebherr produziert in dieser Stadt mit mehr als 1500 Mitarbeitern Turmdrehkräne. Potenzielle Kunden können sich die Kräne auf dem Firmengelände anschauen und ausprobieren.

Der Stellplatz ist nicht schwer zu finden, wie Sie auf der folgenden Seite lesen können. Von ihm geht es sogleich zu Fuß in die sehenswerte Altstadt, die einiges zu bieten hat. Natürlich hat auch Biberach für seine Gäste die Sehenswür-

(238) Offizieller WOMO-Stellplatz: Biberach an der Riß

GPS: N48°06'10.1" E9°47'43.9"; Rißstraße, 88400 Biberach an der Riß.
Max. WOMOs: 9, maximale Länge 12 m, max. Aufenthalt 5 Tage.

Ausstattung: Frischwasserversorgung, Abwasserentsorgung mit Bodeneinlass, Kassettenentleerung, Stromanschlüsse, Behälter für die Müllentsorgung, ganzjährig geöffnet.
Beschreibung: Geschotterte Plätze mit Grünstreifen und Bäumen an den Rändern. Nah an der Riß und nah an der B465. Die Platzverhältisse im Versorgungsbereich sind beengt. Entfernung zur Stadtmitte ca. 1 km.
Preise: 5,00 € für ein Fahrzeug, Frischwasser 1,00 € und Strom 0,50 € pro kWh. Abwasserentsorgung und Entleerung der Bordtoilette ist kostenfrei.
Zufahrt: Von der B30 in die Stadtmitte fahren, dort auf die B312 in Richtung Riedlingen fahren, die Riß überqueren und danach sofort rechts abbiegen.

digkeiten der Stadt mundgerecht aufbereitet. Am besten Sie laden sich von dieser Seite https://tourismus.biberach-riss.de den "Historischen Hingucker" als PDF-Datei herunter. Hier sind die Sehenswürdigkeiten der Stadt kurz beschrieben und ein Stadtplan zur Orientierung ist auch dabei. Für ein Smartphone ist die Darstellung nicht gerade ideal, aber es geht. Wenn Sie es auf ein Tablet laden, geht es besser. Sollten Sie das nicht mögen, dann gibt es diesen Flyer auch als gedrucktes Exemplar in der Touristinfo in der Nähe der Stadtkirche, dessen Turm Sie hier abgebildet sehen. In der Touristinfo können Sie sich auch für eine Stadtführung anmelden, um sich zusammen mit anderen Besuchern durch die Stadt führen zu lassen.

Stadtkirche in der Nähe des Marktplatzes in Biberach an der Riß.

Der Marktplatz ist das Zentrum der Altstadt, der Wochenmarkt, der mittwochs und samstags stattfindet, ist sehr belebt, wie wir feststellen konnten. Hier wird nicht nur klassisch Obst und Gemüse angeboten, sondern auch Feinkost und als oberschwäbische Spezialität die **Dünnete** oder **Dünnele**, ein dünn ausgerollter Hefeteig, der wie ein Flammkuchen oder eine Pizza belegt wird. Schmeckt gut!

Auf dem Marktplatz ist eine Skulptur Peter Lenks zu sehen, die den "Prozess um des Esels Schatten" aufs Korn nimmt. Es geht bei dieser Geschichte um einen absurden Gerichtsprozess, der von dem Schriftsteller **Christoph Martin Wieland** nach antikem Vorbild geschrieben wurde. Wieland verbrachte einen großen Teil seines Lebens in Biberach. Er gehört, wie wir auf Seite 157 schon festgestellt haben, mit Herder, Schiller und Goethe zur Weimarer Klassik. Ein Museum ist ihm in dieser Stadt auch gewidmet, Sie finden es auf dem Stadtplan der Touristinfo verzeichnet.

Eselskulptur von Peter Lenk.

Von der Hochwacht hat man einen schönen Blick auf die Stadt. Gigelturm und Weißer Turm sind allerdings für Besucher nur im Rahmen einer Führung zu besteigen.

Wer von der der Dünnete auf dem Marktplatz in Biberach nicht so richtig satt geworden ist, der kann hier in Ummendorf nun richtig zuschlagen. Direkt neben dem Brauereigasthaus befindet sich der Stellplatz. Im Gasthof werden Schwäbische Spezialitäten nach traditionellen Rezepten frisch zubereitet. Ein gezapftes Bier dazu, so lässt es sich aushalten!

(239) Offizieller WOMO-Gasthof-Stellplatz: Bräuhaus Ummendorf

GPS: N48°03'47.4" E9°49'56.4"; Bachstraße 10, 88444 Ummendorf.

Max. WOMOs: 6, maximale Länge 12 m.

Ausstattung: Frischwasserversorgung, Abwasserentsorgung ohne Bodeneinlass, Kassettenentleerung, Stromanschlüsse, Behälter für die Müllentsorgung. In der Gaststätte gibt es Dusche und WC. Der Platz ist ganzjährig geöffnet. Restaurant mit gutbürgerlicher deutscher/schwäbischer Küche.

Beschreibung: Geräumige asphaltierte Plätze zwischen Gasthof und dem schmalen Bach Umlach, sehr ruhig.

Preise: Kostenlos. Ver- und Entsorgung kostenlos, Strom 3,00 € pro Tag.

Zufahrt: In Ummendorf in die Ortsmitte Richtung Fischbach/Eberhardzell fahren, dann kommen Sie automatisch an dem Bräuhaus vorbei.

Wer sich nach einem opulenten Abendessen am Folgetag nicht gleich wieder hinter das Lenkrad setzen möchte, der schnappt sich das Fahrrad und fährt von hier zum Federsee oder nach Bad Schussenried. Dazu gibt es ausgezeichnte Radfahrmöglichkeiten, die Sie wie immer auf www.komoot.de oder www.outdooractive.de mit Karten und gpx-download finden können. Bei schlechtem Wetter ist auch ein Besuch des **Jordanbades** zu empfehlen, ein Thermal-, Sole- und Familienbad, das nur zwei Kilometer von Ummendorf entfernt ist. Auch Ochsenhausen ist nicht weit entfernt. Hier startet die Öchsle-Bahn nach Warthausen im Norden von Biberach. Die Beschreibungen dazu überlassen wir aber den Seiters, die mit dem Wohnmobil im Allgäu unterwegs waren (Band 24 der WOMO-Reihe) und das dort eingehend beschrieben haben. Wenn Sie das Allgäu besuchen möchten, so können wir Ihnen dieses Buch empfehlen.

Wir fahren nun weiter nach Bad Waldsee und suchen dort am Stadtrand das **Erwin Hymer Museum** auf.

(240) Offizieller WOMO-Stellplatz:
Bad Waldsee – Erwin Hymer Museum

GPS: N47°56'12.1" E9°45'41.8"; Robert-Bosch-Straße, 88339 Bad Waldsee.
Max. WOMOs: > 20, maximale Länge 12 m.

Ausstattung: Erstaunlicherweise keinerlei wohnmobilspezifische Einrichtungen, ganzjährig geöffnet.
Beschreibung: Große schattenlose Plätze direkt hinter dem Museum.
Preise: Kostenlos.
Zufahrt: Am Ortseingang von Bad Waldsee die erste Abfahrt in Richtung Industriegebiet nehmen und der Beschilderung zum Hymer Museum folgen.

Erwin Hymer Museum – Eine Zeitreise

Das Museum lädt dazu ein, auf den Traumrouten der Welt mit Automobilikonen und den Caravans längst vergangener Tage durch die gute alte Zeit zu reisen, wenn es sie denn jemals gegeben hat. Beeindruckend wie ein VW-Käfer mit Brezelheckscheibe und Wohnanhänger sich einen Alpenpass hoch zu quälen scheint. Und dem eleganten Borgward Isabella-Coupé mit dem Dethleffs-Wohnwagen hinten dran, lässt das phantasievolle Auge doch eine mindestens so elegante Dame am Strand von Rimini oder sonst wo an der Adria aussteis-

gen. Es ist schon eine außerordentliche und gelungene Zeitreise, die hier präsentiert wird. Sowohl die rasante Entwicklung der Fahrzeuge in den letzten Jahrzehnten, wie auch die Veränderung des Campinglebens wird damit deutlich gemacht und das über alle Kontinente hinweg. Auf über 6000 Quadratmeter sehen Sie auf zwei Ebenen rund 250 Oldtimer und Freizeitfahrzeuge. Wohnmobile sind dabei nicht zahlreich vertreten, mehr Wohnwagen in allen technischen Variationen.

Neben der Ausstellung mit den historischen Fahrzeugen, wird auch auf die neuesten technischen Entwicklungen hingewiesen. Dazu gibt es einen Shop in dem Sie Souvenirs und Bücher kaufen können, sowie ein kleines Restaurant.

Öffnungszeiten: Täglich von 10:00 bis 18:00 Uhr, donnerstags bis 21:00 Uhr. Tageskarte für den Erwachsenen 11,80 €, Kinder und Jugendliche bis 18 Jahre haben freien Eintritt.

Wer sein Fahrzeug durch ein neues oder gebrauchtes tauschen möchte, der findet im Erwin Hymer Center in der Biberacher Str. 92 [**241:** N47°55'44.6" E9°45'27.9"] ein umfangreiches Angebot vor. Wer mit seinem Fahrzeug bestens zufrieden ist und vor der Weiterreise nur die Innenstadt besuchen möchte, der kann diesen Stellplatz am Rande eines großen PKW-Parkplatzes [**242:** N47°55'10.9" E9°45'12.1"]. Wer einen längeren Aufenthalt inklusive Thermenbesuch plant, der wählt diesen Platz.

(243) Offizieller WOMO-Badeplatz: Bad Waldsee – Waldsee-Therme

GPS: N47°54'52.9" E9°45'37.8"; Unterurbacher Weg 26, 88339 Bad Waldsee.
Max. WOMOs: 39, maximale Länge 12 m.
Ausstattung: Frischwasserversorgung, Abwasserentsorgung mit Bodeneinlass, Kassettenentleerung, Stromanschlüsse, Behälter für die Müllentsorgung, Brötchenservice, ganzjährig geöffnet.
Beschreibung: Eng beieinanderliegende gepflasterte schattenlose Plätze mit Grünstreifen. Direkt neben der Therme, sehr ruhig. Entfernung bis zur Stadtmitte 1 Kilometer.
Preise: 6,00 € für ein Fahrzeug, Kurtaxe 2,00 € pro Person. Die Bezahlung erfolgt an einem Automaten, hier können auch die Wertmarken für die Stromsäulen erworben werden. Eine Wertmarke kostet 1,00 €, dafür gibt es 2kWh. Die Entsorgung ist kostenlos, Frischwasser kann in kleinen, wie in großen Mengen gezapft werden. 10 Liter kosten 10 Cent.
Zufahrt: Ab der Mitte von Bad Waldsee der guten Beschilderung zur Therme folgen.

Das Rathaus in Bad Waldsee.

In Bad Waldsee werden Sie bei einem Stadtbummel sehr viel historische Bausubstanz entdecken. Dazu gehören das Rathaus mit seiner gotischen Fassade, das Spital mit einer neugotischen Fassade und das Kornhaus mit seinem gotischen Staffelgiebel als die Highlights dieser gepflegten Altstadt. Mit dem Wurzacher Tor ist nur ein Torturm der mittelalterlichen Stadtbefestigung erhalten geblieben. Das barocke Schloss liegt außerhalb der ehemaligen Stadtmauer. Dieses Gebäude entstand Mitte des 18. Jahrhunderts durch den Umbau einer Wasserburg. Es befindet sich im Besitz der Fürsten von Waldburg-Wolfegg-Waldsee und wird gewerblich genutzt unter anderem durch mehrere Privatpraxen. Der Stadtsee ist natürlichen Ursprungs. Der rund zehn Meter tiefe See ist ein Relikt der letzten Eiszeit. Um ihn herum führt ein Spazierweg von zwei Kilometern Länge. Das örtliche Strand- und Freibad nutzt dieses Gewässer auch als Badesee.

Wir fahren weiter nach Weingarten und suchen für den Besuch der Stadt diesen Stellplatz auf.

(244) Offizieller WOMO-Stellplatz: Weingarten – Festplatz

GPS: N47°48'36.4" E9°37'49.1"; Abt-Hyller-Straße 57, 88250 Weingarten.
Max. WOMOs: 8, maximale Länge 10 m, max. Aufenthalt 3 Tage.
Ausstattung: Frischwasserversorgung, Abwasserentsorgung ohne Bodeneinlass, Kassettenentleerung, Stromanschlüsse, Behälter für die Müllentsorgung, ganzjährig geöffnet.

Beschreibung: Geschotterte schattige Plätze am Festplatz. Entfernung zur Innenstadt. Trotz vorbeiführender verkehrsreicher Straße relativ ruhig.
Preise: 10,00 € für ein Fahrzeug, Frischwasser 1,00 €, Entsorgung 1,00 €, Strom 0,50 € pro kWh.
Zufahrt: In die Mitte von Weingarten fahren und dort den Hinweisschildern zum Festplatz folgen.

Blick in die Kuppel der Basilika St. Martin in Weingarten.

Die **Basilika St. Martin** ist das bedeutendste Gebäude der Stadt, die als Fasnetshochburg und durch den Blutritt auch überregional bekannt ist.

Die Basilika ist eine der größten Barockkirchen nördlich der Alpen und ungefähr halb so groß wie der Petersdom in Rom. Die Werke namhafter Künstler wie Cosmas Damian Asam, der im süddeutschen Raum zahlreiche Barockkirchen ausmalte, sind hier zu sehen.

Blutritt in Weingarten.

Eine mit Christi Blut vermischte Erde wird in dieser Basilika als Reliquie aufbewahrt. Sie wird während der größten Reiterprozession Europas vom Heilig-Blut-Reiter am Karfreitag am Kirchenportal abgeholt und über eine kilometerlange Prozession durch die Stadt und das Umland geführt. Begleitet wird der Zug von bis zu 2.500 Reitern in Frack und Zylinder und mehr als hundert Musikkapellen. Etwa 20.000 Besucher kommen jedes Jahr hierher, um diese Veranstaltung der Volksfrömmigkeit anzuschauen.

Neben der imposanten Basilika wirkt das **Alamannenmuseum** im Alten Kornhaus sehr bescheiden. Gezeigt werden hier Kunst-, Schmuck- und Alltagsgegenstände, die bei den Ausgrabungen eines frühmittelalterlichen Gräberfeldes in Weingarten zwischen 1952 und 1956 entdeckt wurden.

Wir streben nunmehr auch neuen Entdeckungen zu und zwar in Ravensburg, wo wir folgenden Stellplatz anfahren.

(245) Offizieller WOMO-Stellplatz: Ravensburg – Mühlbruckstraße

GPS: N47°46'54.9" E9°36'00.2"; Mühlbruckstraße, 88212 Ravensburg.
Max. WOMOs: 19, maximale Länge 10 m, max. Aufenthalt 3 Tage.
Ausstattung: Frischwasserversorgung, Abwasserentsorgung mit Bodeneinlass, Kassettenentleerung, Stromanschlüsse, Behälter für die Müllentsorgung. Ganzjährig geöffnet.

Beschreibung: Sehr eng beieinanderliegende Plätze am Stadtrand, teilweise schattig, recht ruhig. Entfernung in die Innenstadt ca. 1,2 km.
Preise: Für 60 Min. Parkzeit sind 0,80 € zu entrichten, die Tageskarte kostet 8,50 €. Es kann mit Münzen oder der EC-Karte gezahlt werden. Für 80-100 Liter Frischwasser ist 1,00 € einzuwerfen (auch kleinere Mengen sind möglich) und der Strom kostet 0,50 € pro kWh.
Zufahrt: In Ravensburg zunächst an den Hinweisen zur Eissporthalle/Oberschwabenhalle orientieren. Wenn diese erreicht sind, auf der B32 in südliche Fahrtrichtung bis zum Bahnhof fahren. Dort gerät das auffällige Gebäude der VR Bank in den Blick. Dort rechts abbiegen und 500 Meter weiterfahren.

Der Blaserturm in der Mitte der Altstadt ist 51 Meter hoch und kann bestiegen werden.

Ravensburg ist die Stadt der Türme und der Spiele.

Die Stadt mit mehr als 50.000 Einwohnern hat ein sehenswertes historisches Zentrum. Der Verlauf der ehemaligen Stadtbefestigung ist sehr gut erkennbar. Neun Türme und Tortürme stehen noch heute an den strategisch wichtigen Positionen. Der **Blaserturm** und der **Mehlsack** können bestiegen werden. Der Blaserturm von März bis Oktober täglich zwischen 11:00 und 16:00 Uhr, der Mehlsack nur an den Wochenenden. Von ihnen hat man einen schönen Blick auf die Stadt, den man aber auch zu jeder Zeit haben kann, wenn man den Philosophenweg zur **Veits-**

burg hochgeht. Dort gibt es einen Aussichtspunkt, der rund 75 Meter höher liegt als der Marktplatz. Die schlichte Burganlage wird heute als Jugendherberge genutzt.

Während andere Städte dieser Größenordnung vielleicht ein oder zwei Museen vorweisen können, ist Ravensburg stolz darauf, gleich ein ganzes Museumsviertel präsentieren zu können. Mit dem Kunstmuseum, dem Museum Humpis-Quartier, dem Museum Ravensburger und dem Wirtschaftsmuseum Ravensburg, sind gleich vier Museen in der Nähe des Mehlsacks anzutreffen. Im **Kunstmuseum** finden Sie Werke des deutschen Expressionismus, in **Humpis-Quartier** wird das Mittelalter lebendig, im **Museum Ravensburger** finden Sie alles, was die Firma mit dem blauen Dreieck seit ihrem Bestehen an Spielen entwickelt hat. Für Kinder gibt es spannende Mitmach-Aktionen und kleine, kindgerechte Herausforderungen zu meistern. Im **Wirtschaftsmuseum Ravensburg** finden Sie alles erklärt, was Sie schon immer über Geldtheorie und der maslowschen Bedürfnispyramide wissen wollten. Um nur zwei Aspekte des vielschichtig aufgebauten Museums aufzu-

Das Frauentor ist 35,5 Meter hoch und diente viele Jahre als Gefängnis.

Der Grüne Turm wurde im frühen 15. Jh. erbaut und blieb in seiner ursprünglichen Gestalt erhalten.

greifen. Dass Ravensburg natürlich auch kulinarisch etwas zu bieten hat, überrascht nicht. Sie können, wenn Sie mögen, auch eine kulinarische Stadtführung buchen. Infos dazu gibt es bei der Touristinfo der Stadt am Marienplatz 35 oder über diese Seite www.ravensburg.de.

Weiter südlich von Ravensburg (schon fast am Bodensee) befindet sich das **Ravensburger Spieleland**, ein Freizeitpark mit vielen Attraktionen. Hier werden Ihre Kinder oder Enkelkinder viel Spaß haben mit Käptn Blaubär, Hein Blöd, der Maus und dem Elefanten sowie der Brio-Bahn.

(246) Offizieller WOMO-Stellplatz: Meckenbeuren – Ravensburger Spieleland

GPS: N47°42'35.2" E9°35'31.3"; Hangenstraße, 88074 Meckenbeuren.
Max. WOMOs: 40, maximale Länge 10 m.
Ausstattung: Frischwasserversorgung, Abwasserentsorgung mit Bodeneinlass, Kassettenentleerung, Stromanschlüsse, Behälter für die Müllentsorgung. Im Servicegebäude gibt es Dusche und WC. Der Platz ist ganzjährig geöffnet.
Beschreibung: Geräumige asphaltierte zumeist schattige Plätze neben dem Ravensburger Spieleland, relativ ruhig.
Preise: 12,00 € pro Person und Nacht in der Feriendorf-Saison, 10,00 € pro Person und Nacht außerhalb der Feriendorf-Saison. Eintritt ins Spielland geht extra. Die Preise finden Sie hier: www.spieleland.de.
Zufahrt: Von Ravensburg Richtung Tettnang fahren und in Liebenau rechts abbiegen zum Spieleland.

Wenn Sie es geschafft haben am Hymer-Werk vorbeizufahren, ohne sich ein neues WOMO zugelegt zu haben, dann kommt hier die nächste Versuchung. Sie dürfen den Platz auch nutzen, ohne ein neues Fahrzeug zu kaufen.

(247) Offizieller WOMO-Stellplatz: Aulendorf – Carthago Werk

GPS: N47°56'16.3" E9°39'11.8"; Carthago-Ring 1, 88326 Aulendorf.
Max. WOMOs: 20, maximale Länge 12 m, max. Aufenthalt 3 Tage.
Ausstattung: Frischwasserversorgung, Abwasserentsorgung mit Bodeneinlass, Kassettenentleerung, Stromanschlüsse, Behälter für die Müllentsorgung, WLAN, ganzjährig geöffnet.
Beschreibung: Schattenlose gepflasterte Plätze neben der Ausstellungshalle des Carthago-Werkes, relativ ruhig. In der Ausstellungshalle kann man die neuesten Modelle während der Öffnungszeiten beischtigen. Auch eine Werksbesichtigung ist möglich, geht jedoch nur nach Anmeldung über www.carthago.com bzw. per mail an info@carthago.com.

Preise: Kostenlos, Frischwasser 1,00 €, Strom 0,50 € pro kWh. Abwasserentsorgung und Entleerung der Bordtoilette ist kostenfrei.
Zufahrt: Auf der Straße nach Bad Waldsee (L285) hinter dem Ortsausgang in dem Kreisverkehr die erste Ausfahrt nehmen, dann dem Straßenverlauf folgen.

Aulendorf hat lange Zeit den Ruf, die am stärksten verschuldete Stadt Baden-Württembergs zu sein. Schwäbische Stadt und hohe Schulden, im Jahr 2008 gleich 6300 € pro Kopf? Da muss etwas gänzlich schief gelaufen sein. Verspekuliert hatte man sich, glaubte den Aufstieg zu einer großen Kurstadt zu schaffen und investierte kräftig. Hat aber nicht geklappt. Das ist Geschichte. Dank Landesmittel und sparsamer Haushaltsführung hat man es mittlerweile geschafft, von dem hohen Schuldenberg herunter zu kommen. Wenn Sie die Therme besuchen, die Sie von diesem Stellplatz bequem zu Fuß erreichen können, dann bekommen Sie eine Ahnung davon, welch große Investitionen getätigt wurden.

(248) Offizieller WOMO-Badeplatz: Aulendorf – Schwaben-Therme

GPS: N47°57'28.4" E9°38'12.6"; Ebisweilerstraße 20, 88326 Aulendorf.
Max. WOMOs: 20, maximale Länge 12 m.
Ausstattung: Keinerlei wohnmobilspezifische Einrichtungen, ganzjährig geöffnet.
Beschreibung: Geschotterte Plätze oberhalb der Therme. Die vorbeiführende Straße verursacht keinen übermäßigen Lärm. Entfernung zum Schloss (Fußweg) 600 Meter.
Preise: Kostenlos.
Zufahrt: In Aulendorf den Hinweisen zur Therme folgen und auf der Ebisweilerstraße vor dem Vita Wellness-Hotel links auf den Parkplatz abbiegen.

Neben der Therme ist in den Sommermonaten das **Naturstrandbad Steeger See** das bevorzugte Baderevier der Aulendorfer. Hier befindet sich auch ein Gastronomiebetrieb. Sie finden den Parkplatz des Sees mit diesen Koordinaten [N47°57'13.6" E9°39'01.8"].

Schloss Aulendorf.

Das Schloss, dessen älteste Teile in das 12. Jahrhundert zurückreichen, wurde in den letzten Jahren mit Landesmitteln vor dem Verfall gerettet und aufwändig saniert. Mit den **"Aulendorfer Schlossgeschichten"** können Sie sich eine App auf Ihr Smartphone laden und sich damit durch das Schloss und die Schlossgeschichte führen lassen.

Öffnungszeiten: Mittwochs bis freitags von 13:00 bis 18:00 Uhr, samstags, sonntags und feiertags 10:00 bis 18:00 Uhr. Der Eintritt ist frei.

Bad Schussenried ist das nächste Ziel auf unserer Reiseroute durch Oberschwaben. Hier haben wir die Wahl zwischen zwei Stellplätzen.

(249) Offizieller WOMO-Badeplatz: Bad Schussenried – Zellersee

GPS: N48°00'07.0" E9°38'49.2"; Zellerseeweg 11, 88427 Bad Schussenried.
Max. WOMOs: 8, maximale Länge 10 m.
Ausstattung: Frischwasserversorgung, Abwasserentsorgung ohne Bodeneinlass, Kassettenentleerung, Stromanschlüsse, Behälter für die Müllentsorgung, ganzjährig geöffnet.
Beschreibung: Asphaltierter schattiger Platz in unmittelbarer Nähe des Naturfreibades Zellersee. Entfernung zum Kloster ca. 1 km, Entfernung zur Brauerei 1,2 km. Um Strom anzuschließen und die Ver- und Entsorgung nutzen zu können, wird ein Schlüssel benötigt, den man am Strandcafé von Mitte Mai bis Mitte September ab 11:00 Uhr erhalten kann. Man erhält ihn auch bei der Tourist-Information am Kloster. Da ist die Ver- und Entsorgung am Bierkrugmuseum doch sehr viel einfacher.

Preise: 3,00 € für ein Fahrzeug ohne Strom und V/E. 5,00 € mit Strom und V/E.
Zufahrt: In Bad Schussenried am Ortseingang im Kreisverkehr die dritte Ausfahrt nehmen, der Straße bis zur Stadthalle folgen, dort links in die Schulstraße abbiegen, die in den Zellerseeweg übergeht. Diesen Weg bis zum Ende durchfahren.

(250) Offizieller WOMO-Stellplatz: Bad Schussenried – Bierkrugmuseum

GPS: N48°00'12.4" E9°39'34.1";
Wilhelm-Schussen-Straße 12, 88427 Bad Schussenried.
Max. WOMOs: 30, maximale Länge 12 m.
Ausstattung: Frischwasserversorgung, Abwasserentsorgung mit Bodeneinlass, Kassettenentleerung, Stromanschlüsse, Behälter für die Müllentsorgung, WLAN, ganzjährig geöffnet.
Beschreibung: Geräumige geschotterte Plätze neben der Brauerei, weitgehend schattenlos. Ver- und Entsorgung sind in 200 Metern Entfernung am Bierkrugmuseum. Entfernung zum Kloster und Klosterkirche 500 Meter.

Preise: Kostenlos, Frischwasser und Entsorgung ist gratis, Strom kostet 0,50 € pro kWh.
Zufahrt: In Bad Schussenried am Ortseingang im Kreisverkehr die zweite Ausfahrt nehmen und in dem darauf folgenden Kreisverkehr die dritte. Dieser Straße 650 Meter folgen, dann rechts abbiegen.

Mit dem Kloster, der Klosterkirche sowie der Wallfahrtskirche St. Peter und Paul im Ortsteil Steinhausen ist Bad Schussenried mit religiösen Gebäuden aus der Barockzeit reich gesegnet. Als weitere Attraktionen sind das Oberschwäbische Museumsdorf vor den Toren der Stadt und das Bierkrugmuseum zu nennen. Genug Stoff für einen mehrtägigen Aufenthalt.

Detail des kunstvoll geschnitzten Chorgestühls in der Klosterkirche.

Das **Kloster** mit der **Klosterkirche** ist rund 500 Meter vom Stellplatz am Bierkrugmuseum entfernt, also bequem zu Fuß zu erreichen. Die Kirche glänzt mit einem reich und kunstvoll geschnitzten Chorgestühl. Um die einzelnen Figuren und Szenen zu erkennen, muss man schon sehr viel über die biblischen Geschichten wissen. Die Ornamentik und die Abfolge in der Aufstellung des Gestühls ist nicht zufällig gewählt, sondern folgt einem theologischen Programm. Nicht

Der Bibliothekssaal im Neuen Kloster Bad Schussenried.

anders ist es im Bibliothekssaal, nur das hier die Fresken im Vordergrund stehen, die die biblischen Szenen zeigen. Während die Kirche frei zugänglich ist, kann der Bibliothekssaal und das Klostermuseum nur zu diesen Zeiten besichtigt werden: *(Dienstags bis freitags von 10:00 bis 13:00 Uhr und 14:00 bis 17:00 Uhr; samstags, sonn- und feiertags von 10:00 bis 17:00 Uhr. Eintritt für den Erwachsenen 5,50 €).*

Wallfahrtskirche in Steinhausen.

Die **Wallfahrtskirche in Steinhausen**, die man bequem mit dem Fahrrad erreichen kann, ist ein weiteres Bauwerk, in dem der berühmte Baumeister Dominikus Zimmermann die Regie führte. Auch hier ist ein kunstvoll gemaltes Deckenfresko zu bewundern *(Öffnungszeiten: täglich von 8:00 bis 18:30 Uhr, kein Eintritt)*.

Im Museumsdorf Kürnbach.

Auch das **Museumsdorf in Kürnbach** lässt sich mit dem Fahrrad gut erreichen. Hier wird das historische Oberschwaben in einem Dorf gezeigt. Reetgedeckte Häuser, Werkstätten, Obstbaumwiesen sowie viele Aktionstage an denen die traditionellen Handwerkstechniken vorgeführt werden runden das Angebot ab.

Öffnungszeiten: Vom 1. April bis 31. Oktober täglich von 10:00 bis 18:00 Uhr. Eintrittspreis für den Erwachsenen 6,00 €, Familienkarte 12,00 €).

Bleibt zum Schluss unseres Aufenthaltes in Bad Schussenried nur noch ein Blick in Deutschlands 1. Bierkrugmuseum zu werfen. Aus fünf Jahrhunderten stammen die kunstvollen Bierkrüge, die hier ausgestellt sind. Außerdem gibt es hier den drittgrößten Bergkristall der Welt zu sehen. Uns gelüstet es nun aber nach einem gefüllten Bierkrug, er muss auch nicht kunstvoll sein, aber gepaart mit einem deftigen Essen wäre das jetzt genau richtig. Schön, dass es das hier gibt und wir uns auf den nächsten Tag freuen können, wenn es nach Bad Buchau an den Federsee weitergeht.

Dort angekommen, haben wir gleich drei Stellplätze zu vermelden, die wir jetzt präsentieren.

(251) Offizieller WOMO-Stellplatz: Bad Buchau – Kurpark

GPS: N48°04'07.1" E9°36'23.8"; Seegasse, 88422 Bad Buchau.
Max. WOMOs: 21, maximale Länge 10 m.
Ausstattung: Frischwasserversorgung, Abwasserentsorgung mit Bodeneinlass, Kassettenentleerung, Stromanschlüsse, Behälter für die Müllentsorgung, ganzjährig geöffnet.
Beschreibung: Eng beieinander liegende Stellflächen mit Grünstreifen, weitgehend schattenlos. In einer Sackgasse am Kurpark, 500 Meter Fußweg zur Adelindis Therme, sehr ruhig. Lassen Sie sich nicht durch den Absperrpfahl in der Mitte der Einfahrt irritieren. Aussteigen, einfach herausziehen, reinfahren, wieder einstecken. Der Absperrpfahl dient lediglich dazu, PKW von dem benachbarten Parkplatz davon abzuhalten, eine "Ehrenrunde" auf dem Stellplatz für ein Wendemanöver abzuhalten. Die Versorgungseinrichtungen befinden sich neben der Einfahrt gleich rechts.
Preise: Zwischen 11,50 € und 13,00 € für ein Fahrzeug mit zwei Personen je nach Größe des gewählten Platzes, inkl. der Entsorgung. Für 100 Liter Frischwasser ist 1,00 € zu zahlen, kleinere Mengen kosten weniger. Strom kostet 0,50 € pro kWh.

Zufahrt: Fahren Sie in Bad Buchau zunächst Richtung Federsee bis Sie zu einem Kreisverkehr kommen, hier nehmen Sie die zweite Ausfahrt und fahren nach rund 300 Metern die zweite Straße (Oggelshauser Str.) links ab und über die Badgasse und Seegasse bis zum Ende durch.

(252) Offizieller WOMO-Stellplatz: Bad Buchau – Rondell

GPS: N48°04'06.0" E9°36'34.4"; Seegasse, 88422 Bad Buchau.
Max. WOMOs: 17, maximale Länge 8 m, max. Aufenthalt 30 Tage.
Ausstattung: Frischwasserversorgung, Abwasserentsorgung mit Bodeneinlass, Kassettenentleerung, Stromanschlüsse, Behälter für die Müllentsorgung, ganzjährig geöffnet.

Beschreibung: Eng beieinander liegende Stellflächen in einem Rondell angeordnet, weitgehend schattenlos, nur wenige Meter vom Stellplatz am Kurpark entfernt, sehr ruhig. Bis zur Adelindis Therme sind es zu Fuß rund 400 Meter, bis zum Federseesteg rund 350 Meter.
Preise: 11,50 € für ein Fahrzeug mit zwei Personen inkl. der Entsorgung. 100 Liter Frischwasser kosten 1,00 €, kleinere Mengen weniger. Strom 0,50 € pro kWh.
Zufahrt: Fahren Sie in Bad Buchau zunächst Richtung Federsee bis Sie zu einem Kreisverkehr kommen, hier nehmen Sie die zweite Ausfahrt und fahren weiter geradeaus, bis diese Straße in eine Rechtskurve mündet. In der Kurve biegen Sie links ab in die Seegasse und fahren diese Straße weiter bis Sie auf der rechten Seite das Gasthaus Zum Hecht erreichen. Hier biegen Sie rechts ab und danach gleich wieder links.

Der Federsee in Bad Buchau.

(253) Offizieller WOMO-Wanderparkplatz: Bad Buchau – Federseemuseum

GPS: N48°04'12.6" E9°36'34.2"; Federseeweg, 88422 Bad Buchau.
Max. WOMOs: 12, maximale Länge 12 m, max. Aufenthalt 2 Tage.
Ausstattung: Keinerlei wohnmobilspezifische Einrichtungen, ganzjährig geöffnet.
Beschreibung: Geräumige asphaltierte und schattige Plätze am Federseemuseum, sehr ruhig. Auch wenn nur 12 Plätze offiziell ausgewiesen sind, so finden doch wesentlich mehr Fahrzeuge eine Parkmöglichkeit, wenn die Parkplätze nicht durch PKW belegt sind. Bei Anreise am späten Abend wäre dieser Platz für uns die erste Wahl. Er ist groß genug um bequem zu rangieren ohne jemanden zu stören. Entfernung zum Stellplatz Rondell mit frei zugänglicher V/E 300 Meter, zur Adelindis Therme 650 Meter.

Preise: 10,00 € pro Fahrzeug mit zwei Personen.
Zufahrt: In Bad Buchau den Hinweisschildern zum Federsee folgen.

Größte Attraktion in Bad Buchau ist natürlich der **Federsee**. Er befindet sich mitten in dem größten zusammenhängenden Moorgebiet Südwestdeutschlands, das eine Größe von

rund 33 Quadratkilometer hat. Moor und See sind Relikte der Eiszeit. Einen zwischenzeitlichen Torfabbau hat man durch Renaturierung wieder ausgeglichen. Der Federsee war durch unsere Vorfahren im Neolithikum besiedelt. Ebenso wie bei den berühmten Pfahlbauten in Unteruhldingen am Bodensee zu sehen ist, lebten auch hier einst Menschen am Rande des Sees in ebensolchen Pfahlbauten. Die ganze Geschichte wird im Federseemuseum erzählt, das mit seinen Ausstellungsräumen und in dem Freigelände die Lebensweise und die Lebensbedingungen der Menschen von der Jungsteinzeit bis in die späte Bronzezeit, also von ca. 4000 bis 800 v.Chr. anschaulich präsentiert. Mit vielen anderen prähistorischen Siedlungen dieser Art in Frankreich, der Schweiz, Österreich, Italien und Slowenien gehören diese seit 2011 zum **UNESCO-Welterbe Prähistorische Pfahlbauten um die Alpen**.

Nun sind nicht nur die Spuren der menschlichen Besiedlung in dieser Region von besonderem Interesse, sondern auch der Lebensraum für eine Tierwelt, die hier einen Rückzugsraum gefunden hat. Vögel finden im Schilf und in den Moorflächen Nist- und Ruheplätze. Sie können diese, wenn sie mal gerade unterwegs auf Futtersuche sind, von dem 1,5 Kilometer langen Steg oder auf dem 16 Kilometer langen Rundwanderweg um den See beobachten. Dieser Weg führt auch durch den **"Wackelwald"**, der nur rund 500 Meter vom erstgenannten Stellplatz entfernt ist. Warum er Wackelwald heißt, werden Sie erleben, wenn Sie den Naturerlebnispfad auf diesem Moorgelände schwungvoll durchschreiten. Zwei Archäologische Moorlehrpfade sind noch zu erwähnen, einer befindet sich südlich des Federsees (neun Kilometer lang), einer nördlich des Federsees (vier Kilometer lang). Alle Erläuterungen dazu finden Sie auf dieser Seite www.nabu-federsee.de.

Die Keltensauna in der Adelindis Therme Bad Buchau.

Und neben all den Naturerlebnissen gibt es auch noch die Kur- und Wellnesseinrichtungen. Hier ist die **Adelindis Therme** zu nennen, die mit Ihrer großen Badelandschaft mit acht unterschiedlich temperierten Thermalbecken und ihrer vielfältigen Saunawelt ein breites gesundheitsförderndes Spektrum anbietet. Das gesamte Angebot können Sie hier einsehen https://adelindistherme.de.

Die Bachritterburg in Kanzach.

Von Bad Buchau bis zu unserem nächsten kurzen Zwischenstopp sind es nur fünf Kilometer. Das kann man auch bequem mit dem Fahrrad vom Federsee her anfahren und muss deshalb nicht das WOMO bewegen. Aber wir sind schon unterwegs nach Bad Saulgau und stellen deshalb das WOMO kurz auf diesem Parkplatz ab [N48°04'47.2" E9°33'30.0"] und schauen uns diese Holzkonstruktion etwas näher an.

Diese Burg gibt es erst seit 2004. Es ist also kein Original, sondern zeigt, wie eine Burg im frühen

14. Jahrhundert nach dem derzeitigen Kenntnisstand der Wissenschaft ausgesehen haben könnte. Wie im **Campus Galli** (siehe Seite 256) wird die Burg in den Sommermonaten von Living History-Gruppen bevölkert, die mit wissenschaftlichem Anspruch den mittelalterlichen Alltag veranschaulichen. Nur wird hier im Gegensatz zum Campus Galli nicht mehr gebaut, sondern nur noch mittelalterliches Leben "gespielt".

Öffnungszeiten: Vom 31. März bis 30. September dienstags bis samstags von 11:00 bis 17:00 Uhr, sonntags und feiertags von 10:00 bis 18:00 Uhr, Eintrittspreis für den Erwachsenen 5,00 €.

Nun geht es weiter nach **Bad Saulgau**, einer Stadt mit rund 18.000 Einwohnern, die das Prädikat "Bad" erst seit 2000 trägt.

(254) Offizieller WOMO-Stellplatz: Bad Saulgau – Golfplatz

GPS: N47°58'46.3" E9°29'12.5"; Koppelweg 103, 88348 Bad Saulgau.
Max. WOMOs: 30, maximale Länge 8 m.
Ausstattung: Frischwasserversorgung, Abwasserentsorgung mit Bodeneinlass, Kassettenentleerung, Stromanschlüsse, WC, Behälter für die Müllentsorgung, WLAN. Im Servicegebäude gibt es Dusche, WC, Waschmaschine und einen Trockner. Geöffnet von Anfang März bis Ende Dezember.
Beschreibung: Außergewöhnlicher schattiger Platz unter Sonnenkollektoren, sehr ruhig. Gutes Restaurant mit kleiner Speisekarte. Idealer Platz für wohnmobile Golfer und solche die es werden wollen. Anmeldung zu Schnupperkursen und mehr Infos zur Anlage finden Sie hier: www.gc-bs.de.
Preise: 13,00 € für ein Fahrzeug.
Zufahrt: Auf der B32 von Bad Saulgau in Richtung Ravensburg fahren und ca. 1,5 km hinter dem Ortsende rechts abbiegen und der Beschilderung zum Golfplatz folgen.

(255) Offizieller WOMO-Badeplatz: Bad Saulgau – Sonnenhof Therme

GPS: N48°01'01.2" E9°29'18.3"; Am Schönen Moos 1, 88348 Bad Saulgau.
Max. WOMOs: 53, maximale Länge 11 m.
Ausstattung: Frischwasserversorgung, Abwasserentsorgung mit Bodeneinlass, Kassettenentleerung, Stromanschlüsse, Behälter für die Müllentsorgung, WLAN, Brötchenservice, Dusche, WC, Waschmaschine und Trockner, ganzjährig geöffnet.
Beschreibung: Dicht beieinander liegende gepflasterte Plätze mit Grünstreifen. Direkt neben der Therme, sehr ruhig. Entfernung bis zur Stadtmitte etwa 900 Meter.
Preise: Zwischen 9,50 € und 11,50 € für ein Fahrzeug je nach Größe des Platzes und der Aufenthaltsdauer. Anmeldung und Bezahlung erfolgt an der Kasse der Therme. Entsorgung kostenlos, über Münzautomaten gibt es 80 Liter Frischwasser für 1,00 €, Strom für 0,50 € pro kWh.
Zufahrt: Zunächst Richtung Stadtmitte fahren, dann der Beschilderung zur Therme folgen.

Das Eckládele am Marktplatz.

Der Luegabrunnen in Bad Saulgau.

Auch wenn es ein junges Bad zu sein scheint, so ist die Heilkraft des schwefelhaltigen Wassers dieser Stadt schon mindestens seit dem 18. Jahrhundert bekannt, als Franziskanerinnen mit diesem Wasser erkrankte Menschen erfolgreich behandelten. Nach gelungenen Bohrungen strömen heute aus einer Tiefe von 650 Metern bis zu 1,5 Millionen Liter täglich frisch durch die sieben Innen- und Außenbecken der Therme.

Für thermenfreudige Wohnmobilfahrer ist dieser Standort ideal, steht man doch mit seinem Fahrzeug praktisch vor dem Eingang und hat es damit nicht weit, um in eines der sprudelnden Becken, ins Dampfbad oder in die Sauna zu kommen.

Bis in die Altstadt sind es etwa 900 Meter. Hier finden sich rund um den Marktplatz mit der Johanneskirche und dem Luegabrunnen etliche Einkehr- und Einkaufsmöglichkeiten. Von der alten Stadtbefestigung ist nicht mehr viel zu sehen. Wohl gibt es aber noch einige schöne Fachwerkhäuser, die gehegt und gepflegt werden. Ein geschlossenes mittelalterliches Stadtbild bietet Bad Saulgau aber nicht.

Von der sehr schönen Therme geht es nun wieder zu einem Naturbadesee. Die **Schwarzachtalseen** sind renaturierte ehemalige Baggerseen, die schon seit Jahrzehnten nicht mehr für den Kiesabbau genutzt werden. Aus einem der fünf Seen wurde ein Badesee, aus einem ein See für Surfer und Segler, die anderen bleiben der Natur überlassen oder werden als Angelseen genutzt. Hier lassen sich Blesshühner, Stockenten und Schwäne beobachten, die sich diese Seen

Einer der Schwarzachtalseen.

(256) Offizieller WOMO-Badeplatz:
Erholungs- und Freizeitzentrum Schwarzachtalseen

GPS: N48°04'54.1" E9°27'44.3"; Schwarzachtalseen, 88521 Ertingen.
Max. WOMOs: 12, maximale Länge 12 m.

Ausstattung: Frischwasserversorgung, Abwasserentsorgung mit Bodeneinlass, Kassettenentleerung, Stromanschlüsse, Behälter für die Müllentsorgung, ganzjährig geöffnet.
Beschreibung: Große schattige und ruhige Plätze im Grünen abseits des Badebetriebs. Seeblick, nachts sehr ruhig. Entfernung zur Entsorgungsstation ca. 200 Meter, Entfernung zum Badestrand und zum Gastronomiebetrieb ca. 300 Meter. Die Versorgungseinrichtungen sind über die Wintermonate von Anfang Oktober bis Ende April abgeschaltet.
Preise: 10,00 € für ein Fahrzeug. Frischwasser 1,00 €, Strom 0,50 € pro kWh.
Zufahrt: Von Bad Saulgau nach Marbach fahren und ab dort der Beschilderung zu den Schwarzachtalseen folgen.

als ihr Zuhause erobert haben. Am Badesee gibt es ein Restaurant, das nur während der Badesaison geöffnet hat. In der Vor- und in der Nachsaison, wenn der Badebetrieb noch nicht so richtig Fahrt aufgenommen hat oder bereits wieder abklingt, ist es für den Wohnmobilisten, der Ruhe und Entspannung sucht ein geradezu idealer Platz. Radtouren zur Heuneburg (ca. 10 Kilometer), zum Federsee (ca. 16 Kilometer) oder auch entlang der Donau nach Sigmaringen (ca. 26 Kilometer) sind von diesem Standort aus bequem möglich.

Und wenn wir die Heuneburg schon erwähnt haben, dann fahren wir da auch gleich hin, nicht mit dem Rad, sondern mit dem WOMO und können Ihnen mitteilen, dass Sie mit Ih-

Die Heuneburg, Rekonstruktion einer keltischen Siedlung.

Parkplatz an der Heuneburg.

Blick von der Heuneburg auf die Donau.

rem Fahrzeug auf diesem Platz [**257:** N48°05'43.1" E9°24'29.4"] ganz sicher einen Parkplatz finden werden, ganz gleich wie groß Ihr Fahrzeug ist, denn er wird auch von Omnibussen angefahren. Natürlich sollen Sie Ihr WOMO nicht auf dem Omnibusparkplatz abstellen, Sie werden nur wenige Meter davon entfernt genügend anderen großen Parkraum finden, auf dem Sie auch eine Nacht in aller Ruhe verbringen können.

In Rottweil waren wir in der ältesten Stadt Baden-Württembergs, nun sind wir auf der **Heuneburg** im ältesten Ort Deutschlands angekommen. Das ist doch eine nette Steigerung, wo wir doch nun auch auf das Ende des Buches zugehen. Dieser keltische Fürstensitz war, so hat die Forschung ergeben, schon vor 2500 Jahren besiedelt und in der Blütezeit zwischen den Jahren 650 und 450 v. Chr. sollen hier bis zu 5000 Menschen gewohnt haben. Globalisierung kannten übrigens auch schon die Kelten, das mag ein wenig übertrieben klingen, aber einen europäischen Fernhandel muss es gegeben haben, wie die archäologischen Funde bestätigen. Auf einem acht Kilometer langen Wanderweg können Sie den Spuren der Kelten nachgehen. Sie können hier an der Heuneburg starten und über das Keltenmuseum in Hundersingen und anschließend über eine keltische Viereckschanze und ein keltisches Fürstengrab zum Ausgangspunkt zurückkehren. Informationsmaterialien dazu bekommen Sie an der Eintrittspforte zur Heuneburg die von Anfang April bis Ende Oktober dienstags bis sonntags sowie feiertags von 10:00 bis 16:00 Uhr geöffnet hat. Der Eintritt in die Heuneburg kostet für den Erwachsenen 3,00 €.

Von der Heuneburg geht es mit dem WOMO weiter nach **Riedlingen**, einer Stadt mit etwas mehr als 10.000 Einwohnern, die direkt an der Donau liegt und eine denkmalgeschützte Altstadt aufweist. Türme und Tore, stolze Bürgerhäuser, Fachwerkgiebel, schöne Plätze und verwinkelte Gassen prägen das Altstadtensemble. Diesen Stellplatz haben wir genutzt, sind dabei aber auf die große Freifläche neben den drei offiziellen Plätzen ausgewichen, weil die anderen schon belegt waren. Das führte zu keinen Problemen, um uns herum standen noch einige weitere Wohnmobile.

(258) Offizieller WOMO-Stellplatz: Riedlingen – Schlachthausstraße

GPS: N48°09'07.6" E9°28'40.4"; Schlachthausstraße, 88499 Riedlingen.
Max. WOMOs: 3, maximale Länge 7 m.

Ausstattung: Frischwasserversorgung, Abwasserentsorgung ohne Bodeneinlass, Kassettenentleerung, Stromanschlüsse, Behälter für die Müllentsorgung, WLAN, ganzjährig geöffnet.
Beschreibung: Drei sehr dicht beieinander liegende Stellflächen neben der Fußgängerbrücke, die vom großen Parkplatz an der Schlachthausstraße über einen Nebenkanal der Donau in Richtung Altstadt führt. Dieser große Parkplatz ist auch als Stellfläche geeignet, um mehr als drei Mobilen Platz zu bieten, die auch länger als 7 Meter sein können.
Preise: Kostenlos, Frischwasser (ca. 100 Liter) 1,00 €, Strom für 4 Std. 1,00 €. Abwasserentsorgung und Entleerung der Bordtoilette ist kostenfrei.
Zufahrt: Von der B312 in Riedlingen auf die B311 in Richtung Meßkirch/Bad Saulgau fahren. Nach ca. 700 Metern an der Araltankstelle rechts abbiegen, ca. 650 Meter weiterfahren und am Hochhaus rechts abbiegen.

Der historische Marktplatz mit seinen Bürgerhäusern aus dem 17. und 18. Jahrhundert bilden das Zentrum der auf einer Anhöhe über der Donau angelegten Stadt. Am Ende des Platzes befindet sich die Pfarrkirche St. Georg die, eine Ausnahme

Riedlingen, Zwiefalter Tor.

Ehemaliges Stadthaus des Klosters Heiligkreuztal.

in dieser Region, mal nicht im barocken Stil ausgestattet ist, sondern nur ganz schlicht und einfach daher kommt. Reizvoll ist das Zwiefalter Tor in der Nähe der Kirche und besonders reizvoll sind eben die Bürgerhäuser am Marktplatz, wie das ehemalige Stadthaus des Kloster Heiligkreuztal, an dessen Giebelseite Szenen aus der Stadtgeschichte Riedlingens gemalt sind.

Die Liste der sehenswerten Gebäude ist noch lang, wir können sie nicht alle aufzählen und beschreiben. Wenn Sie hier schauen www.riedlingen.de und die Rubrik Tourismus & Freizeit aufrufen, dann werden Sie fündig.

Bevor wir Riedlingen verlassen, sei noch auf den Donauradweg hingewiesen. Bis zur Heuneburg sind es von hier rund 14 bis nach Sigmaringen rund 30 und in die andere Richtung nach Ehingen rund 35 Kilometer. Und, ganz wichtig, unweit von Riedlingen befindet sich der **Bussen**, der heilige, 767 Meter hohe Berg der Oberschwaben. Er ist einer der meistbesuchten Wallfahrtsorte der Region, hat aber keine Barockkirche, sondern ein Gotteshaus mit einem Mix aus allen Stilrichtungen. Von diesem Berg hat man einen hervorragenden Blick auf die Alpen, wenn das Wetter mitspielt.

Mit **Zwiefalten** fahren wir nun ein weiteres Highlight auf der Oberschwäbischen Barockstraße an. Um das WOMO zu parken, bieten sich zwei Möglichkeiten an. Die eine befindet sich an dem relativ kleinen Höhenfreibad in der Christianstraße [**259:** N48°14'02.3" E9°28'22.6"], die andere am Festplatz im Dobeltal [**260:** N48°13'46.8" E9°27'25.2"]. Keine der beiden Plätze verfügt über wohnmobilspezifische Einrichtungen. Der

Platz im Dobeltal ist eben, der am Freibad ist leicht geneigt. Vom Stellplatz im Dobeltal ist es deutlich kürzer zur Klosterkirche als vom Höhenfreibad. Zu besichtigen ist nur die Klosterkirche, die Klostergebäude werden als Psychatrische Klinik genutzt. Unweit davon, außerhalb der Klostermauern befindet sich das **Württembergische Psychatriemuseum**. Hier wird gezeigt, wie sich die Psychiatrie und die Behandlung psychisch kranker Menschen in den letzten 200 Jahren verändert hat.

Kanzel der Klosterkirche Zwiefalten.

Der Innenraum der Kirche ist ein Gesamtkunstwerk des süddeutschen Rokoko, sie wurde Mitte des 18. Jahrhunderts detailreich ausgeschmückt. Diese filigranen Kunstwerke muss man einfach gesehen haben.

Das Kloster in Zwiefalten.

Nicht kunstvoll, sondern sehr natürlich präsentiert sich unserer nächstes Reiseziel.

(261) WOMO-Wanderparkplatz: Wimsener Höhle

GPS: N48°15'30.2" E9°26'55.3"; Wimsen 1, 72534 Hayingen.
Max. WOMOs: 5, maximale Länge 12 m.
Ausstattung: Tische und Bänke, Behälter für die Müllentsorgung, WC, ganzjährig geöffnet.
Beschreibung: Nur leicht geneigte unebene Parkfläche auf einem gemischten Parkplatz unweit der Höhle, nachts sehr ruhig. Bis zum Höhleneingang und dem historischen Gasthof sind es nur 250 Meter.
Preise: Kostenlos.
Zufahrt: Von Zwiefalten in Richtung Hayingen fahren und den in ausreichender Zahl vorhandenen Hinweisschildern zur Wimsener Höhle folgen.

Für den Besuch der **Wimsener Höhle** muss man ein wenig Zeit mitbringen. Es ist die einzige Schauhöhle auf der Alb, die mit einem Boot befahren wird. Unser Tipp: Kaufen Sie bei hohem Besucherandrang gleich die Eintrittskarten für die Fahrt in die Höhle. Sie können dann besser abschätzen, wie lange Sie warten müssen, um in die Höhle fahren zu können. Die Zeit können Sie für einen kleinen Spaziergang nutzen oder für eine Einkehr in den Biergarten des Gasthofes, der nur wenige Meter von der Höhle entfernt ist.

Einfahrt in die Wimsener Höhle.

Der Gasthof an der Wimsener Höhle.

Die Fahrt ist kurz. Nach 70 Metern ist bereits Schluss, dort senkt sich die Höhlendecke soweit ab, dass Sie nur mit einer Taucherausrüstung weiter kommen würden. Die Fahrt reicht dem Fährmann aber, um Ihnen die Entstehungsgeschichte der Höhle zu erläutern.

Über Zwiefalten fahren wir wieder hinunter an die Donau. Das **Kloster Obermarchtal** ein ehemaliges Prämonstratenser-Chorherrenstift ist unser nächstes Ziel. Ein Parkplatz ist schnell gefunden [N48°14'09.7" E9°34'24.7"]. Von hier sind es zu Fuß bis zum Eingang des Klosters rund 300 Meter. Die Klosteranlage ist vollständig von einer Mauer umgeben. Sie wird heute von einer Kirchlichen Akademie für die Lehrerfortbildung und als Tagungshaus genutzt. Das Münster St. Petrus und Paulus in der Klosteranlage gilt als eines der besten Beispiele des deutschen Frühbarock. Im Gegensatz zu den sonst mit detailreichen Fresken ausgemalten Barockkirchen, fällt hier die freskenlose, durch Wessobrunner Stuckatoren reich ausgeschmückte Kirchenbau mit einer Vielfalt an Einzelformen auf. Der Kirchenraum gewinnt dadurch sehr viel Licht. Chorgestühl, Kanzel und Nebenaltäre fallen durch ihre reich geschnitzten Bilder auf, wie wir sie oft an der Oberschwäbischen Barockstraße gesehen haben.

Der Hochaltar im Münster Obermarchtal

Von dieser Klosteranlage geht unsere Reise weiter nach **Munderkingen**, einer Kleinstadt mit nur etwas mehr als 5000 Einwohnern.

Die Kirche des Klosters Obermarchtal.

Wir fahren diesen Stellplatz an, den Sie hoffentlich nicht mehr als Baustelle vorfinden.

(262) Offizieller WOMO-Stellplatz: Munderkingen

GPS: N48°13'59.6" E9°39'01.9"; Kugelwert, 89597 Munderkingen.
Max. WOMOs: 4, maximale Länge 7 m, max. Aufenthalt 24 h.
Ausstattung: Keinerlei wohnmobilspezifische Einrichtungen, ganzjährig geöffnet.
Beschreibung: Den offiziellen Stellplatz fanden wir bei unserem letzten Besuch als Baustelle vor. Diese Baustelle dient aber offensichtlich nicht einer Erweiterung oder Verbesserung des Stellplatzes, sondern hat andere Gründe.
Preise: Kostenlos.
Zufahrt: In Munderkingen in Richtung Hausen fahren, nach der Donaubrücke links abbiegen.

Das Rathaus aus dem Jahr 1563. Unten im Giebel ist der Pranger erkennbar.

Auf dieser Seite www.munderkingen.de finden Sie unter der der Rubrik Tourismus & Freizeit eine schöne Übersicht zu einem Stadtrundgang.

Nicht alles, was Sie dort verzeichnet finden, ist nach unserer Auffassung wirklich sehenswert, ist aber eine gute Orientierungshilfe. Schön ist der Marktplatz mit dem Marktbrunnen und dem Rathaus, an dessen Giebel noch ein Pranger zu sehen ist. Jeden Freitagvormittag findet auf diesem Platz ein Wochenmarkt statt. Mit einem kleinen Spaziergang hat man die Stadt schnell besichtigt.

Wir fahren weiter nach **Ehingen**, diese Stadt ist mit mehr als 25.000 Einwohnern deutlich größer als Munderkingen.

(263) Offizieller WOMO-Stellplatz: Ehingen (Donau) – Stadion

GPS: N48°16'46.2" E9°44'01.5"; Am Stadion, 89584 Ehingen (Donau).
Max. WOMOs: 10, maximale Länge 12 m.
Ausstattung: Frischwasserversorgung, Abwasserentsorgung mit Bodeneinlass, Kassettenentleerung, Stromanschlüsse, Behälter für die Müllentsorgung, WLAN, ganzjährig geöffnet.

Beschreibung: Geräumige asphaltierte Plätze neben dem Stadion und anderen Sportanlagen, schattenlos. Zwar sind nur 10 Stellplätze offiziell ausgewiesen für die auch Stromanschlüsse vorhanden sind, doch finden hier sehr viel mehr Fahrzeuge Platz, für die dann allerdings keine Stromversorgung zur Verfügung steht. Die Versorgungseinrichtung befindet sich an der Einfahrt und ist leicht zugänglich. Der Mülleimer ist sehr klein. Ein Gasthaus mit Biergarten befindet sich in 100 Metern Entfernung am Stadion, bis zur Stadtmitte sind es 900 Meter.
Preise: Kostenlos, Frischwasser 1,00 € und Strom für 0,50 € pro kWh. Abwasserentsorgung und Entleerung der Bordtoilette ist kostenfrei.
Zufahrt: In Ehingen angekommen, den Hinweisschildern zum Stadion folgen. Auf den Schildern ist ein kleines WOMO aufgeklebt.

Freunde des vergorenen Gerstensaftes werden diese Stadt mögen. Ehingen nennt sich ganz stolz **Bierkulturstadt** und zeigt dies in besonderer Weise alle zwei Jahre mit der Nacht der offenen Brauereien. Fünf Brauereien gibt es in dieser Stadt. Es sind keine überregional bekannten Biere, die hier erzeugt werden. In den mehr oder minder großen Wirtshausbrauereien wird nur für den lokalen Bedarf nach traditioneller Art gebraut. Wanderer können auf einem 14 Kilometer langen **Bierwanderweg** von einem Bier zum nächsten wandern und für die Radler wurde mit der **Berg Bier-Tou**r ein Radwanderweg geschaffen, die mehr als 50 Einkehrmöglichkeiten miteinander verbindet. Sie geht über zwei Etappen über die Schwäbische Alb. Eine davon führt durch das Lautertal nach Münsingen, die andere weiter über die Hochfläche nach Blaubeuren und von dort zurück nach Ehingen. Verlauf und Einkehrmöglichkeiten können Sie hier einsehen www.bergbier.de. Unter der Rubrik Erlebnis werden Sie fündig.

Im schönsten Fachwerkgebäude der Stadt ist das Museum untergebracht.

Der Stellplatz befindet sich direkt am Donautalradweg. Bis nach Ulm sind es 26 Kilometer, bis nach Sigmaringen rund 60 Kilometer.

Einen Kilometer muss man gehen, um in die Innenstadt zu gelangen, die rund 40 Meter tiefer liegt. Hier gibt es einige sehenswerte Häuser und Gassen die Sie in einer virtuellen Tour auf dieser Seite www.ehingen.de auch vorab besichtigen können. Der **Wolfertturm**, an dem Sie auf dem Fußweg in die Stadt vorbeikommen, ist in den Sommermonaten leider nur am ersten Sonntag im Monat von 10:00 bis 12:00 Uhr und von 14:00 bis 16:00 Uhr geöffnet.

Von Ehningen fahren wir nun zum Ausgangspunkt dieser Tour zurück und beenden damit die Tourbeschreibungen dieses Buches. Wir hoffen, Ihnen hat das Buch gefallen und Sie haben nützliche Informationen mit diesem Reiseführer gewinnen können.

Tipps und Infos – alphabetisch sortiert

Baden/Wellness

Es gibt eine große Summe an Frei- und Hallenbädern auf die wir immer wieder hingewiesen haben, ohne jedoch dabei den Anspruch auf Vollständigkeit erheben zu wollen.

Ein großes Thema sind in den letzten Jahren die Kurbäder geworden, die in der Regel nicht nur verordnete Kuren durchführen, sondern ihre Angebote auch auf das Thema **Wellness** ausgerichtet haben. Viele davon haben einen Wohnmobilstellplatz in unmittelbarer Nähe, manche so nah, dass man theoretisch im Bademantel vom Womo in das entsprechende Bad gehen kann. Wir haben sie aufgenommen und sie im Stichwortverzeichnis aufgeführt.

Campingplätze

Die Zahl der Campingplätze ist groß im Baden-Württemberg. Wir haben nicht alle aufgenommen, sondern sehen sie als Alternative zu nicht vorhandenen Stellplätzen. Wir wählen einen Campingplatz aber auch dann, wenn er besonders schön an einem Fluss oder einem See liegt, während der ausgewiesene Stellplatz nur eine Ecke auf einem Großparkplatz an einer viel befahrenen Straße ist oder in der Nähe einer viel befahrenen Bahnstrecke liegt.

e-bike Ladestationen

Mittlerweile sind sehr viele Radler mit einem so genannten e-bike unterwegs. Wir haben an vielen Stellen in unserem Reisegebiet Ladestationen vorgefunden, die ein kostenloses Nachladen des Akkus ermöglichen. Es empfiehlt sich also bei einer längeren Tour das Ladekabel für das eigene Rad mitzuführen, um unterwegs neue Kraft für das Rad tanken zu können.

Freies Campen/Freies Übernachten

Nicht jeder traut sich auf einem Waldparkplatz oder an einem still verschwiegenen See ohne eine Menschenseele um sich herum sein Womo abzustellen und zu übernachten. Uns stört es nicht, wenn in der Nacht der Waldkauz ruft oder wenn es im Gebüsch auch einmal knackt. Unter Sicherheitsaspekten betrachtet erscheint uns dies sogar besser, denn Spitzbuben die auf Diebestour sind, gehen eher dort hin, wo sie nicht lange suchen müssen. Außerdem haben wir immer unsere drei treuen Begleiter dabei, die schlagen jeden in die Flucht, wenn es denn sein muss.

Gasversorgung

Graue Campinggasflaschen werden in fast allen Baumärkten zu den üblichen Ladenöffnungszeiten zum Tausch angeboten. LPG-Tankstellen gibt es mittlerweile sehr viele. Sie aufzuführen würde den Rahmen dieses Büchleins sprengen.

Gaststätten und Spezialitäten

Kulinarisch haben die Regionen, die wir in diesem Buch durchfahren haben, einiges zu bieten. Nicht alle Restaurants fühlen sich der traditionellen Küche verpflichtet. Wer aber bekannte traditionelle Gerichte probieren möchte, der sollte auf den Speisekarten oder beim Bäcker und Metzger nach folgenden Gerichten Ausschau halten:

Brezeln

Symmetrisch verschlungener gesalzener Teigstrang, gehört zu jedem schwäbischen Frühstück dazu. Schmeckt frisch gebacken am besten.

Linsen mit Spätzle

Tellergericht, in dem Linsen, Spätzle und ein Paar Saitenwürste kombiniert werden.

LKW

Ist die Abkürzung für "Leberkäsweckle". Gibt es beim Bäcker und ist ein weit verbreitetes Handwerkerfrühstück.

Maultaschen

Die "Herrgottsb'scheißerle" sind das Nationalgericht der Schwaben. Unbedingt probieren! Wie sie erfunden wurden, können Sie auf der Seite 92 nachlesen.

Schäufele

Eine badische Spezialität, die aus einer gepökelten und geräucherten Schweineschulter besteht. Dazu gibt es Kartoffelsalat, der mit einer gewürzten Kochbrühe angemacht wurde.

Schupfnudeln oder Bubespitzle

Sie werden aus Kartoffelteig gefertigt und häufig mit Sauerkraut angeboten.

Spätzle und Knöpfle

"Leibgericht der Schwaben" ein Teig, der aus Mehl, Eiern und lauwarmem Wasser gefertigt wird und anschließend traditionell handgeschabt in den Kochtopf wandert. Spätzle gibt es als Beilage zu vielen Gerichten.

Zwiebelkuchen

Hefeteig, der mit einer Auflage bestehend aus Zwiebeln, Speckwürfeln, saurer Sahne, Eier, Mehl und Gewürzen gebacken wird.

Zwiebelrostbraten

Gebratenes leicht blutiges Roastbeef, das mit einer Lage gerösteter Zwiebeln und Soße serviert wird. Als Beilage gibt es Spätzle.

Trollinger

Der Wein der Schwaben! Er wird nicht getrunken, sondern im Viertele geschlotzt. Als Alternative bietet sich der Lemberger an. Die beiden gibt es auch gemischt als Trollinger mit Lemberger.

GPS/Navigation

Ohne ein Navigationsgerät ist heute kaum noch jemand unterwegs. Wir halten diese Geräte für äußerst nützlich, nur blind vertrauen sollte man ihnen nicht. Hinter jeder Programmierung und Datenerfassung steht ein Mensch und der macht nun einmal Fehler, falsche Wegweisung ist deshalb nicht ausgeschlossen. Navigationsgeräte führen zwar zielgenau zu den eingegebenen Koordinaten, eine Übersicht bieten sie jedoch nicht und eine räumliche Orientierung vermitteln sie auch nicht. Nehmen Sie ergänzend zu Ihrem Navi eine gute Landkarte zur Hand, damit Sie ein Gefühl dafür bekommen, in welcher Lage sich die einzelnen Städte oder Sehenswürdigkeiten zueinander befinden.

Internet/WLAN

Neben den Navigationsgeräten hat die mehr oder minder starke Konnektivität mit dem Internet in den letzten Jahren stark zugenommen und wird in den nächsten Jahren noch sehr viel stärker zunehmen. Nicht überall sind auf den Stellplätzen schnelle Verbindungen vorhanden. Wenn das Smartphone 3G oder H anzeigt, wissen Sie, dass Sie keine hohe Surfgeschwindigkeit erwarten können. Erscheint GPRS oder ein E in der oberen Displayecke kann von Geschwindigkeit keine Rede mehr sein. Bei 4G oder LTE in der Anzeige ist die Geschwindigkeit relativ hoch. Bei schnellen Verbindungen macht es Sinn, sich die Webseiten anzuschauen, auf die wir in diesem Buch hingewiesen haben. Darunter befinden sich auch Hinweise auf Videos. All diese Informationen betrachten wir als Unterstützung für einen interessanten und unterhaltsamen Urlaub.

Bis der 5G-Standard installiert ist und das alles noch schneller geht, wird es wohl noch eine Weile dauern. Dort wo es an Stellplätzen einen WLAN-Zugang gibt, haben wir es vermerkt.

Kartenmaterial und Literatur

Ergänzend zu Ihrem Navi sollten Sie gutes Kartenmaterial mit sich führen. Wir waren mit Kartenmaterial im Maßstab 1:300.000 vom ADAC-Verlag unterwegs und haben auch immer Kartenmaterial aus dem Kunth-Verlag an Bord. Aus den jeweiligen Verlagsverzeichnissen lassen sich die Karten und Autoatlanten für Ihr Zielgebiet gut entnehmen.

Für die Planung der Wanderungen bevorzugen wir die Karten der Landesvermessungsämter. Welche Karten das sind, erfahren Sie bei den jeweiligen Wanderbeschreibungen. Darüber hinaus haben wir uns auch mit den Produkten eingedeckt, die regional an den Kiosken oder Tourist-Infos angeboten werden.

Natürlich macht auch eine Internetrecherche zu den jeweiligen Zielgebieten Sinn. Auch wenn jede Tourist-Info ihre „Website“ anders aufbaut und man sich immer wieder neu in den Seiten zurechtfinden muss, lassen sich doch einige nützliche Informationen gewinnen. Man sollte nur immer daran denken, dass diese Informationen nicht uneigennützig ins Netz gestellt werden. Mittlerweile werden auf den Seiten der Tourismusämter gute Karten im PDF-Format zum download angeboten. Wir haben auch diese genutzt, auf das Tablet gespeichert und das Gerät in den Rucksack gepackt. Bei unseren Beschreibungen der Wanderungen und Radwandtouren haben wir immer wieder darauf hingewiesen und links in den Texten dazugestellt. Nützlich ist es auch, Wandertafeln mit dem Smartphone oder dem Tablet abzufotografieren und das Foto unterwegs immer wieder zur Orientierung aufzurufen.

Kleingeld/Münzen

Die Parkautomaten, die Münzautomaten an den Stromsäulen und an den Sanitärstationen verlangen nach Kleingeld. Achten Sie darauf, immer einen Vorrat an 50 Cent und 1-Euro-Münzen mitzuführen. Wir haben uns dazu eine kleine Schachtel im Handschuhfach bereitgelegt, die immer wieder mit dem Wechselgeld nach Einkäufen gefüttert wird.

Toiletten/Toilettenentsorgung

Auf unseren Touren haben wir darauf geachtet eine Vielzahl von Plätzen zu finden, die sachgerechte Ver- und Entsorgungseinrichtungen haben. Die Entsorgung ist kein Kostenfaktor und es sind genügend Stationen in diesem Buch genannt. Es gibt also wirklich keinen Grund den Inhalt der Bordtoilette hinter irgendeinem Busch zu entleeren. Die Stationen sind in den Tourenkarten gut erkennbar. Vielleicht müssen Sie mal auf eine Station aus einer Nachbartour ausweichen, auch diese Möglichkeit ist in den Tourenkarten gut ablesbar.

Für den Notfall haben wir uns eine zweite Kassette zugelegt, die bei Bedarf gegen die volle getauscht wird. Ansonsten gilt: Vorausschauend Ver- und Entsorgen und nicht bis auf den letzten Drücker warten.

Trinkwasserversorgung/Grauwasserentsorgung

Hier gilt das gleiche wie für die Toilettenver- und entsorgung. Erfahrungsgemäß ist die Toilette schneller voll als der Abwassertank. Wir arbeiten die Frischwasseraufnahme, Grauwasser- und Toilettenentsorgung immer an einer Service-Station nacheinander ab, egal wie dringend notwendig das eine oder andere gerade auch ist.

Wandern und Radwandern

Die gesamte Region ist zum Wandern und Radeln ideal. Wir haben uns bemüht, einige der interessantesten Routen im Buch zu berücksichtigen. Es gibt jedoch noch wesentlich mehr Wege, die entdeckt, durchschritten bzw. durchfahren werden wollen. Um diese zu erkunden, empfehlen wir die amtlichen Wanderkarten und Radwanderkarten und Radwanderbücher, die z.B. entlang des Neckars, entlang der Jagst und entlang der Donau zu bekommen sind. Die Beschilderung der Radwege ist durchweg als gut zu bezeichnen, die Richtungshinweise sind klar verständlich und mit Kilometerangaben versehen.

Zum Schluss: Die große Wohnmobilfahrerfamilie

Urlaub mit dem Wohnmobil ist etwas ganz besonderes. Man kann die Freiheit genießen, ist ungebunden, dennoch immer zu Hause und lebt mitten in der Natur. Seit mehr als 30 Jahren geben wir Ihnen mit unseren Reiseführern eine Anleitung für diese Art Urlaub mit auf den Weg. Außer den umfangreich recherchierten Touren haben wir viele Tipps allgemeiner Art zusammengetragen, unter ihnen auch solche, die für einen Womo-Urlauber eigentlich selbstverständlich sein sollten. Weil wir als Wohnmobiler die Natur in ihrer ganzen Schönheit und Vielfalt zu schätzen wissen, haben wir auch eine besondere Verantwortung ihr gegenüber, die wir nicht einfach auf andere abwälzen dürfen.

Jährlich erhalten wir viele Zuschriften, Grüße von Lesern, die mit unseren Reiseführern einen schönen Urlaub verbracht haben und sich herzlich bei uns bedanken. Wir erhalten Hinweise über Veränderungen an den beschriebenen Touren, die uns bei der Aktualisierung der Reiseführer helfen.

Aber: Wir erhalten auch Zuschriften über das Verhalten von Wohnmobilfahrern, die sich egoistisch, rücksichts- und verantwortungslos der Natur und ihren Mitmenschen – Urlaubern und Einheimischen – gegenüber verhalten. In diesen Briefen geht es um die Themen Müllbeseitigung, Abwasser- und Toilettenentsorgung. Es soll immer noch Wohnmobilurlauber geben, die ihre Campingtoilette nicht benutzen, dafür lieber den nächsten Busch mit Häufchen und Toilettenpapier „dekorieren"; die den Abwassertank nicht als Tank nutzen, sondern das Abwasser einfach durchfließen lassen, die ihren Müll neben dem Wohnmobil „vergessen“ und sich davon machen.

Liebe Leser!

Wir möchten Sie im Namen der gesamten Womo-Familie bitten: Helfen Sie aktiv mit, diese Schweinereien zu unterbinden! Jeder Wohnmobilurlauber trägt eine große Verantwortung und sein Verhalten muss dieser Verantwortung auch gerecht werden. Bestimmt hat mancher, dem Sie auf Ihrer Tour begegnen und sich unwürdig verhält, das gleiche Büchlein in der Hand wie Sie. Er weiß zumindest jetzt, worum es geht. Sprechen Sie ihn an und weisen Sie ihn auf sein Fehlverhalten hin.

Der nächste freut sich, wenn er den Stellplatz sauber vorfindet, denn auch er hat sich seinen Urlaub verdient!

Vor allem aber: Wir erhöhen damit die Chance, dass uns unsere über alles geliebte Wohnmobil-Freiheit noch lange erhalten bleibt.

Helfen Sie mit, den guten Ruf unserer Womo-Familie zu wahren! Tragen Sie dazu bei, dass einzelne ihn nicht in den Schmutz ziehen! Wir danken Ihnen im Namen aller Womo-Freunde –

Ihr WOMO-Verlag

Stichwortverzeichnis

E

F

G

H

N

O

P

R

S

T

U

V

W

Bildnachweis:

Alle Fotos stammen von den Autoren mit Ausnahme folgender Aufnahmen: Hochzeitstorte Seite 107 ©Rainer Lippert; Altes Künzelsauer Rathaus Seite 120 ©Rudolf Stricker; Oper in Stuttgart Seite 170 ©Jürgen Fälchle, stock.adobe.com; Höhenpark Killesberg Seite 171 ©Falko Göthel, stock.adobe.com; Weissenhofmuseum Seite 171 ©Andreas Praefcke; Fernsehturm Schloss Rosenstein Seite 171 ©mikesch112, stock.adobe.com; Fernsehturm Seite 172 ©clipdealer; Porsche Museum Seite 247 ©clipdealer; Altenbergturm Seite 197 ©Pwagenblast; Aachtopf Seite 247 ©waechter-media.de, stock.adobe.com; Altstadt Sindelfingen Seite 261 ©bildernixe13, stock.adobe.com; Kreuzgang Kloster Bebenhausen Seite 264 ©2019 Mirosław Kopeć; Schloss Lichtenstein Seite 280 ©Manuel Schönfeld, stock.adobe.com; Pfullenger Onderos Seite 281 ©JRG, stock.adobe.com; Burgruine Helfenstein Seite 310 ©Sina Ettmer, stock.adobe.com; Pferd Vogelherdhöhle Seite 311 ©clipdealer; Charlottenhöhle Seite 312 ©Rainer Lippert; Steinerne Jungfrauen Seite 313 ©Eberhard, stock.adobe.com; Steiff-Museum Seite 313 ©Elles Rijsdijk@adobestock.com; Hengstparade Seite 329 ©Fabisch, stock.adobe.com; Burg Teck Seite 334 ©Jürgen Fälchle, stock.adobe.com; Kloster Wiblingen Seite 340 ©singul, stock.adobe.com; Blutritt Seite 347 ©Stadt Weingarten; Bibliothekssaal Bad Schussenried Seite 353 ©Andreas Praefcke; Wallfahrtskirche Steinhausen und Museumsdorf Kürnbach Seite 354 ©klaus.brauner, stock.adobe.com; Keltensauna Bad Buchau Seite 358 ©Thermalbad Buchau Betriebs GmbH.

Karten:

Alle Karten wurde erstellt von Heiner Newe. Die Stadtpläne unter Verwendung der Daten von © **OpenStreetMap contributors**.

Info-Blatt/WOMO-Buch: Baden-Württemberg 2020

Lokalität: Seite: Datum:
(Stellplatz, Campingplatz, Wandertour, Gaststätte, usw.)
unverändert gesperrt/geschlossen folgende Änderungen:

Lokalität: Seite: Datum:
(Stellplatz, Campingplatz, Wandertour, Gaststätte, usw.)
unverändert gesperrt/geschlossen folgende Änderungen:

Lokalität: Seite: Datum:
(Stellplatz, Campingplatz, Wandertour, Gaststätte, usw.)
unverändert gesperrt/geschlossen folgende Änderungen:

Lokalität: Seite: Datum:
(Stellplatz, Campingplatz, Wandertour, Gaststätte, usw.)
unverändert gesperrt/geschlossen folgende Änderungen:

Lokalität: Seite: Datum:
(Stellplatz, Campingplatz, Wandertour, Gaststätte, usw.)
unverändert gesperrt/geschlossen folgende Änderungen:

Lokalität: Seite: Datum:
(Stellplatz, Campingplatz, Wandertour, Gaststätte, usw.)
unverändert gesperrt/geschlossen folgende Änderungen:

Meine Adresse und Tel.-Nummer:

Info-Blatt/WOMO-Buch: Baden-Württemberg 2020

Lokalität: Seite: Datum:
(Stellplatz, Campingplatz, Wandertour, Gaststätte, usw.)

unverändert gesperrt/geschlossen folgende Änderungen:

Lokalität: Seite: Datum:
(Stellplatz, Campingplatz, Wandertour, Gaststätte, usw.)

unverändert gesperrt/geschlossen folgende Änderungen:

Lokalität: Seite: Datum:
(Stellplatz, Campingplatz, Wandertour, Gaststätte, usw.)

unverändert gesperrt/geschlossen folgende Änderungen:

Lokalität: Seite: Datum:
(Stellplatz, Campingplatz, Wandertour, Gaststätte, usw.)

unverändert gesperrt/geschlossen folgende Änderungen:

Lokalität: Seite: Datum:
(Stellplatz, Campingplatz, Wandertour, Gaststätte, usw.)

unverändert gesperrt/geschlossen folgende Änderungen:

Lokalität: Seite: Datum:
(Stellplatz, Campingplatz, Wandertour, Gaststätte, usw.)

unverändert gesperrt/geschlossen folgende Änderungen:

Meine sonstigen Tipps und Verbesserungswünsche:

Wir bestellen: (Preisänderungen vorbehalten)

☐ Wohnmobil Handbuch	12,00 €
☐ Wohnmobil Kochbuch	12,90 €
☐ Heitere Geschichten	6,90 €
☐ Albanien	19,90 €
☐ Allgäu	19,00 €
☐ Andalusien (Spanien Süd)	22,00 €
☐ Auvergne	22,00 €
☐ Baden-Württemberg	22,00 €
☐ Baltikum	23,00 €
☐ Bayern (Nordost)	20,90 €
☐ Bayern (Nordwest)	20,90 €
☐ Bayern (Südost/Oberbayern)	22,00 €
☐ Belgien & Luxemburg	19,90 €
☐ Bretagne	20,90 €
☐ Burgund	19,90 €
☐ Dänemark	21,00 €
☐ Elsass	19,90 €
☐ England (Nord)	19,90 €
☐ England (Süd)	19,90 €
☐ Finnland	19,90 €
☐ Frankreich Südwest	22,00 €
☐ Französische Alpen	20,90 €
☐ Franz. Atlantikküste (Nord)	19,90 €
☐ Französisches Jura	19,90 €
☐ Griechenland	19,90 €
☐ Hessen (Norden + Osten)	19,90 €
☐ Hessen (Mitte + Süden)	19,90 €
☐ Hunsrück/Mosel/Eifel	20,90 €
☐ Irland	22,00 €
☐ Island	18,90 €
☐ Korsika	18,90 €
☐ Kroatien / Montenegro	19,90 €
☐ Languedoc / Roussillon	19,90 €
☐ Ligurien	18,90 €
☐ Loire-Tal/Paris	17,90 €
☐ Lothringen	17,90 €
☐ Marokko	22,00 €
☐ Meckl. Vorpommern (West)	18,90 €
☐ Meckl. Vorpommern (Ost)	18,90 €
☐ Mittel-Italien	19,90 €
☐ Namibia	20,90 €
☐ Neuseeland (Nord)	19,90 €
☐ Neuseeland (Süd)	19,90 €
☐ Niederlande	21,00 €
☐ Nord-Frankreich	19,90 €
☐ Normandie	22,00 €
☐ Norwegen (Nord)	21,00 €
☐ Norwegen (Süd)	19,90 €
☐ Österreich (Ost)	22,00 €
☐ Österreich (West)	17,90 €
☐ Ostfriesland	20,90 €
☐ Peloponnes	19,90 €
☐ Pfalz	19,90 €
☐ Piemont/Aosta-Tal	22,00 €
☐ Polen (Nord/Masuren)	21,00 €
☐ Polen (Süd/Schlesien)	17,90 €
☐ Portugal (Nord)	21,00 €
☐ Portugal (Süd)	20,00 €
☐ Provence & C. d'Azur (Ost)	19,90 €
☐ Provence & C. d'Azur (West)	19,90 €
☐ Pyrenäen	19,90 €
☐ Rumänien	19,90 €
☐ Sachsen	20,90 €
☐ Sardinien	19,90 €
☐ Schleswig-Holstein	22,00 €
☐ Schottland	19,90 €
☐ Schwarzwald	17,90 €
☐ Schweden (Nord)	19,90 €
☐ Schweden (Süd)	19,90 €
☐ Schweiz (Ost + West)	je 19,90 €
☐ Sizilien	19,90 €
☐ Slowenien	18,90 €
☐ Spanien (Nord/Atlantik)	19,90 €
☐ Spanien (Ost/Katalonien)	18,90 €
☐ Südafrika (Krüger NP)	24,90 €
☐ Süditalien (Ost/Apulien)	21,00 €
☐ Süditalien (West/Kalabrien)	19,90 €
☐ Süd-Tirol	20,00 €
☐ Thüringen	22,00 €
☐ Toskana & Elba	22,00 €
☐ Trentino/Gardasee	21,00 €
☐ Tschechien	18,90 €
☐ Türkei (West)	18,90 €
☐ Türkei (Mitte-Kappadokien)	17,90 €
☐ Umbrien & Marken mit Adria	19,90 €
☐ Ungarn	18,90 €
☐ Venetien/Friaul	19,90 €
☐ Wales	18,90 €

Absender:

Datum

Unterschrift

WOMO-VERLAG

Versandabteilung

OT Mittelsdorf

An der Liethe 4-6

36452 Kaltennordheim

DIE REISE- UND ERLEBNISFÜHRER

* Bequeme Touren durchs ganze Urlaubsland.
* Viele Plätzchen für freie Übernachtungen mit GPS.
* Genaue Hinweise auf viele Trinkwasserstellen.
* Die schönsten Badeplätze, die nicht jeder kennt.
* Bergtouren und Spaziergänge für groß und klein.
* Die besten Anreiserouten, Fähren, usw.
* 300 Tipps und Tricks – für Ausrüstung, Reisevorbereitung und Urlaub.
* Ausgefeilte Profipackliste.
* Spezialkarten mit präzisen Einträgen der freien Stellplätze, Trinkwasser- und Entsorgungsstellen.

DAS KOCHBUCH

* Einrichtung der WOMO-Küche.
* Lebensmittel-Grundausstattung.
* Konserven selbst gemacht.
* Backen in der Bratpfanne – Kuchen, Pizza, Brote.
* Viele, viele WOMO-Rezepte für zwei Gasflammen – einfach, schnell und lecker!
* Einkochen im Urlaub.
* Spezialrezepte für den Dampftopf.
* Der WOMO-Pfannenknecht.

DAS HANDBUCH

* Beratung bei Kauf und Miete.
* Gas-, Wasser-, Elektroinstallation.
* Einrichten des Wohnmobils.
* Tipps & Tricks fürs Wochenende.
* 3200 freie deutsche Stellplätze.
* 700 deutsche Entsorgungsstationen.
* Urlaubsvorbereitung, Profipackliste.
* .Stellplatz-Infos für ganz Europa.
* Wohnmobil und Wintersport.
* Der WOMO-Urlaubspartner-Service.
* Gastankstellen in ganz Europa.

Unsere Bücher erhalten Sie in jeder Buchhandlung oder auf Rechnung direkt vom Verlag. Hier gibt's auch die aktuellen Infos über unsere ständigen Neuerscheinungen. (Versandkosten 1,20€, ab 10€ portofrei/Ausland 7,50€, Preisänderungen vorbehalten).

Bestell-Telefon: 036946-20691 * Fax: 036946-20692**
Internet: www.womo.de * eMail: verlag@womo.de**